안중근의거 100주년기념 연구논문집 3
안중근 연구의 성과와 과제

안중근의거 100주년기념
연구논문집 3

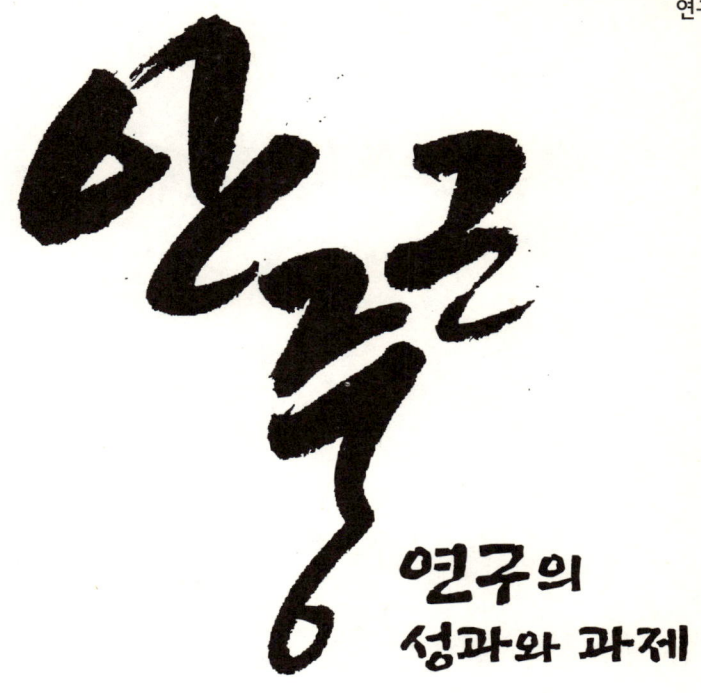

안중근
연구의
성과와 과제

안중근의사기념사업회 편

채륜
CHAE RYUN

간행사

　안중근의사 순국 100주년인 올해는 국치 100년이기도 합니다.
　한일 시민사회공동모임은 식민주의를 청산하고 인류가 공존하는 미래를 위하여 '진실과 미래'라는 주제로 동아시아선언대회를 함께 기획하였습니다.
　일본이 저지른 만행에 대한 진실 규명과 피해자들을 지원하기 위해 이들은 헌신적 노력을 기울이고 있습니다. 물론 이분들은 일본 사회 내의 작은 모임이지만 큰 뜻을 지니고 있습니다. 저는 이 행사를 지켜보면서 많은 생각을 했습니다.
　역사학자 강만길 선생은 일제 강점기 일본은 동일한 문화권 안에 그것도 과거 자신들보다 우월한 문화를 형성하였던 조선을 식민지로 만들면서 서양과 달리 역사상 가장 잔혹한 식민 통치를 했고 이 때문에 해방 이후 우리는 그 역사를 청산하기 위해 가혹할 정도로 철저하게 일본의 잔재를 털어내기 위해 노력했어야 했음에도 불구하고 부끄럽게도 우리는 그러한 역사청산의 기회를 실현하지 못했다고 술회하고 있습니다.
　만일 안중근의사께서 지금 이 땅에 살아 계신다면 과연 우리에게 뭐라고 말씀하실까 하고 저는 생각해봅니다. 안중근의사 하얼빈 의거와 순국 100주년을 기억하면서 끊임없이 반복하여 제 자신에게 던진 질문이었습니다. 그 대답은 남북 분단을 해소하고 민족통일을 이루라는 것이었습니다.

한반도의 평화적 공존은 안중근의사께서 끝까지 고민하시고 해답을 찾으려 하셨던 동양평화와 세계평화의 바탕이며 남북분단으로 야기된 우리 내부의 상처를 치유하고 갈등을 해소할 수 있는 원천이기 때문입니다.

그러나 한반도의 평화정착과 통일은 남과 북의 정치 지도자들의 정치적 결단이나 정치적 협상만으로는 결코 이룰 수 없습니다. 사실 지난 민주정부 10년간 이룩한 민간교류와 경제협력의 활성화는 분단을 극복할 수 있는 훌륭한 방안이었습니다. 그러나 지금 남북의 정치 관계는 냉전시대의 긴장 관계를 재현하고 있습니다. 우리 모두의 책임입니다.

안중근의사 하얼빈의거와 순국 100주년 준비를 위한 10회에 걸친 학술대회는 이러한 문제를 직시하고 평화와 통일을 위해 적절한 대안을 찾기 위해 개최하여 왔습니다.

2009년 안중근의사 순국 99주년 행사에서 우리는 『안중근과 그 시대』, 『안중근 연구의 기초』라는 제목으로 이전의 학술대회 논문들을 이미 출판하였습니다.

안중근의사 하얼빈의거 100주년과 순국 100주년에 개최한 두 번의 국제 학술대회는 "안중근 동양평화 어떻게 실현할 것인가?"라는 주제로 서울과 대련에서 여러 분야의 연구자들이 모여 발표와 토론을 하였습니다. 오늘 발간하는 두 권의 논문집은 그 성과를 엮은 것입니다.

이번에 출판되는 논문집에는 안중근의사의거 100주년을 기념하여 2009년11월3일 개성에서 개최한 남·북공동행사와 안중근의사 순국 100주년기념 여순 남·북 공동행사에서 발표한 자료와 논문을 함께 실었습니다.

남·북이 안중근의사를 함께 기억하며 서로 하나가 될 수 있다는 귀중한 체험과 논문의 공유와 출간은 참으로 큰 의미가 있습니다.

'안중근'을 사랑하고 존경하는 것은 역사적 '안중근'을 닮고 재현하고 '안중근'을 통해 역사적 진실을 깨우치고 시대적 소명을 확인하고 실천하는 것입니다.

아직 축적된 성과가 미흡하지만 그러함에도 불구하고 <안중근의사기념사업회>는 우리 모두가 바라고 꿈꾸는 아름다운 인류공동체 실현을 위하여 많은 분들과 함께 계속 노력할 것입니다.

무더운 여름에, 힘 있고 알찬 글들을 써주신 연구자들, 학술대회를 통해 깊은 내용을 집약하신 조광 교수님과 신운용 박사, 그리고 책 출간을 맡아주신 채륜의 임직원 모든 분들께 감사드리며 안중근의사를 새롭게 마음속에 모십니다.

건투를 빕니다. 감사합니다.

2010년 8월
안중근의사기념사업회 이사장 함세웅

편찬사

 우리는 대한민국임시정부의 대통령을 역임했던 백암(白巖) 박은식(朴殷植)을 기억하고 있다. 또한 우리는 가장 선명하게 독립의지를 천명했던 단재(丹齋) 신채호(申采浩)를 알고 있다. 그리고 일제 강점기에 독립을 위해 노력했던 그 밖의 많은 인물들을 기록을 통해서 알고 있다. 이들은 태어난 시간과 지역이 달랐고, 활동의 무대도 각기 달랐다. 그리고 사상적으로 나뉘었고 서로 갈등하기도 했다. 그러나 이들에게 있어서 공통된 특징은 1909년 하얼빈에서 이토 히로부미를 제거했던 안중근을 존경하고 그를 본받고자 했다는 점이다.
 안중근은 의거 직후부터 의사로 불리었으며, 순국한 이후 영웅으로 재탄생했다. 그의 의거 이후 올바른 판단력을 가지고 있던 많은 사람들은 그를 기리기 시작했다. 일본제국주의의 침략 앞에 놓여 있던 중국에서도 안중근은 동양의 영웅으로 늘 탄생되어 가고 있었다. 그러나 의거 직후부터 일본에서는 안중근에 대한 부정적 인식이 지배하고 있었다. 물론, 한국과 중국에서 전개된 안중근에 대한 추모의 열기에 따를 수는 없었지만, 일본의 극히 일부 인사들도 안중근의 비범함을 알아보았다.
 안중근은 의거 직후부터 이처럼 많은 이들의 사표가 되었다. 오늘에 이르러서도 역사연구자들에게 있어서 안중근의 깊은 사상과 결연한 행동은 주요한 연구대상이 되고 있다. 그러나 안중근 연구는 최근에 이르러 불붙기 시작한 현상이었고, 오랫동안 그에 대한 연구가 진행되지를 못했다. 이는 안중근에 대한 대중적 관심에 견주어 볼 때 뜻밖의 현상이기도 했다.

안중근연구소는 안중근의사기념사업회의 산하 연구기관으로 2005년도에 발족했다. 발족한 직후부터 꾸준히 연구발표회를 개최해 왔고, 그 결과를 모아서 이미 2009년에 『안중근 연구의 기초』와 『안중근과 그 시대』라는 두 권의 책자를 간행한 바 있다. 이 연구논문집에는 모두 31편의 안중근에 관한 새로운 논문들이 정리 제시되었다. 이 작업에 이어서 안중근연구소에서는 2009년 10월 "안중근의사 의거100주년 기념심포지엄"을 고려대학교 국제회의장에서 개최한 바 있다. 그리고 2010년 3월에도 "안중근순국 100주년 기념심포지엄"을 중국의 따리엔(大連)에서 개최했다. 이 학술회의를 통해서 다시 26편의 논문들이 모여졌다.

이에 안중근연구소에서는 2009년에 간행된 두 권의 논문집에 이어서 "안중근의거 100주년기념 연구논문집 3"으로 『안중근 연구의 성과와 과제』를 간행하게 되었다. 이 책에서는 안중근에 관한 연구사적 정리를 기초로 하여 안중근을 기리려는 여러 사업들에 대한 학문적 검토가 있었다. 그리고 안중근과 그의 의거에 관한 심도 깊은 논문들이 수록되었으며, 안중근의 사상에서 드러나는 가톨릭 신학적 특성에 관한 연구도 진행되었다. 이러한 내용의 논문 12편을 모아서 연구논문집 제3책을 마련해 보았다.

한편, 안중근 사상의 궁극적 관심사는 그의 동양평화론에서 찾을 수 있을 것이다. 그러므로 "안중근의거 100주년기념 연구논문집 4"로 『안중근과 동양평화론』을 엮게 되었다. 여기에서는 안중근의 동양평화론에 대한 본격적 검토작업이 수행되었다. 그리하여 안중근의 동양평화론이 가지고 있는 국제정세적 배경 및 그 동양평화론을 오늘의 사회에서도 계승하는 과제들이 연구되었다. 이렇게 하여 모두 14개의 주제가 이 책에는 수록되기에 이르렀다.

안중근연구소가 최근에 전개한 안중근에 대한 연구작업에서 보완의 여지를 도처에서 찾을 수 있을 것이다. 그러나 이 일련의 연구들은 연구사에 남을 만한 중요한 업적들로 기록될 것이다. 연구자들은 이 업적을 내기 위해서 각고의 노력을 전개했다. 그러므로 우선 연구에 참여해 준 모든 연구자들에게 깊은 감사를 드린다. 또한 심포지엄에서 토론을 통해서 논문의 완성도를 높여준 토론자들에게도 고마움을 전한다. 그러나 무엇보다도 안중근연구에 특별한 사명감을 갖고 이를 지원해 준 함세웅 신부 이하 안중근의사기념사업회의 관계자들에게 감사드린다. 그리고 사무총장 윤원일 선생의 활달한 움직임과 채륜을 운영하고 있는 서채윤 선생의 노력이 있었기에 이 책은 빛을 볼 수 있었다. 이 모든 분들에게 진심으로 감사드린다.

2010년 8월 15일 광복의 날에
안암의 서실(書室)에서
안중근연구소 소장 조광

차례

간행사 »5

편찬사 »9

01부
안중근의 민족운동

01 조광 安重根 硏究 百年 : 현황과 과제 »19
    1. 머리글
    2. 안중근에 대한 평가의 진전과정
    3. 안중근 연구의 현황
    4. 안중근연구의 과제
    5. 맺음말
    附·安重根 硏究 論著目錄 (1910~2010)

02 신운용 안중근유해의 조사·발굴 현황과 전망 »97
    1. 머리말
    2. 일제의 불법적인 유해매장
    3. 유해 조사·발굴 과정
    4. 묘지의 위치에 대한 여러 가설과 향후 전망
    5. 맺음말

03 따찌아나 심비르체바 러시아의 안중근인식 »131
    1. 머리말
    2. 재정러시아 시대의 안중근 인식 (1909~1910년간)
    3. 소련의 역사인식과 안중근 서술 (1917~1990)
    4. 페레스트로이카 이후 역사인식의 변화와 안중근에 대한 서술 (1990~2009)
    5. 맺음말

04 임수경, 전영란 대한매일신보에 나타난 안중근 관련 보도 분석 »155
1. 문제제기 및 연구목적
2. 문헌 검토
3. 연구방법
4. 분석결과
5. 결론 및 제한점

05 윤선자 해방 후 안중근 기념사업의 역사적 의의 »201
1. 머리말
2. 기념사업회 결성과 동상 건립
3. 기념관 건립과 기념사업 기반 마련
4. 기념사업 확대와 활성화
5. 맺음말

06 조광 안중근 의거 이후 그 가문의 동향 »239
1. 머리말
2. 안중근 가족의 이주 경위와 그 직계 가족들
3. 안중근의 형제와 그 조카들
4. 안중근의 친척들
5. 맺음말

07 신운용 안중근의거 관련 『노국 관헌 취조번역문』의 내용과 그 의미 »275
1. 머리말
2. 『노국 관헌 취조번역문』의 구성과 내용
3. 주목되는 대목과 그 의미
4. 맺음말

02부
안중근의 사상

08 원재연 안중근의 선교활동과 황해도 천주교회 »305
1. 머리말
2. 황해도 천주교회와 안중근의 순회전교
3. 신자권익 보호활동과 해서교안의 결과
4. 맺음말

09 조현범 안중근 의사와 빌렘 신부 »349
1. 문제제기
2. 빌렘 신부, 여순 감옥을 찾아가다
3. 빌렘 신부는 왜 갔을까
4. 향후의 연구를 위한 제언

10 프랭클린 라우시 종교와 폭력의 정당성 »379
1. 머리말
2. 한국의 기독교 선교
3. 이토의 이미지
4. 안중근의 이미지
5. 안중근의 고백
6. 안중근의 종교적 침묵
7. 종교적 이미지의 수용
8. 맺음말

11 김동원 안중근의 천주교 신앙과 사상적 성격 »405

1. 서론
2. 유가 사상과 천주교 신앙의 융합
3. 수양론과 민족 교육 사상
4. 내세 신앙과 사생관
5. 보편주의와 동양 평화 사상
6. 결론

12 전수홍 안중근 사건의 신학적 고찰 »441

1. 머리말
2. 신앙인 안중근과 일제 하 한국 천주교회의 선교정책
3. 하얼빈 의거에 대한 신학적 고찰
4. 안중근 사건을 통해 계승해야 할 교회의 예언자적 사명
5. 맺음말

안중근의 민족운동

01부

01. 안중근 연구 백년
02. 안중근유해의 조사·발굴 현황과 전망
03. 러시아의 안중근인식
04. 대한매일신보에 나타난 안중근 관련 보도 분석
05. 해방 후 안중근 기념사업의 역사적 의의
06. 안중근 의거 이후 그 가문의 동향
07. 안중근의거 관련 『노국 관헌 취조번역문』의 내용과 그 의미

01

安重根 研究 百年 : 현황과 과제

附·安重根 研究 論著目錄

조광
고려대학교 한국사학과 교수

1. 머리글

안중근(安重根)의 의거는 1909년 10월 26일에 결행되었고, 그는 1910년 3월 26일 순국하였다. 그의 의거는 당시 동아시아 정국에 큰 영향을 주는 사건이었고, 제국주의의 침략이 자행되던 과정에서 이에 대한 통렬한 저항의 사례로 많은 사람들에게 각인되었다. 그리하여 안중근은 지난 세기의 전반기에 우리나라 독립운동이 전개되어 나가던 과정에서 좌우를 막론하고 거의 모든 독립운동가들에게 역할 모델을 제공해 주었던 인물이다. 또한 일본 제국주의의 침략에 직면해 있던 20세기 전반기 중국에서도 안중근에 대한 긍정적 평가가 널리 진행되고 있었다.

안중근의 의거에 대한 검토 작업은 일제 당국이 그에 대한 재판을 진행하면서부터 시작되었을 것이다. 그러나 일제의 안중근 의거에 대한 검토 목적은 안중근을 단죄하는 데에 있었을 뿐이었다. 그렇지만 반제운동(反帝運動)이 전개되던 과정에서 그에 대한 긍정적 평가와 연구가 진행되어 나갔으며, 그 첫 결실은 안중근 전기의 간행이었다. 그리고 그의 순국 직후인 1910년대 전반기부터 그의 의거에 대한 형상화작업이 진행되어 중국에서는 그를 주제로 하는 연극이 도처에서 상연되기 시작했다.

이러한 점들을 감안하면, 안중근에 대한 평가와 연구작업은 그의 의거 및 순국과 거의 동시에 진행되었던 일로 파악된다. 본고에서는 안중근 연구의 현황을 살펴보기 위한 전제작업의 하나로 먼저 안중근에 대한 평가가 어떻게 진행되어 왔는지를 약술하고자 한다. 이를 통해서 우리는 안중근 연구의 필요성을 확인할 수 있기 때문이다. 그리고 이에 이어서 1910년대 이래 오늘에 이르기까지 안중근에 관한 연구의 성과들을 집대성하고, 그 연구의 경향을 간략히 분석해보면서 그 연구의 과제에 대해 전망해 보고자 한다.

안중근에 관한 연구사 정리 작업은 이미 시도된 바 있다.[1] 그러나 최근 10년에 걸쳐 안중근에 관한 연구는 폭발적으로 증가되어 갔다. 최근 10여 년간에 이루어진 연구업적은 그 양적 측면에서 비교해 보더라도 이전 90여 년 동안 축적되어 왔던 안중근 관계 전체 연구업적보다도 많았다. 이는 안중근 의거 100주년을 앞두고 안중근 의거가 가지고 있는 역사적 의미를 밝히려는 과정에서 안중근에 관한 연구가 집중적으로 진행된 결과라고 생각된다.

이에 기존의 안중근 연구에 관한 성과를 재검토하고 보완할 필요가 제기되었다. 그러므로 본고에서는 기존에 조사된 연구목록을 다시 검토하고, 최근 10여 년간 새롭게 발표된 연구논저들을 더하여 기존의 연구업적을 파악하는 데에 가능한 한 만전을 기하고자 했다. 그리고 논문의 편수가 증가됨에 따라 논문의 성격에 따라 대략적인 분류를 시도하여 연구자들의 검색에 편의를 제공하고자 했다.

2. 안중근에 대한 평가의 진전과정

안중근에 관한 연구사를 좀 더 잘 이해하기 위해서는 그에 관한 일반 사회의 인식이 어떻게 변화되어 나가고 있는지를 밝혀보아야 한다. 왜냐하면 한 연구자가 특정 주제를 연구할 때 그 주제에 관한 당시 사회의 일반적인 해석 내지는 인식 경향에 일정한 영향을 받을 수 있기 때문이다.

---

[1] 조광, 1994, 「안중근의 애국계몽운동과 독립전쟁」 『교회사연구』9, 한국교회사연구소, 66~71쪽의 '안중근에 대한 인식의 진전'에 안중근 관계 연구사를 간략히 정리한 바 있었다. 또한 조광, 2000, 「안중근 연구의 현황과 과제」, 『한국근현대사연구』12(한국근현대사학회, 180~222쪽)에서 이를 대폭 보완하여 다시 정리해 보았다. 본고는 기존에 조사된 논문 이외에 최근의 연구들을 첨가하여 수록하였고, 선행 작업에서 미진한 부분들을 보완하는 방향으로 이를 정리해 나가고자 한다.

본고에서는 먼저 안중근 의거에 대한 인식 내지 평가의 진전과정을 간략하게 언급해 보고자 한다.

사실, 안중근의 의거는 당시 동아시아 사회에 일대 파문을 던져주는 사건이었다. 이는 당시 제국주의 세력이 동아시아를 무대로 하여 각축하고 있었기 때문이었다. 그리고 안중근에 의해서 제거된 이토 히로부미(伊藤博文)가 당시 동아시아 국제정치에서 차지하는 비중이 매우 높았기 때문이었다. 이토 히로부미가 죽은 10월 26일부터 11월 4일 사이에 그 죽음과 관련하여 오고간 전보가 모두 9만여 통이었다는 기록을 보면 이 사건이 동아시아 여러 나라에 미친 충격을 짐작할 수 있을 것이다.[2]

안중근에 대한 관심은 그의 의거 직후부터 고조되었다. 국내외 언론은 그의 재판에 관한 소식들을 상세히 보도했고 이에 비례하여 많은 사람들의 관심도 안중근의 사건에 집중되고 있었다. 대부분의 조선인들은 안중근의 의거를 긍정적으로 평가하고 있었다. 그는 조선인들 사이에서 위인 내지는 영웅으로 해석되어 갔다.[3] 그리고 중국인과 러시아인들도 안중근의 의거를 환영했다.[4]

물론 안중근의 의거 직후 대한제국 정부나 친일파들은 이토 히로부미의 죽음을 애도했다. 1909년 11월 5일에 거행된 그의 '국장(國葬)'에는 모두 4,500달러의 경비가 소요되었다. 이때 한국의 황제는 장례비로 30,000달러를 내놓았고 장례식 전날 통감부를 방문하여 조문을 표했다. 또한 대한제국 정부는 이토 히로부미 가(家)에 일본 제일은행을 통해서 100,000달러를 조위금으로 보내주었다.[5]

---

2 Le Séoul Bulletin des M.E.P., 4 Nov. 1909.
3 Le Séoul Bulletin des M.E.P., 9 Août. 1909.
4 Wilhelm 書翰, 1912年 3月 19日字.
5 Le Séoul Bulletin des M.E.P., 30 Oct. 1909 ; 14 Nov. 1909.

일본은 이토 히로부미의 죽음을 '명치유신 이래 처음 보는 불상사'로 규정했다.[6] 도쿄에서 진행된 그의 '국장' 때에는 모두 10여만 명의 인파가 모여들었다. 11월 12일 서울에서는 친일파들에 의해서 이토 히로부미의 동상을 세우기 위한 단체를 조직하려던 시도가 있었다. 11월 30일 조선의 13도 '대표' 48명이 서울에 모여서 이토 히로부미의 죽음에 대한 사죄사절단을 일본에 파견하는 문제를 논의하기도 했다.[7] 당시 천주교 조선교구의 교구장이었던 뮈텔(Mutel) 주교도 통감부를 방문하여 그의 죽음에 조의를 표했고 안중근의 의거를 단순한 살인행위로 규탄했다.[8]

안중근의 의거 후 일본 당국이나 친일적 인물들은 이상과 같이 안중근의 행위를 부정적으로 판단했다. 그러나 안중근의 의거에 대해서 대부분의 조선인들은 열광했고 이를 긍정적으로 평가했다. 안중근의 재판이 진행되던 중 연해주에서 모금된 안중근 변호비용이 70,000엔(圓=달러)에 이르렀다는 통감부 기관지 『Seoul Press』의 기사는[9] 이 지역의 조선인들이 안중근의 구명을 위해서 얼마나 큰 경제적 희생을 감수했는지를 말해준다.

그리고 의거 직후 하와이에 거주하던 동포들도 1909년 12월부터 1910년 3월 사이에 2,916달러를 모금했다. 이는 거의 모두가 날품팔이 노동자로 일하며 근근이 생계를 유지하고 있던 하와이 한인 교민들의 놀라운 성원을 단적으로 보여주는 사례라 할 수 있다. 하와이 교민들은 이 모금

---

6 『朝鮮併合史』, 1926, 朝鮮及滿洲社, 479쪽.
7 Le Séoul Bulletin des M.E.P., 12 Nov. 1909 ; 30 Nov. 1909.
8 『뮈텔주교일기』, 1909년 11월 2일자 등.
9 Le Séoul Bulletin des M.E.P. 7 Feb. 1910. 1898년에 준공된 명동성당의 공사비가 당시의 금액으로 대략 60,000달러 정도의 금액이 소요되었다. 이 금액을 순금 가치는 불변이라는 가정 아래 오늘날의 금액으로 환산해 보면 대략 1,000,000만 달러에 이르렀을 것으로 계산된다. 그렇다면 안중근의 변호비용 70,000달러는 당시 연해주 일대의 조선인 모두가 참여하여 모금한 금액으로 보더라도 무리가 없을 것이다.

액의 대부분인 1,700달러를 연해주 블라디보스토크에 있던 '안의사구제공동회(安義士救濟共同會)'로 송금했다.[10]

안중근에 대한 긍정적 평가는 '한일합방' 이후에도 민족주의 운동가들을 중심으로 하여 강화되어 갔다. 안중근의 순국 당시 간도(間島) 등 해외에 망명해 있던 김택영(金澤榮, 1850~1927)을 비롯한 많은 사람들이 만사(輓詞)나 제문(祭文) 등을 지어서 안중근을 추모했다. 그의 순국 직후 해외 도처에서는 추도회가 개최되었다. 이 추도회에서는 한글이나 한문으로 작성된 추도문이나 추도시가 낭송되었다.[11]

그의 죽음 직후부터 안중근에 대한 전기가 간행되었다. 한글판 안중근 전기는 1911년 홍종표(洪宗杓)가 저술하여 간행한 『대동위인 안중근전(大東偉人 安重根傳)』을 들 수 있다. 이처럼 안중근은 그 의거 직후부터 '의사'로 지칭되었으며, 그의 서거 직후부터 '위인'으로 추앙되어 위인전이 집필되기 시작했다. 이 전기를 통해서 안중근은 특히 해외에서 독립운동을 전개하던 인사들에게 역할 모델을 제공해 주고 있었다.

안중근에 대한 긍정적 평가는 사회주의 운동이 시작된 이후에도 지속적으로 강화되었다. 예를 들면 1927년 이후 만주의 지린(吉林)에서 사회주의자들은 조선독립의 방법을 논하던 과정에서 무투(武鬪)를 실천한 안중근의 노선과 청원에 주력했던 이준(李儁, 1858~1907)의 노선을 비교하며 안중근의 노선을 높게 평가하고 있었다.[12] 『안중근 이등박문을 쏘다』라는 작품이 1928년 1월경에 김일성의 지도 아래 간도 무송(撫松) 조선인학교 개교식 경축공연으로 무대에 올랐다.[13]

---

10 장세윤, 1999, 「대동위인 안중근전」, 『안중근의사 자료집』, 국학자료원, 3~4쪽.
11 朴殷植, 1999, 「안중근」, 『안중근전기전집』(尹炳奭 譯篇), 국가보훈처, 249~260쪽.
12 김일성, 1992, 『세기와 더불어』1, 조선로동당출판사, 245쪽.
13 사회과학원 력사연구소 편, 1971, 『력사사전』Ⅱ, 사회과학출판사, 1188쪽.

일제하 무정부주의자였던 유자명(柳子明, 1894~1985)도 안중근의 독립운동에 깊은 영향을 받은 바 있었다. 그는 자신의 수기인 『한 혁명자의 회억록』에서 '안중근 의사'의 독립운동과 이토 히로부미 저격 그리고 그의 법정투쟁을 적고 있다. 유자명은 안중근 의거의 결과에 대해서 다음과 같이 말했다.

> 안중근 의사는 이렇게 조국의 독립과 해방을 위해서 력사의 편장(篇章)을 써놓고 최후로 일본 제국주의가 가장 많은 죄악을 범한 대련 감옥의 교수대에서 전투의 일생을 끝낸 것이다. 그때로부터 안중근 의사는 조선 혁명 인민의 마음속에 영원히 살아 있으며, 또는 중국 인민에게도 숭고한 존경을 받게 된 것이다.[14]

이상에서 살펴본 바와 같이 해외에서 독립운동을 전개하던 인사들은 좌우를 불문하고 안중근에 대해서 적극적으로 평가하고 있었다. 그리고 망명 조선인뿐만 아니라 당시 중국의 명류(名流)들도 안중근에 대한 만사와 제문을 비롯한 추도의 글을 다수 작성했다. 예를 들면 위안스카이(袁世凱), 리훙장(李鴻章)과 같은 청나라 말기의 정치인들[15] 그리고 량치차오(梁啓超)나 창빙린(章炳麟) 등 문필가들도 특별히 글을 남겨 안중근을 추모했다.[16]

중국에 있어서 안중근을 추모하는 열기는 1919년 5·4운동을 계기로 하여 고조되었다. 일제 침략에 저항하는 이 운동의 과정에서 「안중근(安重根)」 「망국한(亡國恨)」 등의 제목으로 안중근 의거에 관한 연극이 공연

---

[14] 유자명, 1999, 『한 혁명자의 회억론』, 독립기념관 한국독립운동사연구소, 11쪽.
[15] 安鶴植, 1963, 『의사안중근전기』, 萬壽祠保存會, 247~248쪽.
[16] 박은식, 1999, 「安重根」, 『安重根傳記全集』, 국가보훈처, 264쪽.

되어 중국 대중의 반일의식을 고취하고 있었다. 당시 톈진(天津)의 여학교에서 재학하고 있던 떵잉차오(鄧穎超)는 이 연극에서 남장을 하고 안중근 역을 맡아 주연으로 열연했다. 그는 후일 중화인민공화국의 수상이 된 조우언라이(周恩來)와 결혼했고, 중국 현대 여성운동사에서 주요한 족적을 남겨 주었다. 그는 이로써 조선의 반제국주의 운동에 깊은 이해를 가지게 되었다.

그리고 현대 중국의 대표적 문인 가운데 하나인 바진(巴金)은 "안중근이 이등박문을 쏴 죽인 사적은 자신에게 매우 깊은 감동을 주어, 안중근은 자신의 소년기에 숭배하는 영웅이 되었다"고 말했다.[17] 이상의 예에서 볼 수 있는 바와 같이 20세기 전반기 중국에서 반제국주의 운동에 참여하고 있었던 사람들에게 안중근은 광범한 영향을 주었다. 이 과정에서 안중근의 전기가 몽고어로 저술되어 간행되기도 했다.

일제 식민지하에서 안중근에 대한 언급이나 연구는 금기시되어 왔다. 식민지시대 1931년 출판사 삼중당(三中堂)에서 『하르빈 역두(驛頭)의 총성(銃聲)』이란 제목으로 안중근의 전기가 간행된 직후 판매금지를 당했다는 사실은 안중근에 대한 긍정적 평가를 막아보려던 일제 당국의 고육책을 드러내주고 있다.

그러나 안중근에 대한 긍정적 인식은 한국의 해방을 통해서 더욱 확산되어 갔다. 안중근에 대한 평가에 인색했던 집단에서도 이제 해방을 맞은 이후 자신의 견해를 수정하여 안중근을 상찬하기 시작했다. 예를 들면 해방 직후 1946년 4월에 조선 천주교의 대표적 잡지사였던 경향잡지사(京鄕雜誌社)에서는 『안중근선생공판기(安重根先生公判記)』를 간행했다. 해방된 한국의 천주교회는 천주교 신도였던 안중근의 독립투쟁을 정

---

17 유자명, 1999, 『한 혁명자의 회억론』, 독립기념관 한국독립운동사연구소, 286쪽.

당하게 평가한 결과 이와 같은 책자가 간행될 수 있었다.

또한 대한민국 정부수립 후 천주교회에서는 안중근의 전기인 이전(李全) 저 『안중근혈투기(安重根血鬪記)』를 들 수 있다. 이전은 구한말 진남포의 천주교회에서 경영했고 안중근이 교장으로 있었던 돈의학교(敦義學校) 출신 문하생들의 안중근에 관한 견문 등을 조사하여 이 책을 엮었다. 이 책은 1950년 당시 천주교 서울교구에서 경영하던 대건인쇄소(大建印刷所)에서 간행했다. 이로 미루어 볼 때, 해방 직후 남한의 천주교회에서는 안중근의 행적을 밝힘으로써 일제시대 독립운동에 소극적이었다는 당시인들의 인식을 전환시키고자 했음을 알 수 있다.

그리고 서울교구의 노기남 주교는 1947년 3월 26일에는 안중근(도마)의 37주기를 맞아 안씨 가문의 요청에 따라 명동성당에서 대례연미사를 개최했다.[18] 1957년 3월 26일에는 안중근 서거 47주기를 맞이하여 명동성당 강당에서 추도식이 개최되었고, 노기남 주교는 여기에서 사도예절을 집전했다.[19] 그의 연미사가 서울교구의 주교좌인 명동성당에서 대례미사의 형식으로 성대히 개최되고, 명동성당 강당에서 그의 추도식이 열렸던 것은 안중근의 의거에 대해서 부정적으로 평가해 왔던 천주교회의 공식 입장을 뒤늦게나마 수정한 것이었다.

이러한 과정을 거쳐 오늘날 안중근은 '구국거성'(救國巨星)이 되었고, 민족적 영웅으로 자리 잡게 되었다. 오늘에 이르러 안중근에 관한 연구가 비교적 활발히 진행되고 있다. 안중근의 삶을 기술한 아동용 전기도 최소한 173종에 이르고 있고, 그의 생애를 연구하여 발표한 많은 전기들이나 연구서가 있다. 이 전기의 대부분은 해방 이후에 간행되었다. 이를 보면 해방된 한국에서 안중근에 대한 평가가 긍정적으로 진행되었음을

---

18 『盧基南 大主敎 年譜』, 1947. 3. 26.
19 『盧基南 大主敎 年譜』, 1957. 3. 26.

확인할 수 있다.

물론 해방 이후 안중근에 대한 평가는 남북한에서 약간의 차이를 드러내고 있었다. 북한의 경우 안중근에 대한 평가는 다음의 자료를 통해서 드러난다.

> 그의 애국적 소행은 일제의 침략정책에 일정한 타격을 주고 당시 인민들의 반일투쟁을 고무하였으나 대중투쟁과 결부되지 못한 그의 개인 테로의 방법은 일제 침략자들을 구축하고 조선독립을 달성할 수 있는 정확한 투쟁방법으로는 될 수 없었다.[20]
>
> 안중근의 애국의 충성은 조선 사람이 일제놈들과 굴함 없이 싸운다는 것을 보여주었으며 조선 강점에 피눈이 되어 날뛰는 일제침략자들의 죄행을 세계의 면전에 폭로하는 또 하나의 계기로 되였다.[21]

위의 자료에서 볼 수 있는 바와 같이 1970년대 북한에서는 안중근 의거의 한계를 지적하기도 했다. 그러나 1980년대 이후에는 그에 대해서 더욱 적극적으로 평가하고 있음을 알 수 있다. 사실 안중근의 활동은 그의 투쟁 방법이 개인 테러에 의존했다 하더라도 당시의 상황에서는 그가 택할 수 있었던 최선의 투쟁방법이었다. 그러므로 남한 학계는 그의 활동에 대해서 긍정적으로 평가했다.

해방 이후 남한에서는 안중근에 대한 각종 기사가 신문이나 잡지에 다수 실린 바 있었다. 안중근을 기념하는 사업이 진행되었고, 안중근의 일대기는 문학작품을 통해서 표현되었다. 그의 의거를 기념하는 연극이 공연되기도 했으며, 그의 일대기를 담은 영화가 남북한에서 각기 제작되

---

20 사회과학원 력사연구소 편, 1971, 『력사사전』Ⅱ, 사회과학출판사, 1188쪽.
21 『조선전사』14, 1980, 과학백과사전출판사, 261쪽.

기도 했다.²² 이와 같이 안중근에 대한 평가는 시간의 경과에 비례하여 더욱 강화되어 가고 있다. 해방 이후 일본에서도 안중근에 대한 긍정적 시각의 연구와 서술이 이루어졌다.

요컨대, 반일적 반제국주의적 인사들은 안중근의 의거 직후부터 그를 '의사'로 규정했다. 순국 직후 그는 '위인'의 반열에 서게 되었다. 이와 같은 평가는 당시 일제 침략을 정당화하던 세력의 입장과는 판이하게 다른 것이었다. 그리고 역사의 진행과정에서 안중근의 행동이 가지고 있는 정당성은 강화되어 갔다. 그리하여 오늘날 안중근은 한국인에게 가장 친숙한 위인으로 부각되기에 이르렀다. 그는 남북한 모두가 함께 긍정적으로 평가해줄 수 있는 몇 안 되는 위인 가운데 하나가 되었다. 이와 같은 평가를 감안할 때 안중근에 관해서는 좀 더 본격적 연구가 요청되고 있으며, 이 연구를 위한 기초작업으로 문헌정리의 필요성이 제기되고 있다.

3. 안중근 연구의 현황

안중근은 그 의거 이후 오늘에 이르기까지 100여 년에 걸쳐 연구가 지속되어 왔다. 우리나라 근대 인물 가운데 사상의 좌우를 떠나서 이렇게 지속적으로 주목되고 있는 인물은 많지 않을 것이다. 본고에서는 안중근 연구의 시대적 특성을 간략히 언급하고 이어서 각 분야별로 진행된 안중근 연구가 가지고 있는 특징에 대해 설명해 보고자 한다. 이 설명은

---

22 cf. 金明洙, 1985, 『明水散文錄』, 삼형문화사, 260쪽. "한국서 '椿姬를' 찍고(이경손 감독) 상해로 건너온 鄭基鐸(평양)과 金一松 양(전주)의 제 1차 작품은 안중근 의사의 의거를 각색한 '愛國魂'인데 이 것이 중국에서 크게 히트했다. 김일송의 미모에다가 일본제국 침략의 대원흉 이등박문을 만주 하얼삔 역두에서 사살하는 영웅적 장면이 중국민중의 대환영을 받은 것이다." 이 기록을 보면 안중근에 관한 영화는 이미 1930년대 중국에서 제작되기 시작했다.

다음에 제시된 〈표 1〉의 통계적 결과를 중심으로 하여 진행될 수 있을 것이다.

〈표 1〉 안중근 관계 연구 업적 통계

번호	분류	해방 이전	45 ~49	50 ~54	55 ~59	60 ~64	65 ~69	70 ~74	75 ~79	80 ~84	85 ~89	90 ~94	95 ~99	00 ~04	05 ~09	합계
1	기초연구						1		2			12	9	8	24	56
1.2	문헌목록 연구사											3	1	1	1	6
1.2.1.	박사학위 논문													2	2	2
1.2.2.	석사학위 논문								1			2	2	3	7	15
1.3.	축차간행물 특집								1			3				4
1.4.	학술발표회 논문집											4	4	2	12	22
1.5.	사진자료집 등						1						2	2	2	7
2	안중근관계 단행본	17	5			2	3	7	3	4	1	12	15	13	11	93
2.1.	사료집															
2.1.1.	자서전							1	1			1	3	2		8
2.1.2.	신문기록	1	1				1	2				1	1		1	8
2.1.3.	공문서 등	1						1				1	1	3	2	9
2.2.	안중근 傳記															
2.2.1.	傳記(해방이전)	15														15
2.2.2.	傳記(해방이후)		4			2	1	1	2	3	1	9	8	3	3	37
2.3	안중근 전문연구서						1	2		1			2	5	5	16
3	안중근 연구논문				1		2		9	7	3	20	39	41	102	224
3.1.	사료정리 및 연구				1				6	1		3	6	4	11	32
3.2.	종합연구								2	1	1	3	4	3	5	19
3.3.	생애 및 독립운동						1		1	1		2	3	9	6	23
3.4.	법정투쟁 및 법리											1	3	2	6	12
3.5.	천주교 관계 연구									2		2	2	4	8	18
3.6.	정치사회사상 연구									1				3	5	9
3.7.	동양평화론 연구										1	5	11	6	23	46
3.8.	관계 인물 연구						1					1	2	7	9	20
3.9.	의거 인식 및 반응								1	1		3	8	3	29	45
4	문화예술	8	1			2	4	12	28	26		43	36	18	31	209
4.1.	전기문학	2					1				1	2	1	2	7	16
4.2.	희곡·시나리오 등	6	1							2		2	3	2	4	20
4.3.	아동문학						1	4	12	26	25	39	32	14	20	173

* 자료 : 安重根 硏究 論著目錄

이상의 〈표 1〉에 따라 안중근 연구의 시대적 특성을 검토해 보면 그에 관한 연구에서는 시대에 따라 일종의 경향성을 파악할 수 있다. 즉, 식민지시대 안중근에 관한 연구는 주로 안중근 개인사에 관한 연구와 전기의 간행이 주류를 이루고 있었다. 그는 영웅이었고, 위인으로 인식되고 있었으므로 그에 관한 전기는 자연히 영웅전 내지 위인전의 형태를 취하고 있었다. 물론 당시에 간행된 전기들은 상대적으로 그의 생애와 사상에 관한 간략한 내용을 담고 있었고, 주로 중국에서 간행되었다. 그렇다 하더라도 이 전기들이 미친 영향을 과소평가할 수는 없다. 안중근과 동시대인이었던 박은식(朴殷植)이나 계봉우(桂奉瑀) 등이 저술한 안중근의 전기들은 그의 행적에 대해 자세한 내용을 전해주고 있기 때문이다. 그리고 이 '위인전'의 독서를 통해서 많은 독립운동자들이 자신의 역할 모델로 안중근을 설정하게 되었다고 생각되기 때문이다.

한편, 1945년 조선은 해방을 맞게 되었다. 그리고 안중근에 대한 저술의 출간이 활발히 진행되어 갔다. 이는 해방으로 인해 신국가건설운동이 일어나고, 민족주의적 분위기가 고양되어 가던 상황과 무관하지 않을 것으로 생각된다. 그러나 안중근에 관한 연구는 1950년대 이후 1970년대 전반기에 이르기까지 거의 진행되지 못하고 있었다. 당시 우리나라 역사학계의 주된 관심사는 근대화론 및 내재적 발전론의 규명에 있었기 때문에, 식민지시대 독립운동에 관한 연구는 거의 진행될 여지가 없었다. 이 기간에 산출된 안중근에 관한 연구성과로는 1956년 일본에서 진행된 안중근관계 사료에 대한 연구와[23] 북한의 연구자가 1965년에 발표한 안중근의 생애에 관한 한 편의 논문이 있을 뿐이었다.[24]

---

23 山脇重雄, 1956, 「安重根關係書類」, 『歷史敎育』 4-2, 歷史敎育硏究會.
24 김영숙, 1965, 「열렬한 반일 애국 렬사 안중근의 생애와 그의 옥중 투쟁」 『력사과학』 1965년 3호, 사회과학원 력사연구소.

안중근에 관한 연구는 1970년대 후반기부터 점차 진행되어 가기 시작했다. 이 시기에는 안중근의 자서전과 동양평화론 등 그가 남긴 기록들이 확인됨에 따라 이 자료들과 관련된 문제들에 관한 연구가 주로 진행되어 갔다. 그러나 1980년을 기점으로 하여 사회주의 계열의 항일투쟁에 관한 연구가 활발히 전개되며, 식민지시대 광복운동의 전체적 윤곽이 좀 더 분명해져 갔다. 그러나 이러한 과정에서 안중근에 관한 연구는 독립운동을 연구하는 학자들의 일차적 관심권으로부터 약간 벗어나 있었다.

안중근 연구가 본격적으로 진행된 시기는 1990년대 중엽 이후의 일이었다. 이때 안중근에 관한 연구는 양적으로 팽창되어 갔다. 사실, 이 시기에 발표된 안중근에 관한 연구논문들은 전체 분량에서 80% 이상을 차지하고 있었다. 안중근 연구는 2000년대 이후에 특히 많은 성과를 확인할 수 있다. 이때에 들어와서 안중근 연구가 활발히 진행될 수 있었던 까닭으로는 학계에서 한일강제병합에 이르는 과정에서 체결된 각종 불평등조약에 대한 이해가 심화된 사실을 우선 주목할 수 있다. 그리고 안중근 의거 백주년을 앞에 두고 그에 관한 체계적 연구의 필요성이 대두되어 이를 실천한 결과라고 볼 수 있다. 현재를 포함하고 있는 이 시기의 안중근 연구에는 안중근의사기념사업회 안중근연구소 등이 주요한 역할을 하고 있었다.

안중근 연구는 한국근대사 연구의 일환이며 그 분류의 범위를 좁힌다 하더라도 한국독립운동사 연구의 한 부분이다. 이 때문에 안중근과 그 의거에 대한 연구는 한국근대사 내지 독립운동사 연구와 직결되고 있다. 그리고 이러한 사건의 역사적 인과관계를 규명하는 과정에서 안중근과 그 의거가 서술되고 있다. 따라서 그를 언급하고 있는 적지 않은 논저들이 그에 관한 직접적 전문적 연구라기보다는 역사적 맥락을 서술하는 과정에서 그를 포함하고 있는 것이다. 그러므로 안중근 연구의 경향을 검토하는 작업에서 그가 살았던 시대의 연구와 별도로 분리시켜 논하는 일은 불가능하다.

그렇다 하더라도 안중근은 개항기 국권수호운동에 있어서 매우 큰 상징적 의미를 가지고 있다. 따라서 한국근대사 연구의 일환으로 그에 관한 적지 않은 연구들이 진행되어 왔다. 현재 안중근에 관한 기초연구들은 56종에 이르고 있고, 93종의 단행본이 간행되었으며, 모두 224편의 전문적 논문들이 간행되었다. 이 연구들이 가지고 있는 세부적 특성들에 관해서 기초연구 분야부터 검토해 보겠다.

안중근의 기초연구는 우선 각종 학위논문을 들 수 있다. 안중근에 관한 학위 논문은 1975년 특수대학원의 논문으로 제출된 교육학석사학위논문을 효시로 하고 있다. 즉, 안중근에 관한 학문적 관심은 1970년대 중엽에 들어와서야 역사교육 분야에서 시작되었다고 볼 수 있다.[25] 한국사 분야에서는 1993년도에 이르러서야 첫 번째 문학석사 학위논문이 나올 수 있었다.[26]

그리하여 현재에 이르기까지 모두 15편의 석사학위 논문이 발표되었고, 이 논문들 가운데 2000년대에 들어와서는 안중근의 의거에 대한 윤리신학을 비롯한 신학적 검토 작업이 활발히 전개되어 오고 있음을 확인하게 된다. 또한, 2007년 안중근관계 박사학위논문이 제출된 사실을 주목할 수 있다.[27] 안중근을 연구주제로 한 박사학위 소지자가 나타났다는 것은 그에 관한 심층연구의 인적 기반이 갖추어졌다는 말이 된다.

한편, 국내에서 간행된 여러 학술잡지에서 안중근을 특집 내지는 부

---

[25] 金甲得, 1975, 「안중근에 관한 일 연구-국권회복운동과의 관련에서」, 이화여자대학교 교육대학원 교육학석사 학위논문.
[26] 申雲龍, 1993, 「안중근의 생애와 사상에 대한 일고-그의 君主觀과 東洋平和論을 중심으로」, 한국외국어대학교 대학원 문학석사.
[27] 신운용, 2007, 「안중근의 민족운동연구」, 한국외국어대 사학과 문학박사 학위논문.

특집(副特輯)으로 하여 집중적으로 연구조명하기 시작했다.[28] 또한 안중근 관계 학술대회의 빈번한 개최와 병행하여 '학술발표회 논문집'(proceedings)이 경인쇄물(輕印刷物)로 다수 발간되었다. 이 경우 후일 전문 학술지에 논문이 수정 게재되는 경우가 대부분이었지만, 경우에 따라서는 학술발표회 논문집에 게재의 발표논문만 남아 있기도 하다.[29]

그리고 안중근에 관한 사진자료를 정리하려는 노력은 대중적 관심 아래 일찍부터 진행되어 왔다.[30] 특히 항일유적지의 답사과정에서 안중근과 관련된 역사적 지점들이 주목을 받아왔고, 이에 관한 답사기들도 작성되었다. 안중근에 관한 사진자료와 현지답사 보고서 등은 안중근 연구에 있어서 간접적 도움을 줄 수 있는 분야로 생각된다. 그리고 안중근의 사진자료를 집대성하여 보정해서 학술적인 검토를 거쳐 본격적인 자료집의 출현이 기대되고 있다.

안중근관계 단행본 도서 중에는 사료집적 성격의 도서들이 우선 주목된다. 여기에는 안중근이 직접 남긴 자서전을 비롯한 일부 기록들과 그가 체포된 이후 러시아의 관헌 및 일본의 관헌들이 작성한 신문기록 및 안중근관계 공문서 등을 들 수 있다.

그러나 안중근 관계 자료의 발굴 과정에 있어서 가장 중요한 사건은 그의 자서전인 「안응칠역사(安應七歷史)」와 그의 저서인 『동양평화론(東洋平和論)』의 존재가 확인된 사실이었다. 즉, 1969년 4월 일본 도쿄(東京) 간다(神田)의 고서점에서 『안중근자서전(安重根自敍傳)』이란 표제로 된 일

---

[28] 이에 관한 대표적 사례로는 한국교회사연구소에서 1994에 간행한 『교회사연구』9(安重根 토마스義士 特輯)를 들 수 있다.
[29] 축차간행물 특집과 학술발표회 논문집에 관한 현재의 조사는 매우 미흡하므로, 이를 더욱 보완해 나가고자 한다.
[30] 안중근의사숭모회, 1968/1972/1989, 『민족의 얼 - 안중근 의사 유묵사진첩』

본어 번역본이 최서면(崔書勉)에 의해 발견되었다.³¹ 그리고 1978년에는 나가사키(長埼)의 와다나베(渡邊庄四郎)가 『안응칠력사』 한문 원본을 한국 대사관에 기증함으로써 그 자료가 본격적으로 발굴될 수 있었다.³²

한편, 1979년 9월 김정명(金正明)은 일본 국회도서관 헌정연구실 '칠조청미 문서(七條淸美 文書)' 중에서 『안응칠력사』와 『동양평화론』의 등사본 합책을 발굴했다.³³ 이러한 노력들을 통하여 안중근의 친필 고본은 아니었지만 그의 유고가 원문대로 빛을 보게 되었다. 물론 이 유고들은 옥중에서 작성된 것이었으므로 일정한 한계를 갖고 있다. 예를 들면, 이 유고에서 안중근은 1908년의 의병투쟁이나 1909년의 단지동맹(斷指同盟)에 대해서는 언급을 생략하고 있다. 그러나 이와 같은 안중근 자신이 남긴 자전적 기록이나 당시의 재판 기록들은 안중근을 연구하는 데에 필수적으로 요청되는 일차사료들이다.

안중근 의거에 관한 자료적 성격을 가진 책자로는 만주 따롄(大連)에 있던 만주일일신문사(滿洲日日新聞社)에서 간행된 『안중근의사공판속기록(安重根事件公判速記錄)』을 최초의 것으로 볼 수 있다. 이 공판속기록은 법원의 공식문서는 아니었다. 이 자료는 안중근에 대한 재판을 방청했던 기자가 작성한 일본문 속기록을 정리하여 간행했다.

이 책자는 1910년(明治 43) 3월에 초판이 간행된 이후 그해 5월에 재판되었다. 이로 미루어 볼 때 이 책은 법원 당국의 공식적 기록은 아니라 하더라도 당시 안중근 재판의 진상을 알려주는 주요한 자료로 평가되고 있었다. 이 공판속기록은 그 후에 작성된 일부의 안중근전기에 부분적으

---

31 崔書勉,「安應七自傳」,『外交時報』1970년 5월호, 外交時報社, 777쪽 ; 尹炳奭, 1999,「해제 안중근전기전집」,『안중근전기전집』, 국가보훈처, 37쪽.

32 최서면,「안중근 자전고(自傳考)」『나라사랑』34, 1979. 12. 외솔회, 56~57쪽.

33 『동아일보』1979년 9월 1일자 기사 ; 尹炳奭, 1999,「해제 안중근전기전집」,『안중근전기전집』, 국가보훈처, 37쪽.

로 활용되었다. 한편, 1946년 서울의 경향잡지사에서 간행한 『안중근선생공판기』는 이상의 만주일일신문사의 『안중근사건공판속기록』을 박성강(朴性綱)이 번역, 편집하여 간행한 것이었다.

그러나 오늘에 이르러서는 일제 당국에서 작성한 신문조서 등이 새롭게 발굴됨에 따라 이 위에 언급된 속기록의 사료적 가치는 감소될 수밖에 없었다. 오늘날 연구자들이 활용할 수 있는 안중근의 재판 관계 자료로는 일본의 도쿄(東京) 한국사료연구소(韓國史料研究所)에서 간행한 조선통치사료 제5집으로 『안중근등살인피고공판기록(安重根等殺人被告公判記錄)』을 우선 들 수 있다. 그리고 1976년 국사편찬위원회는 한국독립운동사 자료 6과 7로 『안중근의사 및 그 관계자 공판기록』과 『주한공사관기록(駐韓日本公使館記錄)』을 간행해서 안중근 관계 기초 자료를 제공해 주었다.

국사편찬위원회에서 간행한 이 자료 가운데 『안중근의사 및 그 관계자 공판기록』은 원래 조선총독부 조선사편수회에서 소장했던 자료였다. 이를 해방 이후 국사편찬위원회에서 인수받아 정리 간행한 것이었다. 그리고 『주한일본공사관기록』은 국사편찬위원회가 소장하고 있는 같은 명칭의 자료 가운데 안중근 관계 사료만을 발췌 정리하고, 여기에 안중근 의거에 관한 『대한매일신보(大韓每日申報)』의 기사를 가려 뽑아 간행했다. 그밖에 안중근 관계 공판기록 중 책자로 간행된 것으로는 『안중근사건공판기』도 들 수 있다.[34] 이 자료는 국사편찬위원회에서 간행한 『안중근의사 및 그 관계자 공판기록』의 말미에 있는 「공판시말서(公判始末書)」제1회분부터 제6회분까지를 교주(校註)한 책자이다. 이러한 사료집을 통해서 연구자들은 안중근 의거의 실체에 접근해 가고 있었다.

---

34 崔洪奎 校註, 1979, 『안중근사건공판기』(正音文庫 79), 正音社.

안중근에 관한 단행본 책자 가운데 가장 많은 부분을 차지하고 있는 것은 안중근에 관한 전기를 들 수 있다. 안중근의 전기는 한국뿐만 아니라 중국과 일본에서도 지속적으로 간행되어 왔다. 그의 전기 자료들은 안중근에 관한 연구에서 간과할 수 없는 부분이다. 안중근의 전기 자료에 대해서는 선학에 의해 연구된 바 있으므로[35] 본고에서는 이를 간략히 정리하여 제시하면 다음과 같다. 즉, 안중근 개인에 대한 전기적 기록은 1911년부터 출현했다. 즉, 1911년 홍종표(洪宗杓)가 한글로 저술한 『대동위인 안중근전(大東偉人 安重根傳)』이 하와이 신한국보사(新韓國報社)에서 간행되었다.[36] 그러나 이에 앞서 1910년 창강(滄江) 김택영(金澤榮)은 『안중근전(安重根傳)』을 저술한 바 있지만 이는 필사본으로 전해졌을 뿐 저술 당시 간행에까지는 이르지 못했다. 김택영의 저술은 후일 그의 문집에 수록되어 알려지게 되었다.

'합방' 직후 안중근에 대한 대표적 전기작가로는 창해노방실(滄海老紡室) 박은식(朴殷植, 1859~1925)이 있다. 그는 1912년 한문본 『안중근(安重根)』을 저술하여 '동서양위인총서'의 일부로 상재했고 이를 다시 1914년 상하이 대동편집국(大同編輯局)에서 간행했다. 그리고 옥사(玉史) 김하구(金河球)는 이 자료를 초역하여 『만고의사 안중근젼』을 간행했다. 러시아령 연해주 해삼위 신한촌(新韓村)의 한인신보사(韓人新報社)에서는 1917년에 이를 『애국혼(愛國魂)』으로 간행하고 있었다.

그리고 같은 해인 1914년 6월부터 8월까지 계봉우(桂奉瑀)는 해삼위의 『권업신문(勸業新聞)』에 10회에 걸쳐서 「만고의ㅅ 안즁근전」이란 제목으로 안중근 전기를 연재했다. 한편, 이건승(李建昇)도 1919년 서간도에

---

35 尹炳奭, 1999, 「해제 안중근 전기전집」 『안중근전기전집』(尹炳奭 譯篇), 국가보훈처, 34~35쪽.
36 이 자료는 독립기념관 한국독립운동사연구소 편, 1999, 『안중근의사자료집』, 국학자료원 및 국가보훈처, 1999, 尹炳奭 譯篇, 『안중근전기전집』, 국가보훈처에 수록되어 있다.

서『안중근전』을 저술했고 이 원고가 그의『해경당수초(海耕堂收草)』에 수록되어 전해졌다. 또한 중국 창스(長沙) 출신인 쳉위안(鄭沅)은『안중근전』을 저작하여 1920년경 상하이에서 간행했다. 이처럼 '한일합방' 직후 안중근에 관한 전기적 기록들은 망명지에서 간행될 수 있었다.

그리고 해방 이전에 저술되었던 전기 가운데 상당수는 윤병석 역편『안중근전기전집(安重根傳記全集)』(國家報勳處, 1999)에 수록되어 있다. 이『안중근전기전집』에는 일부 사진자료와 그가 남긴 휘호의 사진 등이 제시되어 있다. 이 자료집의 본문은 모두 3부로 구성되어 있다. 제1부는 '안중근 자서전'으로서, 여기에는『안응칠역사』및『동양평화론』이 다시 번역되어 수록되었다. 이 작업을 통해서 1979년도의 번역본이 가지고 있었던 번역상의 문제점이 교정될 수 있었다.

이 자료집의 제2부는 '국내외 문인학자들의 안중근 전기' 편으로 되어 있다. 여기에는 박은식,『안중근』; 옥사(玉史) 편저,『만고의사 안중근전』; 저자미상『근세역사(近世歷史)』; 김택영,『안중근전』; 이건승,『안중근전』; 홍종표,『대동위인 안중근전』; 계봉우,『만고의스 안즁근젼』; 쳉위안(鄭沅),『안중근』등 한문이나 고어체 한글로 작성된 8편의 전기가 집성되어 있다. 역편자는 이 자료 가운데 한문본을 번역하고, 고어체 한글본을 직해하여 연구자들이 손쉽게 활용할 수 있도록 배려했다.

한편 자료집의 제3부는 '해방직후 안중근전기 관련저술'로 되어 있다. 여기에는 「우덕순(禹德淳) 선생의 회고담」; 이강(李剛),「내가 본 안중근 의사」; 이전(李全),『안중근 혈투기』; 황의돈(黃義敦),『안의사중근전(安義士重根傳)』등 4종의 자료가 정리되어 있다. 이『안중근전기전집』의 간행을 통해서 연구자들은 절판된 전기 자료들에 쉽게 접근할 수 있게 되었다.

이 밖에도 해방 이후 남한에서는 안중근의 전기가 여러 종류 간행되었다. 아마 북한에서도 어떠한 형태로든 안중근의 전기가 간행되었을 것으로 추정되나 그 구체적 내역은 자료의 부족으로 알 수 없다. 한편, 중국의 센양(瀋陽)에 있는 요녕민족출판사(遼寧民族出版社)에서 송정환은 1985년 한글로 된 『안중근』을 간행했다. 그 후 심양의 요녕민족출판사에서는 1994년에 다시 김우종(金宇鐘) · 최서면(崔書勉)이 주편(主篇)한 『안중근』을 간행했다.

안중근의 전기 간행은 해방 이후에도 계속되었다. 안중근의 평전을 작성하기 위한 노력들이 지속적으로 진행되어 왔다. 그리고 이에 그치지 않고 안중근의 일대기를 문학적으로 형상화하려는 노력들이 식민지시대 이래로 시도되었다.[37] 이 작업의 결과로 최상덕, 이호철, 송원희, 한석청, 조정래, 이문열 등이 그의 전기문학작품들을 발표하였다.

안중근에 관한 문학적 형상화 작업과는 장르를 달리하여 안중근에 관한 전문적 연구서(monography)들도 간행되었다. 그러나 이 분야에 있어서는 안중근에 관한 연구작업은 역사학계를 중심으로 하여 진행되었다. 또한 적지 않은 논문들이 축차적으로 간행되어 안중근 연구의 미래를 밝게 해주고 있다. 한편, 안중근에 관해서는 학술 분야뿐만 아니라 문학과 예술 분야에서도 적지 않은 성과가 축적되어 있다. 이 성과들 가운데 일부는 안중근에 관한 기존의 연구 성과들을 충실히 반영했다. 안중근의 생애와 사상을 형상화하기 위한 이 노력은 학술적 연구성과에 기초해야 하기 때문이다.

---

[37] 李泰浩, 1931, 『哈爾賓 驛頭의 銃聲』, 三中堂書店.

4. 안중근연구의 과제

　오늘날 우리 학계는 안중근 연구에 있어서 적지 않은 성과를 내고 있다. 그러나 안중근연구의 발전을 위해서는 자료에 대한 철저한 조사간행 및 기존의 연구에 대한 반성적 접근이 요청되고 있다. 우선 안중근연구에 필수적인 자료집 간행에 관해서 언급해보겠다. 현재 우리나라의 독립운동에 기여했던 주요한 인물들의 전집 내지는 사료집들은 거의가 간행되었지만, 그들이 역할모델로 삼았던 안중근 전집 내지는 안중근연구자료집은 아직 본격적으로 간행되지 못했다.

　주지하다시피, 역사연구자들은 자료가 없이는 연구의 진전이 불가능하다. 물론 안중근관계 자료들이 부분적이며 산발적으로 간행된 바 있었다. 그러나 안중근 관계 자료 가운데 현재 정리되어 있지 않은 부분이 상당수에 이르고 있다. 현재 안중근의사기념사업회 부설 안중근연구소에서는 안중근관계 자료를 집대성하여 철저한 주석을 거쳐서 자료집으로 간행하는 계획을 수행하고 있다.

　그런데 안중근의 경우에는 자신이 직접 작성한 기록이 그다지 많지는 않다. 또한 그의 사형이 조기에 집행됨에 따라 그는 옥중에서도 충분한 기록을 남기지 못했다. 그러므로 그의 전집은 그가 직접 작성한 글들로만 채워질 수는 없다. 그러나 공판투쟁의 과정에서 자신의 견해에 대해 많은 자료들을 남겼고, 이는 자신이 직접 작성한 자료와 동등한 가치를 가지고 있는 것으로 생각된다. 그러므로 그의 전집은 일반적인 전집 편찬의 형식과는 달리 그의 공판기록과 그에 관한 각종 자료 및 회고적 기록까지도 총망라되어야 할 것이다.

　현재 계획되고 있는 안중근 전집에는 우선, 안중근의 자서전을 비롯하여 그가 직접 남긴 기록들에 대한 철저한 주석 및 재번역작업이 수행되고 있다. 그리고 안중근에 관한 각종의 신문기록을 정리하여 제시하고자 한다. 여기에는 러시아 관헌이 안중근을 체포한 직후 시행했던 취조 기록과 안중근 및 안중근 관련자들에 대한 광범한 신문기록들이 정리될 것이다.

안중근 의거에 대한 이해는 안중근에 관한 직접적 신문뿐만 아니라 그의 동료였던 우덕순, 유동하, 조도선 등의 신문기록에 대한 연구도 당연히 전제되어야 한다. 또한 일제는 안중근과 관련된 혐의가 있을 경우에는 철저한 신문을 시도했다. 이 과정에서 그의 가족, 친우들뿐만 아니라 하얼빈에 주재하고 있던 조선인과 일본인들까지도 광범하게 신문했다. 이 기록들을 탈초(脫草)하고 입력해서 원문과 함께 제시하고자 한다. 그리고 그 신문기록에 대한 주석작업이 함께 수행되어 전집에 반영될 것이다.

안중근 의거는 당시 동아시아를 뒤흔드는 일대 사건이었다. 이 사건에 대한 보도는 중국이나 일본 및 한국뿐만 아니라 러시아를 비롯한 구미 각국의 신문 잡지에서도 주요하게 취급하여 다루고 있었다. 이러한 자료들도 가능한 한 모두 모아서 번역 탈초 입력의 과정을 거쳐서 안중근 전집에 포함될 예정이다. 그밖에 안중근에 관한 당대인의 회고적 기록들이 당연히 정리되어야 한다. 현재 진행 중에 있는 안중근 전집의 구성은 다음 〈표 2〉와 같다.

안중근 전집의 간행은 안중근에 관한 연구자료의 확보를 위해 필수적으로 요청되는 일이다. 이와 함께 안중근의 연구가 가지고 있는 또 다른 과제도 있을 것이다. 예를 들자면, 안중근 연구의 심화를 위해서는 안중근의 의거뿐만 아니라 그의 애국계몽운동 및 의병투쟁에 대해서도 좀 더 천착되어야 한다. 또한 안중근의 정치 사회사상 등에 대해서도 본격적인 연구의 출현이 기대되고 있다. 그리고 안중근의 동양평화론이 가지고 있

〈표 2〉 안중근의사 전집 간행(안)

편	권	책	제목	번역(매)	탈초(매)	원문(면)	비고
1		1	안중근 유고집	540	316	233	자서전 등
2			안중근 관계 신문기록				
	1	2	러시아관헌 취조문서	552	461	502	
	2	3	안중근 신문기록	1,140	950	370	
	3	4	우덕순·유동하·조도선 신문기록 I	897	747	434	미조부치 신문
	4	5	안중근 가족·친우 신문기록	839	699	197	
	5	6	하얼빈주재 조선인 신문기록	858	715	200	
	6	7	우덕순·유동하·조도선 신문기록 II	402	335	350	사카이 신문
	7	8	일본인 신문기록	400	334	374	
3		9	안중근과 천주교 관계 자료	1,240	932	350	
4		10	안중근과 계몽운동과 의병투쟁 자료	1,047	852	270	
5		11	안중근 공판 투쟁관계 자료	1,500	1,250	407	
6			안중근 의거 관계 보도 자료				
	1	12	한국어 신문 안중근 관계 보도 I	1,336		343	대한매일신문 등
	2	13	한국어 신문 안중근 관계 보도 II	1,327		337	신한민보 등
	3	14	滿洲日日新聞 안중근공판 속기록	1,095	914	112	
	4	15	滿洲日日新聞 안중근 관계 보도	1,095	914	112	
	5	16	日本語新聞 안중근 관계 보도	1,133	953	122	京城新報 朝鮮新聞 滿洲日報
	6	17	朝日新聞 안중근 관계 보도	1,154	964	134	
	7	18	每日新聞 안중근 관계 보도	1,166	927	139	
	8	19	中國言論 안중근 관계 자료	1,047	534	135	
	9	20	러시아 언론 안중근 관계 자료	1,127	1,681	206	
	10	21	歐美 언론 안중근 관계 자료	1,127	1,354	256	
7		22	안중근의거 계승운동 관계 자료	1,140	950	370	회고기록 포함
8			안중근 관계 전기 자료(1911~1945)				
		23	한국인집필 안중근 傳記 관계 자료	945	530	235	
		24	외국인집필 안중근 傳記 관계 자료	1,040	639	257	
9		25	안중근관계 사진자료				遺墨포함

는 특성에 대한 본격적인 연구가 아직 요청되고 있다고 판단된다. 그의 동양평화론은 당대 일본의 평화론을 비롯한 20세기 초에 전 지구적 범위에서 성행했던 평화사상과의 관련성에 대한 연구가 더욱 기대된다.

한편, 문학과 예술 분야에서 진행된 안중근 관계 작업들 가운데 일부에서는 안중근에 대한 잘못된 인식을 전해줄 수 있는 것들도 포함되어 있다. 그리고 역사적 위인의 하나인 안중근에 관해서 수많은 아동물이 간행되었다. 이 많은 아동물 가운데 극히 일부를 제외하면[38] 대부분의 저작들이 여러 문제점을 가지고 있는 것으로 생각된다. 그러므로 안중근에 관한 연구성과의 올바른 보급을 위한 노력이 좀 더 강화되어야 할 것이다.

5. 맺음말

안중근에 관한 평가와 연구는 그가 의거를 단행한 직후부터 진행되어 오늘에 이르기까지 100여 년의 시간이 흘렀다. 지난 100여 년간의 시간동안 안중근에 대한 평가는 시대와 인물에 따라 각기 달라져왔다. 즉, 안중근의거 직후부터 제국주의의 침략 아래 놓여 있던 조선의 식민 당국이나 일부 집단에서는 안중근을 살인자로 간주하고 단죄하고자 했다. 안중근에 대한 재판도 그의 의거에 대한 부정적 인식을 전제로 하여 진행되었다.

그러나 안중근의 의거는 일본 제국주의의 침략에 직면해 있던 한국이나 중국의 국민들과 연구자들에 의해서 적극적으로 평가되어 갔다. 안중근은 의거 직후부터 반제운동 내지 민족주의 운동의 상징이 되었다. 많은 독립운동자들은 안중근에게서 자신의 역할 모델을 발견했다. 이 과정

---

[38] 최서면, 1994, 『새로 쓴 안중근 의사』(소년소녀를 위한 한국인총서2), 집문당. 이 책은 아동용 안중근 전기 가운데 학계의 연구성과에 충실한 대표적 저서이다.

에서 식민지시대에는 안중근에 대한 학문적 연구가 본격적으로 진행되기에 앞서 그의 전기부터 간행되기 시작했다.

식민지시대 초기 안중근의 전기를 집필했던 사람들은 안중근과 동시대를 살면서 그에 관한 행적을 수집할 수 있었던 위치였다. 그러므로 그들의 전기는 안중근의 일생을 이해하는 데에 적지 않은 사실들을 전해주고 있다. 예를 들면 계봉우가 남긴 안중근의 전기를 통해서 우리는 단지동맹의 구체적 진실에 접근할 수 있는 것이다. 그러나 안중근에 관한 일부 전기들은 학문적으로 볼 때 비판의 여지가 있는 부분도 적지 않다.

한편, 전기의 간행과 함께 안중근에 관한 형상화 작업이 진행되었다. 안중근에 관한 연극과 영화 소설 등이 간행되었다. 특히 1920년대 이래 중국에서 안중근에 관한 형상화 작업은 강력히 추진되었다. 그리하여 안중근의 의거는 영화로 재현되었고, 경극대본으로 작성되어 일반 민중들의 환영을 받기도 했다.

해방은 안중근 연구에 있어서도 중요한 계기가 되었다. 그러나 해방직후의 혼란상으로 인해 안중근은 1950년대까지 제대로 연구되지 못하였다. 안중근에 대한 연구가 본격적으로 진행될 수 있었던 계기는 안중근 자서전의 발견에서 찾아진다. 1969년 일본에서 안중근의 자서전인 『안응칠역사』 및 그의 미완성 저작인 『동양평화론』의 존재가 확인된 사실이었다. 그리고 1970년대에 이르러 안중근 관계 자료가 부분적으로 정리 제시되기 시작함에 따라 안중근 연구는 새로운 전기를 맞이하게 되었다.

특히 1980년대 이후에 이르러 한국 근대사의 연구가 장족의 발전을 거듭하는 과정에서 독립운동사에 대한 연구가 이루어졌고 이와 병행해서 안중근에 대한 연구도 진행되었다. 그리하여 2010년대 오늘에 이르러서 독립운동사 연구자들은 안중근을 상당히 선호하는 연구주제로 삼게 되었다. 그리고 안중근은 역사학 분야뿐만 아니라, 법학을 비롯한 사회과학 분야 등의 연구자들도 주목하게 되었으며, 그의 행동에 관한 철학적 윤리적 신학적 분석이 시도되기도 했다.

그런데 이러한 연구작업의 더 큰 진전을 위해서는 몇 가지 전제작업이 요청된다. 첫 번째로, 안중근 연구의 진전을 위해서는 관계 사료에 대한 재정리 작업이 시급히 요청된다. 물론 현재까지 적지 않은 사료가 정리되었다. 그러나 아직도 안중근에 관한 모든 사료들이 체계적으로 정리되었다고 볼 수는 없다. 여기에서 안중근 관계 사료의 정리와 관련하여 요청되는 사항을 확인해 보면 다음과 같다.

우선, 안중근 의거와 관련하여 논의된 사항들이 당시 언론이나 인쇄매체 등을 통해서 광범하게 수집 정리 번역 간행되어야 한다. 이와 유사한 작업을 사건 직후 일제 당국에서 시도한 바가 있었다. 그러나 당시의 작업에는 한계가 있었으므로 오늘날 우리들은 이 작업을 새롭게 착수해야 한다. 또한 안중근 의거에 관여했던 각국의 인물들에 관한 자료조사를 통해서 안중근 관계 사료를 보완해 나갈 수 있을 것이다.

현재까지 개발된 자료들은 주로 일본측의 자료였다. 그러나 이에 못지않게 한국이나 중국, 그리고 러시아를 비롯한 기타 여러 나라에서도 안중근 관계 자료가 조사되어야 한다. 또한 안중근 관계의 사료 가운데에는 당시 조선에서 선교하고 있던 파리외방선교회의 문서들이 조사될 수 있다. 이러한 자료들을 함께 모아서 새로운 자료집이 간행되어야 한다.

둘째, 안중근에 관해 이미 발굴된 사료들의 활용도를 높이는 문제가 검토되어야 한다. 예를 들면, 국가보훈처에서 3책으로 간행한 『아주제일의협 안중근(亞洲第一義俠 安重根)』은 일본문 자료가 대부분이다. 그리고 마이크로필름을 복사한 결과 그 인쇄상태에 문제가 있다. 이 자료는 철저한 사료비판과 안중근 연구의 저변확대를 위해서 번역되어야 한다. 그리고 안중근에 관한 사료집이 책임 있는 기관에 의해서 다시 종합되고

편찬 간행되어야 한다.

셋째, 안중근 연구의 시각에 관한 문제를 재검토해야 한다. 안중근 연구는 개인연구의 특성을 가지고 있다. 그러나 안중근 연구가 '위인' '영웅' 등 안중근에 대한 단순한 개인연구에 머물어서는 아니 된다. 안중근이란 개인을 통해서 당시의 사회와 국제관계 그리고 반제국주의 운동이 좀 더 잘 이해될 수 있기 때문이다. 또한 안중근 연구의 시각이 단순히 민족주의적 감정의 이입만을 지향해서는 아니 된다. 그가 존중하고자 했던 인류 보편의 가치까지도 밝히려는 작업이 진행되어야 한다. 이를 통해서 안중근의 진면목이 파악될 수 있기 때문이다.

넷째, 안중근에 관한 다양한 연구주제의 개발을 위한 노력이 지속되어 왔다. 그러나 안중근 연구의 범위를 확대하는 문제가 논의될 수 있을 것이다. 안중근의 의거 자체뿐만 아니라 그의 의병투쟁이나 교육계몽활동과 그의 사상 등이 종합적으로 밝혀져야 한다. 그리고 안중근 의거에 관한 구조적 인식을 강화하기 위해서는 안중근 의거에 대한 당시 사회의 반응이 새롭게 주목될 수 있을 것이며, 그의 형제나 혈족들의 독립운동도 주목의 대상이 될 수 있다. 안중근의 사상에 대해서도 좀 더 깊은 연구가 진행되어야 한다.

다섯째, 연구자의 폭을 넓히는 문제이다. 안중근에 관한 연구는 역사학 연구자들이 주도해 왔다. 그러나 안중근에 관한 관심은 비단 역사학뿐만 아니라 정치학, 외교학, 사회학 등의 사회과학 분야와 철학, 신학 등 인문학의 분야에서도 표현되고 있다. 이들 상호간의 연구협력, 학제간의 연구를 더욱 촉진시킬 수 있는 방안이 모색될 수 있을 것이다.

안중근에 관한 연구는 한국독립운동사에 대한 올바른 이해에 도움을 줄 수 있다. 그리고 '국민교육'의 차원에서도 중요시될 수 있다. 그러기에 국가에서는 비록 제한적으로나마 안중근 관계의 연구나 행사 내지 사업을 지원했던 것으로 생각된다. 그런데 이러한 여러 일들 가운데 가장 중요하고 시급한 일은 안중근에 대한 사료정리와 연구의 촉진이다. 이는 눈에 보이지 않은 기념관을 건설하는 작업이다. 하드웨어는 소프트웨어가 마련되지 않으면 올바로 가동될 수 없다. 가시적 건물로서의 기념시설도 필요하겠지만, 이와 같은 연구가 기본이 되지 않는다면, 그 기념시설은 또 다른 사상누각(砂上樓閣)일 수가 있다. 안중근에 관한 연구에 대한 더욱 큰 관심이 더욱 크게 요청되고 있음을 거듭 확인한다.

附·安重根 研究 論著目錄
(1910~2010)

<일러두기>

1) 이 「안중근 연구 논저목록」은 국내에서 연구된 안중근 관계 자료 및 연구논저와 논설류 글들을 위주로 하여 조사한 결과를 수록했다. 이 논저 목록은 국사편찬위원회에서 간행한 『한국사연구휘보』(韓國史研究彙報)를 비롯해서 한국사 관계 각종 색인 및 논저와 필자가 직접 조사한 자료 등을 기초로 하여 작성되었다.

2) 이 자료에는 북한 및 중국과 일본에서 진행된 안중근 관계 연구자료들은 극히 제한적 범위 내에서만 수록되어 있다. 안중근에 관한 북한의 연구성과는 『력사과학』을 비롯한 역사학 계통의 간행물을 검토하여 확인하고자 했다.

3) 이 목록에 포함되어 있지 않은 연구논저는 다음의 자료를 참고할 수 있다.
① 중국의 연구성과 : 張會芳(北京 社會科學院 敎授), 「關于安重根的中文論著目錄(1909~2009)」의 글이 곧 발표될 예정이다. 이 글은 안중근 연구를 시대 및 연구 영역에 따라 정리해주었다. 즉, 이 글은 淸末及民國時期(1909~1927 ; 신문평론 및 보도, 詩詞, 戲劇, 小說, 傳記), 南京國民政府時期(1927~1949 ; 文藝, 論著, 一般文章), 中華人民共和國時期(1949~2009 ; 文藝, 論著, 一般文章) 그리고 중국에서 외국어로 발표된 논문 및 외국어 논문을 중국어로 번역한 논문 목록까지 모두 A4용지 13면에 걸쳐 철저히 정리해 주었다.
② 러시아의 연구성과 : 따지아나 심비르쩨바(Tatyana Simbirtserva), 2009, 「러시아의 안중근 인식」 『안중근의사 하얼빈 의거 100주년 기념 국제학술대회』, 안중근의사기념사업회, 52~55쪽

4) 이 자료에서 제시하고 있는 '아동용 간행물'에 관한 정보는 주로 국립중앙도서관 전자도서관(http://www.dibray.go.kr)에서 색인어 '안중근'을 검색한 결과에 의존했고, 현재 판매되고 있는 안중근 관계 도서의 확인을 위해서 '교보문고'의

사이트를 검색한 결과이다.
5) 이「안중근 연구 논저목록」에는 전문적 학술논문집이나 학술적 저서에 포함된 논문 이외에도 '학술발표자료집'(proceedings)에 수록된 논문들도 함께 수록함을 원칙으로 했다. 그러므로 한 저자가 발표한 동일한 제목이나 내용의 논문이라 하더라도 게재지가 다를 때에는 모두 수록함을 원칙으로 했다. 이 경우에는 별도의 일련번호를 부여하지 않고, 첫 번째로 발표되었던 논문의 번호에 a란 표시를 했고 그에 이어서 활자화된 논문들은 b나 c 등의 문자를 더하여 발표의 선후관계를 표시했다.
6) 이 논저목록에서는 외국어로 된 원문과 번역문이 함께 수록되어 있는 경우에 동일한 번호를 부여하여 a, b 등으로 나누어 그 상호관계를 표시했다.
7) 이 논저목록에서는 안중근에 관한 참고논설류를 망라하여 수록하지 못했고, 극히 일부의 논설만을 필자의 주관적 판단에 따라 수록했다.
8) 이 논저목록에서는 누락된 논저들이 있을 것이다. 누락된 부분이 확인되는 대로 이를 보완해 나가고자 한다.

1. 안중근 관계 기초연구

1-1. 문헌목록 및 연구사·연보

1) 천주교 정의구현전국사제단, 1990, 『안중근 의사 추모자료집』, 천주교 정의구현전국사제단, 218~221쪽의 '문헌목록'
2) 장석흥, 1992, 『안중근의 생애와 구국운동』, 한국독립운동사연구소, 159~163쪽의 '참고 문헌'
3) 元載淵, 1994,「安重根 年譜」『敎會史硏究』9, 한국교회사연구소, 1994, 135~173쪽
4) 조광, 1998,「안중근 연보와 문헌」,『시민연극』4, 서울시립극단, 1998, 48~54쪽
5) 조광, 2000,「安重根 연구의 현황과 과제」,『한국근현대사연구』12, 한국근현대사학회, 180~222쪽
6) 신운용, 2009,「연표로 본 안중근의사의 삶과 사상」,『안중근의사 순국99주기 추모

식』, 안중근의사기념사업회

1-2. 학위논문

1-2-1. 박사학위 논문
1) 신운용, 2007, 「안중근의 민족운동연구」, 한국외국어대 사학과 문학박사 학위논문
2) 서영근, 2008, 「中國 朝鮮民族 書風形成에 관한 硏究」, 원광대 서예학박사 학위논문

1-2-2. 석사학위 논문
1) 金甲得, 1975, 「安重根에 관한 一 硏究 – 國權回復運動과의 關聯에서」, 이화여자대학교 교육대학원 교육학석사 학위논문
2) 申雲龍, 1993, 「安重根의 生涯와 思想에 대한 一考 : 그의 君主觀과 東洋平和論을 중심으로」, 한국외국어대학교 대학원 문학석사
3) 白奇寅, 1994, 「安重根硏究」, 한국정신문화연구원 한국학대학원 문학석사
4) 吳泰孝, 1995, 「安重根의 敎育思想 硏究」, 중앙대학교 교육대학원 교육학석사
5) 李仲基, 1999, 「信仰人 安重根과 그의 義擧에 대한 敎會의 理解」, 부산가톨릭대학 대학원 역사신학전공 신학석사
6) 유미애, 2001, 「안중근의 '동양평화'사상」, 국방대 국제관계학전공 정치학석사
7) 노형호, 2002, 「안중근 토마스의 포살에 대한 윤리신학적 고찰–신앙과 민족의식의 통합 측면에서」, 인천가톨릭대 조직신학전공 신학석사
8) 김선우, 2004, 「국채보상운동을 통해 조명해 본 민족운동에 있어서의 천주교인의 긍정적인 역할에 관한 연구」, 대전가톨릭대 역사신학전공 신학석사
9) 진병섭, 2005, 「한국 그리스도인 안중근의 이토 히로부미 저격에 관한 윤리신학적 성찰」, 광주가톨릭대 대학원 실천신학전공 신학석사
10) 이득규, 2005, 「안중근에 대한 한국천주교회의 반응을 통해 바라본 교회의 국가와의 관계 반성」, 대전가톨릭대 대학원 조직신학전공 신학석사
11) 篠原智子, 2005, 「日本における'安重根'考察 ; 安重根支持言說とその背景について / '일본에 있어서의 안중근'고찰 ; 안중근 지지 언설과 그 배경에 대해서」, 충남대

일어학전공 문학석사

12) 최영제, 2006, 「안중근 의사의 동양평화사상 일고 : 동양평화론과 이의 교육적 접목을 중심으로」, 서울교대 교육대학원 국제사회문화전공 교육학석사

13) 한규영, 2006, 「안중근의 평화사상 연구– '동양평화론'을 중심으로」, 공주대 교육대학원 일반사회교육전공 교육학석사

14) 하정호, 2008, 「안중근의 천주교 신앙 연구」, 가톨릭대 역사신학전공 신학석사

15) 장효군, 2009, 「중국 근대문학 속의 안중근 형상 연구」, 전남대 중어중문학전공 문학석사

1-3. 축차간행물 특집

1) 외솔회, 1979, 『나라사랑』34(안중근 특집호), 외솔회
2) 한국가톨릭문화선양회, 1993, 『항아리』18(특집 안중근)
3) 한국교회사연구소, 1994, 『敎會史硏究』9(安重根 토마스義士 特輯)
4) 서울시립극단, 1998, 『시민연극』4(특집 대한국인 안중근)

1-4. 학술발표회 논문집 / 보고서(proceedings)

1) 천주교정의구현전국사제단, 1990, 『안중근(도마)의사 추모자료집』, 천주교정의구현전국사제단

2) 안중근의사숭모회, 1991, 『安重根의 生涯와 思想』순국 제81주기 추념 국제학술심포지엄 보고서, 안중근의사기념관

3) 안중근의사숭모회, 1992, 『안중근 의사와 동양평화 사상』순국 제82주기 추념 국제학술심포지엄 보고서, 안중근의사기념관

4) 안중근의사숭모회, 1993, 『안중근 의사 연구의 어제와 오늘』제3회 국제학술 심포지엄 보고서), 안중근의사기념관

5) 국가보훈처, 1996, 『21세기와 동양평화론』'95 국외독립운동관련인사초청행사결과보고

6) 여순순국기념재단, 1997, 『안중근과 동양평화』안중근의사순국87주년기념국제학

술회의, 안중근의사숭모회

7) 안중근의사숭모회, 1998, 『안중근의 의열과 동양평화론』 안중근 의사 의거 제 89주년기념 학술심포지엄, 안중근의사숭모회
8) 한국독립운동사연구소, 1999, 『안중근의사 의거 90주년기념 학술발표회 논문집』, 독립기념관 한국독립운동사연구소
9) 안중근의사숭모회, 2004, 『안중근의사의 위업과 사상 재조명』 안중근의사 의거95주년 기념국제학술회의
10) 안중근기념사업회, 2005, 『안중근의거에 대한 인식』 안중근의사 의거100주년 기념준비 제 1회 학술대회
11) 안중근기념사업회, 2005, 『안중근의 신앙과 사상』 안중근의사 의거100주년 기념준비 제 2회 학술대회
12) 안중근기념사업회, 2006, 『안중근 부자의 독립운동』 안중근의사 의거100주년 기념준비 제 3회 학술대회
13) 안중근기념사업회, 2006, 『안중근의거와 동아시아 사회』 안중근의사 의거100주년 기념준비 제 4회 학술대회
14) 안중근기념사업회, 2007, 『안중근 자료집 편찬을 위한 기초연구』 안중근의사 의거100주년 기념준비 제 5회 학술대회
15) 안중근기념사업회, 2007, 『안중근과 그 가족의 독립운동』 안중근의사 의거100주년 기념준비 제 6회 학술대회
16) 안중근기념사업회, 2008, 『안중근의 사상과 그 영향』 안중근의사 의거100주년 기념준비 제 7회 학술대회
17) 안중근기념사업회, 2008, 『안중근의 동양평화론』 안중근의사 의거100주년 기념준비 제 8회 학술대회
18) 안중근기념사업회, 2009, 『일제의 사법침탈과 안중근 의거』 안중근의사 의거100주년 기념준비 제 9회 학술대회
19) 안중근기념사업회, 2009, 『안중근의사 하얼빈의거100주년기념 국제학술대회』
20) 안중근·하얼빈학회, 2008, 『동북아 평화와 안중근의사 재조명 : 안중근 의거 99

주년 기념 국제학술회의 자료집』, 안중근·하얼빈학회·동북아역사재단
21) 안중근·하얼빈학회, 2009, 『안중근의 동양평화론과 동북아평화공동체의 미래』 안중근의거 100주년기념 국제학술회의
22) 한국독립운동사연구소, 2009, 『안중근 의거의 국제적 영향』, 독립기념관, 광복 64주년 및 개관 22주년 기념 학술심포지엄

1-5. 사진자료집·사적지 기행

1) 안중근의사숭모회, 1968/1972/1987/1989, 『민족의 얼 : 안중근 의사 유묵사진첩』
2) 이국호, 1998, 『안중근의사 순국 발자취를 따라서』, 아트스튜디오집합소
3) 국가보훈처, 1999, 『한국독립운동사적도록-국내편』, 국가보훈처
4) 윤병석, 2001, 『대한국인 안중근, 사진과 유묵』, 안중근의사기념관
5) 박환, 2002, 『항일유적과 함께 하는 러시아 기행』1~2, 국학자료원
6) 박환, 2008, 『박환 교수의 러시아 한인 유적 답사기』, 국학자료원
7) 편집부, 2009, 『安重根 ; 의거·순국100년, 독립을 넘어 평화로』(한국서예사특별전27 도록), 예술의 전당 서예박물관

2. 안중근 관계 단행본

2-1. 사료집

2-1-1. 자서전

1) 安重根(이은상 역), 1970/1979/1986/1990, 『안중근 자서전』, 안중근의사숭모회
2) 安重根, 1979, 「東洋平和論」, 『나라사랑』34.
3) 편집부 편, 1993, 『재판장 마음대로 하시오』, 역민사
4) 신용하 편, 1995, 『안중근유고집』, 역민사
5) 安重根, 1996, 「東洋平和論」, 『21세기와 동양평화론』, 국가보훈처
6) 신성국 편역, 1999, 『義士 안중근 도마』, 지평
7) 편집부 엮음, 2000, 『안중근 의사 자서전』, 범우사

8) 李起雄 역편, 2000, 2009, 『안중근 전쟁 끝나지 않았다』, 열화당

2-1-2. 심문기록 · 공판기록 · 신문기사모음

1) 滿洲日日新聞社 編, 1910, 『安重根事件公判速記錄』, 大連 : 滿洲日日新聞社
2) 朴性綱 編, 1946, 『獨立運動先驅 安重根先生 公判記-附錄 禹德淳先生의 懷古談, 安美生女史의 一問一答』, 京鄕雜誌社
3) 金正柱編, 1970, 『安重根 等 殺人被告 公判記錄』(朝鮮統治史料 5), 韓國史料硏究所
4) 崔洪奎 校註, 1975, 『安重根 事件 公判記』, 正音社
5) 국사편찬위원회, 1976, 『韓國獨立運動史 資料』6(안중근의사 및 그 관련자 공판기록)
6) 한국독립운동사연구소, 1999, 『안중근 의사 자료집』(『大東偉人 安重根傳』·『安重根先生公判記』), 국학자료원
7) 김도형 편, 2008, 『대한국인 안중근 자료집』(연세국학총서 102), 선인

2-1-3. 공문서 등

1) 朝鮮總督府 警務局, 1934, 『不穩刊行物記事輯錄』(조사자료 제 37집)
2) 국사편찬위원회, 1978, 『韓國獨立運動史 資料』7(주한일본공사관문서중 안중근관련자료)
3) 국사편찬위원회, 1994, 『駐韓日本公使館記錄』39·40, 國史編纂委員會
4) 안병욱 편, 1997, 『順興安氏參判公派(安重根義士)系 家乘』, 自家出判
5) 국사편찬위원회편, 2001/2002, 『要視察韓國人擧動』1~3, 國史編纂委員會
6) 박종효, 2002, 『러시아국립문서보관소 소장 한국 관련 문서 요약집』, 한국국제교류재단
7) 정교 저·김우철 역주, 2004, 『대한계년사』9, 소명출판
8) 국사편찬위원회, 2006, 『대한민국임시정부자료집14 - 한국광복군(5)』, 국사편찬위원회
9) 국사편찬위원회, 2006, 『대한민국임시정부자료집9 - 군무부』, 국사편찬위원회

2-2. 안중근 傳記

2-2-1. 안중근 傳記(해방 이전 ; 아동용 제외)

1) 洪宗杓, 1911, 『大韓偉人 安重根傳』, 新韓國社 ; 尹炳奭 譯篇, 『安重根傳記全集』, 國家報勳處
2) 滄海老紡室(朴殷植) 稿, 1914, 『安重根』(漢文本)
3) 滄海老紡室 稿, 1910年代, 『安重根傳』(懸吐本)
4) 金澤榮, 1916, 『安重根傳』 ; 尹炳奭 譯篇, 『安重根傳記全集』
5) 朴殷植, 1917, 『愛國魂』, 海蔘威 新韓村 韓人新報社
6) 朴殷植, 1975, 「安重根傳」, 『朴殷植全書』中, 단국대학교 東洋學研究所
7) 滄海老紡室(朴殷植), 1999, 『安重根』 ; 尹炳奭 譯篇, 『安重根傳記全集』, 國家報勳處
8) 玉史 編書, 『만고의사 안즁근전』 ; 尹炳奭 譯篇, 『安重根傳記全集』, 國家報勳處
9) 未詳, 『近世歷史』 ; 尹炳奭 역편, 『安重根傳記全集』, 國家報勳處
10) 李建昇, 『安重根傳』 ; 尹炳奭 譯篇, 『安重根傳記全集』, 國家報勳處
11) 桂奉瑀, 『만고의스 안즁근전』 ; 尹炳奭 譯篇, 『安重根傳記全集』, 國家報勳處
12) 鄭沅, 『安重根』 ; 尹炳奭 譯篇, 『安重根傳記全集』, 國家報勳處
13) 鄭浯, 『安重根傳』 ; 尹炳奭 譯篇, 『安重根傳記全集』, 國家報勳處
14) 국가보훈처, 1995, 『亞洲第一義俠 安重根』(海外의 韓國獨立運動史料 XIII-XV) 1~3
15) 尹炳奭 역편, 1999, 『安重根傳記全集』, 國家報勳處

2-2-2. 안중근 傳記(해방 이후 ; 아동용 제외)

1) 백민, 1946, 『애국열사와 의사전』, 백민문화사
2) 金振福, 1946, 『왜놈 이등박문 죽인 安重根實記』, 中央出版社
3) 普賢山人, 1947, 『義士 安重根』, 漢城出版社
4) 李全, 1949, 『安重根血鬪記』, 延白 : 延泉中學校 期成會
5) 李剛, 1999, 『내가 본 안중근 의사』 ; 尹炳奭 譯篇, 『安重根傳記全集』
6) 黃義敦, 1999, 『安義士重根傳』 ; 尹炳奭 譯篇, 『安重根傳記全集』

7) 安鶴植 편저, 1963,『安重根義士傳記』, 萬壽祠保存會

8) 安鶴植 편저, 1963,『義士安重根傳記』, 光州 : 海東文化社

9) 安在祐 편, 1965,『文成公 安裕, 島山 安昌浩, 義士 安重根 略傳』, 大阪

10) 劉庚煥, 1972,『安重根』, 太極出版社

11) 안중근의사숭모회 편, 1975,『민족의 얼 안중근 의사』, 백왕사

12) 柳熙勇 편, 1979,『義士 安重根』, 瑞南出版社

13) 中野泰雄, 1984,『安重根 – 日韓關係の原像』, 東京 : 亞紀書房

14) 나카노 야스오 저·金永光 역, 1984,『일본의 지성이 본 안중근』, 경운출판사

15) 송정환, 1985,『안중근』, 요녕민족출판사

16) 崔利權 편역, 1990,『愛國衷情 安重根義士』, 法經出版社(義士의 傳記, 裁判速記錄. 無罪論)

17) 장석홍, 1992,『안중근의 생애와 구국운동』, 한국독립운동사연구소

18) 佐木隆三, 1993,『伊藤博文と安重根』, 東京 : 文藝春秋社

19) 스즈키 저·양억관 역, 1993,『광야의 열사』, 고려원

20) 羅明淳·曺圭石, 1993,『大韓國人 安重根』, 世界日報社

21) 金宇鐘·崔書勉 主編, 1994,『安重根』(論文·傳記·資料), 遼寧民族出版社

22) 朴殷植 著·李東源譯, 1994,『불멸의 민족혼 安重根』, 한국종합물산/한국일보사

23) 齋藤泰彦, 1994,『わが心の安重根 : 千葉十七 : 合掌の生涯』, 五月書房

24) 齋藤泰彦, 張永順 역, 1994,『내 마음의 안중근 : 일본헌병의 尊敬과 懺悔의 生涯』, 仁智堂

25) 윤명숙, 1995,『안중근』(대한영웅전 1), 국가보훈처

26) 나카노 야스오 저·양억관 역, 1995,『東洋平和의 사도 安重根』, 하소

27) 津留今朝壽, 1996,『天主敎徒 安重根』, 自由國民社

28) 김우종·리동원 편, 1998,『안중근의사』, 흑룡강조선민족출판사

29) 김우종 外編, 1998,『안중근의사』, 延邊大學

30) 齋藤充功, 1999,『伊藤博文を撃った男: 革命義士 安重根の原像』, 時事通信社 ; 1994, 中央公論新社

31) 朴魯連, 2000,『안중근과 평화』, 을지문화출판공사
32) 中野泰雄 저, 김영광 편, 2001,『죽은 자의 죄를 묻는다 ; 일본지성 안중근과 이등박문의 재판을 다시하다』, 여순순국선열기념재단
33) 사이토 타이겐 著, 이송은 역, 2002,『내 마음의 안중근』, 집사재
34) 사키 류조 저·이성범 역, 2003,『안중근과 이토 히로부미』, 제이앤씨
35) 김삼웅, 2009,『안중근평전』, 시대의 창
36) 박보리스 著, 신운용·이병조 역, 2009,『하얼빈 역의 보복』(안중근의사기념사업회 편), 채륜
37) 원재훈, 2010,『안중근 하얼빈의 11일』, 사계절

2-3. 안중근 전문 연구서

1) 許世楷, 1969,『伊藤博文暗殺事件』
2) 金正明, 1972,『伊藤博文暗殺記錄』, 原書房
3) 市川正明, 1972,『安重根と日韓關係史』, 原書房
4) 姜在彦 編, 1980,『日韓關係の虛像と實像』, 龍溪書舍
5) 鹿嶋海馬, 1995,『伊藤博文はなぜ殺されたか』, 三一書房
6) 中野泰雄, 1996,『安重根と伊藤博文』, 恒文社
7) Anthony Ahn, M.D., 2000, "Crisis of Humanity"(自家出版, 국판, 380p)
8) 황종렬, 2000,『신앙과 민족의식이 만날 때』, 분도출판사
9) 편집부 편, 2000,『안중근 열사 일 패전 경고』, 나라임자
10) 박준황, 2001,『안중근 열사 일패전 경고』, 나라임자
11) 한국민족운동사학회 편, 2002,『안중근과 한인민족운동』, 국학자료원
12) 市川正明, 2005,『安重根と朝鮮獨立運動の源流』, 原書房
13) 金宇鍾 主編, 2006,『安重根和哈爾濱』, 黑龍江朝鮮民族出版社
14) 안중근의사기념사업회, 2009,『안중근과 그 시대』안중근 의거 100주년 기념연구논문집 1, 경인문화사
15) 안중근의사기념사업회, 2009,『안중근 연구의 기초』안중근 의거 100주년 기념연

구논문집 2, 경인문화사

16) 신운용, 2009, 『안중근과 한국근대사』, 채륜

3. 안중근 연구논문

3-1. 사료정리

1) 山脇重雄, 1956, 「安重根關係書類」, 『歷史教育』 4-2, 東京 : 歷史教育研究會
2) 編輯室, 1978, 「安重根義士の 自傳」, 『アジア公論』 74·75, 東京 :アジア公論社
3) 安重根, 1979, 「安應七歷史」, 『나라사랑』 34, 외솔회
4) 安重根, 1979, 「안중근 의사의 최후진술」, 『나라사랑』 34, 외솔회
5) 安重根, 1979, 「두 아우에 대한 신문조서」, 『나라사랑』 34, 외솔회
6) 최서면, 1979, 「안중근자전고」, 『나라 사랑』 34, 외솔회
7) 崔書勉, 1979, 「安重根自傳攷-長崎本의 眞僞에 대하여」, 『靑坡盧道陽博士 古稀紀念文集』, 同 刊行委員會
8) 편집실, 1982, 「安重根과 李在明의 記錄」, 『韓國學』 27, 중앙대 영신아카데미 한국학연구소
9) 김우종, 1993, 「안중근 문건 집대성에 관하여」, 『안중근의사 연구의 어제와 오늘』(제3회 국제학술 심포지엄 보고서), 안중근의사기념관
10) 수미야 바타르, 1993, 「몽고에서 발견된 안의사 문건기록」, 『안중근의사 연구의 어제와 오늘』(제3회 국제학술 심포지엄 보고서), 안중근의사기념관
11) 鐘下辰男, 1993, 「「安重根」主人公の戱曲を書き下ろして見えたこと」, 『안중근의사 연구의 어제와 오늘』(제3회 국제학술 심포지엄 보고서), 안중근의사기념관
12) 박종효, 1996, 「安重根義擧에 관련된 러시아 文書」, 『21세기와 동양평화론』, 국가보훈처
13) 淸水哲郞, 1996, 「安重根 硏究의 電算化에 대하여」, 『21세기와 동양평화론』, 국가보훈처
14a) 尹炳奭, 1998, 「安重根義士 傳記의 종합적 검토」, 『安重根의 義烈과 東洋平和

論』(안중근의사 의거89주년 기념학술심포지엄), 안중근의사숭모회

14b) 尹炳奭, 1998, 「安重根義士 傳記의 종합적 검토」, 『한국근현대사연구』9, 한국근현대사연구회

15) 윤병석, 1998, 「壇仙, '만고의사 안중근전'」, 『한국근현대사연구』9, 한국근현대사연구회

16) 박환, 1998, 「러시아 소재 한인독립운동 자료 현황」, 『재소한인민족운동사-연구현황과 자료해설』, 국학자료원

17) 국사편찬위원회, 1999, 「안중근의 壯擧에 刺戟된 화적들의 浦鹽移動件」, 『통감부문서』7

18) 尹炳奭, 2000, 「桂奉瑀의 韓國史 著述과 '만고의ᄉ 안즁근젼'」, 『龜泉元裕漢敎授停年紀念論叢』, 혜안, 373~388쪽.

19) 조광, 2000, 「安重根연구의 현황과 과제」, 『한국근대사연구』12

20) 金在勝, 2000, 「安重根 義士의 遺墨」, 『實學思想研究』14(鄭明鎬博士停年記念號), 무악실학회

21) 유창선, 2004, 「'한국'소재 중국 근대소설 속의 한국 인식과 시대 사유」, 『중국소설논총』19

22a) 한상권·김현영, 2007, 「안중근 공판관련 자료에 대하여」, 『안중근 자료집편찬을 위한 기초연구』안중근기념사업회, 안중근의사 의거100주년 기념준비 제5회 학술대회

22b) 한상권 / 김현영, 2009, 「안중근공판 기록 관련 자료에 대하여」, 『안중근 연구의 기초』(안중근 의거 100주년 기념연구논문집 2), 경인문화사

23a) 윤병석, 2007, 「안중근의사의 저술과 유묵, 안중근전집 편찬을 위한 기초작업」, 『안중근 자료집편찬을 위한 기초연구』(안중근의사 의거100주년 기념준비 제5회 학술대회), 안중근의사기념사업회

23b) 윤병석, 2009, 「안중근의사의 저술과 遺墨-<안중근전집> 편찬을 위한 기초작업」, 『안중근 연구의 기초』안중근 의거 100주년 기념연구논문집 2, 경인문화사

24) 최서면, 2008, 「안중근 묘역 추정의 경과」, 『한국근현대사연구』46, 한울

25a) 신운용, 2007, 「안중근에 관한 신문자료 연구 ; 滿洲日日新聞을 중심으로」, 『안중근 자료집편찬을 위한 기초연구』 안중근의사 의거100주년 기념준비 제 5회 학술대회, 안중근의사기념사업회

25b) 신운용, 2008, 「안중근 관계자료와 '滿洲日日新聞'」, 『남북문화예술연구』2, 남북문화예술학회

25c) 신운용, 2009, 「안중근에 관한 신문자료의 연구-<만주일일신문>을 중심으로」, 『안중근 연구의 기초』(안중근 의거 100주년 기념연구논문집 2), 경인문화사

26) 양귀숙·김희성, 2008, 「中國近代關於安重根形象的文學作品分析」, 『中國人文科學』39, 중국인문학회

27) 김현영, 2009, 「안중근 공판기록 관련 자료」, 『시대와 인물, 그리고 사회의식』, 태학사

28a) 오영섭, 2007, 「한국근현대 민족운동가 전집 간행 현황과 "안중근의사전집" 간행을 위한 몇 가지 제언」, 『안중근 자료집편찬을 위한 기초연구』(안중근의사 의거100주년 기념준비 제5회 학술대회), 안중근의사기념사업회

28b) 오영섭, 2009, 「한국 근현대 민족운동가 전집 간행 현황과 "안중근의사전집" 간행을 위한 몇 가지 제언」, 『안중근 연구의 기초』(안중근 의거 100주년 기념연구논문집 2), 경인문화사

29a) 文丁珍, 2007, 「중국 근대소설과 안중근」, 『안중근 자료집편찬을 위한 기초연구』 안중근의사 의거100주년 기념준비 제 5회 학술대회, 안중근의사기념사업회

29b) 문정진, 2009, 「중국 근대소설과 안중근」, 『안중근 연구의 기초』 안중근 의거 100주년 기념연구논문집, 경인문화사

30) 나라오카 소치, 2009, 「이토 히로부미 연구의 기초 사료」, 『한국과 이토 히로부미』, 선인

31) 윤병석, 2009, 「安重根의사 하얼빈의거 100주년을 맞으며-安重根의사의 著述과 遺墨」, 『殉國』218, 대한민국순국선열유족회

32a) 조광, 2009, 「안중근 연구 백년 ; 현황과 과제. 附 안중근 연구 논저목록」, 『안중근의사 하얼빈의거 100주년기념 국제학술대회』, 안중근의사기념사업회

32b) 조광, 2010, 「안중근 연구 백년 ; 현황과 과제-부록 안중근연구 논문목록

(1910~2010)」『한국 근현대 천주교사 연구』, 경인문화사

3-2. 종합적 연구

1) 이강훈, 1979,「안중근의사와 독립운동」,『나라사랑』34, 외솔회
2) 이현종, 1979,「살신보국으로 광복운동한 안중근」,『나라사랑』34, 외솔회
3) 崔永禧, 1980,「歷史上からみた 安重根義士」,『韓』9-4·5, 東京 : 韓國研究院
4) 李清, 1985,「安重根 義士의 義擧」,『軍史』11, 국방부 전사편찬위원회
5) 朝鮮學叢書編纂委員會 編, 1992,「安重根」,『朝鮮學論文集』1, 北京大學亞太研究中心
6) 崔書勉, 1994,「安重根義擧的歷史背景及其敎訓」,『安重根』(金宇鐘·崔書勉 主編), 瀋陽 : 遼寧民族出版社
7) 金裕赫, 1994,「韓國人心目中的安重根」,『安重根』(金宇鐘·崔書勉 主編), 瀋陽:遼寧民族出版社
8) 泉原敦史, 1996,「歷史敎科書에 나타난 韓日關係」,『21세기와 동양평화론』, 국가보훈처
9) 박보리스, 1997,「안중근의 위대한 업적」,『안중근과 동양평화』(안중근의사순국87주년기념국제학술회의), 안중근의사숭모회
10) 楊國順·姜天明, 1997,「안중근의거의 민족사적 의의」,『안중근과 동양평화』(안중근의사순국87주년기념국제학술회의), 안중근의사숭모회
11) 徐德根, 1999,「安重根生涯簡介」,『中韓抗日愛國運動研究論文集』1, 北京大學 歷史系 東北亞研究所
12) 이태진, 2002,「안중근 –불의·불법을 쏜 의병장」,『한국사시민강좌』30, 일조각
13) 김창수, 2002,「安重根義擧의 歷史的 意義」,『한국민족운동사연구』30, 한국민족운동사학회
14) 김창수, 2002,「안중근의거의 역사적 의의」,『안중근과 한인민족운동』(한국민족운동학회편), 국학자료원
15) 신주백, 2007,「한일 간의 流動하는 국민적 기억-歷史敎科書에서 安重根義擧와

伊藤博文狙擊事件, 그리고 '韓國併合'의 關係(1945~2007)」, 『한일관계사연구』26, 한일관계사학회

16) 오에 시노부, 2007, 「특종으로 보는 과격하고 잔인한 시대 - 되살아나는 청일전쟁과 안중근 사건」, 『翰林日本學』12, 한림대학교

17) 반병률, 2009, 「러시아에서의 안중근의 항일독립운동에 대한 재해석」, 『안중근 의거의 국제적 영향(광복 64주년 및 개관 22주년 기념 학술심포지엄)』, 독립기념관

18) 신주백, 2009, 「한일 역사교과서는 안중근을 어떻게 기술해 왔는가(1945~2007)-이등박문 및 '한국병합'과의 관계를 중심으로」, 『안중근 연구의 기초』(안중근 의거 100주년 기념연구논문집 2), 경인문화사

19a) 신운용, 2006, 「안중근의거의 국제정치적 배경과 의의」, 『안중근의거와 동아시아 사회』 안중근의사 의거100주년 기념준비 제 4회 학술대회 발표자료집, 안중근의사 기념사업회

19b) 신운용, 2009, 「안중근의거의 국제 정치적 배경에 관한 연구」, 『역사문화연구』33, 한국외국어대학교 역사문화연구소

20) 장석흥, 2009, 「안중근 의거의 국제적 성격과 위상」, 『안중근 의거의 국제적 영향』(광복 64주년 및 개관 22주년 기념 학술심포지엄), 독립기념관

21) 윤병석, 2009, 「안중근 의사의 하얼빈 의거의 역사적 의의」, 『안중근 의거의 국제적 영향』(광복 64주년 및 개관 22주년 기념 학술심포지엄), 독립기념관

22) 윤병석, 2009, 「안중근 하얼빈의거 100주년의 성찰」, 『안중근의 동양평화론과 동북아 평화공동체의 미래』(안중근의거 100주년기념 국제학술대회, 안중근 하얼빈학회)

3-3. 생애 및 독립운동 연구

1) 김영숙, 1965, 「열렬한 반일 애국 렬사 안중근의 생애와 그의 옥중 투쟁」, 『력사과학』 1965년 3호, 평양 : 사회과학원 력사연구소
2) 愼鏞廈, 1980, 「安重根의 思想과 義兵運動」, 『韓國史學』2, 한국정신문화연구원
3) 愼鏞廈, 1985, 『韓國民族獨立運動史研究』, 을유문화사
4) 윤병석, 1993, 「안중근의사의 의병활동과 그의 사상」, 『안중근의사 연구의 어제와

오늘』(제 3회 국제학술 심포지엄 보고서), 안중근의사기념관

5a) 趙珖, 1994, 「安重根의 愛國啓蒙運動과 獨立戰爭」, 『敎會史硏究』 9

5b) 조광, 2010, 「안중근의 애국계몽운동과 독립전쟁」 『한국 근현대 천주교사 연구』, 경인문화사

6) 白奇寅, 1997, 「安重根의 國權守護運動과 思想」, 『淸溪史學』 13, 淸溪史學會

7a) 尹炳奭, 1999, 「安重根의 同義斷指會」, 『안중근의사의거 90주년기념학술발표회 논문집』, 독립기념관 한국독립운동사연구소

7b) 윤병석, 2000, 「安重根의 沿海州 義兵運動과 同義斷指會」, 『한국독립운동사연구』 14, 독립기념관 한국독립운동사연구소

8a) 박환, 1999, 「러시아 沿海州에서의 安重根」, 『안중근의사의거 90주년기념학술발표회 논문집』, 독립기념관 한국독립운동사연구소

8b) 박환, 2002, 「러시아 연해주에서의 안중근」, 『안중근과 한인 민족운동』(한국민족운동사학회 편), 국학자료원

9) 鄭英熹, 2000, 「구한말 안중근의 국권수호운동」, 『實學思想硏究』 14, 서울 : 母岳實學會

10a) 尹善子, 2000, 「安重根의 愛國啓蒙運動」, 『全南史學』 15, 전남사학회

10b) 윤선자, 2002, 「안중근의 애국계몽운동」, 『한국근대사와 종교』, 경인문화사

11) 鄭英熹, 2001, 「安重根의 國權守護運動」, 『문명연지』 2-1, 서울 : 한국문명학회

12) 김주용, 2002, 「안중근의 국권회복운동 ; 伊藤博文 射殺을 중심으로」, 『韓國北方史學會論集』 9, 한국북방사학회

13a) 박환, 2002, 「러시아 연해주에서의 안중근」, 『한국민족운동사연구』 30, 한국민족운동사연구회

13b) 박환, 2002, 「러시아 연해주에서의 안중근」, 『안중근과 민족운동』, 국학자료원

14) 토르포프, 2002, 「조선합방 직전에 전개된 조선 민중의 항일해방운동1907~1910년」, 『안중근과 한인민족운동』, 한국민족운동사학회

15) 세브치크, 2002, 「극동에서의 한인 빨치산 운동」, 『안중근과 한인민족운동』, 한국민족운동사학회

16) 자브롭스카야, 2002, 「동만주에서의 조선 비밀단체들의 활동 1906~1911년」, 『안중근과 한인민족운동』, 한국민족운동사학회
17) 피트로프, 2002, 「러시아 극동에서의 한인들의 사회. 경제적 상황 1905~1910년」, 『안중근과 한인민족운동』, 한국민족운동사학회
18a) 신운용, 2006, 「독립전쟁기의 안중근」, 『안중근 부자의 독립운동』(안중근의사 의거100주년 기념준비 제3회 학술대회 발표자료집), 안중근의사기념사업회
18b) 신운용, 2008, 「안중근의 의병투쟁과 활동」, 『한국민족운동사연구』54, 한국민족운동사학회
18c) 신운용, 2009, 「안중근의 의병투쟁과 활동」, 『안중근과 그 시대』(안중근의거 100주년 기념연구논문집 1), 경인문화사
19) 오영섭, 2008, 「안중근의 옥중 문필활」, 『한국민족운동사연구』55, 한국민족운동사학회
20) 백기인, 2009, 「안중근 의병의 전략전술적 성격」, 『군사』70, 국방부 군사편찬연구소
21) 윤병석, 2009, 「안중근의 동의단지회의 보유」, 『한국독립운동사연구』32, 한국독립운동사연구소
22) 신운용, 2009, 「안중근의 의거와 대동공보사의 관계에 대한 재검토」, 『안중근의사 하얼빈의거 100주년기념 국제학술대회』, 안중근의사기념사업회
23a) 이태진, 2009, 「안중근의 하얼빈 의거와 고종황제」(안중근의거 100주년기념 국제학술대회), 안중근·하얼빈학회
23b) 이태진, 2009, 「安重根のルビン義擧と高宗皇帝」(안중근의거 100주년기념 국제학술대회, 발표논문집·추가), 안중근·하얼빈학회
24) 도진순, 2010, 「안중근의 전쟁과 평화, 죽임과 죽음」『역사와 현실』75, 한국역사연구회
25) 신운용, 2010, 「안중근 유해의 조사·발굴 현황과 전망」『역사문화연구』36, 한국외국어대학교 역사문화연구소

3-4. 법정투쟁 및 법리 연구

1) 鹿野琢見, 1994, 「安重根無罪論」, 『安重根』(金宇鐘·崔書勉 主編), 瀋陽 : 遼寧民族出版社
2) 山下靖典, 1996, 「安重根의 狙擊과 被擊者」, 『21세기와 동양평화론』, 국가보훈처
3) 朴成壽, 1998, 「安重根義士의 義擧와 公判闘爭」, 『安重根의 義烈과 東洋平和論』(안중근 의사 의거 제89주년기념 학술심포지엄), 안중근의사숭모회
4) 李帆, 1999, 「安重根在旅順」, 『中韓抗日愛國運動研究論文集』1, 北京大學 歷史系 東北亞研究所
5) 한상권, 2004, 「안중근의 하얼빈거사와 공판투쟁(1) -검찰관과의 논쟁을 중심으로」, 『역사와 현실』54, 한국역사연구회
6) 한상권, 2004, 「안중근의 하얼빈 거사와 공판투쟁(2)」, 『덕성여대논문집』33, 덕성여대
7) 명순구, 2005, 「안중근과 이토 히로부미의 접점에 대한 법적 평가-日本人이 安重根을 兇漢으로 부르기 어려운 법리적 이유」, 『사법연수』30
8) 신운용, 2009, 『일제의 한국사법침탈과 안중근의거』 안중근의사 의거100주년 기념 준비 제9회 학술대회, 안중근의사기념사업회
9a) 이장희, 2009, 「안중근재판에 대한 국제법적 평가」, 『일제의 사법침탈과 안중근 의거』(안중근의사 의거100주년 기념준비 제 9회 학술대회)), 안중근의사기념사업회
9b) 이장희, 2009, 「안중근 재판에 대한 국제법적 평가」, 『외법논집』33권 제2호, 한국외국어대학교 전문분야연구센터 법학연구소
10a) 戸塚悦郎, 2009, 「安重根裁判の不法性と東洋平和」, 『안중근의 동양평화론과 동북아 평화공동체의 미래』(안중근의거 100주년기념 국제학술대회), 안중근·하얼빈학회
10b) 도츠카 에츠로, 2009, 「안중근재판의 불법성과 동양평화론」, 『안중근의 동양평화론과 동북아 평화공동체의 미래』(안중근의거 100주년기념 국제학술대회), 안중근·하얼빈학회

11) 한성민, 2009, 「일본정부의 安重根 재판 개입과 그 불법성」, 『민족운동사연구』61, 민족운동사학회

3-5. 천주교 관계 연구

1) 李柱浩, 1982, 「信仰人 安重根論」, 『崔奭祐神父 華甲紀念 韓國敎會史論叢』, 한국교회사연구소
2) 井田泉, 1984, 「安重根とキリスト敎」, 『キリスト敎學』26, 東京 : 立敎大學 キリスト敎學會
3) 盧吉明, 1994, 「安重根의 信仰」, 『敎會史硏究』9, 한국교회사연구소
4) 崔奭祐, 1994, 「安重根의 義擧와 敎會의 反應」, 『敎會史硏究』9, 한국교회사연구소
5a) 尹善子, 1998, 「安重根義士의 天主敎 信仰과 愛國啓蒙運動」, 『安重根의 義烈과 東洋平和論』, 안중근의사숭모회
5b) 윤선자, 1999, 「안중근의 천주교신앙과 애국계몽운동」, 『전남사학』, 전남사학회
6) 尹慶老, 1999, 「思想家安重根的生活和活動」, 『中韓抗日愛國運動硏究論文集』1, 北京大學 歷史系 東北亞硏究所
7) 차기진, 2001, 「安重根의 천주교 신앙과 그 영향」, 『교회사연구』16, 한국교회사연구소
8a) 전달수, 2001, 「안중근 토마스의 신앙과 덕행」, 『교회사연구』16, 한국교회사연구소
8b) 전달수, 2001, 「安重根 토마스의 信仰과 德行」, 『神學展望』132, 광주가톨릭대학교
9) 정인상, 2001, 「안중근 신앙과 윤리」, 『교회사연구』16, 한국교회사연구소
10) 변기찬, 2001, 「안중근 신앙과 현양에 대한 비교사적 검토」, 『교회사연구』16, 한국교회사연구소9
11a) 윤선자, 2005, 「안중근 의거에 대한 천주교회의 인식」, 『안중근 의거에 대한 인식』안중근의사 의거100주년 기념준비 제1회 학술대회 발표자료집, 안중근의사기념사업회
11b) 윤선자, 2005, 「안중근 의거에 대한 천주교회의 인식」, 『한국근현대사연구』 여름호 제33집, 한국근현대사학회
11c) 윤선자, 2009, 「안중근 의거에 대한 천주교회의 인식」, 『안중근 연구의 기초』(안

중근 의거 100주년 기념연구논문집 2), 경인문화사

12a) 신운용, 2005, 「안중근 의거의 사상적 배경」, 『안중근의 신앙과 사상』(안중근의사 의거100주년 기념준비 제2회 학술대회 발표자료집), 안중근의사기념사업회

12b) 신운용, 2005, 「안중근 의거의 사상적 배경」, 『안중근의 신앙과 사상』, 안중근의사기념사업회

12c) 신운용, 2009, 「안중근 의거의 사상적 배경」, 『안중근과 그 시대』(안중근 의거 100주년 기념연구논문집 1), 경인문화사

13a) 황종렬, 2005, 「안중근편 교리서에 나타난 천·인·세계 이해」, 『안중근의 신앙과 사상』 안중근의사 의거100주년 기념준비 제2회 학술대회 발표자료집, 안중근의사기념사업회

13b) 황종렬, 2006, 「'안중근편 교리서'에 나타난 천·인·세계 이해」, 『神學展望』153, 광주가톨릭대학교 출판부

13c) 황종렬, 2009, 「"안중근편 교리서"에 나타난 천·인·세계 이해」, 『안중근과 그 시대』(안중근 의거 100주년 기념연구논문집 1), 경인문화사

14) 원재연, 2009, 「안중근의 선교활동과 황해도 천주교회 : 김기호와 비교연구를 중심으로」, 『안중근의사 하얼빈의거 100주년기념 국제학술대회』, 안중근의사기념사업회

15) 프랭클린 라우시, 2009, 「종교와 폭력의 정당성 ; 안중근의거의 종교적 의미에 관한 논쟁」, 『안중근의사 하얼빈의거 100주년기념 국제학술대회』, 안중근의사기념사업회

16) 김동원, 2009, 「안중근의 천주교 신앙과 사상적 성격」, 『안중근의사 하얼빈의거 100주년기념 국제학술대회』, 안중근의사기념사업회

17) 조현범, 2009, 「안중근 의사와 빌렘 신부 ; 기존사료의 재검토를 중심으로」, 『안중근의사 하얼빈의거 100주년기념 국제학술대회』, 안중근의사기념사업회

18) 전수홍, 2009, 「안중근 사건의 신학적 고찰」, 『안중근의사 하얼빈의거 100주년기념 국제학술대회』, 안중근의사기념사업회

3-6. 정치·사회사상 연구

1) 姜德相, 1984, 「安重根の思想と行動」, 『朝鮮獨立運動の群像』, 東京 : 靑木書店
2) 오태효, 2000, 「안중근의 교육사상」, 『韓國近現代移行期 民族運動』, 신서원
3) 장석흥, 2001, 「安重根의 대일본 인식과 하얼빈 의거」, 『교회사연구』16, 한국교회사연구소
4) 한상권, 2003, 「안중근의 국권회복운동과 정치사상」, 『한국독립운동사연구』21, 한국독립운동사연구소
5) 현광호, 2006, 「유길준과 안중근의 동아시아인식 비교 :중국과 일본에 대한 상이한 시선」, 『역사비평』76, 역사비평사
6a) 신운용, 2007, 「안중근의 민권·민족의식과 계몽운동」, 『안중근과 그 가족의 독립운동』(안중근의사 의거100주년 기념준비 제6회 학술대회), 안중근의사기념사업회
6b) 신운용, 2009, 「안중근의 민권·민족의식과 계몽운동」, 『안중근과 그 시대(안중근 의거 100주년 기념연구논문집 1)』, 경인문화사
7) 신운용, 2008, 「안중근의 대일인식」, 『안중근의 사상과 그 영향』(안중근기념사업회, 안중근의사 의거100주년 기념준비 제7회 학술대회), 2008.3.
8a) 오영섭, 2008, 「안중근의 정치사상」, 『안중근의 사상과 그 영향』(안중근의사 의거 100주년 기념준비 제7회 학술대회), 안중근의사기념사업회
8b) 오영섭, 2009, 「안중근의 정치사상」, 『안중근과 그 시대』(안중근 의거 100주년 기념연구논문집 1), 경인문화사
8c) 오영섭, 2008, 「안중근의 정치체제 구상」, 『한국독립운동사연구』31, 독립기념관 한국독립운동사연구소 * 5a 및 5b의 수정본
9) 현광호, 2009, 「안중근의 동아시아 인식」, 『한국 근대 사상가의 동아시아 인식』, 선인

3-7. 동양평화론 연구

1) 尹慶老, 1985, 「安重根 思想 硏究 – 義兵論과 東洋平和論을 중심으로」, 『民族文化』3, 한성대 민족문화연구소

2) 윤경로, 1992, 「사상가 안중근의 생애와 활동」, 『한국근대사의 기독교사적 이해』 역민사
3) 박창희, 1993, 「안중근의 동양관과 아시아의 어제 오늘」, 『안중근 의사 연구의 어제 와 오늘』(제 3회 국제학술 심포지엄 보고서), 안중근의사기념관
4) 洪淳鎬, 1993, 「安重根의 國際思想과 東洋平和論」, 『梨花女大 社會科學論集』13, 이화여자대학교
5) 洪淳鎬, 1994, 「安重根의 東洋平和論」, 『敎會史硏究』9, 한국교회사연구소
6) 金宇鍾, 1994, 「安重根愛國精神的影響及其東洋平和思想」, 『安重根』(金宇鍾·崔 書勉 主編), 瀋陽 : 遙寧民族出版社
7) 金宇鍾, 1995, 「安重根의 愛國精神과 東洋平和思想」, 『韓國近現代史論叢』, 大邱 : 吳世昌敎授華甲紀念論叢刊行委員會
8) 崔書勉, 1996, 「일본의 한국병합과 안중근의 동양평화론」, 『21세기와 동양평화론』, 國家報勳處
9) 金宇鍾, 1996, 「安重根 東洋平和思想의 現實的 意義」, 『21세기와 동양평화론』, 국 가보훈처
10) 金裕赫, 1996, 「安重根 東洋平和論과 新東北亞經濟圈 展開의 理念」, 『21세기와 동양평화론』, 국가보훈처
11) 金鎬逸, 1996, 「安重根義士의 東洋平和論」, 『安重根의 義烈과 東洋平和論』, 국가 보훈처
12) 金玉姬, 1997, 「안중근의 자주독립운동과 동양평화사상」, 『안중근과 동양평화』 (안중근의사순국87주년기념국제학술회의), 안중근의사숭모회
13) 中野泰雄, 1997, 「평화의 사도 안중근과 동양평화」, 『안중근과 동양평화』(안중근 의사순국87주년기념국제학술회의), 안중근의사숭모회
14) 김우종, 1998, 「안중근의 애국정신과 동양평화사상」, 『안중근의사』(김우종·리동 원 편), 목단강 : 흑룡강조선민족출판사
15) 최서면, 1998, 「일본의 한국병합과 안중근의 동양평화론」, 『안중근의사』(김우종· 리동원 편), 목단강 : 흑룡강조선민족출판사

16a) 김호일, 1998, 「안중근의사의 동양평화론」, 『안중근의 의열과 동양평화론』(안중근의사 의거 89주년기념 학술심포지엄), 안중근의사숭모회

16b) 金鎬逸, 1998, 「舊韓末 安重根의 '東洋平和論' 硏究」, 『中央史論』10·11, 中央史學硏究會

16c) 김호일, 2000, 「안중근 의사의 '동양평화론'」, 『韓國近現代移行期 民族運動』, 신서원

17a) 崔起榮, 1999, 「安重根의 "東洋平和論"」, 『안중근의사 의거 90주년 기념 학술발표회 논문집』, 안중근의사숭모회

17b) 최기영, 2000, 「安重根의 '東洋平和論'」, 『민족사와 교회사』1(최석우신부 수품50주년 기념 논총), 한국교회사연구소

17c) 최기영, 2003, 「안중근의 '동양평화론'」, 『한국근대계몽사상연구』, 일조각

18) 이현희, 2001, 「安重根 義士의 東洋平和思想 硏究」, 『문명연지』제 2권 제 1호, 한국문명학회

19) 유미애, 2002, 「안중근 평화사상의 현대적 의미 ; 절제된 폭력의 사용을 중심으로」, 『韓國北方史學會論集』9, 한국북방사학회

20) 김현철, 2002, 「개화기 한국인의 대외인식과 '동양평화구상'」, 『평화연구』제 11권, 고려대학교 평화연구소

21) 김길룡, 2003, 「안중근의 동양평화론에 대한 미래지향적 고찰」, 『한성인문학』1, 한성대 인문과학연구원

22) 현광호, 2003, 「안중근의 동양평화론과 그 성격」, 『아세아연구』46, 고려대 아세아문제연구소

23) 김길룡, 2003, 「안중근의 동양평화론에 대한 미래지향적 고찰」, 『한성인문학』1, 한성대학교인문과학연구원

24a) 신운용, 2005, 「安重根의 '東洋平和論'과 伊藤博文의 '極東平和論'」, 『역사문화연구』23, 한국외국어대학교 역사문화연구소

24b) 신운용, 2009, 「안중근의 '동양평화론'과 이등박문의 극동평화론」, 『안중근과 그 시대』(안중근 의거 100주년 기념연구논문집 1), 경인문화사

25) 김영호, 2005, 「안중근의 동양평화론과 동북아 경제에 통합론」, 『2000』, 현대사회문화연구소
26a) 윤병석, 2005, 「안중근 의사의 하얼빈 의거와 동양평화론」, 『안중근의거에 대한 인식』(안중근의사 의거100주년 기념준비 제1회 학술대회 발표자료집), 안중근의사기념사
26b) 윤병석, 2009, 「안중근 의사의 하얼빈 의거와 '동양평화론'」, 『안중근과 그 시대』(안중근 의거 100주년 기념연구논문집 1), 경인문화사
27) 김흥수, 2007, 「안중근의 생애와 동양평화론」, 『공사논문집』46, 공군사관학교
28) 김경일, 2008, 「근대 동북아 지역평화론에 대한 多者主義 관점에서의 고찰-安重根·孫文·石橋湛山을 중심으로」, 『대구사학』90, 대구사학회
29) 박영준, 2009, 「러일전쟁 이후 동아시아 질서구상 :야마가타 아리토모(山縣有朋)의 전후경영론과 안중근의 동양평화론 비교」, 『한국정치외교사논총』30, 한국정치외교사학회
30a) 강동국, 2008, 「동아시아의 관점에서 본 안중근의 동양평화론」, 『안중근의 동양평화론』(안중근의사 의거100주년 기념준비 제7회 학술대회), 안중근의사기념사업회
30b) 강동국, 2009, 「동아시아의 관점에서 본 안중근의 동양평화론」, 『안중근과 그 시대』(안중근 의거 100주년 기념연구논문집 1), 경인문화사
31a) 김현철, 2008, 「20세기 초 한국인의 대외관과 동양평화론」, 『안중근의 동양평화론』(안중근의사 의거100주년 기념준비 제7회 학술대회), 안중근의사기념사업회
31b) 김현철, 2009, 「20세기 초 한국인의 대외관과 안중근의 '동양평화론'」, 『안중근과 그 시대』(안중근 의거 100주년 기념연구논문집 1), 경인문화사
32a) 박영준, 2008, 「러일전쟁 이후 동아시아 질서구상 ; 야마가타 아리토모(山縣有朋)의 전후경영론과 안중근의 동양평화론 비교」, 『안중근의 동양평화론』(안중근의사 의거100주년 기념준비 제7회 학술대회), 안중근의사기념사업회
32b) 박영준, 2009, 「러일전쟁 이후 동아시아 질서구상-야마가타 아리토모의 전후경영론과 안중근의 동양평화론 비교」, 『안중근과 그 시대』(안중근 의거 100주년 기념연구논문집 1), 경인문화사

33a) 신운용, 2008,「안중근의 '동양평화론' 연구와 실천을 위한 방안」,『안중근의 동양평화론』(안중근의사기념사업회, 안중근의사 의거100주년 기념준비 제7회 학술대회), 2008.10.

33b) 신운용, 2009,「안중근의 '동양평화론' 연구와 실천을 위한 방안」,『안중근과 그 시대』(안중근 의거 100주년 기념연구논문집 1), 경인문화사

34) 윤경로, 2009,「안중근 의거와 '동양평화론'의 현대사적 의의」,『안중근 의거의 국제적 영향』(광복 64주년 및 개관 22주년 기념 학술심포지엄), 독립기념관

35) 노명환, 2009,「유럽통합사상과 역사에 비추어 본 안중근 동양평화론의 세계사적 의의」,『안중근의사 하얼빈의거 100주년기념 국제학술대회』, 안중근의사기념사업회

36) 徐勇, 2009,「안중근의 동양평화론 제출 및 그 역사적 의의를 논함」,『안중근의사 하얼빈의거 100주년기념 국제학술대회』, 안중근의사기념사업회

37) 현광호, 2009,「안중근의 한·중·일 인식」,『안중근의사 하얼빈의거 100주년기념 국제학술대회』안중근의사기념사업회

38) 김형목, 2009,「안중근의 동양평화론 구상」,『안중근의사 하얼빈의거 100주년기념 국제학술대회』, 안중근의사기념사업회

39) 김종걸, 2009,「동아시아경제공동체 ; 실패의 20세기와 성공의 21세기」,『안중근의사 하얼빈의거 100주년기념 국제학술대회』, 안중근의사기념사업회

40) 조홍식, 2009,「유럽통합과 동양평화론 : 동아시아 지역통합에 주는 시사점」,『안중근의사 하얼빈의거 100주년기념 국제학술대회』, 안중근의사기념사업회

41) 최태욱, 2009,「동양평화론의 21세기적 계승 ; 동북아시아에서 동아시아로」,『안중근의사 하얼빈의거 100주년기념 국제학술대회』, 안중근의사기념사업회

42) 문우식, 2009,「안중근의 동양평화론과 아시아 금융·통화협력」,『안중근의사 하얼빈의거 100주년기념 국제학술대회』, 안중근의사기념사업회

43) 손열, 2009,「동양평화론과 동아시아 공동체론」『안중근의사 하얼빈의거 100주년기념 국제학술대회』, 안중근의사기념사업회

44) 서영희, 2009,「한국 근대 동양평화론의 기원과 계보, 그리고 안중근」,『안중근의 동양평화론과 동북아 평화공동체의 미래』(안중근의거 100주년기념 국제학술대회),

안중근·하얼빈학회

45a) 徐勇, 2009,「論日本的東亞擴張與安重根東洋平和論」,『안중근의 동양평화론과 동북아 평화공동체의 미래』(안중근의거 100주년기념 국제학술대회), 안중근·하얼빈학회

45b) 쑤용, 2009,「일본의 확장주의와 동양평화론」,『안중근의 동양평화론과 동북아 평화공동체의 미래』(안중근의거 100주년기념 국제학술대회), 안중근·하얼빈학회

46a) 牧野英二, 2009,「安重根義士の東洋平和論の現在的意義」,『안중근의 동양평화론과 동북아 평화공동체의 미래』(안중근의거 100주년기념 국제학술대회), 안중근·하얼빈학회

46b) 마키노 에이지, 2009,「안중근의사의 동양평화론의 현대적 의의」,『안중근의 동양평화론과 동북아 평화공동체의 미래』(안중근의거 100주년기념 국제학술대회), 안중근·하얼빈학회

3-8. 관계 인물 연구

1) 趙東杰, 1969,「安重根義士 裁判記錄上의 人物 金斗星考」,『春川敎育大學論文集』7, 춘천교육대학

2) 朴成壽, 1994,「安重根과 金九」,『韓國獨立運動史論』, 한국정신문화연구원

3) 中野泰雄, 1995,「伊藤博文と安重根」,『亞細亞大學 經濟學紀要』14-3(王置正美先生退職記念號), 亞細亞大學

4) 申雲龍, 1996,「露嶺 韓人을 中心으로 본 安重根」,『21세기와 동양평화론』, 국가보훈처

5) 韓詩俊, 2000,「安恭根의 생애와 독립운동」,『敎會史硏究』, 15 한국교회사연구소

6) 안천, 2000,「항일전쟁시대 초기의 종교항쟁연구」,『한국북방학회논집』7, 한국북방학회(안태훈 관련)

7) 조동걸, 2001,「안중근의사 재판기록상의 인물 김두성고」,『한국근현대사의 이상과 형상』, 푸른역사

8a) 오영섭, 2002,「안중근 가문의 독립운동」,『한국민족운동사연구』30, 한국민족운

동사학회

8b) 오영섭, 2002, 「안중근 가문의 독립운동」, 『안중근과 민족운동』(한국민족운동사학회 편), 국학자료원

9) 장석흥, 2003, 「19세기 말 安泰勳 書翰의 자료적 성격」, 『韓國學論叢』26, 국민대학교 한국학연구소

10) 장석흥, 2004, 「백범과 안중근 집안의 인연과 독립운동」, 『백범과 민족운동 연구』2, 백범학술원

11) 이재호, 2004, 「안창호와 안정근·공근 형제」, 『도산학연구』10, 도산학회

12a) 오영섭, 2006, 「을사조약 이전 안태훈의 생애와 활동」, 『안중근 부자의 독립운동』(안중근기념사업회, 안중근의사 의거100주년 기념준비 제3회 학술대회 발표자료집), 2006.3.

12b) 오영섭, 2009, 「을사조약 이전 안태훈의 생애와 활동」, 『안중근과 그 시대(안중근의거 100주년 기념연구논문집 1)』, 경인문화사

12c) 오영섭, 2007, 「개화기 안태훈(1862~1905)의 생애와 활동」, 『한국근현대사연구』40, 한울(안태훈 관련) * 12a 및 12b의 논문에 대한 수정본

12d) 오영섭, 2007, 「개화기 안태훈의 생애와 활동」, 『한국근현대사를 수놓은 인물들(1)』, 서울, 경인문화사

13a) 오영섭, 2006, 「안공근의 항일독립운동」, 『안중근의거와 동아시아 사회』(안중근기념사업회, 안중근의거 100주년 기념준비 제4회 학술대회 발표자료집)

13b) 오영섭, 2009, 「안공근의 항일독립운동」, 『안중근과 그 시대(안중근 의거 100주년 기념연구논문집 1)』, 경인문화사

13c) 오영섭, 2007, 「일제시기 안공근의 항일독립운동」, 『한국근현대사를 수놓은 인물들(1)』, 서울, 경인문화사 * 13a 및 13b의 논문에 대한 수정본

14a) 오영섭, 2007, 「일제시기 안정근의 항일독립운동」, 『안중근과 그 가족의 독립운동』(안중근의사 의거 100주년 기념준비 제 6회 학술대회, 안중근의사기념사업회)

14b) 오영섭, 2008, 「일제시기 안정근의 항일독립운동」, 『남북문화예술연구』2, 남북문화예술학회 * 14a 및 14c 논문의 수정본

14c) 오영섭, 2009, 「일제시기 안정근의 항일독립운동」, 『안중근과 그 시대(안중근 의거 100주년 기념연구논문집 1)』, 경인문화사

15a) 이동언, 2007, 「안명근의 생애와 독립운동」, 『안중근과 그 가족의 독립운동』(안중근기념사업회, 안중근의사 의거100주년 기념준비 제6회 학술대회)

15b) 이동언, 2008, 「안명근의 생애와 독립운동」, 『한국독립운동사연구』31, 독립기념관 한국독립운동사연구소 * 15a, 15c, 15d의 수정본

15c) 이동언, 2008, 「안명근의 생애와 독립운동」, 『남북문화예술연구』2, 남북문화예술학회

15d) 이동언, 2009, 「안명근의 생애와 독립운동」, 『안중근과 그 시대(안중근 의거 100주년 기념연구논문집 1)』, 경인문화사

16) 오영섭, 2008, 「한인애국단을 이끈 중심인물 안공근」, 『순국』210, 대한민국순국선열유족회

17) 박태균, 2008, 「한국현대사 속의 안중근 일가」, 『동북아평화와 안중근의거의 재조명』, 안중근·하얼빈 학회 발표논문집

18) 반병률, 2009, 「안중근(安重根)과 최재형(崔在亨)」, 『역사문화연구』33, 한국외국어대학교 역사문화연구소

19) 이명화, 2009, 「이강의 독립운동과 안중근의거」, 『韓國人物史硏究』11, 한국인물사연구소

20a) 도진순, 2009, 「安重根 家門의 百歲遺芳과 妄覺地帶」, 『안중근의 동양평화론과 동북아 평화공동체의 미래』(안중근의거 100주년기념 국제학술대회, 안중근·하얼빈학회)

20b) 도진순, 2010, 「안중근 가문의 유방백세와 망각지대」, 『역사비평』 090 / 2010. 봄, 역사비평사

21) 조광, 2010, 「안중근 의거 이후 그 가문의 동향」 『한국 근현대 천주교사 연구』, 경인문화사

3-9. 의거 인식 및 반응 연구

1) 김경태, 1976, 「안중근의거와 국내외 언론의 반향」, 『이해창선생회갑기념논문집』, 同 간행위원회
2) 崔書勉, 1980, 「日本人からみた 安重根義士」, 『韓』 9-4·5, 東京 : 韓國硏究院
3a) 나까노 야스오, 1993, 「일본에서의 安義士觀의 변화 추세」, 『안중근의사 연구의 어제와 오늘』, 안중근의사숭모회
3b) 中野泰雄, 1996, 「日本人の觀た安重根」, 『亞細亞大學 經濟學紀要』 15-2
4) 吳英珍, 1994, 「石川啄木文學에 나타난 韓國觀 : 安重根을 노래한 詩」, 『東國大日本學』 13, 동국대학교 일본학연구소
5) 김경태, 1994, 『한국근대의 민족운동과 그 사상』 이화여대 출판부
6) 馬維頤, 1996, 「中國人 視覺으로 보는 安重根」, 『21세기와 동양평화론』, 국가보훈처
7) 林建彥, 1996, 「日本人이 본 安重根」, 『21세기와 동양평화론』, 국가보훈처
8) 藤田義郎, 1996, 「安重根에 대한 日本의 認識」, 『21세기와 동양평화론』, 국가보훈처
9) 中川浩一·趙珍淑, 1995, 「安重根顯彰碑探索 : その教材的意義を中心に」, 『茨城大學教育學部紀要』(人文·社會科學·藝術) 44
10) 中川浩一·崔智淑·朴桂媛, 1997, 「'補遺'抗日民族運動記念碑探索 : 霧社事件·烈女柳寬順·民族英雄安重根をめぐって」, 『茨城大學教育學部紀要』(人文·社會科學·藝術) 46
11) 김유혁, 1998, 「한국인 입장에서 본 안중근」, 『안중근의사』(김우종·리동원 편), 흑룡강조선민족출판사
12) 金宇鍾, 1999, 「在中國的安重根研究和紀念活動」, 『中韓抗日愛國運動研究論文集』 1, 北京大學 歷史系 東北亞研究所
13) 徐勇, 1999, 「論安重根抗日活動的意義及其在中國的影響」, 『中韓抗日愛國運動研究論文集』 1, 北京大學 歷史系 東北亞研究所
14) 韓詩俊, 2000, 「中國人이 본 安重根 ; 朴殷植과 鄭沅의 '安重根'을 중심으로」, 『충북사학』 11·12합집(鶴山金鎭鳳教授停年紀念特輯號), 충북대학교 사학회

15a) 이상일, 2002, 「안중근의거에 대한 각국의 동향과 신문논조」, 『한국민족운동사연구』30, 한국민족운동사학회

15b) 이상일, 2002, 「안중근의거에 대한 각국의 동향과 신문논조」, 『안중근과 한인민족운동』(한국민족운동사학회 편), 국학자료원

16) 이용창, 2003, 「'伊藤博文追悼會개최전후'사회세력의 동향과 친일정치세력의 형성」, 『사학연구』69, 한국사학회.

17a) 신운용, 2005, 「안중근 의거에 대한 국내의 인식과 반응」, 『안중근의거에 대한 인식』(안중근기념사업회, 안중근의사 의거100주년 기념준비 제1회 학술대회 발표자료집), 2005.3.

17b) 신운용, 2005, 「안중근 의거에 대한 국내의 인식과 반응」, 『한국근현대사연구』33, 한국근현대사학회

18a) 한상권, 2005, 「안중근 의거에 대한 미주 한인의 인식」, 『안중근의거에 대한 인식』(안중근기념사업회, 안중근의사 의거100주년 기념준비 제1회 학술대회 발표자료집), 2005.3.

18b) 한상권, 2005, 「안중근 의거에 대한 미주 한인의 인식:《신한민보》를 중심으로」, 『한국근현대사연구』33, 한국근현대사학회

18c) 한상권, 2009, 「안중근 의거에 대한 재미 동포의 반응-신한민보를 중심으로」, 『안중근 연구의 기초』(안중근 의거 100주년 기념연구논문집 2), 경인문화사

19a) 김춘선, 2005, 「안중근 의거에 대한 중국인의 인식」, 『안중근의거에 대한 인식』(안중근기념사업회, 안중근의사 의거100주년 기념준비 제1회 학술대회 발표자료집), 2005.3.

19b) 김춘선, 2005, 「안중근 의거에 대한 중국인의 인식」, 『한국근현대사연구』33, 한국근현대사학회

19c) 김춘선, 2009, 「안중근 의거에 대한 중국의 인식」, 『안중근 연구의 기초』(안중근 의거 100주년 기념연구논문집 2), 경인문화사

20) 벨라 박, 2005, 「안중근의사의 위업에 대한 러시아 신문들의 반응」, 『안중근의거에 대한 인식』안중근기념사업회, 안중근의사 의거100주년 기념준비 제1회 학술대

회 발표자료집

21) 유병호, 2005, 「중국인들이 바라본 安重根의 형상」, 『한국민족운동사연구』 43, 한국민족운동사학회

22) 김진욱, 2005, 「안중근 의거를 통한 중국 지식인의 조선 인식 연구」, 『중국인문과학』 30, 중국인문학회

23a) 서용, 2006, 「중국에서의 安重根 의거에 대한 반응과 그 인식」, 『안중근 부자의 독립운동』 안중근기념사업회, 안중근의사 의거100주년 기념준비 제 4회 학술대회 발표자료집

23b) 서용, 2008, 「安重根 의거에 대한 중국인의 인식」, 『남북문화예술연구』 제 2호, 남북문화예술학회

23c) 서용, 2009, 「중국에서의 안중근 의거에 대한 반응과 그 인식」, 『안중근 연구의 기초』(안중근 의거 100주년 기념연구논문집 2), 경인문화사

24) 신운용, 2007, 「안중근 의거에 대한 국외 한인사회의 인식과 반응」, 『한국독립운동사연구』 28, 독립기념관 한국독립운동사연구소

25a) 신주백, 2007, 「한일역사교과서는 安重根을 어떻게 기술해 왔는가(1945~2007); 伊藤博文 및 '韓國倂合'과의 관계를 중심으로」, 『안중근 자료집편찬을 위한 기초연구』 안중근기념사업회, 안중근의사 의거100주년 기념준비 제 5회 학술대회

26a) 벨라 박, 2007, 「안중근의 의거에 대한 조선과 해외의 반응; 러시아·조선 및 일본 사료를 중심으로」, 『안중근과 그 가족의 독립운동』 안중근기념사업회, 안중근의사 의거100주년 기념준비 제 6회 학술대회

26b) 벨라 보리소브나 박, 2009, 「안중근 의거에 대한 조선과 해외의 반응-러시아, 조선 및 일본 사료를 중심으로」, 『안중근 연구의 기초』(안중근 의거 100주년 기념연구논문집 2), 경인문화사

27a) 신주백, 2008, 「일제강점기 '이등박문 저격사건'을 둘러싼 안중근에 관한 국내외 조선인사회의 기억」, 『한국민족운동사연구』 57, 한국민족운동사학회

27b) 신주백, 2009, 「식민지기 안중근에 관한 국내외 조선인 사회의 기억」, 『한국과 이토 히로부미』, 선인

28a) 정현기, 2008, 「안중근에 대한 글 본새와 림종상의 '안중근 이등박문을 쏘다'; 문학과 역사, 철학 글쓰기 본 찾기」, 『안중근의 사상과 그 영향』 안중근기념사업회, 안중근의사 의거100주년 기념준비 제7회 학술대회

28b) 정현기, 2009, 「북한의 안중근 인식-림종상의 '안중근 이등박문을 쏘다'를 중심으로」, 『안중근 연구의 기초』(안중근 의거 100주년 기념연구논문집 2), 경인문화사

29) 손염홍, 2009, 「안중근 의거와 중국의 반제민족운동」, 『안중근 의거의 국제적 영향(광복 64주년 및 개관 22주년 기념 학술심포지엄)』, 독립기념관

30) 이규수, 2009, 「안중근 의거에 대한 일본 언론계의 인식」, 『안중근 의거의 국제적 영향』(광복 64주년 및 개관 22주년 기념 학술심포지엄), 독립기념관

31) 신운용, 2009, 「안중근 의거에 대한 국내의 인식과 반응」, 『안중근 연구의 기초』(안중근 의거 100주년 기념연구논문집 2), 경인문화사

32) 신운용, 2009, 「안중근 의거에 대한 국외의 인식과 반응-재외한인을 중심으로」, 『안중근 연구의 기초』(안중근 의거 100주년 기념연구논문집 2), 경인문화사

33) 벨라 보리소브나 박/ 보리스 드미트리예비치 박, 2009, 「안중근 의사의 위업에 대한 러시아 신문들의 반응」, 『안중근 연구의 기초』(안중근 의거 100주년 기념연구논문집 2), 경인문화사

34) 이범, 2009, 「안중근 의거가 보여준 민족정신과 중국에 대한 영향」, 『안중근 연구의 기초』(안중근 의거 100주년 기념연구논문집 2), 경인문화사

35) 마쓰다 도시히코, 2009, 「이토 히로부미 살해사건의 파문」, 『한국과 이토 히로부미』, 선인

36) 미즈노 나오키, 2009, 「식민지기 조선에서의 이토 히로부미의 기억」, 『한국과 이토 히로부미』, 선인

37) 장용희, 2009, 「아동문학에 나타난 안중근의사」, 『안중근의사 하얼빈의거 100주년기념 국제학술대회』(안중근기념사업회)

38) 정현기, 2009, 「안중근의사와 한국소설; 이청의 '안중근'과 송원희의 '대한국인안중근'을 중심으로」, 『안중근의사 하얼빈의거 100주년기념 국제학술대회』(안중근기념사업회)

39) 따찌아나 심비에르쩨바, 2009, 「안중근의 러시아」, 『안중근의사 하얼빈의거 100주년기념 국제학술대회』(안중근기념사업회)

40) 쟝휘이팡, 2009, 「민국시기 중국예술작품속에서 안중근의 형상 : 연극을 중심으로 한 고찰」, 『안중근의사 하얼빈의거 100주년기념 국제학술대회』(안중근기념사업회)

41) 윤선자, 2009, 「해방후 안중근 기념사업의 역사적 의의」, 『안중근의사 하얼빈의거 100주년기념 국제학술대회』, 안중근기념사업회

42) 임수경·전영란, 2009, 「안중근 의사 의거 관련 언론보도 분석 ; '대한매일신보'를 중심으로」, 『안중근의사 하얼빈의거 100주년기념 국제학술대회』(안중근기념사업회)

43) 이규태, 2009, 「안중근의거를 둘러싼 일본의 인식과 대한정책」, 『안중근의사 하얼빈의거 100주년기념 국제학술대회』(안중근기념사업회)

44a) 王元周, 2009, 『中國人有關安重根的著述與安重根的三種形象』(안중근의거 100주년기념 국제학술대회, 안중근 하얼빈학회)

44b) 왕위엔쩌우, 2009, 『중국인이 쓴 안중근에 대한 저작물과 그들이 안중근에게 가진 세 가지 이미지』(안중근의거 100주년기념 국제학술대회, 안중근 하얼빈학회)

45a) 최봉룡, 2009, 『안중근 의거의 중국에 대한 영향과 평가』 안중근의거 100주년기념 국제학술대회, 안중근 하얼빈학회

45b) 崔峰龍, 2009, 『安重根義擧の中國に對する影響その評價』(안중근의거 100주년기념 국제학술대회, 안중근 하얼빈학회)

4. 문학과 예술 및 아동문학

4-1. 傳記 文學

1) 李泰浩, 1931, 『哈爾賓 驛頭의 銃聲』, 三中堂書店

2) 谷讓次, 1931, 「安重根 : 十四の場面」『滿洲·內蒙古·樺太』(黑川創 編, 外地の日本文學選 2), 新宿書房

3) 최상덕, 1967, 『안중근의사』(전기소설 제 9화)

4) 李浩哲, 1986, 『까레이 우라』, 한겨레, 1986.

5) 鷄林冷血生, (1992),『醒世小說 英雄淚』, 安重根義士紀念館(漢文本)

6a) 한석청, 1994,『超人 – 大韓國人 안중근 토마스 傳記小說』1·2, 한아름

6b) 한석청, 1995,『소설 안중근』1·2, 청암미디어

6c) 韓碩靑(金容權 譯),『安重根』第1部 生成篇·第2部 超人篇, 東京 : 作品社, 1997.

7a) 송원희, 1995,『安重根 – 그날 춤을 추리라』1·2, 도서출판 둥지

7b) 송원희, 2001,『안중근 : 그날 춤을 추리라』상/하, 문학과 의식

7c) 송원희, 2004,『대한국인 안중근』, 조이에듀넷

8) 조상호 편집, 2002,『장편소설 안중근 이등박문을 쏘다』, 문학예술출판사

9) 이이녕, 2004,『소설로 읽는 도마 안중근』, 선미디어

10) 림종상, 2006,『안중근 이등박문을 쏘다』(북한판 재간행), 자음과 모음

11) 조정래, 2007,『안중근』, 문학동네

12) 이청, 2009,『대한국인 안중근』, 경덕출판사

13) 이수광, 2009,『안중근 : 불멸의 기억』, 추수밭

14) 구태훈, 2009,『구태훈 교수의 안중근 인터뷰』, 재팬리서치21

15) 이태진·조동성·김성민 지음, 2009,『(소설) 안중근 이등박문을 쏘다』, IWELL

16) 이문렬, 2010,『불멸』(1,2), 민음사

4-2. 희곡·시나리오·음반·비디오

1) 作者未詳, 1910년대,『安重根 伊藤博文을 쏘다』, 간행연도 미상

2) 작자미상, 1910년대,『안중근, 이토 히로부미를 쏘다』(1910년 말, 진화단)
(http://www.ccnt.com.cn/show/cdwindow/culture/huaju/hjqymyshqhi.htm)

3) 作者未詳, c. 1919,『安重根』(中國語 戲曲)

4) 作者未詳, c. 1919,『亡國恨』(中國語 戲曲)

5) 作者未詳, 1928,『안중근 이등박문을 쏘다』(연극, 김일성 연출)(박종원, 1988,『조선문학개관』2 참조)

6) 鄭基鐸 監督·全昌根 脚本, 1928,『愛國魂』(映畵), 上海, 大中華白合影片公司 製作

7) 金春光, 1946,『安重根 史記』前篇·後篇(最後篇), 靑春劇場

8) 李龜永 監督, 1946, 『安重根 史記』(영화), 靑春劇場 出演, 啓蒙映畵協會 製作
9) 全昌根 監督, 1959, 『高宗皇帝와 義士 安重根』, 全昌根 主演, 太白映畵社 製作
10) 백인준 대본, 엄길선 연출, 1979, 『안중근 이등박문을 쏘다』(영화) 1~2, 조선영화촬영소, video 9cassette(VHS & BETA)
11) 국군홍보관리소, 1980, 『대한국인 안중근』(영화), 1 video cassette(VHS)(35분)
12) 李東震, 1991, 「영원한 토마스 안중근」(희곡), 『누더기 예수』, 동산출판사
13) 李東震, 1991, 「영원한 토마스 안중근」(시나리오), 『누더기 예수』, 동산출판사
14) 1994, 『義士 安重根』(영화), 미주 엔터테인먼트, video cassette(VHS)
15) 장진영, 1995, 『대한국인 안중근』(청소년역사연극대본), 재단법인 천운청소년육성회
16) 鐘下辰男, 1997, 『寒花』(安重根 關係 演劇作品), 東京 : 文學座アトリエ, 1997. 7. 文學座アトリエ(筆者演出公演)
17) 김의경, 1998, 『대한국인 안중근』(연극), 서울시립극단
18) 정철호, 2001, 『안중근전』(신작판소리 작품2)(2Disc), 로엔터테인먼트
19a) 서세원 연출, 유오성·고두심·정성모·서세원, 『도마 안중근』(영화), 2004. 09. 10 개봉
19b) 서세원 연출, O.S.T, 2004, 『도마 안중근』(Disc), SM기획
19c) 서세원 연출, 유오성·고두심·정성모·서세원, 『도마 안중근』(10년 1월 덕슨 한국영화행사), 스펙트럼디브이디(DVD)
20) 작자미상, 2008, (에니메이션) 『안중근·최치원』(엄마가 골라주는 만화위인전 16), 대주미디어(DVD)
21) 윤호진 연출, 『영웅』(뮤지컬), 2009. 10. 26~2009. 12. 3, 공연장소 : LG 아트센터
22) 윤석이 연출, 『대한국인 안중근』(오페라), 2009. 06. 04~2009. 06. 07, 공연장소 : 올림픽공원 내 올림픽홀
23) 표재순 연출, 『대한국인 안중근』(연극) 2009. 6 국립극장 달오름 극장 등

4-3. 아동문학·위인전

1) 김영일, 1969, 『안중근』(소년소녀 한국위인전), 정문사

2) 학원장학회편집부 편, 1970, 『안중근』(세계위인전집 18), 삼양사

3) 이원수, 1970, 『안중근』(한국위인전 17), 정문사

4) 이광주 [외], 1971(1969), 『안중근 [외]』(소년소녀 한국전기전집 15), 계몽사

5) 권오석, 1972, 『안중근』(소년소녀 한국위인 전기전집 10), 제문출판사

6) 김동리 외, 1977, 『안중근』(한국위인대전집 41), 교육과학사

7) 김동리 외, 1977, 『안중근』(위대한 사람들 26), 학원도서

8) 김영일 엮음, 1977, 『안중근』(세계위인전기전집 24), 광음사

9) 권오석 [외] 엮음, 1977, 『안중근 선생』(소년소녀한국충효전집), 신림출판사

10) 이진호 지음, 1977, 『안중근 의사』(어린이 한국, 세계위인 이야기 5), 대광출판사

11) 오태영, 1977, 『안중근 의사』(어린이컬러위인전;우리나라), 노벨문화사

12) 조대현 등, 1978, 『안중근·김좌진·유관순·윤봉길』(한국인물 전기전집 12), 국민서관

13) 권오석·이정은 엮음, 1979, 『안중근』(소년소녀 한국충효 위인전집 31), 춘추문화사

14) 강남도서 편집부, 1979, 『안중근』(한국위인전기 선집 13), 강남도서

15) 백영근 엮음, 1979, 『안중근』(한국위인 문학 시리즈 13), 서한사

16) 김태정 편, 1979, 『이순신·안중근·이율곡·계백장군』(소년소녀 한국 세계충효위인 대전집 21), 문공사

17) 예술문화사 편, 1979, 『안중근』, 예술문화사

18) 강위수 엮음, 1980, 『안중근』(소년소녀 세계 위인 전집 17), 아동문학사

19) 김동리·김영일, 1980, 『안중근』(한국위인특대전집 25), 교육출판공사

20) 강위수 엮음, 1980, 『안중근·김옥균』(소년소녀 한영명작문고 79), 한영출판사

21) 편집위원회 편, 1980, 『안중근』(계림문고 246), 계림출판사

22) 이상현·김영일 共編, 1980, 『김구·안중근』(소년소녀세계위인전집 20), 중앙문화사

23) 김영일 등, 1980, 『손병희·주시경·안중근』(소년소녀 한국위인 전기전집 13), 삼성당

24) 오태영 글·김용도 그림, 1980, 『안중근 의사』, 삼금출판사

25) 이용범 등, 1981, 『손병희·주시경·안중근』(소년소녀세계위인전집 48), 삼성당

26) 이상현 글·박기준 그림, 1981, 『안중근』(칼라학습위인 만화 17), 삼성당

27) 이어녕 編, 1981,『안중근』(소년소녀 세계명작), 보성문화사
28) 김순봉 編, 1981,『안중근』(오뚜기문고 38), 대일출판사
29) 임교순 등 엮음, 1981,『주시경·김구·안창호·안중근·오금선』, 경미출판사
30) 조풍연 등, 1982,『안중근·서재필·남지현·주시경 등』(소년소녀 한국전기전집 14), 계몽사
31) 권오석·이정은, 1982,『안중근』(한국충효전기 5), 대한도서
32) 한국출판문화공사, 1982,『안중근·사명당·전봉준 외』(소년소녀대세계위인전집 9), 한국출판문화공사
33) 한승원, 1982,『의사 안중근』(소년소녀 독수리 도서관 27), 홍익문화사
34) 계림문고편찬위원회, 1982,『하얼빈의 총소리』(소년소녀 세계의 위인전기 257), 계림출판사
35) 화랑문고, 1983,『위인들의 일화집』, 동아출판사
36) 김순봉 외 엮음, 1983,『안중근』(한국위인 동화), 대일출판사
37) 위인전기편집위원회, 1983,『안중근』, 예림당
38) 이상현, 1983,『안중근』(세계의 위인, 칼러판 어린이 20), 삼성당
39) 김영일 외[편], 1983,『손병희·주시경·안중근』, 삼덕출판사
40) 훈민사 [편], 1983,『안중근·나이팅게일』(위인전기, 빛을 남긴 사람들 4), 훈민사
41) 박승일, 1983(1982),『안중근·윤봉길』(소년소녀 세계위인전집 28), 한림출판사
42) 편집부, 1984,『안중근』(범우오뚜기문고 25), 범우사
43) 이이녕 편, 1984,『안중근』(우리들문고), 보성문화사
44) 김영일, 1984,『안중근의 강자와 약자』(위인들의 일화집 1), 삼원출판사
45) 김원석·이협 그림, 1985,『안중근』(소년소녀 위인전기 26 한국편), 금성출판사
46) 강세일 외 엮음, 1985,『사명당 / 안중근』(세계어린이 위인전집 12), 삼성문화사
47) 김영일, 1985,『안중근의사와 이야기』, 독서지도회
48) 김영일 엮음·정원택 그림, 1985,『안중근 의사이야기』, 청소년윤리연구회
49) 장수철 등, 1986,『손병희·민영환·안중근·김좌진·유관순』(올컬러 한국위인 전기 전집 39), 삼성당

50) 이상현 글·박기준 그림, 1986, 『안중근』(칼러학습 위인 만화 17), 삼성당
51) 중앙문화사, 1987, 『안중근』(소년소녀 한국위인 전기 전집), 중앙문화사
52) 큰별큰빛, 1987, 『한국의 위인』, 교문당
53) 이효성, 1987, 『안중근 : 민족정기의 상징』(소년소녀 위인전기 20), 도서출판 영
54) 김영일, 1988(1987), 『안중근의 강자와 약자』(빛을 남긴 위인들의 이야기 11), 학원출판공사
55) 김벽파, 1988, 『민족의 기개를 떨친 독립투사 안중근』(동아위인전기26, 한국편), 동아출판사
56) 이상현, 1988, 『민족의 기상 의사 안중근』(소년소녀위인전기 6), 남광
57) 김원석 글·계창훈 그림, 1988, 『안중근』(신태양 세계위인전기전집 21), 신태양사
58) 김영일, 1988, 『안중근』(소년소녀 한국위인 전기전집 18), 중앙문화사
59) 조순복 글·전성보 그림, 1988, 『안중근』(올칼라 한국위인 특대전집 18), 학원출판공사
60) 이영호, 1988, 『안중근』(어린이 한국위인 9), 신진출판사
61) 이영호 글·김광배 그림, 1988, 『안중근』(어린이 한국 위인), 대능출판사
62) 김종상, 1988, 『안중근』(어린이 위인전기 206), 견지사
63) 김삼진, 1989, 『안중근』(월드스타 세계위인전기 30), 청화
64) 김영일, 1989, 『안중근의사 이야기』, 한국독서지도회
65) 김영일 편, 1989(1982), 『안중근』(소년소녀 세계위인전집 14), 평범사
66) 송재찬 글·윤만기 그림, 1989, 『김구·안중근』, 한국위인 전기전집 20, 한국프뢰벨
67) 김희용 옮김, 1989, 『서재필·안중근·신채호』(칼라판 한국위인 19), 교육문화사
68) 전영식 옮김, 박영민 그림, 1989, 『신사임당·안중근·이완』, 한국유아교육개발
69) 김원석, 1989, 『안중근』(소년소녀위인전기 26), 금성출판사
70) 김한룡 글·윤만기 그림, 1990(1989), 『안중근』(슈퍼스타 한국위인 22), 정한출판사
71) 육영사 편, 1990, 『안중근·김구』(한국위인전기 60인선집 25), 육영사
72) 윤선량, 1990, 『안중근』, 예문당
73) 이상현 글·곽인종 그림, 1990, 『안중근』(올칼라 어린이 세계의 위인 26), 삼성당

74) 편집부 편, 1990(1987), 『안창호·안중근』(컬러판 한국전기전집), 경미출판사

75) 어효선 글·임영배 그림, 1990, 『안중근』(세계위인 전기, 큰별큰빛 93), 교학사

76) 창기획 편집, 1990, 『안중근』(한국위인전집 24), 삼오문화사

77) 오석·이정은, 1990, 『안중근』(한국위인전기 12), 민중서관

78) 김종상·이재철, 1990, 『안중근』(유리카 애니메이션 그림동화 33), 학원출판공사

79) 김영일, 1990, 『안중근』(학습만화세계위인전집 20), 삼성출판사

80) 김성도 엮음, 1990, 『안중근』(은하수 위인문고 113), 계림출판공사

81) 강성자 외 엮음, 1991, 『안중근』(어린이 종합문고), 예술문화사

82) 박홍근 글·조봉업 그림, 1992, 『안중근』(애니메이션 그림동화 54), 삼성당

83) 김선태 글·김석원 그림, 1992, 『안중근』(골든 중앙 위인전기 28, 한국편), 중앙출판사

84) 박종현 지음·박진우 그림, 1992(1988), 『안중근』, 교학사

85) 김삼진, 1992, 『안중근』(월드스타 한국위인전기), 꿈나라

86) 강순아 엮음·천지프로덕션 그림, 1992, 『안중근』(에니메이션 교과서위인), 도서출판 윤진

87) 전영식 지음·박상현 그림, 1992, 『신사임당·안중근·이완』, 꿈나라

88) 신중신 지음·강덕선 그림, 1992(1991), 『안중근』((학습판) 세계위인 23, 한국편), 삼성출판사

89) 이영호 글·김광배 그림, 1992, 『안중근』(극화 애니메이션, 위인들의 어린시절 9), 대웅출판사

90) 편집부, 1992, 『안중근·남자현·안창호·한용운·신규식』(소년소녀한국전기전집 19), 계몽사

91) 김신철 글·권오웅 그림, 1992(1991), 『안중근/전봉준』(세이브 63, 한국위인전기 16), 삼익출판사

92) 엄기원 저·김광배 그림, 1992, 『안중근·최익현』(소년소녀 한국위인 전기 19), 한국도서출판중앙회

93) 장재훈, 1992, 『안중근』(백호위인이야기 1), 백호문화사

94) 강순이, 1992, 『안중근』(에니메이션교과서위인 K009), 윤진문화사

95) 신동일 글·윤만기 그림, 1993, 『안중근·김구』(세계아동문학전집 우리별 2001, 한국의 위인 4), 태극출판사
96) 김종상 글·안병원 그림, 1993(1990), 『안중근』(컬러판 또래문고-위인전기), 견지사,
97) 한준 글, 이범기 그림, 1993, 『안중근』(소년소녀위인전기 한국위인), 태서출판사
98) 김영일 글·김석원 그림, 1993, 『안중근』(늘푸른문고 104), 중앙미디어
99) 김선태 글·김석원 그림, 1993, 『안중근』(어린이 교과서 위인선 8), 중앙미디어
100) 신중신 지음·강덕선 그림, 1993, 『안중근』(학습판 세계의 위인, 역사를 빛낸 사람들 19), 삼성출판사
101) 김성도 엮음, 1993, 『하얼삔의 총성-안중근』(은하수문고 113), 도서출판 계림
102) 노원호 지음·하정남 그림, 1993, 『안중근』(아롱다롱이야기21, 위인), 문공사
103) 이영준 엮음, 1993, 『안중근』(위인전기 12), 대일출판사
104) 김벽파 글·손창복 그림, 1994, 『안중근』(동아위인전기 26), 동아출판사
105) 최홍규 글·오성세 그림, 1994, 『독립을 위해 목숨 바친 안중근』(리더스 한국위인 26), 한국유아교육개발
106) 이채형, 1994(1987), 『장보고·안중근』, 금성출판사
107) 김동리 [등]편, 1994, 『안중근·김좌진·서재필』(세계위인 전기전집 66), 삼성당
108) 최서면, 1994, 『새로 쓴 안중근의사』(소년소녀를위한 한국인총서 2), 집문당
109) 편집부 편, 1995(1986), 『안중근』(그랜드 애니메이션 한국위인 3), 양우당
110) 이효성 엮음, 1995, 『안중근』(위인전시리즈 1), 대길
111) 윤기현 글·김성민 그림, 1995, 『안중근』(두손 위인전기13, 한국편), 두손미디어
112) 이창모 글·이육남 그림, 1995, 『안중근』(르네상스 학습판 위인전기 한국위인 25), 대우출판사
113) 박성수, 1995(1994), 『안중근과 의거활동』(금성판, 학습만화 한국의 역사 인물편 21), 금성출판사
114) 장승련, 1995, 『안중근』, 배영사
115) 김종상·이재철 지음, 1996, 『안중근』(애니메이션 그림동화 33), 현대출판사
116) 윤지형 엮음, 1996, 『안중근』(애니메이션 위인, 한국위인 15), 한국브루너

117) 이광웅 글·양후영 그림, 1996, 『안중근』(어린이 그림위인방 36월드비젼 한국위인방 36), 한국파스칼
118) 장문평 저·김용철 그림, 1997(1995), 『안중근』(어린이 위인전기 24, 한국편), 금성
119) 김경수 글, 1996, 『김구·안중근』(인물한국사 10), 소담출판사
120) 강순아 엮음·천지프로덕션 그림, 1996, 『안중근』(에니메이션 한국역사인물 베스트 15), 씨뿌리는 마음
121) 윤지형 엮음, 1996, 『안중근』(삐아제 애니메이션, 위인 12), 한국삐아제
122) 이상현 글·황의연 그림, 1996, 『안중근』(그랑프리 위인전기문학관), 용진
123) 이동기 그림·안영옥 글, 1997, 『안중근』(에로이카 위인전기 17, 한국편), 계몽사
124) 노원호, 1997, 『안중근』(또래끼리), 문공사
125) 김선태 글·김석원 그림, 1997, 『안중근』(스칼라 위인전기전집 한국편 28), 래더교육
126) 이동렬 엮·전성보 그림, 1997, 『안중근』(한국위인전기 22), 아이템풀시험정보은행
127) 권오석 등 편저, 1977, 『안중근』(소년소녀 한국위인전기 선집 13), 강남도서
128) 이용우 엮음·김창성 그림, 1997, 『안중근』(바른사 어린이 위인전 별빛문고5), 바른사
129) 김명일, 1997(1972), 『안중근』(한국위인대전집 16), 정문사
130) 이영준 엮음, 1997(1995), 『안중근』(세계위인 15), 도서출판 상서각
131) 이지원 글·김영규 그림, 1997, 『안중근』(세계를 움직인 사람들, 한국편 66), 삼성당
132) 유한준, 1997, 『안중근』(소년소녀위인전기 G24), 태서출판사
133) 강석하 글·전성모 그림, 1998, 『대한국인 안중근』, 예림당
134) 황국산 편, 1998(1996), 『안중근』(한국의 위인전기 7, 그랜드 한국의 위인 전기 7), 양우당
135) 안영옥 글, 1999, 『안중근』(글로리아 위인전기 한국편), 한국뉴턴
136) 김종상 지음·이광익 그림, 1999, 『안중근』(저학년 위인전), 예림당
137) 박종현 지음·박진우 그림, 1999(1992), 『나라잃은 원수갚은 안중근』(교학사 유년문고 28), 교학사
138) 김선태, 1999, 『안중근』(중앙문고110), 중앙출판사

139) 김성도, 1999,『안중근』, 계림닷컴
140) 강석하, 2000,『대한국인 안중근』, 예림당(2004년 개정판)
141) 삼성출판사편집부, 2000,『안중근』, 삼성출판사
142) 조대현, 2000,『안중근』(46/처음 만나는 그림동화 한국위인), 삼성출판사
143) 유수경, 2000,『안중근』(밀레니엄 저학년 위인 논술 MB), 태서출판사
144) 이영준, 2001,『안중근』(위인전기 12), 대일출판사
145) 이영준, 2001,『안중근』(위인전기 15), 상서각
146) 이동렬, 2002,『안중근』(두산동아 테마위인), 두산동아
147) 박용기, 2002,『안중근』, 주니어랜덤
148) 박용기 지음·이상권 그림, 2002,『안중근』(어린이 중앙 인물이야기 2), 어린이중앙
149) 송년식, 2003,『안중근』(역사학자 33인이 추천한 역사 인물동화 48), 파랑새어린이 (2006, 2007년에 개정판)
150) 이용해, 2003,『안중근』(교학사 유년문고 28), 교학사
151) 박은지, 2004,『안중근』, 초록세상
152) 강용규 지음·계창훈 그림, 2004,『안중근』(꿈동산 위인전기 36), 꿈동산
153) 저자미상, 2004,『안응칠 : 이토히로부미를 쏘다』, 푸른나무
154) 주니어랜덤 편집부, 2006,『평화를 꿈꾼 대한국인 안중근』, 주니어랜덤(어린이중앙)
155) 이정범, 2006,『항일 독립 운동과 안중근』, 서강출판사
156) 이지원, 2006,『안중근』(교과서에 나오는 위대한 인물), 삼성당
157) 이영호, 2006,『숭고한 영혼 안중근』, 지경사
158) 문정옥, 2006,『안중근』(우리위인 동화집28), 기탄동화
159) 박용기, 2006,『안중근』(새시대 큰인물 2), 주니어랜덤
160) 이상현 지음·노희성 그림, 2007,『하얼빈의 총소리, 안중근』(고학년 꿈이사 10), 영림카디널
161) 서울교육대학교 역사논술연구회, 2007,『안중근』(역사논술교과서 48), 파랑새
162) 송년식, 2007,『안중근』(인물로 보는 한국사 48), 파랑새
163) 컴펜 편집부, 2007,『안중근』(1,2), 컴펜

164) 송재진, 2008, 『안중근』, 효리원

165) 김경란 지음, 2008, 『안중근』(생각쟁이 인물33), 씽크하우스

166) 송재진 지음, 2008, 『안중근』(논리논술대비 저학년 위인전기 10), 효리원

167) 남찬숙 지음·곽성화 그림, 2009, 『안중근』(새싹인물전27)

168) 이수광 지음·대한미디어 그림, 2009, 『안중근 ; 안중근의거 100주년 기념 특별기획만화』, 삼성당

169) 배정진 지음·김고은 그림, 2009, 『안중근이 들려주는 애국 ; 불꽃처럼 살다간 영웅』, 세상모든책

170) 한아름·주경희 지음, 권오현 그림, 2009, 『영웅 : 우리 가슴속에 깊이 간직했던 이름 안중근』, 처음주니어

171) 이정범, 2009, 『항일독립운동과 안중근』(다큐동화로 만나는 우리역사 6), 서강BOOKS

172) 박신식 지음·곽재연 그림, 2009, 『안중근』(피플채널1), 아리샘주니어

173) 김진 지음·원유미 그림, 2009, 『세계평화를 꿈꾼 민족의 영웅; 안중근』(역사공부가 되는 위인전 09), 해와 나무

5. 안중근 관계 논설류

5-1. 자료관계 논설

1) 편집실, 1978, 「安重根 義士의 自敍傳 ; 다시 吟味해보는 그의 忠節과 義氣와 生涯」 『새전남』 117·119, 全南公論社

2) 朴慶植, 1979, 「映畵化さわた 安重根」, 『朝鮮畵報』, 朝鮮畵報社

3) 노르베르트 베버, 1979, 「安重根義士의 故鄕 淸溪洞」, 『朝鮮日報』 1979년 9월 2~6일자

4) ロベルト ウエ-バ, 1980, 「安重根義士の古里 ; 淸溪洞」, 『アゾア公論』195, 東京 : アゾア公論社

5) 金煉甲, 1984, 「의사 안중근 ; 옥중수기와 동양평화론」, 『廣場』128

6) 佐木隆三, 1993, 「熊本縣朝鮮語學生 ; 小說 '伊藤博文と 安重根' 補遺」, 『文藝春秋』204, 東京 : 文藝春秋社
7) 박정아, 1997, 「國家安危 勞心焦思 : 안중근 기념관을 찾아서」, 『군사세계』24
8) 조광, 2009, 「안중근의 마지막 말들」, 『경향잡지』, 한국천주교중앙협의회

5-2. 종합 논평

1) 安宇植, 1973, 「伊藤博文暗殺とその背景 – 狙擊者 安重根の行動論理」, 『歷史讀本』18-3, 東京 : 新人物來往社
2) 안천, 1996, 「안중근의사 복권(?) 선언의 비밀」, 『신흥무관학교』, 교육과학사
3) 안천, 1996, 「안명근 의거의 경악할 내막」, 『신흥무관학교』, 교육과학사
4) 안웅호, 1988, 「지금 조부의 꿈은 남북통일이 분명」, 『시민연극』4, 서울시립극단
5) 정지환, 2004, 「사학자들의 위험한 역사관 : 안중근의 10·26과 박정희의 10·26」, 『대한민국 다큐멘터리』, 인물과 사상사

5-3. 생애 및 독립운동론

1) 김양선, 1965, 「안중근 – 하르빈에 울린 총성」, 『한국의 인간상』, 신구문화사,
2) 劉錫仁, 1965, 「안중근」, 『애국의 별들』, 敎文社
3) 朴慶植, 1970, 「安重根とその思想」, 『未來』51, 東京 : 未來社
4) 이은상, 1971, 「안중근」, 『민족사의 불기둥』1, 횃불사
5) 李種浩 편저, 1971, 「안중근」, 『民族의 氣魄』, 檀君崇寧會
6) 김양선 외, 1975, 「안중근」, 『韓末 激動期의 主役 8人』, 신구문화사
7) 小見山登, 1979, 「韓國の 刺客 安重根 餘話」, 『文明批評』, 40·41 合倂號, 文明批評社
8) 鈴木卓郎, 1979, 「義士安重根は 生きている」, 『諸君』11-12, 東京 : 文藝春秋社
9) 이은상, 1979, 「安重根 義士와 民族史 100年 ; 安義士 誕辰 100周年」, 『政經文化』175, 경향신문사
10) 이현희, 1979, 「人間 安重根論」, 『政經文化』175, 경향신문사
11) 김영만, 1980, 「安重根 義士의 生涯와 思想」, 『추성』36, 추성사

12) 김용곤, 1980, 「민족혼을 심은 사람들 ; 義士 安重根」, 『스카우팅』22, 한국보이스카웃트연맹
13) 鄭東勳, 1981, 「獨立運動의 先驅者, 安重根」, 『정훈』93
14) 金敬泰, 1983, 「近代韓國知識人 ; 崔益鉉 金玉均 安重根」, 『自由』127
15) 李敬南, 1985, 「한국 침략의 원흉 쓰러뜨린 불멸의 義士 ; 安重根」, 『통일』51
16) 禹國老, 1986, 「安重根 義士 10·26 義擧를 銘心하자」, 『政友』53
17) 李敬男, 1986, 「안중근」, 『선구자』(자랑스런 한국인 1), 지문사
18) 中野泰雄, 1987/1988, 「救國義士 安重根」, 『自由』166~175
19) 崔奭祐, 1991, 「安重根論」, 『교회와 역사』194, 한국교회사연구소
20) 박태균, 1992, 「민족운동에 몸바친 비운의 안중근 일가」, 『말』77
21) 원재연, 1993, 「안중근의 생애와 활동」, 『교회와 역사』218~221
22) 송정환, 1995, 「대한국인 안중근」, 『통일로』86.
23) 宋媛熙, 1996, 「민족의 영웅 안중근 의사 : 그분의 발자취를 따라」, 『민족정론』
24) 조광, 1998, 「안중근의 애국계몽운동」, 『시민연극』4, 서울시립극단
25) 나명순, 1998, 「여순감옥에서 만난 大韓國人 安重根」, 『시민연극』4, 서울시립극단
26) 차태근, 2003, 「중국 속의 한국인 : 대륙의 혼을 깨운 안중근」, 『중국의 창』2
27) 최명재, 2005, 「한민족의 혼을 일깨운 大韓國人, 안중근 의사–항일 의병 투쟁을 중심으로」, 『殉國』177, 대한민국순국선열유족회
28) 김지암, 2005, 「한일병탄과 그 주모자들을 처단한 애국지사들」, 『殉國』177, 대한민국순국선열유족회
29) 박성수, 2006, 「중국에서 안중근과 신규식을 생각한다」, 『殉國』189, 대한민국순국선열유족

5-4. 의거와 법정투쟁 및 법리론

1) 친일문제연구회, 1996, 「안중근 의사, 이토오 히루부미 처단」, 『일제침략사 65장면』, 가람기획
2) 현광호, 2003, 「안중근은 왜 이토 히로부미를 저격했나」, 『내일을 여는 역사』11, 내

5-5. 천주교 관계론

1) 최석우, 1986, 「안중근의 신앙심과 애국심」, 『교회와 역사』129
2) 조관호, 「안중근의사의 신앙과 민족의 제단에 바친 삶」, 『생활성서』, 생활성서사
3) 전윤미, 1993, 「민족과 신앙의 지도자 안중근 도마」, 『항아리』18, 한국가톨릭문화선양회
4) 오경환, 1994, 「안중근과 인천천주교 초대주임 빌렘 신부」, 『황해문화』2, 새얼문화재단

5-6. 정치사회사상론

1) 편집실, 1979, 「靑年 安重根의 義烈精神」, 『治安問題』3, 치안문제연구소

5-7. 동양평화론

1) 中野泰雄, 1997, 「平和의 使徒 安重根과 東洋平和」, 『民族正論』46
2) 신용하, 1998, 「동양평화론을 통해 본 안중근의 정치사사상」, 『시민연극』4, 서울시립극단
3) 윤병석, 2004, 「안중근 의사의 하얼빈 의거와 '동양평화론'(1)·(2)」, 『순국』 통권 166·167호, 순국선열유족회
4) 현광호, 2007, 「안중근과 동양평화론」, 『사회비평』, 나남
5) 이병한, 2009, 「21세기에 다시 읽는 '동양평화론'-안중근 의사 하얼빈 의거 100주년」, 『플랫폼』13, 인천문화재단

5-8. 관계인물론

1) 安宇植, 1977, 「安重根と長谷川海太郎」, 『季刊三千里』9, 三千里社
2) 中野泰雄, 1984, 「現代史에 再照明한 安重根과 伊藤博文」, 『新東亞』295
3) 김파, 1985, 「안중근과 그의 동료들」, 『송화강』, 延吉

4) 조광, 1993, 「안중근의 안해와 그 자녀들」, 『경향잡지』, 한국천주교중앙협의회

5) 조광, 1993, 「안중근의 두 동생」, 『경향잡지』, 한국천주교중앙협의회

6) 조광, 1993, 「안중근의 친인척」, 『경향잡지』, 한국천주교중앙협의회

7) 김삼웅, 2007, 「안중근의사와 '不立文字' 동지들」, 『殉國』통권195호, 대한민국순국선열유족회

8) 일리앤성, 2009, 「안명근 사건으로 체포된 김구」, 『殉國』218, 대한민국순국선열유족회

6. 참고논저

1) N. Weber, 1915, Im Lande der Morgenstille : Reiserinnerungen an Korean, Freiburg, Herdersche Verlagshandlung

2) 朝鮮總督府 警務局, 1934, 『不穩刊行物記事輯錄』(조사자료 제37집), 朝鮮總督府 警務局

3) 馬鶴天, 1940, 『韓亡鑑』, 察蒙特署

4) 金 九, 1947, 『白凡逸志』, 교문사, ; 도진순 주해, 1997, 『백범일지』, 돌베개

5) 日本外務省 편, 1965, 『日本外交年表 竝主要文書 1840~1945』, 東京 : 巖南堂書店

6) 金泰浩, 1975, 『眞友聯盟 事件 ; 安重根 事件外』(흘러간 대사건의 흑막), 弘進出版社

7) 鄭華岩, 1982, 『이 조국 어디로 갈 것인가』, 도서출판 자유문고

8) 한국교회사연구소 편, 1984, 『黃海道天主敎會史』, 한국교회사연구소

9) 신용하, 1985, 『근대한국과 한국인』, 한길사

10) 未詳, 1986, 『朝鮮人の 日本人觀・總解說 : 誰でも 知りたい』, 自由國民社

11) 김학준, 1987, 『이동화평전-한 민주사회주의자의 생애』, 민음사

12) 姜在彦, 1988, 『玄海灘に架けた歷史 : 日韓關係の光と影』, 大阪書籍

13) 多田則明 편, 1994, 『韓國がわかる11人の 視點 : 嫌韓・反日を 超えて』, 世界日報社

14) 金鼎奎, 1994, 『野史』, 독립기념관 한국독립운동사연구소

15) 안천, 1996, 『신흥무관학교』, 교육과학사
16) 유자명, 1999, 『한 혁명자의 회억록』, 독립기념관 한국독립운동사연구소
17) 정수연, 1999, 「한국에 소개된 북한영화의 분석 연구」, 건국대 언론홍보대학원 방송 석사논문, *혁명영화 '안중근 이등박문을 쏘다'에 대한 언급이 있음.
18) 高大勝, 2001, 『伊藤博文と朝鮮』, 社會評論社
19) 鄭靖和, 1998, 『長江日記』, 학민사
20) 金明洙, 1985, 『明水散文錄』, 삼형문화사

02

안중근유해의
조사·발굴 현황과 전망

신운용
안중근의사기념사업회 안중근연구소 책임연구원

1. 머리말

올해는 안중근 순국 100주년이 되는 해이다. 안중근은 1910년 3월 11일 "인생이 있는 이상 죽음 또한 면치 못하는 바이라. 교자(教子)는 먼저 성단에 오르니 교우의 힘에 의해 한국독립의 길보를 가져다주기를 기다릴 뿐"[1]이라는 유언을 남겼다. 많은 독립운동가들이 이를 받들어 독립투쟁에 온몸을 바쳤다. 이처럼 그는 항일전쟁기 동안 한국독립운동의 사상적 기둥이었고,[2] 해방 이후에는 한국 민주화운동세력의 정신적 지주였다.[3] 그의 동양평화론은 아시아의 항구적 평화체제 구축 이론으로 오늘날에도 작동되고 있다는[4] 면에서 또한 뜻 깊다.

안중근은 죽는 그 순간까지도 "동양평화 삼창을 간절히 바랬다"[5]는 기록에서 보듯이 그는 '한국의 독립과 동양평화의 유지'를 의무이자 천명이라고 여겼다.[6] 이는 그의 실존적 존재이유였다. 천명을 구체적으로 실천하였기 때문에 이제 하늘로 돌아갈 일만 남았다. 그러므로 항소는 그에게 별 의미가 없던 것이었다. 오히려 그는 한국독립투쟁의 사상적 버팀목이자 동력을 죽음으로써 한국의 근대사에 뿌리를 내렸던 것이다.

그는 3월 11일 빌렘 신부·두 동생 정근 공근과 면회를 하였을 때 정근에게 한국이 독립하기 전에는 자신의 유해를 반장하지 말고 하얼빈에 묻

---

[1] 국사편찬위원회, 「보고서」, 『한국독립운동사』 자료 7, 1977, 539쪽.
[2] 신운용, 「안중근의거에 대한 국외 한인사회의 인식과 반응」, 『안중근과 한국근대사』(안중근의사기념사업회 안중근연구소 편), 채륜, 2009, 참조.
[3] 천주교정의구현사제단, 「한국 천주교회의 위상-'70년대 정의구현활동에 대한 종합적 평가」, 1985, 19~20쪽.
[4] 신운용, 「안중근의 '동양평화론'과 '이토 히로부미의 극동평화론'」, 『안중근과 한국근대사』, 참조.
[5] 국사편찬위원회, 「安重根 死刑執行狀況 報告件」, 『통감부문서』 7, 1999, 414쪽.
[6] 신운용, 「안중근의거의 사상적 배경」, 『안중근과 한국근대사』, 2009, 참조.

어달라고 유언하였다.[7] 이러한 그의 유언은 자신의 주검이 독립운동의 불씨가 되기를 바랐기 때문인 것으로 보인다.

그러나 안중근의 죽음으로 모든 문제가 끝난 것이 아니라고 여긴 일제는 그의 유언에 따라 유해를 하얼빈 공원묘지에 묻었다가는 감당할 수 없는 사태가 유발되는 것은 물론이고, 한인들이 그의 묘비와 기념비를 세운다면, 이는 국외 한인들의 독립운동 성지가 되리라는 것을 너무나 잘 알고 있었다.[8] 때문에 일제는 자국법마저 어기면서까지 동생들에게 유해를 인도하지 않았던 것이다.

한국독립투쟁의 사상적 에너지로 작용하였던 안중근에 대한 한국인의 존경심은 그의 유해를 찾아 국내로 옮겨야 한다는 열망으로 표출되어 오늘날까지 이어지고 있다. 하지만 유해의 위치에 대한 가설이 난무하는 현재의 상황은 유해발굴을 더욱 어렵게 만들고 있다. 이는 적절히 대응하지 못한 관계기관과 연구의 부재에 그 원인이 있는 것으로 보인다.

이에 필자는 일제의 안중근유해 매장의 불법성을 밝히고 나서 유해 조사·발굴 과정과 봉환운동을 집중적으로 조명해 보려고 한다. 그리고 현재까지 거론되고 있는 묘지의 위치에 대한 여러 가지 가설을 소개하고 그 의미와 문제점을 분석하려고 한다. 아울러 안중근의 묘지 조사·발굴 현황과 향후 전망 및 방안에 대해 살펴보려고 한다.

---

[7] 국사편찬위원회, 「電報」, 『한국독립운동사』자료 7, 539쪽. 또한 안중근의 유언은 다음과 같이 『대한매일신보』 1910년 3월 23일자, 「안씨집힝긔한」에도 볼 수 있다.
안중근씨의 수형집힝은 본월이십륙일에 힝ᄒ기로 결뎡ᄒ엿다는디 안씨가 유언ᄒ기를 한국이 독립ᄒ기전에는 그 ᄒᆡ골을 고국에 쟝ᄉᄒ지말고 합이빈에 쟝ᄉᄒ려ᄒ고 안씨의 모친은 그 고향신쳔으로 쟝ᄉᄒ기를 원ᄒ는디 ᄯᅩ다른 사름의 권고를 인ᄒ야 려슌구에 쟝ᄉᄒᆯ지도 알지못ᄒ겟다더라
[8] 국가보훈처, 「기밀 제14호」, 『아주제일의협 안중근』 제3권, 1995, 690쪽.

2. 일제의 불법적인 유해매장

안중근사형에 대한 여순지방법원 검사 미조부치의 품신에 대해 관동도독부 도독의 명령서가 22일에 도착하였다. 그 명령서는 25일 안중근 사형을 집행하라는 것이었다.[9] 특히 여기에서 안중근의 사형이 당초 25일에서 하루가 연기된 26일에 집행되었다는 데 주목할 필요가 있다. 그 이유는 순종의 생일인 25일에 사형을 집행하면 한국인에게 악감정을 줄 우려가 있었기 때문이었다. 그래서 민정장관이 관동도독부 도독과 상의한 결과, 관동도독부는 26일 사형을 집행하고 여순에 매장하기로 결정하였던 것이다.[10] 여기에서 일본당국이 복수를 위해 이토가 죽은 날 인 26일에 맞추어 안중근의 사형을 3월 26일로 정하였다는 주장[11]은 전혀 사실이 아님을 알 수 있다.

결국 안중근은 1910년 3월 26일 오전 10시 여순감옥[12]에서 불법적인

---

9 국사편찬위원회, 「安重根 死刑執行狀況 報告件」, 『통감부문서』7, 413쪽.
10 국사편찬위원회, 「來電 第一一四號」, 『통감부문서』7, 413쪽.
11 齋藤充功, 『伊藤博文を撃った男』, 中公文庫, 1994, 143쪽; 최석우, 「安重根의 義擧와 敎會의 反應」, 『교회사 연구』제9집, 108쪽.
12 여순감옥의 연혁은 다음과 같다.
   1904년 일제의 노일전쟁승리 후 관동도독부 설치함.
   1906년 7월 러시아가 관리하던 여순 감옥의 증축을 결정함.
   1906년 10월 8일 관동도독부감옥서로 출발함.
        츠루가쵸(敦賀町)에 있던 러시아 감옥을 수리하여 임시로 사용하기로 결정하여
        12월 수용인원 200명의 임시감옥이 준공됨.
   1907년 해빙기에 증축하기로 결정하여 11월 현재 감옥의 반을 완공함.
   1908년 10월 30일 칙령 제274호로 관동도독부감옥서로 명명됨.
   1916년 보통옥사와 격리옥사를 신축함.
   1920년 관동청감옥으로 개칭함.
   1921년 공장 2동, 감옥 부속검사실을 개축함.
   1923년 취사장, 창고 1동을 신축함.
        총부지면적 7,900여평, 건물 총평수 2,126평, 연와공장 6,400여평
        감옥주변 야채경작지 11,000여평.

사형이 집행되어 10시 4분에 숨을 거두었다. 안중근의 통역을 맡은 소노키 스에키(園木末喜)는 그 마지막 모습을 다음과 같이 기록하고 있다.

살인 피고인 안중근에 대한 사형은 26일 오전 10시 감옥 내 형장에서 집행되었다. 그 상황은 다음과 같다.
오전 10시 미조부치(溝淵) 검찰관·구리하라(栗園) 전옥 및 소관 등이 형장 검시실에 착석과 동시에 안을 끌어내어 사형집행의 뜻을 알리고 유언이 있느냐고 질문하였다. 안은 달리 유언할 것이 없으나 원래 자기의 흉행이야 말로 오로지 동양의 평화를 도모하려는 성의에서 나온 것이므로 바라건대 오늘 여기에 온 일본관헌 제위도 다행히 나의 미충(微衷)함을 알아주고, 너나 구별이 없이 합심협력하여 동양의 평화를 꾀하기를 절망할 뿐이라고 하고 또 이 기회에 동양평화만세 삼창을 하고자 하니 특별히 허가하기 바란다고 신청하였다. 그러나 전옥은 그것은 들어줄 수 없는 일이라고 하고 간수를 시켜 곧 백지와 백포로 그 눈을 가리게 하고 특별히 기도를 허가하였다. 안은 약 2분간여의 묵도를 올리고 이윽고 두 사람의 간수가 부축하여 계단에서 교수대에 올라가 조용히 형 집행을 받았다. 때는 10시 4분이며 10시 15분에 감옥의(監獄醫)는 주검을 검사하고 절명하였다고 보고하였다. 이에 드디어 집행을 끝내고 일동 퇴장하였다.
10시 20분 안의 주검을 특별히 감옥서에서 만든 침관에 넣고 백포를 덮어 교회당으로 운구하였다. 이윽고 그의 공범자인 우덕순·조도선·유동하 세 사람을 끌어내어 특별히 예배를 올리게 하고 오후 1시 감옥서의 묘지에 매장하였다.

1926년 관동청형무소로 개칭함.
1934년 관동형무소로 개칭함.
1939년 여순형무소로 개칭함.

이날 안의 복장은 어젯밤 고향에서 도착한 한복(상의는 백무지이며 바지는 흑색)을 입히고 품속에 성화를 넣었다. 그 태도는 매우 침착하여 안색과 말하는 모습에 이르기까지 일상과 조금도 다름이 없었고 종용자약(從容自若)하게 깨끗이 그 죽음으로 나아갔다.[13]

이처럼 안중근은 마지막까지 동양평화를 염원하면서 장엄하게 생을 마무리하였다. 동양평화는 그에게 종교성이 반영된 천명이었고, 삶의 목적이었다. 이러한 의미에서 천국행을 확신한 그는 죽음을 두려워하지 않고 즐겁게 맞이할 수 있었던 것이다.

안중근의 죽음은 일제에 또 다른 의미의 두려움이었다. 일제는 안중근의 주검으로 초래될 후폭풍을 의식하지 않을 수가 없었다. 이는 구체적으로 하얼빈 총영사대리 오오노 모리에(大野守衛)가 안중근 사후 하얼빈 한인들이 장려한 묘비와 기념비를 건립하여 한인들의 숭배와 존경의 중심으로 삼으려 하고 있다고 하면서 고무라 쥬타로(小村壽太郎) 외상에게 보낸 다음과 같은 기록에서 확연히 드러난다. 즉,

사형수의 사체 처분 방법은 물론 소정의 수속이 있어야 할 것으로 생각된다. 만약 위의 사형수의 사체가 유족 등의 손에 인도됨에 있어서는 혹 조심하지 않는다면 위의 계획이 실현될 수 없음을 보장하기 어렵다. 장래를 위해 좋지 않을 것으로 생각되므로 마땅히 주의해야 한다.[14]

이와 같이 그의 유언에 따라 한인들이 유해를 하얼빈 공원묘지에 묻

---

13 국사편찬위원회, 「安重根 死刑執行狀況 報告件」, 『통감부문서』 7, 413~414쪽.
14 일본외교사료관, 「機密 第十四號」, 『伊藤公爵遭難ノ際倉知政務局長旅順へ出張並ニ犯人訊問之件』第3卷 (문서번호: 4.2.5, 245-1).

고 그의 묘비와 기념비를 세운다면 하얼빈은 국외 한인들의 독립운동 성지가 되리라는 것을 일제는 간파하고 있었다.[15] 그 때문에 일제는 자국의 법률마저 어겨가면서 동생들에게 유해를 인도하지 않았던 것이다.[16]

그런데 일제의 감옥법 제74조에는 "시체와 유해의 교부에 대해 사망자의 친척 또는 친구가 요청할 경우 언제라도 교부할 수 있고, 단 합장 후에는 이에 한하지 않는다"고 되어 있다.[17] 이러한 규정에 따라 안중근의 두

---

15 국가보훈처, 「기밀 제14호」, 『아주제일의협 안중근』 제3권, 690쪽.
16 『滿洲日日新聞』 1910年 3月 26日字, 「最後の面會」.
17 일제의 감옥법 중 사형, 유해 인도 등에 대한 중요한 규정은 다음과 같다.
  감옥법 1908년 3월 28일 공포, 법률 제28호
       1908년 10월 1일 시행
  제13장
     사망
  제71조 사형 집행은 감옥내의 형장에서 이를 행한다.
     ② 대제축일(大祭祝日), 1월 1일·2일 및 12월 31일에는 사형을 집행하지 않는다.
  제72조 사형을 집행할 때는 교수(絞首)후 사상(死相)을 검사하고 또한 5분을 지나지 않으면 교승(絞繩)을 풀 수 없다.
  제73조 재감자가 사망했을 때는 이를 가장(假葬)한다.
     ② 사체는 필요하다고 인정될 때는 이를 화장할 수 있다.
     ③ 사체는 또는 유골은 가장(假葬) 후 2년을 경과하면 이를 합장할 수 있다.
     않겠다는 의사를 표시했을 때는 전항의 처분을 할 수 없다.
  제74조 사망자의 친족 고구(故舊)로 사체 또는 유골을 청하는 자가 있을 경우에는 언제라도 이를 교부할 수 있다. 단, 합장 후는 이에 한하지 않는다.
  제75조 수형자의 사체는 명령이 정하는 바에 따라 해부를 위해 병원, 학교 또는 기타의 공무소에 이를 교부할 수 있다.
  감옥법시행규칙
  제177조 재감자가 사망했을 때는 소장은 그 시체를 검시해야한다.
     ② 병사했을 경우에는 감옥의 의사는 그 병명, 병력, 사인 및 사망 연월일시를 사망장(死亡帳)에 기재하여 이에 서명해야 한다.
     ③ 자살 기타의 변사의 경우에 있어서는 그 상황(늘)을 검찰관 및 경찰서에 통보하고 검시를 받고 검시자 및 입회자의 관씨명(官氏名) 및 검시의 결과를 사망장에 기재해야 한다.
  제178조 사망자의 병명, 사인 및 사망 연월일시는 속히 이를 사망자의 친족에게 통보해야 하고 사망자가 형사피고인 또는 감치(監置)에 처해진 자인 경우에는 검찰관 또는 재판장에게 통고해야 한다.
  제179조 수형자의 시체는 사망 후 24시간을 경과하여 교부를 청하는 자가 없을 경우에 한하여 해부를 위해 법무대신이 지정한 병원, 학교 또는 공무소에 이를 교부할 수 있다.
     ② 사망 후 24시간을 경과하여 교부를 청하는 자가 없을 경우라고 할지라도 나중에 교부를 청할 자가 있는 것으로 여길 때 또는 그 생전에 해부를 인정하지 않겠다는 의사를 표시했을 때는 전항

동생은 당연히 그의 주검을 인도받을 것이라고 여기고서 3월 26일 오후 1시 감옥서로 가서 형의 주검을 넘겨줄 것을 요구하였다.

그러나 일제는 법률상의 문제보다는 '공안상'의 이유를 들어 유해를 인도하지 않고 감옥묘지에 매장하였던 것이다.[18] 이처럼 일제는 자국의 법률을 어겨가면서까지 정치적 판단을 내려 안중근의 주검을 여순감옥의 묘지에 매장하는 불법을 자행하였던 것이다. 이에 대해 다음의 기록에서 보듯이 정근·공근은 강력히 항의를 하였으나 일제는 강제로 이들을 한국으로 돌려보냈다.

이보다 앞서 안의 두 동생은 오늘 사형이 집행된다는 소식을 전해 듣고 그 주검을 넘겨받아 곧 귀국하려고 바야흐로 여장을 갖추고 감옥서에 출두할 준비를 하고 있다는 보고를 접하고 급히 수배하여 그들의 외출을 금시켰다. 형이 집행된 후에 불러 전옥이 피고의 주검은 감옥법 제74조와 정부의 명에 의해 넘겨주지 않을 뜻을 전하고 특별히 주검에 대한 예배를 허가할 뜻을 알렸다. 이에 대해 두 동생은 대단히 분격하면서 사형의 목적은 그 죄인의 목숨을 끊음으로써 끝나는 것이므로 그 주검은 당연히 넘겨주어야 할 것이며 감옥법 제74조에 이른바 언제라도 교부할 수 있다고 함은 곧 교부하겠다는 뜻으로 그

의 처분을 할 수 없다.
제180조 사체를 청구자에게 교부하고 또는 해부를 위해 송부했을 때는 그 내용(旨)을 사망장에 기재해야 한다.
제181조 사망 후 24시간을 경과하여 시체의 교부를 청하는 자가 없을 경우 제179조의 경우를 제외한 이외 이를 감옥의 묘지에 가장해야 한다.
　② 화장을 한 경우는 그 유골에 대해 또한 같다.
　③ 가장(假葬)의 장소는 사망자의 씨명 및 사망의 연월일을 기입한 목표(木標)를 세워야한다.
제182조 사체 또는 유골을 합장했을 때는 합장자의 씨명 및 사망 연월일을 기입한 묘표(墓標)를 세워야 한다.
　②묘표는 석(石)을 사용해야 한다.
18 국사편찬위원회, 「來電 第一一四號」, 『통감부문서』7, 413쪽.

하단의 법조문에 '합장(合葬) 후' 운운의 경우에 대처하기 위한 여지를 남긴 것에 불과하므로 정부의 명이나 관헌의 권한에 위임한 것이 아니라고 하여 분격하여 더욱 분노하였다. 그렇지 않다는 뜻으로 극력 온갖 말로 설득하여도 그 효과가 없을 뿐 아니라 도리어 세상 사람들의 동정마저 잃게 될 것이니 차라리 유순하게 주검에 예배를 올리고 속히 귀국하는 것이 낫다고 훈계하였다. 그래도 두 동생은 대성통곡하며 주검을 넘겨주지 않는 이상 예를 올릴 필요가 없다. 국사에 순사(殉死)한 형에게 사형이라는 극형을 과하기까지 하고 더욱이 그 주검도 넘겨주지 않으려는 너희들의 참혹한 소치는 죽어도 잊지 않겠다며 우리 관헌을 욕하며 언젠가 반드시 갚을 때가 있을 것이라고 하는 등 한마디 한마디 더욱 불온한 언동으로 나왔다. 아무리 퇴장을 명해도 울고 넘어진 채 완강히 움직이지 않았다. 부득이 경찰의 힘을 빌려서 실외로 끌어내고 다시 백방으로 설득하여 차츰 다소 정상상태로 돌아갔다. 그래서 두 명의 형사가 경호하여 그대로 정차장으로 데리고 가 오후 5시발 대련행 열차로 귀국시켰다.[19]

이와 같이 일제가 안중근의 주검을 가족에게 넘겨주지 않은 이유는 법률적 판단과 거리가 먼 정치적 판단에 기인하였다는 것은 다음에서도 확인된다. 말하자면 감옥법시행규칙 제179조 2항에 "사망 후 24시간을 경과하여 교부를 청하는 자가 없을 경우라고 할지라도 나중에 교부를 청할 자가 있는 것으로 여길 때 또는 그 생전에 해부를 인정하지 않겠다는 의사를 표시했을 때는 전항[20]의 처분을 할 수 없다"고 규정되어 있다. 이는 유해를 인도할 수 있다는 감옥법 제74조의 의미가 요청이 있으면 인

---

[19] 국사편찬위원회, 「電報 第一一四號」, 『한국독립운동사』자료 7, 516~517쪽.
[20] 제179조 제1항. 주14) 참조.

도해야 한다는 것으로 해석할 수밖에 없는 근거가 되는 것이다.[21] 더욱이 두 동생이 지적한 바와 같이 합장한 뒤에는 교부하지 않아도 된다는 예외조항을 둔 것 그 자체에서도 주검의 인도를 의무사항으로 규정한 것임을 알 수 있다.

그러나 무엇보다도 일제가 당시 한국정부와 안중근재판을 협의했어야 함에도 그렇게 하지 않았다는 점[22]과 의거당시 한국인에게 일제의 법을 적용할 규정이 없었다는 사실에서[23] 보건대 일제가 안중근의 유해를 인도하지 않은 조치는 국제법은 물론이고 자국법조차 위반한 불법행위였다는 것은 역사적 사실이다. 이처럼 일제의 안중근재판은 본질적으로 성립될 수 없는 범죄행위로, 유해인도 거부는 반인륜적인 범죄로 규정할 수 있다. 사실이 이러함에도 심지어 이를 옹호하는 일제의 언론도 있었다는 사실을 주시할 필요가 있다.[24]

---

21 또한 『감옥법의해(監獄法義解)』에도 "죄악을 범하고 수인이 되어 사망한 자라고 하더라도 친족 또는 친구가 사망자에 대해 동정심이 다소라도 남아 있어 이들이 사망자의 유골을 청할 때는 이를 허락해도 어떤 폐해도 없을 것이므로 감옥 담당관리 판단에 따라 합장 전 언제라도 교부할 수 있다"고 설명되어 있다(최서면, 「안중근 묘역 추정의 결과」, 『한국근현대사연구』 46, 221쪽).

22 신운용, 「일제의 국외한인에 대한 사법권 침탈과 안중근재판」, 『안중근과 한국근대사』, 476~477쪽.

23 위의 논문, 492~493쪽.

24 이에 대해 『만주일일신문』은 다음과 같이 일제의 처사를 두둔하였다. "중근의 유해는 혹은 대련에서 한국으로 수송될 것이라고 전해지나 일본 감옥법에 의하면 친족의 청구에 의해 내어 줄 수 있으나 주어야 한다는 것은 아니다. 또한 관동주에서는 이 규정이 없는 바, 오늘 안의 사체를 본국으로 보내면 인심을 자극하여 과격한 행동으로 나오는 일이 없다고 보장할 수 없으므로 오히려 허가를 하지 않는 것이 가하다고 하는 자가 있으므로 혹 하부하지 않을 것이라고 한다"(『滿洲日日新聞』 1910年 3月 26日字, 「最後の面會」).

3. 유해 조사·발굴 과정

1) 해방 이후 1990년대까지

안중근유해의 조사와 발굴에 대한 본격적인 시도를 한 인물은 김구 주석이다. 그 배경에는 독립운동사의 안중근 위치와 더불어 김구와 안중근가문의 깊은 관계가 있었다. 김구는 황해도 해주지역 동학의 투쟁에 참여하면서 안중근집안과 충돌을 하였다. 그러나 김구는 그의 인물됨을 알고 있던 안중근의 아버지 안태훈의 도움과 보호를 받았다. 안중근가문은 김구에게 은인이나 마찬가지였다. 이러한 인연으로 안중근의 두 동생은 김구와 함께 활동하였던 것이다.

김구는 1948년 남북협상을 위해 북한의 김일성 주석을 만났을 때 안중근유해의 봉환을 제안했다. 이에 대해 김일성은 "소련의 점령지인 여순 출입은 소련의 허가를 받아야 하므로 실행에 옮기기에 힘들다고 하면서 통일 이후에 추진하자"고 하였다.[25] 안중근을 '사당의 신주'에 비유하여 독립운동가의 최고봉으로 섬기던[26] 김구는 이에 물러나지 않고 1945년 12월 2일 선전부원으로 함께 귀국한[27] 안우생을 평양에 잔류시켜 유해의 조사와 발굴을 계속 추진하도록 하였다. 이후 안우생은 1970년대 중반 안중근유해 발굴 단장으로 중국에 파견되어 조사를 벌였지만 결국 불가능하다는 결론을 내린 것으로 전해진다.[28]

중국과 수교이전 한국의 안중근유해 조사·발굴은 현실적으로 불가

---

[25] 『동아일보』1971년 10월 19일자, 「南北의 對話⟨8⟩老革命家들의 꿈과 좌절」.
[26] 백범학술원, 『백범일지』, 나남출판, 2002, 366~367쪽.
[27] 『서울신문』1945년 12월 3일자, 「임정요인 제2진 환국 및 주요인사 약력」.
[28] 『동아일보』1993년 9월 15일자, 「안중근 의사 유해, 찾는 것은 불가능」.

능하였다. 이러한 가운데 안중근기념사업은 해방이후 1950년대에 걸쳐 일정하게 전개되고 있다. 그러나 유해봉환문제는 사회적 관심이 되지 못한 것 같다.[29] 1960년대에도 이 문제는 큰 관심거리는 되지 못했다. 1963년 순국 52주기를 맞이하여 『경향신문』이 유해를 여순에 남겨둔 현실에 대한 안타까움을 표출하는 데 그쳤다.[30]

70년대에 들어와 국회의원 박영록(朴永祿)이 1970년 10월 16일 원호처 감사에서 광복이 되면 유해를 고국으로 이장해달라고 한 안중근의 유언을 거론하면서 국제적십자 등과 접촉하여 조속한 이장교섭을 벌이라고 촉구하였다. 그러면서 그는 정부에서 하지 않으면 추진위를 구성하여 직접 교섭을 벌이겠다고 공언하였다. 3일 후 『동아일보』1971년 10월 19일자에 "김구가 1949년 김일성을 만나 유해의 조사·발굴을 협의하여 소련 당국과 상의하여 되도록 빨리 유해가 환국하도록 노력하겠다는 답변을 들었다"[31]는 선우진의 증언이 소개되었다.

특히 『동아일보』1979년 9월 5일자에 2008년 정부의 유해발굴에 결정적인 영향을 끼친 "안중근 기념관에 있는 여순감옥의 전경을 찍은 사진을 보고 형무소건물과 관사 그리고 안중근이 있었던 곳을 즉석에서 알아 볼 수 있었다고 하면서 안중근은 관이 아니라 둥근 통에 넣어 운반하였다"[32]고 하는 여순감옥 전옥인 구리하라 사타키치(栗原貞吉)의 딸 이마이 후사코(今井房子)의 증언이 보도되었다.

---

29 해방이후 1950년대 안중근 헌양사업은 윤선자, 「해방 후 안중근 기념사업의 역사적 의의」, 『안중근의사하얼빈의거 100주년기념 국제학술대회』, 안중근의사기념사업회, 2009, 68~70쪽, 참조.
30 『경향신문』1962년 3월 24일자, 「26일은 安重根義士殉國 53週忌」;『동아일보』1962년 3월 26일자, 「오늘追念式거행 安重根義士52週忌맞아」.
31 『동아일보』1971년 10월 19일자, 「南北의 對話〈8〉老革命家들의 꿈과 좌절」.
32 『동아일보』1979년 9월 5일자, 「安重根義士 갇혔던 旅順감옥소장딸 이마이女士」. 그러나 일제는 안중근의 유해를 일반 사형수는 일본식으로 둥근 통에 넣었지만 안중근은 한국식으로 침관에 안장하여 묻었다.

80년대에 들어와 유해문제는 일본 고위관료의 망언을 계기로 본격적으로 부상하였다. 1982년 8월 6일 마쓰노 유끼야스(松野幸泰) 일본 국토청 장관(74)은 "한국교과서가 이토 히로부미(伊藤博文)를 원흉이라고 부르면서 암살자인 安重根을 영웅시하고 있다"고 비난하였다. 이에 따라 국내의 여론이 들끓는 가운데 동아일보사는 일본에서 「교과서-역사-안중근」이라는 주제로 좌담회를 개최하여 『동아일보』17일자,[33] 19일자,[34] 20일자,[35] 21일자[36]에 연재하였다. 특히 17일자 기사에서 『동아일보』는 유해가 여순감옥 뒷산 수인묘에 묻혀 있다고 기정사실화하였다. 더욱이 20일자 『동아일보』는 다음과 같이 이마이의 안중근묘지에 대한 발언을 집중적으로 부각시켰다.

> 내 경우는 여러분들과 같이 훌륭한 얘기가 아니고 8~9세 때의 기억이기 때문에 어른들의 얘기와는 다르겠습니다만 본대로 아는 대로 말씀드리겠습니다. 당시 형무소장이던 아버지가 安 의사에 대해 이야기하는 것을 들었습니다. 그런데 어느 날 그게 바로 安 의사의 처형날인데 유해를 옮길 때는 아무도 나와서는 안된다고 금족령이 내려졌지요. 나는 관사 안에 있었고 어렸기 때문에 무슨 일인가 하고 호기심에서 밖에 나와 봤던 것입니다. 아무도 없는데 혼자 보고 있으려니 中國人인지 日本人인지 알 수 없었으나 두 사람이 둥근 통을 갖고 가는데 그 안에 安의사의 유해가 담겨져 형무소 뒷산 묘지 쪽으로 옮겨져 가는 것이었어요. 어린마음에도 왜 그렇게 슬픈 생각이 들었던지요.[37]

---

33 『동아일보』1982년 8월 17일자, 「安重根義士 暗殺者취급은 잘못」.
34 『동아일보』1982년 8월 19일자, 「安重根…역사…敎科書…日人의 證言으로 再照明해본 事實〈上〉」.
35 『동아일보』1982년 8월 20일자, 「安重根…역사…敎科書…日人의 證言으로 再照明해본 事實〈中〉」.
36 『동아일보』1982년 8월 21일자, 「安重根…역사…敎科書…日人의 證言으로 再照明해본 事實〈下〉」.
37 『동아일보』1982년 8월 20일자, 「安重根…역사…敎科書…日人의 證言으로 再照明해본 事實〈中〉」.

더 나아가 『동아일보』는 8월 21자에 「安重根의사가 투옥됐던 旅順형무소의 뒷산 囚人묘지. 가운데 보이는 건물인 齋室은 제사 올리던 곳 화살표는 안의사의 유해가 묻혀 있는 곳」라는 제목의 사진을 게재하여 안중근묘지의 위치를 특정하였다. 다른 사료로 뒷받침할 수 없다는 문제점이 있음에도 이 주장은 이후 안중근의 묘지 조사·발굴에 결정적인 영향을 끼쳐 2008년 정부의 실패한 유해발굴시도의 이론적 근거가 되었다.

일본 고위관리의 망언과 안중근묘지 위치에 대한 주장은 독립기념관 건립과 맞물려 묘지 조사·발굴이라는 민족적 염원을 자극하기에 충분하였다. 그리하여 1984년 8월 31일 독립기념관건립추진위원회는 안중근의 유해환국을 추진하겠다는 계획을 공식적으로 발표하였다.[38] 이어서 그 위원회는 안중근 등 중국 땅에 묻혀 있는 독립운동가들의 유해환국 사업을 위해 '재중공독립투사유해봉환추진위'를 구성하였다.[39] 국제인권옹호한국연맹이 안중근 등 독립투사 50여명의 유해를 환국시킬 수 있도록 관계부처의 노력을 촉구하는[40] 등의 움직임이 일어나는 가운데 중국이 비정치적이고 인도주의적 입장에서 호의적인 반응을 보이고 있다는 소식이 경향신문에 보도되었다.[41] 이로 국내의 유해봉환 분위기는 더욱 달아올랐다.[42]

그러나 이러한 열망은 1985년 10월 여순감옥을 방문한 결과 "안의사의 묘는 언제인지 알 수 없으나 불도저에 밀려 평지로 변했고 나무까지 심어져 있었다"[43]는 재미학자 박한식교수의 주장에 따라 절망으로 바뀌

---

38 『경향신문』1984년 8월 31일자, 「安重根義士 유해還國추진」.
39 『경향신문』1984년 9월 1일자, 「安重根義士遺骸 還國추진」.
40 『동아일보』1985년 8월 15일자, 「한국人權옹호聯 독립투자 遺骸 조속 還國 촉구」.
41 『경향신문』1984년 9월 1일자, 「安重根義士 유해還國추진」(사설).
42 이러한 한국내의 분위기 속에서 북한은 『로동신문』1984년 9월 4일자, 「친일주구의 정체는 감출 수 없다」라는 기사에서 유해의 연고권이 북한에 있음을 주장하였다.

었다. 이와 같은 남한의 유해 발굴 열망은 북한에도 일정한 자극이 되어 1986년 7월 북한에서 유해발굴단이 조사를 하였지만 성공하지 못했다.[44]

이후 김영광이 현장을 직접 방문하여 조사를 하였으나 성과를 거두지는 못했다.[45] 『경향신문』1988년 2월 27일자에 "안의사가 묻힌 旅順감옥의 묘지가 흔적 없이 사라졌다고 박한식교수가 독립기념관에 전해왔다"는 기사가 등장하여 안중근묘지 발굴에 대한 기대는 다시 한 번 꺾일 수밖에 없었다. 심지어 「안중근의 사 추모사업 시들」이라는 제목의 신문기사가 등장하기까지 하였다.[46] 이와 같은 분위기 속에서 한국정부는 1989년 10월 조사단이 여순을 방문하였고, 이에 앞서 북한도 여순에서 유해발굴조사를 하였다.[47]

1990년대 들어와서도 이러한 부정적인 분위기가 계속 이어져 "요즘 많은 인사가 중국을 다녀오고 또 기업인들이 진출하면서도 安의사의 묘소를 찾아봤다는 소식은 없다"고 한탄하면서 "安義士기념사업회(필자: 안중근의사 숭모회의 잘못)가 있는 줄 아는데 예산타령만 하지 말고 이 사업회가 중심이 되어 보다 적극적인 유해봉환운동을 전개하였으면 한다. 백골이 진토되기 전에 아니 이미 진토가 되었더라도 반드시 추진돼야 한다"고 하여 관련단체의 태만을 나무라는 기사마저 등장하였다.[48]

그런데 1992년 중국과의 수교는 정부가 중국 측에 공식적으로 유해봉

---

43 『경향신문』1985년 10월 18일자, 「안중근의 묘지가 사라졌다」.
44 『서울신문』2000년 3월 28일자, 「안중근의사 순국의 현장」.
45 『동아일보』1988년 2월 24일자, 「安重根의사 순국 여순 형무소 고문기구 죄수복 등 보존전시」.
46 『동아일보』1988년 3월 26일자, 「安重根의사 追慕사업 시들」.
47 『동아일보』1993년 8월 16일자, 「安重根의사 유해 찾을 수 있을까」.
48 『동아일보』1990년 9월 6일자, 「安重根의사 유해 환국운동 벌이자 "조국에 묻어달라"遺言성취시켜야」.

환 협조를 요청하는 등[49] 안중근묘지 발굴의 새로운 전기를 맞을 기대를 가져다주었다. 이와는 반대로 『동아일보』는 북한을 의식한 중국정부의 공개 기피 가능성을 제기하면서 유해발굴에 대한 부정적인 시각을 드러냈다.[50] 결국 『동아일보』1993년 9월 15일자 「안중근의사 유해 찾을 수 없다」등에서 보듯이 묘지발굴은 불가능하다는 쪽으로 결론이 나는 분위기였다. 하지만 1998년 후진타오(胡錦濤) 당시 중국 부주석의 유해 발굴협조 의사표시[51]는 2000년대 유해발굴사업에 희망의 불씨를 살려놓았다.

2) 2000년 이후 현재까지

2000년대 유해발굴조사는 전시대와 달리 해방 60주년 의거 100주년을 맞이하여 국민들의 열망과 관심으로 정부가 적극적으로 나서는 상황으로 진전되었다. 특히 유해와 관련하여 주목할 사건은 순국 90주년인 2000년 3월 천주교를 비롯한 종교인들이 중심이 된 「안중근의사 성역화 사업 추진위원회」의 발족과 묘지의 위치를 확인할 수 있는 자료발굴에 기여한 송영순과 사이토 미치노리(齋藤充功)가 중심이 된 「안중근의사유해발굴위원회」의 출발이다. 유해발굴을 남북공동으로 추진할 가장 중요한 사업으로 발표한 전자는 안중근의 대중화와 연구의 심화를 이룩해낸 안중근의사기념사업회로 이어졌다는 면에서 큰 의미를 갖는다. 후자는 구체적인 자료의 제시 없이 안중근묘지의 위치를 주장하던 그 동안의 주장과는 달리 여순감옥 묘역으로 보이는 묘지군이 표시된 일본해군성의 지도인 「여순비밀군사지도」를 찾아서 발표하여 묘지발굴의 역사에

---

49 『동아일보』1993년 8월 13일자, 「안중근의사 유해도 봉환 정부추진 중국에 묘소확인 등 협조요청」.
50 『동아일보』1993년 8월 18일자, 「안중근의사의 유해는 찾을 수 있을까」.
51 『중앙일보』1998년 5월 9일자, 「안중근의서 遺骸 발굴 中부주석, 협조 再確認」.

새로운 전기를 맞게 되었다.[52]

이러한 유해문제의 진전에도 불구하고 "'안중근 의사 숭모회'와 유족들은 요란하게 일을 추진하는 것에 대해 못마땅해 하고 있다. 설령 지도가 공개되고, 신빙성이 있는 자료라 판명된다 해도 '넘어야 할 산'이 많기 때문이다. 서울과 도쿄의 두 단체는 '유해를 찾을 수 있는 가능성'만 이야기했지, 그간 묘지가 여러 차례 파헤쳐졌다거나 안의사의 유해가 다른 곳으로 빼돌려졌을 수도 있다는 '설(說)'은 무시하고 있다"[53]는 주장이 신문에 보도되었다. 일부단체가 유해문제에 접근할 수 있는 새로운 자료의 출현을 다른 시각으로 보고 있는 것도 중요한 단면이다.

1990년대부터 안중근문제에 심혈을 기울이던 한국천주교 정의구현사제단은 2000년대에 들어와 유해봉환문제에 본격으로 나서는 모습을 보였다. 한국천주교 정의구현사제단을 중심으로 만들어진 「안의사유해발굴 및 환국추진위원회」[54]는 4월 일본해군성 지도를 바탕으로 여순감옥 주위의 묘지를 조사하였으나 해당지역이 이미 대규모 아파트 단지로 변하여 유해의 발굴 가능성은 없는 것으로 잠정적으로 결론을 내렸다. 그럼에도 이들은 2000년 10월 24일~25일 중국 하얼빈에서 북한 조선가톨릭협회와 남북 공동 기념행사를 갖는 등 유해발굴을 위한 협력을 계속 모색하였다.

이러한 움직임은 향후 유해발굴이 북한의 협력을 전제하지 않으면 실패할 수밖에 없음을 의미하는 것이었다. 이들이 유해를 찾는데 집중한

---

52 『문화일보』2000년 3월 17일자, 「"안중근의사 유해발굴" 남북공동 추진」.
53 『경향신문』2000년 3월 21일자, 「개운치 않은 '安의사 墓地'발표」. 이와는 반대로 "위의 두 단체의 활동을 적극 옹호하고 지원하여 유해가 국내로 봉환될 수 있도록 국민적 지혜를 모아야 한다"고 주장하는 논조도 보인다(서울신문 2000년 4월 22일자, 「안중근의사 유해발굴 정부가 지원해야」).
54 이는 송영순 등의 「안중근의사유해봉환위원회」가 확대 개편된 것으로 이후 안중근의사기념사업회로 통합되었다.

이유는 단순히 유해 때문만은 아니었다. "안의사는 남북한에서 공동으로 추앙하는 인물이고 안의사 유해 발굴 작업에 남북한 협력이 이뤄지면 민족화합에도 도움이 될 것"[55]이라는 이들의 주장은 안중근을 민족통일의 에너지원으로 인식한 결과라고 평가할 수 있다.

이 무렵 유해문제와 관련하여 주목되는 단체는 '안의사 유해봉환위원회(위원장 김영광)'이다. 이 위원회를 이끌고 있는 김영광은 2001년 3월 22일 안중근의 초상을 화폐도안으로 채택하자는 건의문을 김대중 대통령에게 보내는[56] 등 평생 안중근 헌양사업과 유해봉환문제에 매달려 살아온 사람이다. 그는 고등학생 때 '의사 안중근'이라는 연극의 주연을 하면서 안중근과 인연을 맺은 이후 수교 이전인 87년 여순감옥에 잠입했다가 중국 공안당국에 갇히기도 하였다. 뿐만 아니라, 그는 안중근의 손자 안웅호에게서 중국에서 유해를 찾으면 남한으로 모신다는 동의서와 위임장을 확보했으며 여순감옥 관련 일본인을 만나 묘지에 대한 증언을 모으는 등 유해봉환운동을 적극적으로 벌였다.[57] 이러한 면에서 그는 유해 조사·발굴의 선구자라고 평가받을 만하다.

국회에서도 이 무렵 유해문제를 다루는 '민족정기의원모임' 창립준비 모임이 2001년 5월 17일 열렸다. 이 때 안중근의 초상을 500원 주화에 넣는 방법과 정부로 하여금 중국정부에 유해 발굴협조 요청편지를 보내는 방안을 모색하기도 하였다.[58] 하지만 이후 유해봉환문제는 별다른 진척이 없었다.

유해봉환문제가 급물살을 타기 시작한 것은 2004년 11월 29일 라오

---

55 『국민일보』 2000년 10월 26일자, 「남북, 安의사 유해찾기운동협력」.
56 『문화일보』 2002년 3월 26일자, 「안의사 91주기 화폐도안 건의한 김영광 유해봉환위원장」.
57 위와 같음.
58 『한겨레』 2001년 5월 17일자, 「애국지사 재조명 사업추진」.

스에서 열린 동남아시아국가연합 정상회의 당시 노무현 대통령이 원자바오 총리에게 중국정부의 안중근의 유해 발굴 협력을 요청한 이후의 일이다.[59] 같은 해 12월 정동영 당시 통일부 장관도 리자오싱 중국 외교부장 등에게 남북 당국간 합의를 바탕으로 유해발굴 협조를 적극적으로 요청하였다.[60]

이와 때를 맞추어 최서면이 중심이 된 「안중근의사묘역추정위원회」의 활동도 활발해졌다.[61] 그리하여 최서면은 2005년 1월 유해위치를 북경 38도 49분 3초 동경 121도 15분 43초라고 주장하기에 이르렀다.[62] 이러한 주장을 전적으로 받아들인 정부는 6월 제15차 남북장관급회담에서 "안중근 의사의 유해발굴사업을 공동으로 추진하기로 했다"고 발표하였다.

이때부터 남북의 유해발굴 협의는 더욱 급진전되어 8월 통일부가 정동영 장관 명의로 북한의 장관급회담 단장인 권호웅 내각책임참사에게 실무협의를 제안하여 9월 7일 개성에서 남북은 유해공동발굴을 위한 실무접촉을 갖고 추가협의를 걸쳐 합의서를 교환하였다.[63] 9월 15일 통일부는 '안중근 의사 유해 공동발굴단'을 구성해 북한과 공동으로 발굴 작업에 나서기로 했다고 밝힘으로써 유해발굴을 위한 남북전문가회의가 예

---

59 『동아일보』2004년 12월 23일자, 「"안중근의사 유해 내년중 南北 공동발굴"」.
60 위와 같음. 이무렵 노무현정부의 안중근유해 발굴추진은 안중근이 남북문제를 해결하는데 에너지원으로 작동되고 있음을 보여주고 있는 것이다. 핵문제 등으로 야기된 6자회담과 남북긴장관계의 해소에 안중근의 유해공동발굴이 도움이 될 것이라는 판단에 따른 것도 유해발굴에 적극적으로 나선 또 다른 배경이었다(『문화일보』2005년 11월 24일자, 「"안중근 의사 유해발굴' 실무접촉-매장한 곳 확정 못해 난항」).
61 최서면, 위의 논문, 210쪽.
62 『주간동아』2005년 1월 18일자, 「"안중근 유해 북경 38도 49분 3초 동경 121도 15분 43초에 있다"」: 崔書勉·李世基, 사진·현장 검증 통해 중국 내 유해 위치 파악 '정부에 발굴 건의'」.
63 『한겨레』2005년 9월 16일자, 「남북, 안중근의사 유해발굴 합의」.

정되는 등 본격적인 유해발굴이 시도되었다.[64]

이에 발맞추어 정부는 최서면의 주장이 전적으로 반영된『안중근의사 유해발굴 추진사항』(2005년 10월 21일)이라는 문건을 발표하였다. 그러나 북한은 2005년 11월 24일에 있었던 유해발굴을 위한 남북간 실무접촉에서 안중근순국 100주년 기념일인 2010년 3월 26일 공동발굴을 합의했으나 매장위치에 대한 다른 의견을 보였다.[65] 이는 향후 유해발굴에 북한이 참여하지 않은 이유 중의 하나로 보인다는 데서 주목되는 대목이다.

2006년에도 유해공동발굴 분위기가 이어져 1월 11일 안중근의사기념사업회(이사장 함세웅)는 각계각층 유력인사로 구성된 '안중근의사 하얼빈의거 100주년 기념사업 추진위원회'를 발족하여 국제학술대회와『안중근자료집』발간을 주된 사업으로 추진하면서 유해발굴에도 힘을 쏟겠다는 입장을 표명하였다.

3월 들어서 "정부는 최근 안중근 처형 및 매장에 관한 일본 정부의 미공개 자료 4714점을 확보했으며 북한에도 이 자료들의 요약본을 전달한 것으로 24일 확인됐다"[66]는 것이 신문에 보도되었다. 6월 남북은 "유해 위치와 관련하여 여순감옥 뒷산 일대를 유해발굴 우선 대상지역으로 확정하였고, 발굴장소 보존조치 등 중국 정부에 요청할 구체적인 사항을

---

64 『동아일보』2005년 9월 16일자, 「안중근의사 유해 남북 공동발굴 합의」.
65 『문화일보』2005년 11월 24일자, 「南北 '안중근 의사 유해발굴' 실무접촉-매장할 곳 확정 못해 '난항'」.
66 『동아일보』2006년 3월 25일자, 「안중근 유해 공동발굴' 남북 내달중 첫 협의」. 그런데 안중근 처형 및 매장에 관한 일본 정부의 미공개 자료 4714점이라는 보도는 오보이다. 왜냐하면 안중근유해와 관련된 일본외무성 산하의 외교사료관의 자료에는 "안중근 본일(26일) 사형집행 유해는 '여순'에 매장하였다"(일본외교사료관,「伊藤公爵遭難ノ際倉知政務局長旅順ヘ出張並二犯人訊問之件」제3권(문서번호: 425, 245-3); 국가보훈처,「아주제일의협 안중근」3, 751쪽)는 기록만 있는 것으로 파악된다. 감옥묘지에 묻었다는 기록은 외교사료관의 사료 중에는 발견되지 않는다. 다만 유해를 여순감옥 '묘지'에 묻었다는 일제의 공식 기록은 국사편찬위원에 보관되어 있는 사료(국사편찬위원회,「安重根 死刑執行狀況 報告件」,『통감부문서』7, 413~414쪽; 국사편찬위원회,「電報 第一一四號」,『한국독립운동사』자료7, 516~517쪽)에서밖에 보이지 않는다. 이외에『滿洲日日新聞』1910년 3월 27日字,「安重根ノ最後」등의 신문에서 보일 뿐이다.

마련하여 중국정부에 남북공동으로 협조를 구하고 순국 100주년을 맞아 남북공동으로 기념사업을 추진하자는 데 의견을 같이 하였다"[67]고 전하였다. 또한 이 무렵 남북은 여순 현지로 남북공동 조사단을 파견해 사전답사를 벌이기도 하였다.

7월에 들어와 언론들은 "안중근의사 유해 남북한 공동발굴단이 정밀조사를 벌인 끝에 안중근의사묘역을 확인한 것으로 알려졌다"는 소식을 전하면서 안중근 손자 안웅호와 유전자 검사를 하기로 합의했다고 보도하였다.[68]

2007년 3월 27일 한중친서협회 회장 이세기가 베이징에서 "남북한 정부의 유해 공동발굴 시기는 남북관계에 따라 다소 유동적이지만 올 가을에 안중근 의사 유해 공동발굴에 나설 예정이고(중략) 이를 위해 중국 랴오닝(遼寧)성 다롄(大連)시 정부에 안중근 의사 묘역 현장보존을 신청했다"[69]는 소식이 보도되었다.

이러한 흐름은 같은 해 4월 10일 개성에서 열린 '안중근 의사 유해공동발굴 및 봉환'을 위한 제4차 실무회담에서 '남북공동발굴단구성'과 '4월 하순부터 한 달간 중국 현지에서 현지조사 및 유해 시·발굴 실시의 합의'로 이어졌다.[70]

2008년 1월 7일 외교통상부는 여순감옥 뒤편 지역의 보존과 유해 발굴 작업 협조 요청을 했다고 발표하였고, 3월 10일에는 주중 한국대사관 관계자가 "한국정부가 요구한 안 의사 유해 매장 추정지의 아파트 건설

---

[67] 『국민일보』2007년 4월 11일자, 「안중근 의사 유해 南北공동발굴…이달 하순부터 한 달간 중국현지 조사」.
[68] 『서울신문』2006년 7월 5일자, 「安의사 유해 매장지 찾았다」.
[69] 『세계일보』2007년 3월 28일자, 「안중근 의사 유해, 올 가을 남북한 공동 발굴」.
[70] 위와 같음.

공사 중단 및 유해 발굴 협조요청을 중국 외교부가 받아들였다"[71]고 밝혔다.

그러나 북한은 당초 합의와는 달리 2008년 3월 17일 유해발굴 불참의사를 통보해왔다. 유해발굴이 남북관계를 계선시키는데 일조하기를 기대했던 국민들의 꿈은 허망하게 사라져버렸다.

이러한 상황 속에서 한국 단독으로 최서면의 주장을 근거로 2008년 3월부터 25일부터 4월 27일까지 유해발굴에 착수하였으나 결국 발굴에는 실패하였다.[72] 그 원인은 여러 가지 측면에서 검토해야겠지만 무엇보다 종합적인 연구부재와 부정확한 정보에 의지한 당국의 미숙함에서 찾을 수 있다. 이를 염려하여 안중근의사기념사업회에서는 「안중근묘지 발굴 현황과 전망」이라는 소논문을 만들어 정부의 유해발굴은 결국 실패할 것이라고 전망하였다.[73] 시사 잡지 『시사 IN』도 정부의 유해의 발굴 시도에 대해 1%의 가능성도 없다고 평가하였다.[74]

---

[71] 『문화일보』2008년 3월 11일자, 「안중근 의사 유해, 南·北·中 힘합쳐 발굴」.

[72] 유해와 관련하여 "발굴결과 안의사의 묘역은 확인할 수 있으나 아쉽게도 안의사의 묘는 확인할 수 없었다"는 것이 관계당국의 공식적인 입장으로 보인다(국사보훈처, 『안중근의사 유해발굴』(DVD), 2009; 『신동아』2008년 8월호, 「安重根 의사 유해 발굴조사단'의 뤼순(旅順)지역 유해 발굴 현장 기록」, 272~273쪽). 그러나 인골 한 조각도 발굴되지 않은 지역을 '안중근 묘역'이라는 주장은 발굴실패에 대한 책임회피에 지나지 않는 지나친 추론이라고 하지 않을 수 없다.

[73] 이는 2007년 10월 26일 세종대학교에서 안중근의사기념사업회의 주최로 열린 『안중근과 그 가족의 독립운동』(안중근의사 의거 100주년 기념 준비 제6회 학술대회)에서 배포되었다. 이외에 필자는 2009년 10월 28일 MBC 12시 뉴스와 2005년 8월 11일 SBS 8시뉴스 등에 출연하여 이마이설의 부당성을 알렸다.

[74] 『시사 IN』 2008년 3월 25일자, 「유해 발굴할 확률 1%도 되지 않는다」.

4. 묘지의 위치에 대한 여러 가설과 향후 전망

1) 여러 가지 가설

안중근의 묘지에 대한 설은 대체로 (1) 동산파(東山坡)설, (2) 이마이 후사코(今井房子)설, (3) 신현만설, (4) 이국성설, (5) 김파설, (6) 고가 하츠이치(古賀初一)설, (7) 유병호설로 나누어 볼 수 있다.

(1) 동산파설

안중근의 묘지에 대한 중국 측의 공식기록은 중국의 독립운동가유해 발굴 사진을 게시한 『여순일아감옥구지(旅順日俄監獄舊址)』이다. 여기에 여순감옥의 동산파(東山坡, 동쪽산 언덕)에 있고, 약 600평 넓이로 5줄의 90여 미터 길이의 도랑(壕沟)에서 시신을 넣은 목통(木桶)을 발굴하였다고 기록되어 있다.[75]

그런데 이와 같은 주장은 일제가 만든 「여순비밀군사지도」에 선으로 표지된 묘지와 일치하고 있다는 데 주목할 필요가 있다. 이 지도에 "1918년(대정 7년) 측도 1930년(소화 5년) 수정측도 참모본부 육지 측량부 관동청 임시 토지 조사소수(所修), 군사기밀 일만분 지형도여순요색근방"이라고 지도에 설명이 되어 있다. 여기에서 이 지도는 1918년에 제작된 지도를 바탕으로 1930년에 다시 제작한 것임을 알 수 있다. 여순감옥은 '관동청형무소'라고 기입되어 있다.

---

[75] 周祥令, 『旅順日俄監獄舊址』, 大連出版社, 1990, 25~26쪽.

(2) 이마이 후사코(今井房子)설(여순감옥 뒷산설)

1979년 전옥(典獄) 구리하라(栗原)의 딸 이마이 후사코가 안중근묘지를 추정해 볼 수 있는 사진 2매를 최서면에게 전해주었다고 한다. 하나는 여순감옥의 뒷쪽을 찍은 것이고 다른 하나는 감옥 뒷산을 배경으로 일단의 일본인을 찍은 사진이다. 특히 후자의 사진에 대해『동아일보』1982년 8월 21일자에 "安重根의사가 투옥됐던 여순형무소의 뒷산 囚人묘지. 가운데 보이는 건물인 齋室은 제사올리던 곳. 화살표는 安 의사의 유해가 묻혀 있는 곳"이라고 하여 감옥 뒷산을 안중근묘지로 결론을 짓고 있다. 물론 이는 이마이의 주장을 반영한 것이다.[76]

후자의 사진 속에 화살표로 표시된 부분을 안중근묘지라고 한 이마이의 주장을 최서면은 다음과 같은 두 가지 근거로 보강하였다.[77] 첫째, 그는 그 사진이 재감사자추도회(在監死者追悼會)를 기념하기 위해 찍은 것이라고 강조하였다.[78] 그는 그 근거로 1908년부터 본원사(本願寺)의 승려를 일본 국내외의 감옥에 교회사(敎誨師)로 파견하는데,[79] 1910년 5월 5일에 일제 본토를 포함하여 식민지인 오끼와나(沖繩), 대만(台灣), 여순(旅順) 등지에서 '재감사자추도회(在監死者追悼會)'를 개최하였다는『감옥협회잡지(監獄協會雜誌)』제23권 제5호의 기록을 제시하였다. 둘째, 그는 여순일아감옥구지(旅順日俄監獄舊址)의 관장이 "유해가 감옥 후문을 통해 나갔다는 기록이 있다고 하였다"는 논리 위에 그 후문은 지금의 횡문이 아니라 감옥 뒷산으로 통하는 문이라고 주장하였다.[80] 이와 같은 이유로 그는

---

76 최서면, 위의 논문, 231~232쪽.
77 최서면, 위의 논문, 232~233쪽.
78 최서면, 위의 논문, 232~233쪽.
79 여순감옥의 경우는 眞宗本波本願寺의 승려 長岡覺生이 1908년 10월 3일부터 1913년 2월 6일까지 교회사로 있었다.
80 최서면, 위의 논문, 226쪽.

그 사진 속 화살표로 표시된 장소를 안중근묘라고 단정하였던 것이다. 더 나아가 그는 묘지의 위치를 "북경 38도 49분 3초 동경 121도 15분 43초"라는 확정적인 발언을 마다하지 않았다.[81]

(3) 신현만설

안중근 묘소에 대해 신현만은 김영광에게 "대련(大連)에서 보통학교와 중학교를 다녔다. 1943년 여순형무소 근처 203고지로 수학여행을 갔을 때 안의사의 묘소가 형무소 부설 공동묘지에 묻혀 있다는 형의 귀띔을 토대로 안의사의 묘소를 찾아갔다. 그때만 해도 안의사가 순국(殉國)한 지 33년의 세월이 흘렀기 때문에 비목의 글씨는 상당히 부식되어 '안중근'이름 석자에서 '근'자가 이미 없어진 것도 목격했다"[82]고 증언하였다. 또한 김영광은 이마이로부터 입수한 사진을 신현만에게 제시하였는데 이마이가 여순 감옥 사진 상에 지적한 위치와 일치한다고 덧붙였다.[83]

(4) 이국성설(향양가 뒷산 설)

독립운동가 이회영의 손자 이국성은 아버지 이규일을 따라 1958년 13세 때 여순감옥 동쪽 300m의 거리에 있는 것으로 기억되는 안중근의 묘

---

[81] 『주간동아』 통권469호, 2005년 1월 18일자, 「"안중근 유해 북경 38도 49분 3초 동경 121도 15분 43초에 있다": 崔書勉·李世基, 사진·현장 검증 통해 중국 내 유해 위치 파악 '정부에 발굴 건의'」; 최서면, 위의 논문, 235쪽.

[82] 김영광, 「편역자의 붙이는 이야기」, 『죽은 자의 죄를 묻는다』(中野泰雄 저, 김영광 편역), 경운출판사, 2001, 252~253쪽.

[83] 위와 같음. 한편 다음과 같이 신현만씨의 증언이 있었다고 한다. "신현만씨는 1944년 당시 다롄에서 초등학교 5학년에 재학 중이었는데 뤼순으로 수학여행을 갔다가 뤼순형무소 뒤 야산 공동묘지에서 안 의사의 묘를 발견했다. 그는 이후 6학년 때와 중학교 1학년 때 각각 한 번씩 안 의사의 묘소를 참배했다. 신씨의 증언에 따르면 안 의사의 묘비는 각목으로 되어 있었으며 흰색 페인트 바탕에 검은색 글씨로 '安重' 두 글자만 희미하게 보였으며 '根'자는 보이지 않았다고 한다."(『주간조선』 2005년 1월 17일자, 「광복 60주년… '안중근 유해' 찾아라!」)

소에 참배하러갔다고 증언하였다.[84] 또한 그는 "안 의사의 묘지를 정확하게 확인하기 위해 뤼순 감옥과 묘역을 10여 차례 방문했으며 그동안 신뢰를 쌓은 P씨로부터 2007년에 '안중근 묘지를 찾느냐. 감옥에 근무했던 이들의 전언을 바탕으로 파악한 바에 따르면 내가 안내했던 묘역에 있다'[85]는 말을 들었다"[86]고 전하였다.

(5) 김파설

유동하의 여동생의 아들인 김파는 2005년 3월 25일 김영광을 찾아와 여순형무소 및 감옥묘소를 표시한 약도 4점을 전달하면서 안중근의 묘는 여순감옥의 동쪽이며 일제의 관동도독부 고등법원과 삼각지점에 있다는 어머니의 말을 들었다고 전하였다고 한다.[87]

(6) 고가 하츠이치(古賀初一)설

1944년까지 여순감옥에서 의사로 근무하다가 귀국한 일본인 고가 하츠이치는 1999년 10월(당시 84세) 여순감옥을 방문하여 "형무소의 끝부분으로부터 300미터 떨어져 있는 곳에 묘소가 있고 그곳에 수백 수천의 영혼이 잠들어 있다"[88]고 주장하였다.

---

[84] 『조선일보』2009년 9월 21일자, 「이번이 안중근 의사 무덤 찾을 마지막 기회」; 또한 이는 중국에서 활동하는 안중근묘지발굴 관계자가 안중근의사기념사업회에 전달한 『안중근 의사 묘역 현지 답사』 4쪽에서도 보인다.
[85] 『동아일보』2009년 4월 23일자, 「안중근 의사 유해 매장지는 뤼순감옥 동남쪽 300m지점 야산」.
[86] 위와 같음.
[87] 『안중근 의사 묘역 현지 답사』, 3쪽.
[88] 古街初一,「旅順監獄回顧」(姜曄 編著,『旅順日亞監獄揭秘』, 大連出版社, 2004), 236·238쪽.

(7) 유병호 설

유병호는 "일본감옥당국의 죄수묘소에 대한 법을 보면 죄수 가족이 시신을 가져가지 않으면 감옥묘지에 묻어 3년간 보존하는데 이 기간 동안 찾아가지 않으면 유해를 파서 화장하여 없애버렸다. 현재 여순감옥 묘지는 1930년대 이후 3차례 유해를 파서 소각하였다는 기록이 있다. 그렇기 때문에 만약 여순감옥 묘지에 안중근의 유해가 묻혀있다고 한다면 찾을 길이 영영 없는 것은 자명한 일이다. 다행히 현재의 묘지는 일제가 감옥을 확장하면서 새로 사용한 것이기 때문에 이곳에 안중근의 유해가 묻혀 있을 리 만무하다"[89]고 하여 일제가 유해를 화장하여 없앴다고 주장하고 있다. 그러면서 그는 최서면이 제시한 유해의 좌표와 감옥 뒤에 있는 두 곳의 죄수묘가 일치하지 않는다고 하여 이마이설을 부정하였다.[90]

2) 가설의 문제점과 유해 조사·발굴의 향후 전망 및 방안

이상에서 안중근의 묘와 관련한 여러 주장을 살펴보았다. 특히 이마이의 주장은 2008년 발굴의 이론적 근거가 되었다는 면에서 반드시 짚고 넘어가야 할 문제이다. 이마이의 주장을 전적으로 받아들인 최서면은 동산파설을 강력히 부정하면서 이마이 후사코의 가설을 주창하였다. 즉, 중국당국이 발굴한 묘지 즉 동산파설에는 안중근의 묘지가 없다는 것이다.

더 나아가 그는 "안중근유해는 사형 후 가옥 후문으로 운반되어 감옥 안쪽의 산에 매장된 것으로 기록되어 있는데, 뚱산퍼(필자: 東山坡)는 후

---

[89] 유병호, 「대련지역 소재 한인민족운동자료 탐색」, 『대련, 여순지역과 한인민족운동가』, 2007, 50~51쪽.
[90] 유병호, 위의 논문, 51쪽.

문을 나오면 바로 뒤편에 위치한 산이므로 안중근의 묘는 이 묘지 안에 있을 것이다"라고 여순일아감옥구지(旅順日俄監獄舊址)의 관장이 주장하였다고 하면서 그 후문은 중국인들이 말하는 후문이 아니라, 감옥 뒷산으로 통하는 쪽에 후문이 있었다고 단정하였다.[91] 이처럼 "안중근의 유해가 후문으로 나갔다는 자료가 있다"는 확인되지 않은 중국인의 이야기[92]를 근거로 그는 자신이 주장하는 "감옥 뒷산으로 통하는 후문으로 유해가 운반되어 감옥 뒷산에 묻혔다"는 가설을 내세웠다.[93]

그러나 안중근의 유해가 감옥 뒷산으로 통하는 후문으로 나갔다는 주장과 이마이의 가설은 그것을 증명할 수 있는 공식적인 기록이 없다는 점에서 받아들이기 곤란하다.[94] 또한 이마이가 준 사진이 「재감사자추도회」를 기념하여 찍은 것이라는 주장도 확실한 근거가 없다는 점에서 신빙성이 없다. 더욱이 일제가 만든 「여순군사비밀지도」중에 여순감옥 뒷산 쪽에는 묘지가 표시되어 있지 않을 뿐만 아니라, 여순감옥 바로 동쪽에 묘지표시가 되어 있는 이유를 이마이의 여순감옥 뒷산설로는 설명할

---

91 최서면, 위의 논문, 226쪽.
92 누가 이런 주장을 어떠한 근거로 하고 있는지에 대해 최서면은 밝히고 있지 않다.
93 최서면, 위의 논문, 226~227쪽. 한편, 2008년 유해발굴 단장 박선주은 이마이가 "안중근의 시신이 뤼순감옥소뒷문을 통해 운구돼 뒷산에 묻히는 것을 봤다"는 진술을 근거로 발굴을 시작하였다고 밝혔다(『월간중앙』2008년 8월호,「중국 뤼순에 안중근 유해 없었다」, 70쪽). 이러한 주장은 안중근묘지의 위치를 단정하는 근거로 인용되는 "안중근 유해가 여순감옥 뒷문으로 나갔다"는 주장의 신빙성을 더욱 의심스럽게 만든다. 이마이가 "여순감옥 뒷문으로 유해를 운반했다"고 한 증언기록은 없기 때문이다.
94 그런데 이마이는 『동아일보』1979년 9월 5일자와 1982년 8월 17일자 기사에서 보듯이 안중근의 관에 대해 둥근 관이라고 증언하고 있다. 그러나 최서면은 신동아 1993년 9월호「安重根을 찾는 일본인들」583~584쪽에서 이마이가 "점심을 먹은 뒤 집 마당에서 놀고 있었는데 사람 길이만한 나무상자를 간수들이 호위하고 가는 거예요. 가끔 둥근 나무통을 멘 죄수들 한두 명이 간수의 호위를 받고 지나가는 것을 본 일은 있지만 긴 나무상자는 처음이었습니다"라고 하였다고 하면서 이마이가 지적한 관의 모양이 일본신문에서 언급한 침관과 일치한다고 주장하였다. 문제는 어느 기록이 이마이의 증언인가 하는 것이다. 1979년 9월 20일자·1982년 8월 20일자의 동아일보 신문기사와 신동아 1993년 9월호에 투고한 내용이 왜 다른지 그 이유를 모르겠다. 이는 단적으로 이마의 증언의 신빙성에 문제가 있거나 다른 목적이 개입되었음을 보여주는 증거인 것이다.

수 없는 것이다.

그런데 이마이는 안중근의 수의를 그의 어머니 즉 전옥 구리하라의 부인이 지어준 것이라고 증언하고 있고 이를 일본의 안중근관계 서적에도 볼 수 있다.[95] 그러나 수의는 『만주일일신문』에 따르면 고향에서 56원에 사서 보낸 것이 역사적 사실이다.[96] 이처럼 이마이의 증언을 그대로 믿기에는 많은 문제점이 있는 것이 사실이다.

안중근묘의 위치에 대한 가설을 내세우는 사람들 중에 묘지를 직접 방문하였다고 주장하는 사람은 김현만과 이국성 두 사람뿐이고, 나머지는 추정에 불과한 가설들이다. 이들 주장의 공통점은 자료로 확인할 수 없다는 것이다. 이는 그만큼 신빙성에 문제가 있음을 의미하는 것이다.

안중근묘의 위치에 관한 중요한 논점은 두 가지 측면에서 살펴볼 수 있다. 첫째, 일부의 주장[97]대로 여순감옥의 묘역이 세 곳인가 하는 문제이다. 그 주장에 따르면 여순감옥의 묘역은 세 곳으로 감옥의 동쪽으로 500m 거리에 있는 향양가 뒷산 제1묘역(1902년~1920년)에 안중근묘가 있다는 것이다. 그러나 이러한 주장들은 다음과 같은 측면에서 문제가 있다. 『관동청시정이십년사(關東廳市政二十年史)』에서 확인할 수 있듯이, 여순감옥에서 사형을 당한 사형수는 1906년부터 1910년 73명, 1911년부터 1925까지 12명으로 1925까지 총 85명이다. 이는 사형수를 통관에 넣어 묻은 여순감옥의 관례를 볼 때 적어도 1925년까지는 묘지의 포화가 초래될 가능성이 없음을 의미하는 것이다. 따라서 또 다른 묘지를 조성할 필요성이 없었다고 보아야 할 것이다. 그러므로 향양가 뒷산으로 주장되는

---

95 齋藤充功, 『伊藤博文を擊った男』, 中公文庫, 1994, 159쪽.
96 『滿洲日日新聞』1910년 3월 24일字, 「安の死裝束」.
97 『안중근 의사 묘역 현지 답사』에 첨부된 지도에 따르면 여순감옥의 묘역은 3곳으로 그 시기는 제1묘역이 '1902~1920년', 제2묘역이 '1920년 이후', 제3묘역이 '1940년 이후'라고 한다.

제1묘역 이외에 제2, 제3의 묘역이 조성되었다는 가설은 역사적 사실에 근거한 주장이라고 믿기에는 문제가 있다.

둘째, 소위 향양가 뒷산이 제1묘역(이국성설)이며 여기에 안중근이 묻혀 있다는 가설이 타당한가 하는 점이다.[98] 이 주장의 대부분은 증언에 불과한 것으로 뒷받침할 수 있는 사료적 근거가 없다는 점에서 이마이의 가설과 같은 문제성을 안고 있다는 것이다.

그리고 연고자가 없는 유해는 화장해서 없애버렸다는 유병호의 가설은 일제의 감옥법과는 거리가 먼 주장이다. 즉 일제의 감옥법 제73조에 2항에 따르면 "사체는 필요하다고 인정될 경우 이를 화장할 수 있다"고 되어 있다. 그러나 안중근의 경우 분명히 매장하였다는 기록이 있다.[99] 감옥법 제73조 제3항은 사체 또는 유골은 가매장(假埋葬) 후 2년이 지나 이를 합장할 수 있다고 규정되어 있다. 아울러 그 시행규칙 제181조에 따르면 "사망한 후 24시간이 경과하여 시체의 교부를 청하는 자가 없을 때는 제179조[100]의 경우를 제외하고 이를 감옥의 묘지에 가매장하고 화장하였을 경우 그 유골도 가매장하고 화장할 경우는 사망자의 씨명 및 사망 연월일을 기입한 목표(木標)를 세워야 한다"고 되어 있다. 더구나 같은 시행규칙 제182조에 "시체 또는 유골을 합장하였을 경우는 합장자의 씨명과 사망 연월일을 합장부에 기재하고 합장 장소에 돌로 된 묘표(墓標)를 세워야 한다"고 규정되어 있다. 따라서 안중근의 유해는 화장되었다고 하면 합장부에 기록하고 묘표를 세웠을 것이다. 이러한 사실에서 볼 때 유해를 임의대로 없앴을 가능성은 낮은 것으로 보인다.

---

98 『안중근 의사 묘역 현지 답사』; 『동아일보』 2009년 4월 23일자, 「"안중근 의사 유해 매장지는 뤼순 감옥 동남쪽 300m지점 야산"」.
99 국사편찬위원회, 「安重根 死刑執行狀況 報告件」, 『통감부문서』 7, 413~414쪽.
100 주)14, 참조.

더욱이 1946년 11월 11일 귀국한 안중근의 장녀 안현생이 "또한 저희들을 감격케 한 것은 해마다 선친이 돌아가신 3월 26일이면 중국 사람을 비롯한 외국 사람들까지도 그 묘지를 찾아 주었다는 사실입니다. 일본 사람들도 그날이면 분향을 했습니다. 얼마전 향항(香港)을 거쳐 중국에서 돌아온 사람들이 전하는 바 지금도 그 묘지를 찾아주는 사람이 많다고 합니다"[101]라고 한 증언을 보건데 안중근의 묘는 여순감옥 묘역에 있었던 것은 분명한 사실로 보인다.

이상에서 살펴본 바와 같이 이마이의 가설은 「여순비밀군사지도」를 근거로 본다면 그 타당성을 상실하는 것이다. 그렇다면 일제의 비밀군사지도에 나와 있는 묘지가 동산파라고 한다면 안중근의 묘지는 영원히 사라졌다고 볼 수 있는 것이다. 더욱이 향양가 뒷산이라는 주장도 증언 내지 추정에 근거한다는 점, 이들의 주장을 뒷받침하는 사적 증거가 없다는 점에서 이를 안중근의 유해가 있는 곳으로 단정하기에는 무리이다. 또한 유해를 화장해서 없앴다는 설도 설득력이 약하다.

그렇다고 희망의 끈을 놓아서는 안 된다. 유해에 대한 단서를 찾아내는데 지속적 노력을 경주해야 한다. 이를테면 남북한과 중일이 함께 참여하는 연구조사 기관, 말하자면 국가 기관으로 《안중근의사 유해 조사·발굴송환 위원회》를 조직하여 지속적 발굴노력을 기할 필요가 있다. 그러한 과정 속에서 안중근의 염원인 동양평화 구현 방안을 연구하고 그의 사상을 실현하기 위해 남북, 중일 관계를 지속적으로 강화시켜야 한다. 이것이 우리가 가져야 할 자세임은 분명하다. 무엇보다 유해발굴도 중요하지만 그의 정신을 이어받아 동양평화를 구현하는 것이 우리의 의무인 것이다.

---

[101] 안현생, 「독점특종 安重根의사 따님의 手記」, 『實話』四月特輯號, 단기 4289년(1956년), 59쪽.

5. 맺음말

　이상에서 필자는 일제의 불법적인 안중근유해 매장, 유해에 대한 논의과정, 유해 조사·발굴과정, 묘지의 위치에 대한 여러 가설을 종합적으로 살펴보면서 유해 발굴방안과 향후 전망도 아울러 검토해 보았다. 그 결과를 다음과 같이 정리하는 것으로 본고를 맺고자 한다.
　일제는 사형수의 유해를 가족이나 관계자에게 인도할 것을 감옥법으로 규정해 놓고 있었다. 그러나 일제는 자국의 법률마저 어겨가면서 '공안상'이라는 정치적 이유를 들어 유해의 인도를 거부하고 여순감옥 묘지에 그의 주검을 묻었다. 이는 유언대로 그를 하얼빈에 묻었다가는 그의 묘가 독립운동의 중심이 될 것이라는 일제의 두려움이 반영된 결과이다. 무엇보다 유해를 유족에게 넘겨주지 않은 것은 재판자체가 성립될 수 없다는 역사적 진실에서 보건대 국제법과 자국의 법률조차 어긴 불법을 넘어 반인륜적 범죄행위였던 것이다.
　유해를 찾기 위한 우리들의 노력은 1948년 김구 이후 끝임 없이 계속되었다. 무엇보다도 유해봉환에 결정적인 영향을 끼친 사건은 1980년대에 들어오면서 일본의 역사교과서 왜곡과 일본 관료의 망언을 극복하는 방안으로 독립기념관의 건립이었다. 독립기념관 건립을 주도한 인사들은 안중근의 유해 봉환을 그 건립의 주된 명분으로 내세웠고 봉환을 위해 다방면의 노력을 경주하였다.
　그러나 중국과 수교가 없는 상황에서 이는 불가능한 일이었다. 유해봉환의 가능성은 88올림픽이후 1992년 중국과 외교관계를 맺고서 본격화되었다. 이후 유해는 「안의사유해봉환 및 환국추진 위원회」, 「안의사유해봉환위원회」, 그리고 「안중근의사묘역추정위원회」가 주로 활동을 하였다. 그러나 여러 가지 가설을 고려해 볼 때 안중근묘지는 여순감옥 옆의 동산파(東山坡)일대에 있을 가능성이 가장 높다. 그렇다면 안중근의 유해는 영원히 사라졌다고 볼 수 있을 것이다.

그럼에도 불구하고 유해봉환을 추진했던 관계당국은 종합적 검토를 등한시 하였을 뿐만 아니라, 우려의 목소리가 있었음에도 이마이가 제공한 사진과 증언에 근거한 일부의 주장에만 전적으로 의지해 2008년 발굴에 착수하여 혈세만 낭비하고서도 아무런 성과를 얻지 못하였다.

민족의 염원인 유해발굴은 동양의 미래라는 거시적 시각을 갖고서 접근할 필요가 있다. 이를 위해 정부는 남북한, 중일의 공동조직으로 《안중근의사 유해 조사·발굴 송환 위원회》를 만들 필요가 있다. 이는 안중근의 유해발굴도 중요한 문제이지만 '동양평화'를 구현하라는 유언의 실천이 무엇보다 중요하기 때문이다.

03

러시아의
안중근인식

따찌아나 심비르체바
러시아국립인문과학대학교 교수

1. 머리말

러시아 구력으로 1909년 10월 13일(양력 10월 26일), 한국사에는 안중근의 의거로, 세계사에는 근대 일본의 《설계자》인 이토 히로부미(伊藤博文) 공작의 사살로 각각 기록된 사건이 하얼빈 역에서 일어났다. 따라서 2009년은 하얼빈 사건이 발생한지 100년이 되는 해이다. 본 논문의 목적은 그 후 백 년의 세월이 지나는 동안 러시아의 각종 출판물에 기록된 이 사건에 관한 내용을 간단히 살펴보고, 그에 대한 평가가 러시아 역사 속의 시대에 따라 어떻게 변화되어 왔는지를 고찰하는데 있다. 20세기에 들어 우리나라에서 국가체제와 이데올로기가 1917년과 1990년 두 차례에 걸쳐 송두리째 바뀌었다는 점을 상기한다면, 이 연구과제는 일정한 관심의 대상이 될 수 있다고 생각한다. 필자는 소비에트시대에 가장 호평을 받은 《한국의 도서목록. 1917~1970》(1981)에 들어 있는 관련 자료와 소비에트 시기 말과, 이후 러시아에서 출간된 한국과 아시아史와 관련된 주요 참고서 및 교과서들에 기술되어 있는 내용을 본 논문의 근거자료로 사용하고자 한다. 사실 러시아 국립문서보관소 문서는 이미 동방연구소의 보리스 박교수에 의해 출판되었고, 또 러시아에 잘 알려진 한국의 박종효 교수가 러시아의 여러 국립문서보관소에서 다년간 연구하면서 한글로 번역한 《러시아 국립문서 보관소의 한국관련 문서집》과 특히 《러시아 국립문서보관소의 문서로 본 안중근의거》라는 논문(2004) 등이 한국에서 발표되었기 때문에 출판물을 택하였다.

2. 재정러시아 시대의 안중근 인식 (1909~1910년간)

《한국의 도서목록》에는 1909~1910년에 발표된 3편의 안중근 관련 잡지기사가 포함되어 있다. 그 중 한 편의 기사는 사건 발생 직후 기고한 것으로 잡지《자연과 사람들》에 개제된 〈현금의 한국의 운명과 이토 공작의 암살과 관련하여〉[1]라는 제목의 논평이다. 이 잡지의 주된 독자층은 학생, 교사, 농촌의 사제, 즉 부유하지 않은 다수의 지식층으로 구성되어 있었다.

"하얼빈에서 발생한 한국 지식인(intelligent man)에 의한 이토의 암살로 인하여 바다를 건너온 달갑지 않은 손님들(일본인)에 의해 식민지가 된 불행한 나라 조선이 세계의 주목을 받고 있다. 일본인들에게 무자비한 압박을 받고 있는 이 온순한 민족은 엄청난 불의(不義)의 제물이 된 것이다!"라고 저자는 쓰고 있다. '한국 지식인' – 이 말은 웅변적이기 때문에 그 사건을 대하는 저자의 태도가 확연하게 드러난다. 러시아어에서 '지식인'이라는 낱말은 일차적으로는 '정신노동자'를 의미하지만, 이 말에는 사람이 고도의 정신윤리적 의지, 투철한 의무감과 명예심을 가져야 한다는 도덕적 의미도 포함되고 있음을 보다 명확히 해 둘 필요가 있다.

저자는 안중근의 이름을 거명하지는 않았지만 그에 대한 동정심을 분명하게 드러내어 한국이 일본에 예속된 것과 일본인들의 극악무도한 만행에 굴복하지 않겠다는 결의가 그로 하여금 이토를 사살하게 한 주요 동기라고 말했다.

그는 하얼빈 사건의 발단이 된 것은 한국인들이 가증스러운 압제자들에 맞서 정의를 쟁취할 수 있는 돌파구가 전혀 없었기 때문이라고 그

---

[1] 베르쟈에프 P. 〈현금의 한국의 운명. 이토 공작의 사살과 관련하여〉《자연과 사람들》(St.Petersburg). 1909년, 4호 (11월).

원인을 밝혔다. "'떠오르는 태양의 나라'의 교활한 국민들은 유럽을 세밀히 관찰하면서 위선적인 미사여구로 자기들의 본색을 감춘 채 가장 신성한 권리를 침탈하는 갖가지 방법을 손쉽게 습득했다. 바로 이런 원인으로 인해 약소국 한국의 불행한 운명이 세계인들의 이목으로부터 완전히 차단되어 있었다". 이 논평기사의 주된 결론은 '교활한' 동방을 지나치게 믿지 말라고 '문화인들'(즉, 유럽인들)에게 경고하는 것이다. "지금 일본이 보유하고 있거나 내일 중국이 갖게 될 군사력과 같은 현대식 군대와 함대는… 아

20세기 초 러시아 화가는 굴복하지 않겠다는 결의를 갖은 한국인을 이렇게 상상했다. 잡지 《자연과 사람들》 1910년 제4호

직은 문명화의 증거가 전혀 되지 못하며, 자신의 세력 확장을 위한 수단일 뿐이다… 고요한 아침의 나라에서 무자비하고 혹독한 행동을 서슴지 않은 일본인 저명인사 암살 사건은 우리에게 그러한 불운한 사태의 발생 가능성을 미연에 방지하여 스스로를 보호할 필요가 있다는 것을 일깨워 주고 있다." - 논평기사는 이렇게 끝을 맺는다.

하얼빈에서 발행된 러시아 동양학자협회 기관지 《아시아 회보》에는 안중근이 전혀 다른 인물로 묘사되어 있다.[2] 이 잡지는 안중근을 "미국의 워싱턴, 독일의 비스마르크와 함께 위대한 건국자들의 반열에 드는 일본의 정치지도자 이토를 저격한 광신자"로 지칭하고 있었다. 저자는 '신과 마찬가지로 선과 지혜의 원천인 천황'이라는 표현이 들어있는 일본 헌법의 제정이 이토의 가장 큰 공로라고 지적했다. 이 기사의 그 다음 내용이 일본보다는 러시아의 현실에 관한 것이라는 점에 의문의 여지가 없다. 기고자는 그런 글을 씀으로써 니꼴라이 2세대에 대한 자신의 충성심

---

[2] 노르만 V. 〈이토와 그의 인생, 활동 및 일본 민족정치에 대한 영향〉 《아시아 회보》 (Harbin). 1910년, 5호 (6월). Pp. 131~137.

을 나타내고 국가 소비에트(상원)와 국가 두마(하원)를 위해서 황제의 권한을 제한한 1906년 혁명기에 채택된 러시아 최초의 헌법에 대한 비판적 견해를 밝히고 있다. 기고자는 조선 통감(統監) 이토의 활동을 정당화면서 이토가 그랬던 것처럼 러시아 정부도 러시아 국내의 혼란을 가차 없이 진압할 것이라는 당시 러시아 보수층의 기대를 '사실 자체로(ipso facto)' 애매모호하게 표현한다.

군대의 사기 진작을 목적으로 상뜨·뻬쩨르부르그에서 발행하던 군사저널 《러시아 기병대 회보》에 게재된 〈이토 공작 사살에 대하여〉[3]라는 제목의 기사는 일본에 대한 의혹과 새로운 전쟁 발발에 대한 예감으로 가득 차 있었다. 이 기사에는 안중근에 대해서 직접적으로 언급하지는 않지만 "인접국 국민들이 큰 고통을 겪고 있다"는 사실이 하얼빈 사건을 계기로 입증되고 있다고 강조한다.

1906~1914년간 상뜨 뻬쩨르부르그에 소재한 기병장교양성학교에서 발행한 저널 《러시아기병대 회보》의 표지

"우리가 살아가고 있는 이 시대는 그 어느 때보다 복잡하다. 정치사의 바로미터는 뚜렷하게 정해진 두 줄기의 흐름을 보여주고 있다: 서방에서는 독일이 유럽에 대한 패권의 절반을 확보하려고 집착하고 있고, 동방에서는 신흥국 일본이 아시아에서 동일한 목적을 달성하려고 전면에 나서고 있다. 러시아는 유럽과 아시아 대륙의 절반을 소유하고 있지만 이 두 모닥불 사이에 위치하고 있어서, 거기서 나오는 연기 냄새가 우리 코에까지 풍겨 온다". 이런 기사를 게재한 주된 목적은 일본의 관동군과 본토의 군사력이 '과거에 일본이 보유한 군사력에 비해

---

3 바그라티온 D., 공작. 〈이토 공작 사살에 대하여〉《러시아기병대 회보》(St. Petersburg). 1909년, 22호. Pp. 1012~1017.

전례가 없을 만큼 유례없이 큰 규모로' 증강된 사태에 직면하여 4,5만 명에 이르는 하얼빈의 러시아인 사회의 우려를 상뜨·뻬쩨르부르그의 러시아 정부에 전달하기 위한 것이다. 하얼빈 회담이 이토의 죽음 때문에 이루지지 못한 아쉬움을 표현한 기고자는 '일본인들이 러시아에 대해 우호적인 태도를 갖도록 사전에 일정 수준의 공작을 펼 것'을 권했다. "만일 우리 외교관들이 일본과의 협정을 거부한다면, 일본은 1903년과 똑같은 상황에 놓이게 되어 매우 가까운 장래에 블라디보스토끄와 하얼빈에 대한 일본의 무력 침공을 가져올 수 있다"고 그는 강조한다.

이와 같이 위에서 언급한 3편의 기사는 모두 안중근에 의한 이토 사살사건과 관련한 기사이지만 당시 러시아의 현실과 사회 각계각층의 이해관계를 반영한 것이라고 볼 수 있다. 러시아 사회민주노동당의 (РСДРП) 리더인 레닌은 이 사건에 큰 의미를 부여하면서 《제국주의 노트》(1909)에서 '한국에서의 봉기: 1907~9. 일본이 한국을 평정하다 (1907~1909) (1909: 이토 암살, 총독)'[4]이라고 썼다. 이후 정치적 불안과 제1차 세계대전과 1917년에 발생한 혁명으로 인해 하얼빈에서 일어난 안중근 사건은 러시아 언론과 학술논문의 취급 대상 밖으로 밀려나게 되었다.

---

4 레닌 V.I. 〈제국주의 노트〉《레닌 전집》. 제28권. 모스크바: 정치문학출판사, 1967. P. 492 [Ленин В.И. Тетради по империализму// Полное собрание сочинений. Т. 28. М.: Изд-во политической литературы, 1967. С. 492].

3. 소련의 역사인식과 안중근 서술 (1917~1990)

1) 소비에트 탄생과 안중근(1917~1929년대)

1917년 이래 러시아 제국의 붕괴 및 소베트 국가의 탄생과 더불어 한국을 비롯한 동방에 대한 러시아 출판물에서는 각계각층의 이해관계를 반영한 글 보다는 러시아 노동계급의 이익을 반영한 글들이 나오기 시작했다. 이 글에서 러시아 프롤레타리아는 계급해방을 지향하는 모든 피압박 민족의 선도자로 나섰다.

신생 공산 동양의 학자들은 소련 제 8차 당 대회[5] 결의를 비롯한 러시아 공산(볼세비키)당의 결정을 지침서로 받아들이면서, 공통의 혁명투쟁을 위해 서로 다른 민족의 프롤레타리아들 사이의 밀접한 관계 수립을 기본으로 여겼다. 그 논리에 따르면, 러시아 노동계급이 깨여 나고 있는 극동지역의 아시아 민족들에게 모범을 보이고 혁명의 주창자 역할을 하며, 그들을 적극적으로 도와주는 협조자로서 이미 아시아에서 일기 시작한 사회계급적 운동을 촉진시켜야 했다.[6]

'레닌과 동양'. 레닌을 추모하여 나온 《신동양》 잡지에서의 그림(1924년 5호).

이에 따라 러시아에서 '이르쿠츠크 파'[7] 고려공산당 창립대회에 앞서 1921년 5월에 발표된 '단계로 보는 한국에서의 해방운동'이라는 기

5　러시아 공산(볼세비키)당의 제8차대회는 1919년 3월 18~23일 모스크바에서 진행되었다.
6　파블로비치 M. 〈레닌과 동양〉 《신동양》. 1924년 5호. Pp. 4~5.
7　《이르쿠츠크 파》 공산당이라고 불리우는 이유는 창립지에 따라서이다. 본 당은 주로 러시아지방 출신 한국계 러시아 국민 및 러시아 공산당원들에 의해 창립되었는데 이는 1918년 상해에서 발족된 《한인 사회당》에 대처하는 대안당이라 할 수 있다.

사에 따르면, 1906년 이래의 항일 운동과 3.1운동 등의 주요 실패 원인은 "국민의 참된 이해관계와는 거리가 먼 극소수 재야 유교 관리(官吏)배 집단에 의한 운동으로 빈약한 지도에 있었다"[8]고 언급하면서 참된 한민족 해방운동의 성과는 노동계급 대표들, 즉 공산당원들이 피착취 대중의 선두에 나설 때만 가능한 것이었다.[9] 논문은 프롤레타리아 출신이 아닌 조선항일 운동자들에 대한 반대 의견을 제시했다. 이런 사상적 배경 때문에 당시 러시아 출판물에서 안중근에 대한 그 어떤 언급도 없었다는 것은 우연이 아니었던 것이다.

《한국의 도서목록》에는 1917~1922에 출판된 한국 관련 10편의 논문과 해당 사료들이 들어 있다.[10] 그 중 하나만이 (안중근 의사의 이름은 거명되지 않았지만) 이토의 사살을 언급했다. 그것이 1928년에 나온 잡지 《신세계》에서 타이긴(I. Takings)이 쓴 것이다.[11] 그는 일본이 한국을 합방하는 과정을 단계별로 열거하면서 "1909년에 한국 민족주의자가 하얼빈 역에서 전 일본인 통감 이토를 사살한 것을 통해서 일본이 한국을 합병하는 최종 단계에 접어들었다"고 쓰고 있다. 안중근 의사의 행동을 논평하면서 저자는 "바로 이런 살인행위는 동경정부로 하여금 한국 독립을 완전 말살케 할 그들이 오래전부터 기다렸던 좋은 기회가 되었다"고 지적한다. 사실

《일본 제국주의 말 발굽 밑에서. 한국민족의 독립투쟁》. (모스크바, 1919) 소책자 표지

---

8 그란드 N. 〈단계로 보는 한국에서의 해방운동〉《극동의 제민족》. 1921년, 5호. Pp. 613~622.
9 같은 의견은 《신동양》 잡지에서도 나타났다: 카우프만 L. 〈일본 제국주의와 한국〉《신동양》 (모스크바). 1924년, 5호. Pp. 86~100; 등.
10 이 목록은 한국 근대사 관련 번호 №№ 389-481 – 총 92 가의 제목이 들어 있다. 그 중 28개의 제목은 (32,6%) 한민족의 항일투쟁과 관련된 것이다.
11 타이긴 I. 〈일본제국주의와 중국〉《신세계》 (모스크바). 1928년 8호. Pp. 156~165; 9호. Pp. 221~232.

볼셰비키들은 이렇게 민족주의에 대해 부정적인 입장이었다. 그들은 민족주의를 두 가지로 분류했다. 하나는 국민 대중을 몰락시키는 수단으로서 부르죠아 계급에 고유한 '호전적'인 것으로 여겼고, 다른 하나는 피압박 민족의 민족주의로 '과거의 민족의식의 유물'로 여겨졌다. 당 결의에 따라서 볼셰비키들은 첫 번째 민족주의를 거부하고, 두 번째에 대해 역사 및 계급적 차원에서 아주 조심스럽게 취급하였던 것이다.[12]

2) 러시아 한국학의 탄생과 안중근(1930년대)

집단화, 기근, 스탈린 탄압 등 시기로 알려진 1930년대에 한국 관련 문헌은 극소수에 불과했다. 상기 《한국의 도서목록》에서 당시 한국관련 문헌은 4 편뿐인데 그것도 주로 일본을 주제로 한 출판물에 끼어 있는 것이다. 하지만 최근 밝혀진 바에 의하면 1920~30년대 사이에 신문기사를 빼놓고도 서적 및 잡지에 200여 편의 한국관련 자료가 발표된 것으로 알려졌다. 1923~1934년에 소련 한국계 사상가들 N.김, 리간, 남만춘, 박진순, 최선우 등이 작성한 자료들이 2007년에 부분적이나마 출판되었다.[13]

이 출판물들을 보면 1930년대 이들은 당대의 일본 및 한국 사료를 인용하면서 한국에 대한 일본당국의 정책, 식민지하의 한국 경제 및 문화 상황, 각계층의 처지, 민족해방과 사회권익을 위한 근로자의 투쟁 등에 대해서, 고국의 근황을 우선적으로 알리면서도, 고국민이 어느 정도 일본 식민주의자들에게 결정적인 타격을 가할 준비가 되어 있는지 여부에 대해서만 관심을 기울일 뿐 안중근 의거에 대한 언급은 빠져 있다. 위의 인물들 모두는 여타 수많은 소련 동방학자들과 마찬가지로 1930년대의

---

12 호도로프 A.E. 〈레닌과 민족문제〉《신세계》. 1924년 5호. P. 29.
13 《식민지 한국. 1920~1930년간 한국에 대한 소련 출판물》.바닌 Yu.V., 박 보리스 편. 모스크바, 2007.

스탈린 탄압의 희생물이 되고 말았다.¹⁴

그럼에도 불구하고, 소련체제에 있어서 식민지 지배하의 민족해방운동은 1930년대에도 여전히 당면한 논제로 남아 있었다. 반식민 민족해방운동이라는 주제는 공식 선전구호의 일부가 되어 버렸기 때문이다. 그 선전의 목적은 1917년에 일어난 러시아 공산 10월 혁명으로 인해 세계 자본주의 체제의 총 공황이 발생하게 되었다고 논증하려는 것이었다.¹⁵ 1930년대 중반부터 바로 이런 방향의 연구 사업이 동방학에 있어서 실상 유일하게 허용된 연구주제가 되었다고 할 수 있다.

1939년에 발간된 《일본사》¹⁶는 1910년의 일본에 의한 한국합방과 관련된 사건들을 개략적으로 열거하는 차원에서 이름은 밝히지 않고 안중근 의사의 공로에 대한 다음과 같이 언급하고 있다: "1909년 하얼빈 역에서 한국 민족주의자가 이토를 사살했다. 그 결과 일본은 한국땅에서 보다 더 심한 테러를 벌이기 시작했다". 이 내용은 저자가 안중근 의사의 행동결과를 부정적으로 보고 있음을 보여준다. 1940년에 국립종합대학 및 사범대학 역사학부를 대상으로 편찬된 교과서는¹⁷ 안중근을 언급하지 않고 명성황후만을 한민족 해방운동의 대표적인 인물로 소개했다.

---

14 스탈린 탄압에 대한 참고부는 2007년 에샹트 뻬쩨르부르그에서 출판된: 인간들과 운명들. 소련 시기때 (1917~1990) 정치 테러의 희생물이 된 동방학자의 사전 (이력서와 도서목록)》이다.

15 박 M.N. 〈제2차대전 이후 아시아와 아프리카 나라의 발전 제문제〉《박 M.N. 한국의 역사와 사서. 전집》모스크바, 2003. P. 170.

16 주코프 E.M. 《일본 요약사》. 모스크바: 국립 사회경제 출판사, 1939.

17 《제 식민지 및 예속국 현대사》. 소련 과학 아카데미 소속 역사연구소 편. 2권. 모스크바: 국립 사회경제 출판사, 1940. 《한국》이라는 편은 제1권. Pp. 648~665.

3) 북한정권출현과 안중근 (1945~1959년대)

1945년 한국이 해방되고 한반도 이북에 친소 공산국가인 조선민주주의 인민공화국 정부가 출현하면서부터 한국학은 러시아 동방학에서 가장 역동적인 연구 방향을 잡게 된다. 전례 없는 대중적인 차원에서 한국학 연구가 진행되었다. 1945년에 모스크바 동방대학(MIV)에, 1947년에 레닌그라드 종합대학에 한국학과가 각각 신설되었다. 많은 사람들이 한국어를 배우기 시작하여 러시아 한국학의 핵심을 이룰 장래 학자들이 바로 이 시기에 배출되었다. 1950년대에는 민족해방운동을 주제로 한 12편의 학위논문이 발표되었는데, 이들 중 한국사와 관련된 학위논문이 46%를 차지했다.[18] 이것이 당면한 주제로 된 이유는 독립운동(独立運動)사가 조선(북한)에서 진행 중인 "신민주사회 건설"의 기반으로 여겨졌고, 북한 당국이 그 운동사를 근거로 자신의 정통성과 합법성을 증명하려고 하는데 있었다.

독립운동사 연구는 1917년 이전 러시아 혁명가들과 1917년 이후 소련 정부가 한국 독립운동에 관여한 것을 보여줌으로써,[19] 한반도 이북에 대한 소련의 영향권을 역사적으로 정당화하고 입증하면서 소련 당국의 국제적 위상을 더욱 높이려 하는 선전사업의 일환이 되어가고 있었다. 1946년 "냉전"기에 접어들면서 "러시아의 1917년 10월 혁명은 인류사상 새로운 시대의 시작으로서 인간에 의한 인간의 온갖 형태의 착취 및 억압에서 벗어나려 하는 세계 노동자들의 투쟁에 자극을 주었다"는 레닌의 테제는 소련의 국가 이데올로기에서 중추적 의미를 갖게 되었다.[20] 소

---

[18] 미국의 서지학자 F. Shulman의 자료에 따르면 1950년대에 소련에서83건의 한국관련 각이한 분야 학위논문이 통과되었는데 그중 30건(36%)은 북한에서 공부하러 온 학자들이였다. 역사주제의 학위 논문은 26건이고 그 중 5건은 한국학자들의 논문이었다.

[19] 레닌이 상해 임시정부 승인과 자금지원 등.

련 한국학 역시 이런 지침을 받아 들여야 했다.

바로 이 때 러시아 역사학계가 소련 시대에 있어서 최초로 안중근 의사에 대한 관심을 보이기 시작한다. 안중근 의사가 무명 '민족주의자'가 아니라 공로를 세우고 이름이 있는 사람으로서 나타난 최초의 소련 저서는 1950~1953년 한국 전쟁 시기 러시아어로 번역되고 출판된 북한 역사학자들의 저서들이었다. 소련 이데올로기 영향 하에 집필된 논문들이지만 나름의 내용을 가지고 있다고 평가할 수 있는 것들이었다. 그 중 하나는 리청원의 《조선 근대사》(上, 평양, 1950)이다.[21] 이 저서의 특징은 저자가 테러를 의병운동, 문화개몽 운동과 더불어 존재한 조선민족해방운동의 독립적인 방향 하나로 받아들이는데 있었다. "1909년 10월 안중근이 약탈적인 일본 제국주의를 대표하는 인물인 전 조선통감 이토 히로부미를 사살했다"고 언급한 다음 리청원은 "개개인의 테러 방법으로는 적을 타파할 수 없다. 오히려 한국인민의 해방투쟁의 성공을 방해한다. 개인테러는 일본식민지 당국의 새로운 만행만을 초래하기 때문이다. 그런 만행을 통해서 일본 당국은 해방전선을 약화시킬 뿐이다. 개인테러전술은 개개인의 전술일 뿐 인민대중의 지지를 얻지 못했다"라고 소련의 관점에 부합되는 평가를 내렸다. 리청원은 "한국인민의 자주 독립을 위한 강력한 애국운동의 실패 원인 중 하나는 운동 지도자들 중 일부분만이 홍범도(洪範図), 차도선(車道善) 등 서민 출신이였고 다수는 운동의 역사적 전망을 파악 하지 못하고 군주정체를 복귀하려는 유교 관리배 출신들이였다는 데 있었다"고 했다.

역시 번역문인 《조선민족해방투쟁사》(평양, 1953)[22]에서 공저자인 김광

---

20 박 M.N. 〈러시아 10월 혁명과 한국〉《박 M.N. 한국의 역사와 사서. 전집》모스크바, 2003. P. 447.
21 리청원. 《한국 근대사》. 박 A.M. 옮김. 머리말 - 김 M.P. 모스크바: 외국문학출판사, 1952. 192 pp.
22 《한국민족 해방투쟁사》. 박 M.N., 김 N.S., 마주르 Yu.N. 옮김. 모스크바: 외국문학출판사, 1953.

진, 김경인 등은 안중근의 이토 살해사건을 압박자들에 대한 조선인 투쟁의 일환으로 받아들이면서 이것이 수많은 고통을 가져온 압제자를 보복하려는 조선인민의 진정어린 염원의 반영이라고 강조했다. 저자들은 오기호, 나인영, 전명운, 장인환 등 투사들의 공로도 높이 평가했다. "시시각각 삶을 희생시키면서 조국의 적들에 대항하여 용감하게 맞서 나가 심각한 타격을 가한 사실 자체는 그들이 아주 고귀한 애국심으로 고무되어 있었다는 것을 과시해 주고 있다. 그들은 청년들의 애국심에 큰 영향을 끼쳤다"고 저자들은 강조했다. "그렇다 해도 그들의 활동은 그 어떤 본격적인 결실을 맺지 못했다. 그 이유는 대중운동에서 격리되어 있는 개인의 욕심으로 만이 좌우되는 공적으로 국한되어 있었기 때문이다. 이들 용사는 투쟁의 전반적인 전망을 해득하지 못했다" (176쪽). 이렇게 러시아 책에 안중근 등 의사들의 활동에 간접적으로나마 '위훈' 이라는 용어를 최초로 사용했다.

이 책에서 안중근(1879~1910)은 '젊은 애국자'라고 호칭되고 있다. 안중근의 나이는 30세였고 3명의 아들을 둔 장년기에 접어든 인물이었지만 젊은 나이를 감안하면서 공식 견지[23]에 어긋나는 그의 행위를 용서해 줄 수도 있지 않느냐 라고 극찬하면서 그를 어느 정도 변명해 보려 시도하는 것이 아닌가 싶은 느낌도 있다. 이때부터 시작하여 러시아의 안중근 의사 관련 사서들에서는 《젊은》 이라는 형용사가 빠지지 않고 있다.

《해외동방국 현대사(1952)》[24]라는 교과서에서 1882년 임오군란에서 1917년까지의 한국민족해방운동사를 10년 주기로 다룬 박 미하일 교수

---

[23] 역사학 박사 O.V. Boodnitskii에 의하면, 소련 역사학에서 《테러 테마》는 장기간 과학외 이유로 금지된 주제였다 그 이유는 밝혀주지 않지만 볼세비키당이 집권하면서 부터 테러가 소비에트 체제 자체를 대상으로 할 수도 있기 때문이였다라고 추측할 수도 있다.

[24] 박 M.N. 〈한국 (1880년대 ~ 20세기 초)〉《해외동방국 현대사》. 2권. 모스크바 대학교 출판, 1952. 제2권. Pp. 105~135. 제2판: 《박 M.N. 한국의 역사와 사서. 전집》 모스크바, 2003.

도 안중근을 《젊은 인물》이라고 묘사했다. 박교수도 당시에는 공산당 공식입장에 완전히 부합하여 안중근의 행위를 규탄했다. 그것은 "개개 일본 식민주의자나 그들의 공범자들을 숙청하는 것만으로는 한국을 식민지 예속으로부터 구출 할 수 없기 때문이다. 이런 행실은 강점자들과의 투쟁에 대중을 동원해야 할 한국 애국자들의 결정적인 과제를 방해했기 때문이다"고 했다. 소책자 《한국인민의 해방운동사》(1955), 《소련 역사학 백과》(1965) 및 《소련 대백과 사전》(1973)[25]의 한국사 관련 기사들에서도 박교수는 안중근을 언급하지 않았다.

박 미하일이 취했던 만년의 입장을 고려한다면, 시간과 더불어 그의 사관이 어떤 현저한 진화 과정을 겪어 왔는가를 짐작할 수 있다. 수년이 지나, 박교수는 사관의 전환을 인정하면서 다음과 같이 썼다: "소련 조선계 공산당원들은 러시아 동지들과 마찬가지로 많은 오류를 저질렀다. 우선 반제해방운동 전개에서 민족적 요소 및 구체적인 민족의 특수 조건을 과소 평가한데서 그런 오류를 범했다".[26] 1947~1950년대의 박 미하일 교수의 주요 공로라고 한다면, 그는 조선 해방이래 맨 처음 학위논문을 통과시켰고[27] 다른 조선계 학자들과는 달리 소련의 공식적인 인정을 받았다는 점이다. 바로 그의 연구 실적과 노력을 통해서 한국사가 당대의 주요 교과서 및 참고서 등에 편입되기 시작했다. 한국학은 소련 교육뿐 아니라 여타 외국의 교육에서 자리매김 하기 시작한다.[28] 1959년에 레닌그

---

[25] 박 M.N. 〈한국사〉《소련 대백과 사전》제3판. 모스크바, 1973. 제13권. 1953년내 초에 나온 《소련 대백과 사전》의 한국사에 관한 부분 필자는 V.P. 니하민이였다 (제22권. Pp. 600~620). 그는 안중근에 대해 쓰지 않았다.

[26] 박 M.N. 〈머리말〉《박 보리스 저. 러시아 제국 속의 한인들》. 이르쿠츠크 국립 사범 대학교, 1994. P. 6.

[27] 박 미하일교수는 1947년에 모스크바 대학교 역사학과에서 《19세기 후반 조선의 정치사》라는 준박사 논문을 발표했고 학위를 취득했다.

[28] 1952년에 세상을 본 이상의 교과서는 우크라이나어, 폴랜드어, 헝가리아어, 일어, 한국어로 번역된다.

라드에서 조선민족해방운동사를 다루는 또 하나의 교과서가 발간된다. 그러나 역시 안중근 의사에 대한 언급은 없다.[29] 1950년대 말~1960년대 초에 편찬된 동방사 교과서들은 1990년까지 약간의 수정으로 중판되고 있었다.[30] 1950년대의 학술논문들은 한국민족운동 지도자들을 다룰 때 그들이 '서민 출신'이었는가, 그리고 러시아 혁명운동과 인연이 있었는가 등을 주요 규범으로 삼고 있었다.

    1950년대 소련 한국학계는 러시아 고문서보관서 자료를 근거로 한국민족 해방운동을 최초로 쓰기 시작한다. 그 자료를 바탕으로 톰스크시 역사가 그리고리쩨비치는 이토 사살 사건에 대한 논문을 최초로 발표했는데 그 내용은 안중근 의거는 개인의 소행이 아니라 러시아의 블라디보스토크에서 발간되던 한인 신문 《대동공보》 주변의 한국 봉건군주주의(모너키즘) 조직이 그 배후에 있었다는 것이다.[31] 그리하여 그는 최초로 러시아 고문서로부터 안중근이 봉건 군주주의 신념자였고 러시아와 한인 독립운동 단체와 인연을 갖고 있었다는 사실을 밝혔다. 이토를 보복 사살을 하려는 원인에 대해서 그리고리쩨비치는 한국 민족주의자들이 《국민의 힘》을 믿지 않았다고 보았다. 그의 논리에 따르면, 민족주의자들은 이토 사살로 한국을 식민지로 예속시킨 장본인 중 한명을 제거했을 뿐만 아니라 일본과 제정(짜르)러시아 사이의 협정조인을 가로 막고자 했다. 이 사건은 러시아 국가 이해관계에 어긋나는 것이었다고 언급하면서도 그리고르쩨비치는 이 관점에 대한 나름의 평가는 내리지 않는다. 그것은

---

29 《아시아와 아프리카 근대사》. 제1부. 레닌그라드 국립 대학교 출판사, 1959. Pp. 316~352. 제2판: 1971.
30 사범대학교 역사과 용 《아시아와 아프리카 나라의 근대사》 (모스크바, 1961)는 예로 들 수 있다. 그것이 1981년까지 3번 재판되었다. 이 교과서의 《한국사》편은 모스크바 대학교가 1991년에 출판한 같은 제목의 교과서에도 거의 변함없이 포함되었다.
31 그리고리쩨비치 S.S. 〈러시아 극동에서의 한인들의 항일민족해방 투쟁 (1906~1916)〉《역사 제문제》. (모스크바). 1958. 10호. Pp. 139~151.

러시아 제정체제와 관련된 문제이기 때문일 것이다. 소련시기 역사학의 주요 논제는 《짜르 전제정치》에 대한 비판적 관념이였다: 전제 정치는 《反국민적》이였고 프롤레타리아 혁명은 합법적이였다는 관념이다.

이렇게 1945~50년대에 만들어진 소련 동방학의 토대가 1990년 소련이 붕괴되기까지 기본적인 사관(史觀)으로 유지되어 왔다. 안중근 의사를 언급하는가 언급하지 않는가의 여부에 관계없이 당대의 한국민족해방운동사 연구 실적은 1960년대 러시아 사학의 변천과정을 위한 기반 마련에 현저하게 기여했다고 할 수 있다. 소련 국내상황 또한 이에 큰 자극을 주었다. 1956년 2월에 소집된 소련공산당 제 20차 대회에서 스탈린 개인숭배가 적발, 폭로되었고 (1991년 까지 비공식적 이였지만[32]) 재러 조선족의 명예가 회복되기 시작했다.

4) 재러 한인들의 명예 회복과 안중근(1960~1980년대 말)

《제1차 대전 전야의 한국인민의 해방 투쟁》이라는 박 보리스의 학위 논문은 고문서 자료를 바탕으로 재러 고려인이 러시아 혁명 및 조선 민족해방 투쟁에 어떤 기여를 했는가를 사상 최초로 다루었다. 1967년에 간행된 이 논문에서[33] 안중근 의사 관련기사는 약 5쪽 정도였다(43~48쪽). 그 내용은 소련 후기 안중근에 대한 기초적 개념의 토대가 되었다. 즉, 박 보리스는 안중근을 테러분자가 아니라 애국-빨치산으로 취급했고[34] 그의 행동을 조선의 일반정세와 때어놓고 볼 수 없다고 강조했다. 하

---

[32] 1991년 4월 26일 자 《제 탄압민족 명예회복에 대하여》라는 법이 채택되었고, 1993년 4월 1일 자 《러시아 고려인 명예회복에 대하여》라는 정령이 채택되었다.
[33] 박 보리스. 《제 1차 대전 전야의 조선인민 해방 투쟁》. 소련 과학 아카데미 소속 아시아 연구소 편. 모스크바: 동방문학, 1967. 166 pp.
[34] 러시아에서 빨치산 하면 나폴레옹과의 전쟁시기(1812)부터 존경을 받고 있는 술어이다.

얼빈 사건은 "대중과 거리를 멀리 하고 있는 개개인의 테러가 아니라 조국을 예속시킨 일본 침략자들을 소탕 하려는 조선 빨치산(유격대)의 일부분"이라고 했다. 러시아 극동 지방 한인 사회가 1909~1914년 동안 한민족 해방운동에서 중요한 역할을 했다고 주장하면서 박 보리스는 안중근 의사가 러시아 연해주와 밀접한 관계를 맺고 있었고 이범윤(李範允), 최재형(崔在亨)등 빨치산부대 지도자들과의 협력 하에 독립투쟁의 일환으로 일본군과 싸웠다고 밝혔다.

그는 러시아 고문서 보관소의 문서와 1909년에 발행된 신문 자료 등을 인용하여 안중근 의거를 최초로 상세히 묘사하면서 조선 국민이 안중근 의사를 존경했을 뿐 아니라 그의 항일 애국투쟁에 힘입어 국내외의 한민족이 항일투쟁을 위해 봉기하는 계기가 되게 해 "안중근의 위훈은 국민의 기억 속에 영원하고 수천 명의 새로운 투사들을 키우리라"는 노래 가사까지 있었다는 것을 밝혀냈다. 조선의 전설적 영웅과 러시아 동포사회와의 혈연관계를 보여준 것은 스탈린 탄압시 엄청난 고통을 겪었던 재러 동포들의 민족적 자아의식의 향상에 도움을 주었다고 할 수 있겠다. 박 보리스는 자신의 논문에서 한민족 해방운동을 러시아 제정을 반대해 일어선 러시아 근로자들의 투쟁과 관련지으면서 그 투쟁의 일부분으로 언급하는 것, 그리고 소비에트 국가 창건에 기여 한 것 또한 중요한 관점이다.

1974년에 출판되고 소비에트 시대의 한국 역사를 다룬 최고의 역작인 《한국 통사》(1974)에서 바닌(Ю.В. Ванин) 박사는 안중근을 서술하는 데에 거의 한 페이지에 달하는 지면을 할애함으로써 다른 어떤 소비에트 공식 출판물보다도 안중근에게 더 큰 비중을 두었다. 바닌은 안중근을 '열성적인 저항운동 참가자', '전세계 진보인사들에게 저격의 총성을 들려준 가요와 전설 속에서 명성을 날린 용감한 애국자'라고 칭송했다. 레닌의 《제국주의 노트》를 인용하면서 그는 이토 암살을 포함하여 일본 식민주의자들에 대한 한국 국민의 자기희생적 투쟁이 20세기 초의 가장 중요한 사건들 가운데 하나였다고 결론지었다.[35] 안중근에 대한 이 논리가 소련 말기까지 계속되었다.

4. 페레스트로이카 이후 역사인식의 변화와 안중근에 대한 서술 (1990~2009)

1) 소련의 붕괴와 안중근에 대한 평가의 다양화(1990년대)

1990년 소련의 붕괴, 이에 따른 사회경제적 충격, 그리고 학계 《원로》들의 타계로 인한 세대교체 등은 동방학 연구를 전혀 새로운 방향으로 전환시켰다. 우선 인류사를 계급투쟁사로 받아들이는 맑스 사관을 포기하면서 새로운 역사연구의 방법을 모색하기 시작했다. 2000년에 발간된 6권짜리의 《동방사》도 소련붕괴 이후 10년 간 사학이 재 인식되어 가는 과정을 총괄 하면서 "역사 속의 계급투쟁이 부분으로 여겨졌던 폭압에 대한 우리의 태도가 변했다"[36]고 밝혔다.

새로운 교과서들이 발간되기 시작했지만 그 중 한국에 대해서는 관심을 보이지 않았다. 1994년의 동방 발전에 있어서 종교와 문명을 기본으로 한 교과서 《동방사》가 한국사를 전혀 다루지 않은 것은 대표적인 예가 된다.[37] 소련시대에 한국의 종교사를 전혀 다루지 않고 한국문화 관련

---

35 동반연구소 편, 1974. 공저. 《한국통사》. 1~2권. 모스크바. 제1권. P. 413.
36 〈마리말〉 《동방사》. 제1권. 러시아 과학 아카데미 동방연구소 편. 모스크바: 동방문학, 2000. P. 12.
37 바실리예프 L.S. 《동방사》. 2권. 모스크바: High School, 1994.

도서들이 전무한 상태였으므로 1990년 이후 나온 교과서에서 새로운 입장에서 한국에 관해 저술할 수 있는 전문가들은 극소수였다.

그렇다고 하더라도 러시아는 안중근에 대한 관심을 새롭게 보이고 있었다. 이것은 1980년대 말 《페레스트로이카》의 물결을 타고 재러시아 고려인 사회가 민족 가치관의 재생, 민족문화와 전통 유지 등에 관심을 두기 시작하면서 민족 기원에 대한 관심도 높아지고 있었기 때문이다. 이런 운동은 재러 고려인의 공식 명예회복으로 인하여 더욱 힘을 얻었다. 카자흐스탄 학자 게르만 김이 강조하다시피 《최근 20년간 재소 고려인을 논제로 하는 논문들이 지난 반세기에 간행된 것 보다 훨씬 더 많이 나왔다》고 했다.[38]

1997년에 상트·페테르부르그大 교수 사모일로프는 〈러시아가 지켜 본 안중근의 하얼빈 총성〉이라는 제목의 글을 발표 했는데 상트·페쩨르부르그 국립역사고문서 보관소의 자료와 이토의 사살 이래 러시아 신문들에 기재된 기사 등을 사료로 삼았다. 사모일로프는 "러시아 출판뿐 아니라 당국도 안중근으로 하여금 테러 행위에 나서도록 만든 동기를 해명하고자 시도했고 이 행위가 조선에 어떤 여파를 가져올 것인가를 분석 하려고 시도했다"고 하면서 대다수 신문은 개인 테러를 규탄했지만 많은 기사는 "한국인민의 운명에 동정의 뜻을 나타내면서 한국 애국자들로 하여금 이런 과격행위에 나서게 한 이유를 원만히 파악하고 있었다"고 주장했다. "구국을 위해 목숨을 바친 안중근의 용맹함과 침착함은 크나큰 존경을 자아내기 마련이었다"고 사몰일로프 교수는 결론지었다.[39] 그의

---

[38] 김 G.N. 소베트 정권을 위해서인가? 한국의 자유를 위해서인가? http://world.lib.ru/k/kim_o_i/ssssss.shtml

[39] 사모일로프 N.A. 〈러시아가 지켜 본 안중근 의 하얼빈 총성〉《한국어와 문화 센터 통보》. 제2호, 상트 뻬쩨르부르그 대학교, 1997.

글에 뒤이어 2001년에 비엔나의 오스트리아-헝가리 제국 대외 문서보관소 자료, 헝가리 신문에 기재된 안중근 의거의 반향 등을 사료로 헝가리아 한국학자 펜들러(K.Fendler)도 모스크바에서 관련 논문을 발표했다.[40]

한편 1999년에 박 보리스 교수는 안중근의사 탄생 120주년에 즈음하여 저서 《하얼빈 역에서의 보복》을 펴냈다. 이것은 안중근에 대한 단행본으로 된 유일한 러시아 책이다. 박교수는 이전에 그가 발표한 관련 논문들을 보완하는 한편 러시아에 알려져 있지 않던 새로운 자료들을 수집, 공개했다. 그 책을 통해서 러시아 독자는 안중근 의사의 부모와 가족, 학력 등 정보와 그가 충실한 가톨릭 신자였고 문화계몽 사업에 적극 나섰다는 것을 알게 된다.

이 책은 예심 재판에서 안중근이 작성한 이토 통감을 사살하려 하던 동기, 대련 법원에서의 최후 진술문 등을 삽입하고 있는데, 그 자료를 보면 안중근 의사는 당시 한국사회의 보수적 유교의 성향으로 황제를 위해 목숨을 바친 충성스러운 봉건 군주주의자였다는 사실을 밝히고 있다. 또, 이 책에 볼 수 있듯이 안중근은 동양평화론(平和論)을 주장한 범아시아주의의 제창자로서 일본의 메이지황제를 숭상하면서 처음에는 일본의 한국 식민화를 믿지 않았다. 그는 일본이 한국의 독립을 지켜주기 위해서 러시아에 개전했고 "그는 러시아에 대한 일본의 전승을 자신의 승리처럼 기뻐하고 있었다"라고 말했다.[41] 이처럼 안중근이 러시아에 적대적이었다는 정보는 러시아 독자들에 있어서 뜻밖의 일이었다.

---

40 Fendler K. 〈오스트리아-헝가리 제국이 지켜 본 안중근 의 하얼빈 총성〉.《러시아 한국학》. 알마나크. 제2호. 모스크바: 무라베이 출판사, 2001 Pp. 157~163.
41 박 보리스. 《하얼빈 역에서의 보복》. 이르쿠츠크 국립 사범 대학교, 1999. Pp. 95~96.

2) 러시아의 안중근연구 심화(2000년대)

1945~1999년 기간에 2편의 《한국 통사》가 출간 되었다면[42] 2000~2009년 사이에 4건의 러시아어 《한국통사》가 출간되었다. 2000년도에는 한국의 이기백교수의 《한국사 신론》이 러시아어로 번역되었다. 그러나 《한국사 신론》은 안중근을 언급하지 않았다. 구한말의 의병장들인 민긍호(閔肯鎬), 허위(許蔿,), 이강년(李康年)등 만을 소개했다.[43]

그 외 상트·뻬쩨르부르그大에서 간행된 《한국사 강의집》에서 S.O.쿠르바노브 교수는 단 하나의 문장으로 안중근에 대해 언급하고 있다.: "20세기초 한국 해방투쟁 중에 있었던 활동 중 1909년 10월 26일에 하얼빈 역에서 유격대원 중 한 인물인 안중근이 일본의 전 한국 통감 이토 히로부미를 살해한 사건이 가장 잘 알려져 있다".[44] 그는 각주에서 "하얼빈 사건을 주제로 현 Korea에서 영화가 촬영되고 있다"는 설명을 덧붙이었다. 2009년에 이 강의집이 증보판이 간행 되었으나[45] 안중근 관련 내용은 변하지 않았다.

모스크바 국제관계대학에서 공저로 간행된 교과서(2003)[46]에서 20세기초 한국해방 운동사를 다루는 외교아카데미 대학교 이 블라지미르(이우효)교수는 안중근을 언급하지 않았다. 반면에 홍범도, 허위 등 독립군 사령관들을 자세히 소개하고 있다. (277쪽). 이우효 교수는 "당시 애국운동은 양반층이 계속 주도하는 역할을 맡고 있어서 그런 영향 하에 일본침략

---

[42] 그중 하나는 번역문이었다: 《한국통사》. 제1권. 김두번, 한 마르크스, 슈발로프 N.Yu. 옮김. 모스크바: 동방문학, 1960. 417 pp.
[43] 이기백. 한국사 신론. 조영길, 이일진 등 옮김. 쿠르바노프 S.O. 편집. 모스크바, 2000.P. 332.
[44] 쿠르바노브 S.O. 《한국사 강의집: 고대부터 20세기 말까지》. 상트 뻬쩨르부르그 大출판사, 2002. P. 354.
[45] 쿠르바노브 S.O. 《한국사: 고대부터 21세기 초까지》. 상트 뻬쩨르부르그大출판사, 2009. 680 pp.
[46] 《고쳐 읽은 한국사》. 토르쿠노프 A.V. 편. 모스크바 국제관계대학교 출판사, 2003. 430 pp.

자를 박멸하려는 대중운동이 왕정권 복귀운동과 유기적으로 결합되고 있었다"고 강조했다. 그렇다면 안중근에 대한 그의 침묵은 1950년대에 있었던 귀족출신설이나 군주주의 사상설과는 관계가 없다고 생각된다.

최근 간행된 한국사 교과서 내용을 개관한다면 러시아의 공식 사학계와 고려인 출신이 아닌 순수 러시아 사학계는 여전히 안중근을 제한적 차원에서 받아드리고 있음을 느끼지 않을 수 없다. 러시아에서 유일하게 개최된 안중근을 논제로 한 학술회의 자료가 이것을 입증해 주고 있다. 2001년 10월에 극동대학에서 소집된 학술회의[47]에 7명의 한국 역사학자들과 4명의 러시아 학자들이 참가했다. 한국학자들은 논문발표에서 주로 안중근의 생애 및 활동에 역점을 두고 있었는가 하면 러측 논문은 합방전야의 항일 해방운동, 러시아 극동 지방에 정주한 한국 이민들의 사회경제 현황 등 문제를 다루고 있었다. 한편 재러 고려인 사회의 사상가들은 안중근 의사를 여전히 가장 뚜렷한 자기 민족 영웅 중 한명으로 추대하고 있다. 2004년에 한인들의 러시아 거주 140주와 관련해 발행된 《러시아 이주 140년: 재러 고려인사 개괄》[48]과 《러시아 고려인 백과사전》[49]이 그것을 보여준다.

5. 맺음말

러시아에서 안중근 관련 연구가(박 보리스 교수의 저서를 제외하면) 체계

---

[47] 《안중근과 러시아 영토에서의 항일 해방운동》, 한·러학술 토론회 자료집. 2001년 10월 17일. 극동국립대학교, 2001.

[48] 박 보리스, 부가이 N.F. 《러시아에서 140년: 재러 고려인사 개괄》. 전 러시아 고려인 협회 와 과학원 산하 동방연구소 편. 모스크바, 2004. 464 pp.].

[49] 러시아 고려인 백과》. 최 브로냐 편. 모스크바: 러시아 자역과학 아카데미, 2003. P. 804.

적으로 다루어지지 않았지만 러시아학계는 그 인물에 대한 관심을 변함없이 유지해 왔다. 그런 관심의 절정은 1909~1910년대, 1950년대 그리고 20세기 말에 눈에 뜨이는데 이것은 1910년의 한일 합방, 1945년의 한반도 해방 그리고 1990년의 소련붕괴 등 사건과 관련된 러·한관계의 변화, 재러 동포사회 내에서의 변화 과정 등으로 설명할 수 있을 것이다. 시대에 따라 러시아 사학은 안중근의 개성 및 그의 활동에 대한 상이한 입장을 표출하고 있었다. 단, 소련시대에 가장 천편일률적인 주장을 엿 볼 수 있는데 그것은 국가의 이데올로기와 《대 정치》의 요구조건에 따르는 한국과 관련된 출판물 내용에 대한 엄격한 검열 체제로 설명할 수 있을 것이다. 제정시기에는 의견이 다양했다. 그것은 국익뿐 아니라 상이한 사회계층을 대표하는 저자들의 입장을 반영하고 있었기 때문이다. 소련 붕괴 후 다시 견해차 및 의견차가 심하게 부각된 것으로 러시아의 각계각층이 나름대로 다시 안중근을 받아 드리기 시작한다. 오늘 현재로 안중근 의사는 러시아에서 20세기의 가장 널리 알려져 있는 한국의 역사적 인물로 꼽히고 있다고 해야겠다. 만약 《소련 대백과사전》이 안중근을 전혀 언급하지 않고 있었다면 근래의《러시아 대백과사전》(2005. 제1권. P. 717)은 안중근에 관한 기사가 들어 있다는 사실이 그것을 실증해주고 있다.(민경현 역)

대한매일신보에 나타난 안중근 관련 보도 분석

임수경
한국외국어대학교 신문방송학과 박사과정 수료

전영란
한국외국어대학교 언론정보연구소 연구원

1. 문제제기 및 연구목적

한 세기 전 만 30세의 대한국인 안중근은 법정 최후진술에서 다음과 같이 주장했다. "나는 3년간 각 지를 유세하면서 의병의 참모중장으로서 싸웠다. 이번의 행동도 한국의 독립전쟁이며 의병 참모중장으로서 한국을 위해 행한 일로서 보통의 자객으로서 행한 일은 아니다. 따라서 나는 피고인이 아니라 적군의 포로가 되어있다고 생각한다."

더불어 안중근은 포로로서 국제법에 의한 처리를 요구했다. 안중근의 이등 박문 주살(誅殺)은 역사적·민족적으로 정의로운 의거였을 뿐만 아니라 그의 평화사상과 평등사상을 세계적으로 부각시키는 계기가 되었다. 안중근의 〈동양평화론〉은 강국이 약소국을 지배하는, 이등 박문 식의 국권 침탈을 통한 '대동아공영권'이 아니었다. 현재의 유럽연합(EU)과 같은 공조와 협력, 연대를 통한 평화체제 구축으로 한·중·일 간 동양 평화회의 조직, 국제분쟁 지역인 여순의 중립화, 3국 공동의 은행 설립과 공동화폐 발행, 공동 평화유지군을 창설할 것을 제안했다. 그가 주장한 동양 평화에 대한 지론은 100여 년이 지난 지금에 적용해도 손색이 없다.

안중근은 당대에 꼭 해결해야 할 문제를 '한국 독립'과 '동양 평화'로 보았다. 이 선각적 평화론자의 관련 언론보도 연구는 당시 언론의 기능과 역할을 저널리즘적 시각에서 알아볼 수 있을 뿐만 아니라 안중근의 평화사상과 철학이 언론을 통해 당시의 수용자에게 어떻게 전파되고 확산되는가를 탐구하는데 있어서도 상당한 의미가 있다고 하겠다.

『대한매일신보(大韓每日申報)』는 영국인 소유의 치외법권 아래 발행되었으므로 일본의 검열을 피할 수 있었다. 이로 인해 일본의 한국 침략정책을 신랄하게 비판하고 저항운동을 자유롭게 보도하였다. 뿐만 아니라 국한문, 한글, 영문의 3종을 동시에 발행한 신문은 한국 언론사상 초유의 일이었다.

당시의 신보는 그 영향력에 있어서 i) 일본의 한국 침략정책과 이에 맞선 한국민의 저항을 대외적으로 알림으로써 일본에 대한 국제여론을 불리하게 하는 측면(영문판 Korean Daily News의 경우)과 ii) 한국 안에서 항일 민족운동 크게 고취하는 (국한문판과 한글판 신보의 논조) 등 일본을 위협하는 존재로까지 작용하였다. 러일전쟁 이후 일본은 한국의 신문과 잡지 등에 사전 검열을 실시하기 시작하여 한국인 발행 신문의 항일 기사는 주한 일본 헌병사령부가 미리 적발, 원칙적으로 발행을 금지시켰고 일본의 침략정책에 방해되거나 부당한 정책을 비판하는 논설에 대해서는 신문을 정간시키거나 편집인을 문책하는 등 엄격한 후과가 기다리고 있었다.

『대한매일신보』는 일본의 검열을 피하는 것은 물론 당시 민족진영 최고의 논객이자 우국지사였던 양기탁, 박은식, 신채호 등의 뒷받침과 고종을 비롯한 민족진영의 재정지원이 있었던바 고종은 신보의 논조를 본 뒤에 적극적으로 지원했다고 알려져 있다. 신보의 발행인인 배설(裵說)은 한국어를 몰랐기 때문에 한글판의 제작 실권은 양기탁 등 한국인 제작진이 전적으로 갖고 있었다.[1] 따라서 이 시기 국내에서 발간된 신문들 중 가장 선도적 위치에서 일본의 한국 침략정책을 비판했던 『대한매일신보』가 안중근에 대해 어떻게 보도했는지를 분석함으로써 당시의 복잡다단한 국내외적 상황과 신보 편집진의 편집의도 및 방향 등을 저널리즘적 시각에서 연구해본다.

---

[1] 이에 대해 통감부 기관지 Seoul Press는 '한국인 선동자들'이 만드는 국한문판과 한글판 신보를 다음과 같이 비난했다. "한국어판은 매일 나오는 내용이 동일하다. 원본인 영문판과는 판이하게 다르다. 따라서 영문판에 나오는 내용만으로 한국어판의 성격을 판단하는 것은 안 된다. 사실상 한국어판은 영문판에 비해 훨씬 나쁘고, 있는 그대로 못된 신문이다… 근본적인 해결책은 치외법권의 보호막을 마련해주는 소유주를 추방하고 신문은 폐간시켜야 한다(Seoul Press, "Preface", *Incendiary Journalism in Korea*, 23 May 1908)."

2. 문헌 검토

1)『대한매일신보』의 역사적 배경

런던에서 발행되던 데일리 크로니클 Daily Chronicle 특별통신원으로 러일전쟁 취재차 입국하여 서울에 머물면서『대한매일신보』를 창간한 배설(裵說, Ernest Thomas Bethell)은 일본의 한국 침략을 반대하는 강경한 항일 논조를 견지했다.

당시 한·중·일 영어 신문들은 하나의 언론권을 형성하였다. 외국에 통신원을 둘 형편이 되지 못하는 소규모 신문들이 대부분이었고 발행 지역 외에 독자적인 취재 인력을 확보할 수가 없어서 다른 지역의 신문기사를 인용하거나 전재하는 것이 통례였다. 각 신문사마다 각기 독립된 편집 방침은 있으나 서로 상당한 영향을 주고받았고 간혹 서양의 특파원들이 온다 하더라도 통신시설의 부족이나 언어장애 등 취재의 제한을 받기 마련이므로 현지에서 발행되는 영어신문이 가장 손쉬운 취재원이 되었다. 따라서『대한매일신보』와 영문판『Korean Daily News』는 한국의 정세를 국제적으로 알리는데 매우 중요한 역할을 담당하였다.

안중근에 관한 보도가 나타나는 시기는 국한문판과 한글판 등 2종이 발행되던 시기[2]이다. 배설은 1908년 5월 27일부터 신보의 발행 겸 편집인을 만함 Alfred Weekley Marnham으로 바꾸게 되는데 이때는 일본 측의 집요한 외교 교섭으로 영국이 배설을 재판하기로 결정하고 상해고등법원의 판사와 검사가 막 한국에 도착한 시점이다. 곧 이은 6월 1일부터는

---

2 1908. 6. 1.~1910. 8. 28일까지 국한문판, 한글판 등 2종이 발간되었다.

영문판 코리아 데일리 뉴스 Korea Daily News(KDN)의 발행이 중단되어 이때부터 국한문판과 한글판의 2종만이 발행되었다. 이듬해인 1909년 1월 30일 영문판이 속간되었으나 불과 3개월 후인 5월 1일 배설이 36세의 젊은 나이에 갑자기 사망하자 다시금 영문판의 발간이 중단된다.

배설 사망 이후 만함은 신보에 대한 실질적인 소유권을 갖기 되지만 항상 불안한 마음으로 일본과의 마찰이 일어나는 것을 피하기 위해 조심했다. 마찬가지로 한국어를 모르는 만함을 제쳐두고 양기탁이 신보 제작을 전담하게 되는데 양기탁은 신보 발행에 누구보다도 중요한 역할을 한 인물로 창간 당시인 1904년부터 1910년 6월 14일까지 신보에 투신한다.

양기탁은 15세까지는 한학을 공부했고 한성외국어학교에서 영어를 배웠다. 캐나다 선교사 게일 James Scarth Gale이 만들어 1897년 6월에 출판한 우리나라 최초의 한영자전 'A Korean English Dictionary' 발간에도 양기탁이 관여할 정도로 영어에 능숙했다. 양기탁은 한글판 지면 제작의 전권을 가졌고 자신의 신변 안전을 위해 치외법권 지역인 신보사 건물에서 기거하면서 밖으로 나가지 않았다고 한다. 1909년 5월 1일 배설이 사망한 이후에는 신보에서 양기탁의 비중이 더 커졌고[3] 안중근 의사 관련 보도 역시 양기탁의 손에 의해 편집 방향이 정해진 것을 추론할 수 있다.

안중근 의거 당시 주한 영국 총영사 레이는 양기탁과 만함의 대조적인 반응을 본국에 보고한 바 있다.[4] 그 내용을 보면 만함의 경우 한국인들

---

[3] 주한 영국총영사 헨리 보나르는 본국으로 보내는 보고서에 대한매일신보는 모든 면에 있어서 전적으로 양기탁 마음대로 좌우되고 있어 만함에게 주의를 하였다고 기록하고 있다. : His manager is celebrated Yang Ki-Tak, on whom he has to rely entirely for all matters published in his paper. I suggested to Mr. Marnham that it would be well to caution his manager. ("Corea, Annunal Report, 1909" FO 371/879, No.2, 5 Jan 1910)

[4] FO 371/691, LNo.78, 30 Oct. 1909.

의 가장 좋은 친구인 이등을 죽이는 일을 이해할 수 없다는 반응을 보였고(정진석, 1987, p.156) 양기탁은 신보사 사원들과 모여 국기를 걸어놓고 축하연을 하면서 만세를 불렀다고 한다.[5] 이러한 양기탁을 일본은 늘 경계하였고 큰 사건이 일어날 때마다 배후인물로 지목하였다.

신보에 대한 일본의 對 영국 외교 교섭은 발간 기간 내내 계속 되었는데 일본의 요구에 따라 영국은 1907년과 1908년 두 차례에 걸쳐 '소요를 일으키거나 조장시켜 공안을 해친' 혐의로 배설을 재판에 회부한다. 1차 재판의 결과는 6개월 간 근신형, 2차 재판에서는 3일 간의 금고형과 6개월 간 근신형을 받았다.

양기탁은 신보 발간 6년 동안 총무, 경영, 신문 기사, 논설 집필, 편집 업무를 담당했다고 법정에서 증언했으나 기명 논설이나 저서가 거의 없어서 양기탁이 쓴 논설을 찾아내기는 어렵다. 다만 박은식, 신채호 등의 논설을 양기탁 본인이 썼다고 진술했을 가능성도 배제할 수는 없다. 1908년에 열린 배설의 재판에서 배설은 자신이 한국말을 모르기 때문에 모든 것을 양기탁에게 위임했다고 진술한다. 일본에게 있어 양기탁은 배설 이상의 경계대상이었고 결국 일본은 양기탁을 국채보상금 횡령 혐의로 구속하기에 이른다.

우리 민족의 수난기에 가장 과감한 국권회복 운동을 펼친 신보는 새로이 발행인이 된 만함에게 부담스러운 존재였다. 당시 주한 영국총영사 헨리 보나르는 만함에게 수시로 양기탁을 조심하라고 경고하였으며, 배설처럼 영국 법정에 서야할지도 모르고 마침내 추방당하게 될 것이라고

---

[5] 그러나 신보는 '모함하는 말' 제하의 기사에서 "작일에 발간한 대한일보 호외를 거한즉 대한매일신보사에서 이등공이 피해한 소식을 듣고 양기탁과 사원들이 신문사 누상에 모여 한국기를 들고 잔치를 하며 만세를 불렀다는 말이 있다고 게재하였는데 이는 순전히 무근지설이라. 이런 허투한 말을 게재함은 남을 투함코자 함이거니와 대한일보사는 즉시 증거를 제출할지어다."라고 이를 부인하고 있다(1909. 10. 28. 3면 2단).

만함을 압박했다. 1909년 일본은 한국을 완전 식민지화한다는 계획을 세웠고 통감부가 신보를 매수하도록 중간에서 적극적으로 알선한 보나르는 신보로 말미암아 또다시 영-일 간의 외교문제가 일어나지 않도록 만함에게 계속 압력을 가하다가 이 신문을 통감부가 인수하도록 교섭을 벌인다. 결국 1910년 5월 21일 일본은 만함에게 7천 엔에 신보를 매수하고 6월 14일 발행인 명의를 이장훈으로 변경하였다. 같은 해 8월 30일 경술국치 이후 『대한매일신보』는 총독부의 기관지가 되었고 『매일신보』로 제호가 바뀌는 불행한 운명을 맞는다. "나는 죽더라도 신보는 영생케 하여 한국 민족을 구하라"[6]던 한 영국인의 위대한 항일의 뜻은 이렇게 막을 내린다.

2) 선행연구

『대한매일신보』의 논설을 분석한 김덕모의 연구는 역사적 사건에 따라 6개 분야로 나누어 논설과 사설을 분석하였다(김덕모, 2004, p.191). ⅰ) 1906년의 통감부 설치와 ⅱ) 1907년 국채보상운동, ⅲ) 헤이그밀사 사건, ⅳ) 고종황제 퇴위 및 ⅴ) 1908년 동양척식주식회사, ⅵ) 1910년 한일병합조약 조인 등 총 6개 분야로써 분석대상이 된 논·사설은 모두 26개였다. 다만 1909년의 역사적 상황, 특히 안중근 관련 내용은 연구에서 언급되지 않았다.

『대한매일신보』의 잡보(雜報) 부분을 내용분석한 채백의 연구에서는 신보의 편집 형태와 기사의 형식 등을 알아볼 수 있다. 초창기 지면에서

---

[6] 대한매일신보 '본보를 애독하시는 이여' 제하의 배설 사망에 관한 논설 (1909. 5. 5. 1면) ; "하물며 배설 씨가 별세하던 당일에 본 기자의 손을 잡고 정녕히 부탁하여 가라대, 나는 죽으나 신보는 영생케 하여 한국 동포를 구원하라" (위 기사 3단).

잡보는 1면과 3면에 배치되었는데 1면 논설 다음에 나오기도 하며 3면에도 관보에 이어서 다시 등장한다. 그러나 잡보의 면별 분포는 대체로 2면으로서 전체 분석대상 1,099건 중 2면이 차지하는 비중은 895건(81.4%)을 나타내고 있다.[7]

기사의 행수는 작게는 2행 많게는 100행에 이르는 다양한 분포를 보였고 100행 이상 기사는 2번 등장했는데 1908년 1월 16일자 3면 "선천군 보통학교 취지서"와 1910년 7월 5일자 1면에 실린 이완용 암살을 시도한 이재명 공판기록 "이재명 씨의 공판 – 속"이 그것이다. 이들 기사는 기자가 작성한 기사가 아니라 사회적으로 중요한 의미를 지니는 문건을 그대로 전재한 내용이다.

채백의 연구에서는 기사 행수의 분포를 4개의 급간으로 나누어서 분석하였는데 5행 이하의 짧은 기사가 40.6%, 6~10행의 기사가 39.4%로 전체의 80% 정도는 10행 이하의 기사들이었고 30행 이상의 기사는 전체 분석대상 기사 1,099건 중 3.1%인 34건에 불과하였다.

기사의 형식은 사실보도, 사실+해설, 해설기사, 단순 공지, 속보, 정정기사, 전재 등으로 분류하였는데 '사실보도'는 단순히 사실에 대한 정보를 전달하는 것이고, '사실+해설'은 사실에 관한 정보에 기자의 의견을 덧붙이는 경우로 나누었다. 안중근 의사의 의거가 있던 1909년의 경우 사실보도는 76.4%, 의견기사 23.6%로 나타나고 있다.

이 연구에 의하면 『대한매일신보』 잡보의 주요 특징은 첫째, 기사의 건수가 대폭 늘어났다는 점인데 지면의 판형이 커지고 단수가 늘어나는 등 외형적 요인 외에도 신문이 정착기에 들어가면서 취재 여건이 다소나마 좋아졌던 때문이라고 해석하고 있다. 둘째, 사실보도와 중립적 보도

---

[7] 전체 분석대상 1,099건 중 1면에 게재된 경우는 83건(7.6%), 3면의 경우 121건(11%)을 나타냈다.

태도가 늘어났다는 점을 들면서 중립성과 객관성을 표방하는 객관 저널리즘에 좀 더 근접한 모습으로 사실보도 위주로 가면서 단위 기사의 분량도 점차 짧아지는 경향이 있다고 분석한다. 셋째, 지면의 배치에서 면별 편집은 이루어지지 않았지만 잡보는 점차 2면 중심 체제로 나아가고 있음을 밝혔다(채백, 2004, pp.266~290).

『대한매일신보』 독자의 신문 인식과 신문 접촉 양상을 다룬 김영희의 연구는 독자투고, 그 중에서도 대표적인 기서에 대해 분석하여 이를 통해 독자들이 신문을 어떻게 인식했는지 살펴보았다. 신보에 투고된 기서는 투고자의 신분을 확인할 수 있고 그 내용이 사실인지 여부가 확인되는 내용만 게재하는 방침으로 운영되었는데 이는 신문보도의 생명이라 할 수 있는 보도의 출처 확인과 사실 확인의 중요성에 대해 분명히 인식했다는 점을 뜻한다. '기서(奇書, 긔서)'라는 독립된 편집란을 두어 1면이나 3면에 게재하였는데 1면에 기서가 게재될 때는 논설이 게재되지 않는 경우가 많았다. 이런 점에서 1면 기서는 대체로 논설 대신에 게재한 것이라고 할 수 있다.[8] 독자가 투고한 내용을 신문사의 의견인 논설의 기능을 하게 한 것은 그만큼 기서의 주제나 내용에 대해 상당히 신뢰한다는 것을 말해준다(김영희, 2004, pp.339~376).

『대한매일신보』의 뉴스의 성격을 다룬 추광영·강명구의 연구는 논설과 광고, 칼럼을 제외한 모든 기사, 즉 관보와 잡보, 외신을 모두 비교 분석하였는데 신보는 사건 중심의 보도와 정보 제공 기능을 갖는 것으로 나타났다(추광영·강명구, 1989, pp.29~80).

이광린의 연구(1986, pp.1~50)는 신보에 대한 독자들의 열광적인 지지 이유를 다음과 같이 들고 있는데 배일의 기치를 높이 들고 일본의 대한

---

[8] 1면에 게재되더라도 1면 1단부터는 논설을 게재하고 3단 이하에 기서가 게재되는 경우도 있었다.

정책을 정면으로 공격했기 때문만이 아니라 한국 내외에서 일어났던 사건들, 국민들이 꼭 알아야 될 문제들을 낱낱이 파헤치고 과감하게 보도하는 정보 제공의 기능에 충실했기 때문으로 보고 있다.

3. 연구방법

1) 분석대상 신문

『대한매일신보』는 구한말 국가의 위기 상황에서 "대한인민의 국권회복을 위하여 목적에 도달하도록 시종여일하게"라며 국권회복 운동에 매진하였다. 1909년 10월 26일 안중근 의사를 비롯한 독립투사들이 일본의 이등 박문을 주살한 사건과 관련하여 『대한매일신보』가 어떻게 보도하고 있는지를 파악하는 작업은 의미 있다고 여겨진다. 따라서 본 연구에서는 『대한매일신보』를 분석대상 신문으로 삼았다.

2) 분석기간

분석기간은 안 의사가 이등 박문을 주살한 시점인 1909년 10월 26일부터 여순 감옥에서 순국한 이후 두 달여인 1910년 5월 31일까지 설정했다.

3) 분석대상 기사

분석대상은 한국언론재단 KINDS 고신문 검색 서비스에서 '안중근' '안응칠' '이등' '공판' 등을 주제어로 검색한 기사로 하였으며, 기사 가운데 내용이 본 사건과 무관한 경우는 분석에서 제외하였다. 또한 분석대상에서 누락되는 경우를 감안하여 분석기간 동안 발간된 기사 전체를 검토하였다. 본 연구에 적합한 분석기사는 모두 171건이었다.

4) 측정항목에 대한 정의

① 게재면

기사가 제시된 순서를 파악하기 위해 1, 2, 3, 4면으로 구분하였다.

② 지면 배치

기사가 배치된 지면에 따라 i) 잡보, ii) 전보, iii) 논설/사설/시사평론, iv) 외보/외국통신, v) 사조/편편기담/소설, vi) 독자투고의 6가지로 분류하였다.

③ 기사의 유형

유형은 본문에 나타난 기사의 보도형태를 구분한 것으로 채백의 대한매일신보 잡보 내용분석에 대한 연구에서 나타난 분석틀을 기초로 하여 i) 사실보도, ii) 사실+해설, iii) 해설 기사, iv) 속보, v) 정정기사, vi) 전재, vii) 기타로 분류했다. 사실보도는 육하원칙을 기초로 하여 보도하는 형식이다. 단순보도의 경우에도 사실보도의 유형으로 하였다.

④ 기사의 양

기사가 어떤 크기로 보도되었는가를 양적 측면에서의 현저성으로 파악하고 기사의 크기를 각 기사의 행으로 측정하였다. 이를 토대로 i) 5행 이하, ii) 6~10행, iii) 11~20행, iv) 21~30행, v) 30행~50행, vi)

51~100행, vii) 100행 이상의 7개 급간으로 분류하였다.

⑤ 기사의 주요 내용

기사에서 다룬 주제는 i) 이등 박문 사망, ii) 연루자 검거 및 공판, iii) 관련 인물 동정, iv) 안중근의 성품과 사상, v) 안중근 추모 등 크게 5개의 유목으로 분류하였다.

세부적으로 살펴보면 첫째, '이등 박문 사망'은 이등의 총격 사망 보도, 운구 후송, 장례절차 및 준비, 우리나라 정부나 언론의 조문 및 여론, 일본 정부의 조문과 대응, 각 국 반응, 이등의 내력 등을 포함하였다. 둘째, '연루자 검거 및 공판'은 사건 발생 경위와 검거 과정, 호송, 암살 이유, 공모자/연루자의 내력, 단지동맹, 공판 일정과 공판장 표정, 심사, 심문/예심 내용, 변호 내용 및 답변 내용, 판결, 재판 관할권, 재판의 불공정성, 공소, 집행 등의 내용을 포함하였다. 셋째, '관련 인물 동정'은 가족, 친구 등 주변인의 동정, 공식적인 차원에서의 모임 등을 기준으로 하였다. 넷째, '안중근의 성품과 사상'은 인간적인 측면으로 교육 내력, 인품, 외모 및 옥중 생활을 살펴보았고 공적인 측면으로 대외 활동, 의병 활동, 저술, 필적, 애국심 및 동양평화론 등을 포함하였다. 다섯째, '안중근 추모'는 사형이 집행된 이후 세간에서 일어난 일로 전기 발간, 사진, 의연금 모금, 기념비, 추도회 설립, 여론 등이 포함되었다.

⑥ 주제에 대한 보도 태도

보도 태도는 주제에 대한 언론사의 i) 긍정적, ii) 중립적, iii) 부정적 입장의 3가지 요소로 설정했다.

⑦ 세부 주제에 대한 분석

주요 주제를 중심으로 '이등 박문 사망'과 '연루자 검거 및 공판' 보도를 세부적으로 분석하였다. 첫째, '이등 박문 사망' 보도는 i) 이등 총격 사망, ii) 이등 장례 관련(운구, 국장), iii) 한국의 반응(정부의 대처, 조문사절, 칙명, 언론, 여론 반응), iv) 일본 및 각 국의 반응(일본 정부 차원의 조문, 칙명, 칙사파견, 각 국의 반응)의 4개의 항목으로 세분화하였다.

둘째, '연루자 검거 및 공판' 보도는 i) 연루자 검거 과정(체포, 연루자의 내력, 호송, 보방, 방면, 주살 이유, 단지동맹), ii) 공판 상황 및 각 계 반응(일정, 현장 상황, 방청객 묘사), iii) 연루자 심문 및 답변 내용, iv) 연루자 변호(변호사 신청/선임, 변호사 변론, 통역, 면회, 상봉), v) 판결/집행/공소(사형 언도, 사형 집행/연기), vi) 재판 관할권 및 재판의 불공정성(변호사 선정 문제, 비밀심문, 관선 변호사 선정)으로 6개 항목으로 분류하였다.

⑧ 취재원

기사에 나타난 취재원이 누구인가를 측정하였다. 먼저 정보원이 명확한 경우와 불명확한 경우로 나누고, 명확한 경우 안중근, 사건 연루자, 가족(형제, 어머니, 사촌 등), 한국 측(정부, 언론, 변호사회, 단체, 변호사, 신부 등), 일본 측(정부, 재판관, 검찰관, 검사, 변호사, 일인 등), 전보, 보고, 외국 타 신문(하얼빈, 동경, 여순통신, 만주전, 대련, 대판조일신문 등), 소문, 공론, 독자투고, 제보 등으로 분류하였다.

5) 코더 간 신뢰도

분석 절차는 연구자가 신문방송학을 전공하고 있는 대학원생 2명에게 내용 분석의 유목과 정의 및 구체적 코딩방법을 교육하였다. 기사 가운데 무작위로 20건을 선정하여 코더가 각기 코딩을 실시한 후 코더 간의 일치도를 측정하였다. 불일치를 보이는 기사에 대해서는 연구자가 개입하여 토의한 후 결정하였다. 두 코더 간의 신뢰도는 일반적으로 사회과학 분야에서 실시하는 홀스티(Holsti, 1969) 공식을 통하여 검증한 결과 94%의 매우 높은 신뢰도를 나타냈다.

6) 통계적 기법

자료 분석을 위한 통계적 기법은 빈도 분석과 유목의 관찰 빈도와 기대 빈도 사이의 차이를 확인하기 위해 카이스퀘어(x^2) 검증을 실시하였다. 통계분석 프로그램은 SPSS 15.0을 적용하였다.

4. 분석결과

1) 보도 건수

『대한매일신보』에 게재된 1909년 10월 26일부터 1910년 5월까지[9] 보도된 안 의사 관련 보도 중 분석대상 기사는 모두 171건이었다.

---

[9] 1909. 11. 3. 2면 3단 특별사고란(특별샤고)에 국한문 활자 개량 등의 이유로 휴간하고 11. 9. 재간한다고 알리고 있다. 따라서 이 기간 신보는 발간되지 않았고 9일 이후부터는 판형이 달라졌다.

2) 기사의 게재면

기사가 어떤 지면에 배치되었는가를 살펴본 결과 2면이 117건(68.4%)으로 가장 많았으며 그 뒤로 3면에 34건(19.9%), 1면은 20건(11.7%)으로 나타났다.

〈표 1〉 게재면에 따른 보도 단위 : 건(%)

게재면	건수	비율(%)
1면	20	11.7
2면	117	68.4
3면	34	19.9
계	171	100

3) 지면 배치

기사는 '잡보' 란에 128건(74.9%)이 집중적으로 보도되었고 '전보(던보)'의 형태로 41건(24%)이 실렸다. 특히 잡보는 주요 기사가 게재되는 항목으로 많은 부분을 차지하였다. 잡보는 주로 지면에 관계없이 실렸는데 2면에 가장 빈번하게 실리고 기사의 양에 따라 1면의 논설 다음 혹은 3면에도 관보 다음에 등장하였다. 반면 다른 기사의 위치는 정해져 있고, 상황에 따라 기사 게재 여부가 결정되었다(채백, 2004).

〈표 2〉 지면 배치에 따른 보도 단위 : 건(%)

게재면	건수	비율(%)
잡보	128	74.9
전보	41	24.0
외보/외국통신	1	0.6
사조/편편기담	1	0.6
계	171	100

4) 기사 유형

  기사 유형은 사실보도가 151건(88.3%)으로 압도적으로 많이 나타나 『대한매일신보』의 잡보와 전보에는 사실 보도를 원칙으로 하고 있음을 알 수 있다. 또한 사실과 해설이 포함된 기사는 14건(8.2%)이었다. 전재 기사는 6건(3.5%)로 비중이 낮게 나타났으나 주로 기자가 작성하지 않고 사회적으로 중요한 의미를 지니는 경우 발언 내용을 그대로 매개하였다. 반면 분석대상 가운데 논설이나 해설기사, 정정기사는 나타나지 않았다.

〈표 3〉 기사 유형에 따른 보도   단위 : 건(%)

기사유형	건수	비율(%)
사실보도	151	88.3
사실+해설	14	8.2
전재	6	3.5
계	171	100

5) 기사의 양

  기사가 어떤 비중으로 다루어졌는가를 양적 측면에서의 현저성으로 파악하기 위해 기사의 행으로 측정한 결과 6~10행 길이의 기사가 71건(41.5%)으로 가장 많았으며, 5행 이하가 46건(26.9%)로 나타나 10행 이하의 짧은 기사가 지배적인 것으로 나타났다. 11~20행은 26건(15.2%) 보도되었으며, 31~50행이 9건(9.3%), 21~30행 기사가 8건(4.7%)로 유사한 비중으로 보도되었다. 반면 사회적으로 중요한 이슈의 경우 50행 이상의 기사 5건(2.9%), 100행 이상이 6건(3.5%)으로 나타났다. 100행 이상의 보도는 공판 관련 기사에서 집중적으로 보도되었으며, 안중근의 사상 관련에서도 1건 보도되었다.

1910년 2월 8일자 1면 잡보란에는 134행에 이르는 '면회 전말'을 싣고 변호사 안병찬 씨와 안명근, 안공근 씨 등이 면회한 후 안중근 의사 의거의 정당성과 변호사 선정의 문제, 불공정한 재판에 대한 논거를 여순 통신을 통해 전하고 있다.

〈표 4〉 기사의 양

단위 : 건(%)

5행 이하	6~10행	11~20행	21~30행	31행~50행	51~100행	100행 이상	계
46(26.9)	71(41.5)	26(15.2)	8(4.7)	9(5.3)	5(2.9)	6(3.5)	171(100)

6) 취재원

전체 기사 가운데 취재원을 명확히 밝힐 수 없는 경우가 114건(66.7%)으로 과반이 넘었다. 취재원을 밝힐 수 있는 경우는 57건(33.3%)에 그치고 있다. 취재원을 밝힐 수 있는 경우 몇 명의 취재원이 있는가를 살펴보면, 1명인 경우가 47명(82.5%)으로 가장 많았으며, 2명의 취재원이 7건(12.3%)으로 나타났다.

〈표 5〉 취재원의 여부

단위 : 건(%)

취재원이 있는 경우	취재원이 없는 경우	계
57(33.3)	114(66.7)	171(100)

〈표 6〉 취재원 수

단위 : 건(%)

1명	2명	3명	4명	5명	계
47(82.5)	7(12.3)	2(3.5)	—	1(1.7)	57(100)

어떤 취재원이 기사에 인용되었는가를 파악하기 위해 취재원이 있는 경우 기사 안에 포함된 취재원을 모두 측정하였다.

결과에 따르면 취재원은 전보/외신이 40건(70.2%)로 가장 많았으며, 안중근 의사 본인의 발언을 그대로 전한 경우가 14건(24.6%), 일본 측 취재원이 8건(14%), 한국 측에서 4건(7%), 사건관계자와 가족이 각각 2건(3.5%)씩 나타났다. 전보와 외국 언론에는 주로 하얼빈 통신, 동경통신, 여순통신, 만주전, 대련전, 대판조일신문 등이 해당되었다. 일본 측 취재원의 경우에도 일본 정부, 재판관, 검찰관, 검사, 변호사 등으로 취재원의 공적인 발언이 기사의 공신력을 제고할 수 있도록 하였다. 이와 같이 외국통신과 언론 그리고 일본 측의 취재원인 경우가 모두 48건으로 전체의 68.6%를 차지하고 있다. 이러한 결과는 신보가 보다 정확하고 신뢰도 높은 언론을 표방하고 있음을 추론할 수 있다. 공론이나 제보에 의한 취재원은 없는 것으로 나타났다.

〈표 7〉 취재원   단위 : 건(%)

전보/외국 언론	안중근	한국 측	일본 측	연루자	가족	계
40(70.2)	14(24.6)	4(7)	8(14)	2(3.5)	2(3.5)	70(100)

7) 기사의 주요 내용

기사의 주요 내용과 보도 량은 각 주제 간에 분명한 차이가 있는 것으로 나타났다.[10] 가장 집중적으로 보도된 주제는 '연루자 검거 및 공판'으로서 78건(45.6%)이 기사화되었으며 특히 기사 크기가 1,962행(67.7%)으로 양적 측면에서도 중요성과 현저성이 두드러졌다. 그 다음으로 '이등 사망 관련' 보도가 51건(29.9%), 크기는 415행(14.3%)의 비중으로 기사화되었다.

---

10 $X^2=46.815$, df=14, p=.000, 〈표 8〉 참조.

'안중근의 성품과 사상'은 17건(9.9%), 340행(11.8%)이 보도되었고 '안중근 추모' 및 '안중근과 관련 인물 동정' 기사는 각각 13건(7.6%), 12건(7%), 기사 크기는 92행(3.2%)과 88행(3%)으로 유사하였다.

주제에 따라 보도 량을 비교해보면 기사 전체의 행은 모두 2,897행이고 기사당 평균 길이는 17행으로 나타났다. 이 가운데 '연루자 검거 및 공판' 관련 보도는 1,962행(67.7%), 기사당 평균은 25행으로 나타나 양적 측면에서의 현저성이 두드러졌다. '이등 박문 사망'에 관한 보도는 전체 51건, 415행(14.3%)으로 평균 8행의 비중으로 보도되었다. 이러한 결과는 보도 건수의 측면에서 '이등 사망' 사안이 빈번하게 보도되었으나 '검거 및 공판 관련' 기사를 상대적으로 비중 있게 다루었다고 볼 수 있다. '안중근의 성품과 사상' 관련 보도도 평균 20행으로 주요하게 보도되었다.[11]

〈표 8〉 기사의 주요 내용과 기사 크기   단위 : 건(%), 행

주요 내용	건수	기사 크기(행)	평균 행수
이등 박문 사망 관련	51(29.9)	415(14.3)	8
연루자 검거 및 공판	78(45.6)	1,962(67.7)	25
관련 인물 동정	12(7)	88(3)	7
안중근의 성품과 사상	17(9.9)	340(11.8)	20
안중근 추모	13(7.6)	92(3.2)	7
계	171(100)	2,897(100)	17

11 기존의 연구 중 대한매일신보 잡보에 대한 연구에서는 기사 한 건당 평균 10행 이하의 기사가 80% 이상을 차지하였다. 물론 전체 잡보의 기사를 분석했다는 점에서 절대적 비교를 할 수는 없지만 안중근 관련 기사의 74.9%가 잡보에 해당했다는 점을 살펴볼 때 기사의 비중과 양적 측면의 현저성을 비교, 파악할 수 있다. 기존 연구에 나타난 기사 량의 분포는 다음과 같다(채백, 2004, p.275).

기사량 (행수)	빈도 (건)	비율 (%)
5행 이하	446	40.6
6~10행	433	39.4
11~20행	162	14.7
21~30행	24	2.2
30행 이상	34	3.1
합계	1,099	100

8) 기사의 주요 내용에 대한 보도 태도

『대한매일신보』의 보도 태도는 긍정, 중립, 부정이 차지하는 비율이 차이가 있었다.[12] 중립적인 보도가 112건(65.5%)으로 지배적인 비중으로 나타났으며 긍정적인 보도는 54건(31.6%)으로 분석된 반면, 부정적인 보도는 전체 가운데 5건(2.9%)으로 거의 드러나지 않았다.

세부 주제에 따른 보도 태도를 살펴보면 긍정적 보도태도가 지배적인 경우는 '안중근의 성품과 사상'(76.5%)과 '안중근 추모'(61.5%) 보도였다.

중립적인 태도를 나타낸 주제는 '관련 인물 동정'이 91.7%, '이등 박문 사망 관련' 보도가 80.4%, '연루자 검거 및 공판' 보도의 65.4%도 중립적으로 보도하였다.

〈표 9〉 기사의 주요 내용에 대한 보도 태도 단위 : 건(%)

주요내용	보도태도			계
	긍정적	중립적	부정적	
이등 박문 사망 관련	6(11.8)	41(80.4)	4(7.8)	51(100)
연루자 검거 및 공판	26(33.3)	51(65.4)	1(1.3)	78(100)
관련 인물 동정	1(8.3)	11(91.7)	-	12(100)
안중근의 성품과 사상	13(76.5)	4(23.5)	-	17(100)
안중근 추모	8(61.5)	5(38.5)	-	13(100)
계	54(31.6)	112(65.5)	5(2.9)	171(100)

(1) '이등 박문 사망' 관련 보도

'이등 박문 사망' 관련 보도 가운데 한국의 반응에 대한 보도가 27건(52.9%)으로 가장 비중 있게 다루어졌으며 이등 박문의 사망과 장례, 일본을 비롯한 각 국의 반응에 대한 보도는 각기 7건(13.7%), 9건(17.7%), 8건

---

[12] 〈표 9〉 참조.

(15.7%)로 유사한 비중으로 보도되었다.

〈표 10〉 '이등 박문 사망'에 대한 보도   단위 : 건(%)

주요내용	보도건수
이등 총격 사망	7(13.7)
이등 장례 관련	9(17.7)
한국의 반응	27(52.9)
일본 및 각 국의 반응	8(15.7)
계	51(100)

① 이등 총격 사망

이등 박문의 저격 소식은 1909년 10월 27일 2면 첫 머리에 하얼빈전보(합이빈 전보) 26일 발로 세 발의 총격으로 심히 위급하다는 첫 보도를 하였다. 같은 날 동일 지면의 잡보 기사에는 조선일인신문의 호외를 토대로 이등 공이 사망했다고 보도하였다. 각 기사 내용 위에는 'ㅇ' 표시로 사안의 중대함과 급박함을 강조하였다.

만주에 여행하는 중에 있는 이등 박문 공은 하얼빈에서 오늘 아침에 한국 사람에게 총을 맞았다더라.[13]

이등 박문 공은 총을 세 번을 맞았는데 실히 위급 중이오. 총 놓은 사람은 즉시 잡혔다더라.[14]

이등 공 죽었소. 조선일일신문 호외를 거한즉 이등 박문 공은 만주에 여행하는 중 하얼빈에서 작일 아홉시에 한국 사람에게 암살을 당하였다더라.[15]

---

13 1909. 10. 27. 2면 1단 하얼빈전보 '이등 공 총 맞았다'.
14 위 기사 2면 1단 '총 세 번 맞았네'.
15 1909. 10. 27. 2면 1~2단 잡보 '이등 공 죽었소'.

<1909. 10. 27. 2면 1단 하얼빈전보 '이등공 총 맞았다'>

반면 '이등 공의 연참' 제하의 기사에 따르면 '이등 공이 평소 암살됨이 소망이라고 말하였는데 이 말이 연참되었다더라'고 보도하여 『대한매일신보』의 일본에 대한 비판적 보도태도를 단적으로 엿볼 수 있다.[16]

또한 이등 박문이 하얼빈에서 변 당하던 장면을 러시아 사람이 사진으로 촬영하였는데 각국 사람들이 다투어가며 사진을 사고 있다면서 흥미성 기사로 다루고 있다.

이등공이 하얼빈에서 변 당하던 활동사진은 로국 사람 일명이 그 광경을 사진 박은 것인데 로국 탁지대신과 이등공이 회견한 모양과 안중근이가 뛰어나와 7연발 단총으로 이등 공을 습격하던 광경과 비서관 고곡등의 입드러지던 광경을 역력히 사진을 박았으매 각 국인이 다투어가며 그 사진을 사는데 일본에 있는 영자신문 재팬프레서 신문사원 뢰모목 씨가 1만 5천원에 그 사진을 사서 래월 10일에 동경으로 가지고 온다더라.[17]

② 한국의 반응

한국의 반응은 매우 적극적으로 보도하였다. 황실에서는 이등 박문이 급거 사망하자 즉각적으로 조문단과 사신을 일본과 현장으로 파송하여

---

16 1909. 10. 28. 2면 2단 대련보전 '이등 공의 연참'.
17 1909. 11. 21. 2면 1단 전보 '활동사진'.

심심한 위로를 전하였으며 특별 내각회의를 열어 이등 공 사건에 대해 협의했다고 알렸다. 특별히 의친왕 전하께서 일본으로 보내는 사신으로 직접 가실듯하다는 보도가 이어졌다.[18] 또한 '대황제폐하동가' 제하의 보도에 따르면 '대황제폐하께옵서 통감부에 동가하사 위문'하고 '일본 황제께 전보를 또 발송'했음을 기사화했고 '특별 사신'으로 농상공부 대신 조중응을 칙사로 일본에 보내기로 했다고 보도했다.[19]

(2) '연루자 검거 및 공판' 보도

'연루자 검거 및 공판'과 관련된 기사는 연루자 검거 과정이 20건(25.6%), 연루자 심문 및 답변 내용이 16건(20.5%), 재판 결과와 사형 집행 및 공소에 대한 보도가 13건(16.7%), 사건 연루자 및 안중근의 변호에 대한 보도가 12건(15.4%), 공판 현장 분위기에 대한 보도가 10건(12.8%) 등으로 상당히 구체적으로 보도하였다. 또한 자국에서 재판받고 보호받을 수 있는 재판 관할권 및 재판의 불공정성에 대한 보도가 7건(9.0%) 보도되었다.

공판이 열려 재판관이 심문하고 연루자가 답변하는 과정은 2월 12일자 첫 공판 보도 이후 집중적으로 보도하였다. 공판은 최종 판결이 나기까지 연속적으로 개최되었는데 그 때마다 매일 비중 있게 다루었다.[20]

---

[18] 1909. 10. 28. 2면 3단 동경전보 '사신파송 한국'; 2면 5단 잡보 '의친왕 도일설', '특별내각회의'; 1909. 10. 29. 2면 3단 잡보 '의친왕 방문', '대신회동'.

[19] 1909. 10. 29. 2면 2단 잡보 '대황제폐하동가', '대황제폐하전보', '특별사신', '천은융숭'.

[20] 1910. 2. 12. 1면 4~5단 잡보 여순통신 '안중근 씨의 공판 – 첫 날'; 2. 13. 2면 6~7단 전보 대련전 '안씨 공판'; 2. 15. 1면 4~5단 잡보 여순통신 '안중근 씨의 공판 – 둘째 날 오전', 2면 2단 '안 씨의 공판 때 변론', 7단 전보 대련전 '안 씨 등 판결'; 2. 16. 1면 5~6단 잡보 여순통신 '안중근 씨의 공판-둘째 날 오후'; 2. 17. 1면 4~6단 잡보 여순통신 '안중근 씨의 공판 – 셋째 날 오전'; 2. 18. 1면 3~6단 잡보 '안중근 씨의 공판 – 제삼일 오후'; 2. 19. 1면 3~6단 잡보 여순통신 '안중근 씨의 공판 – 넷째 날'; 2. 20. 1면 3~6단 잡보 여순통신 '안중근 씨의 공판 – 다섯째 날 오전'; 2. 22. 1면 4~5단 잡보 여순통신 '안중근 씨의 공판 – 여섯째 날'; 2. 23. 3면 1~4단 잡보 여순통신 '안중근 우덕순 양씨의 심문에

<표 11> '공판 관련' 보도   단위 : 건(%)

주요내용	보도건수
연루자 검거 과정	20(25.6)
공판 상황 및 각 계 반응	10(12.8)
연루자 심문 및 답변 내용	16(20.5)
연루자 변호	12(15.4)
판결/집행/공소	13(16.7)
재판 관할권 및 재판의 불공정성	7(9.0)
계	78(100)

① 연루자 검거 과정 및 주살이유

연루자 검거 관련 보도는 체포, 연루자의 내력, 호송, 보방, 방면, 주살이유 및 단지동맹까지 다양하게 다루고 있다. 사건 발생 이튿날인 1909년 10월 27일자 보도에 따르면 '총 놓은 사람은 즉시 잡혔다'고 보도하였다.[21] 더불어 '이등 공을 살해한 한인이 오륙인데'[22]라고 보도했다가 10월 30일자에는 '연루된 자 9명을 잡았다'고 보도하였다.[23]

검거 과정에서 안중근의 성명에 대한 논란도 실렸다. 사건 발생 시점에는 '이등공작을 암살한 한인은 평양사람인데 웅치안이라는 사람'[24]이라고 보도했다가 이틀 후 '운지안은 구라파 글로 웅치안인데 구라파 글은 이름을 먼저 쓰는데 이것을 한국음으로 읽으면 안응칠이라 안응칠은 유명한 이범진의 당류로 해삼위에 있던 자'라고 처음으로 이름을 밝히고 있다.[25]

대한 답변'; 2. 24. 3면 1~4단 잡보 여순통신 '안중근 우덕순 양씨의 심문에 대한 답변(속)'; 2. 26. 1면 4~6단 잡보 여순통신 '안중근 씨의 공판(속)';
[21] 1909. 10. 27. 2면 1단 하얼빈전보 '총 세 번 맞았네'.
[22] 1909. 10. 28. 2면 3단 동경전보 '이등 공 살해'.
[23] 1909. 10. 30. 2면 1단 동경전보 '아홉 사람'.
[24] 1909. 10. 28. 2면 3단 동경전보 '성명도 이상하다'.
[25] 1909. 10. 30. 2면 1단 동경전보 '운인가 안인가'.

이등 공을 습격한 한인은 심사하여본즉 안응칠은 변명이요 본명은 안중근인데 4년 전에 간도로 가서 이름을 여러 가지로 변하여 행용하다가 근래는 간도에서 안다믁이라 칭하였다하며 작년에 한국인 모모와 이등 공을 암살하기 위하여 맹세하고 왼편 손끝에 손가락을 끊었다더라.[26]

11월 9일자에는 안중근이라는 이름이 처음 등장함과 더불어 '단지동맹'에 대해 보도하고 있는데 '한국사람 14명이 죽기로 결단하고 동모하기를 이등 공을 암살하기 위하여 맹세하고 왼편 손 무명지를 끊었다'고 되어 있다. 또한 주살하지 못하면 자수하여 죽겠다는 결연한 의지도 나타냈다.

이등 공을 포살하던 안중근은 아라사 연추에 사는 최 모의 부하가 되었는데 작년 봄에 한국사람 14명이 죽기로 결단하고 동모하기를 이등공과 일본정부 당파와 한일협약에 참여한 한국대신들을 암살하자고 좌편 손 무명지를 끊었는데 안중근도 그 중에 한 사람이라. 항상 맹세하되 3년 안에 이등을 암살치 못하면 자지가 자수하여 죽겠다고 하였다더라.[27]

주살 이유에 대해서는 여순지방법원에서 열린 첫 심문에서 안중근이 '이등 공을 살해한 이유 15조'에 대한 대판조일신문 보도내용을 전재하였다.

  1. 명성황후를 살해한 일. 2. 광무 9년 11월에 보호조약을 체결한 일. 3. 융희 원년 7월에 7협약을 체결한 일. 4. 태황폐하를 폐립한 일. 5. 육군을 해산한

---

26 1909. 11. 9. 2면 1단 전보 '안응칠의 내력'.
27 1909. 11. 9. 3면 3단 전보 '단지동맹'.

일. 6. 양민을 살해한 일. 7. 이익에 권리를 빼앗은 일. 8. 교과서를 불사른 일. 9. 신문의 구람을 금지한 일. 10. 은행권을 발행한 일. 11. 국채를 쓰게 한 일. 12. 동양에 평화를 요란케 한 일. 13. 보호정책이 말과 같지 아니한 일. 14. 일본 전 황제를 살해한 일. 15. 일본과 세계를 속인 일이라.[28]

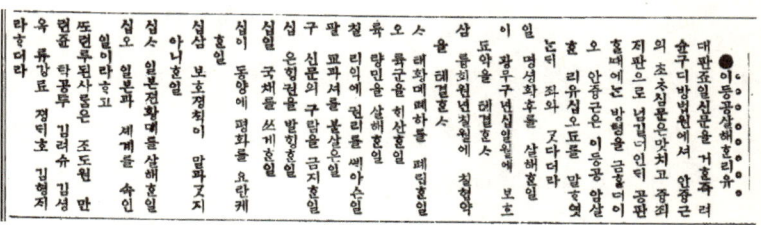

<1909. 11. 21. 2면 3단 잡보 '이등 공 살해한 이유'>

② 공판 상황 및 각 계 반응

공판이 열리는 상황과 관련하여 준비 상황이나 날짜와 시각, 방청객의 반응, 참석자에 이르기까지 지상 중계하였다. 공판 준비는 '방청할 좌석과 신문기자의 좌석을 구별케 한다하고 그전에는 난로 한 개만 설치하였는데 지금은 한 개를 더 설치하여 300명 이상이 방청할 만 하게 한다더라'고 자세하게 보도하였다.[29] 더불어 첫 공판이 2월 7일 오전 9시에 고등법원 제1호 법정에서 개정하고 방청을 원하는 방청인을 위한 입장표는 매일 300장씩 발행한다고 알렸다.[30] 첫 공판이 1910년 2월 7일 9시 20분에 여순에 있는 일본 관동도독부 고등법원 제1정에서 열리자 많은 사람들이 모여들었다.

---

28 1909. 11. 21. 2면 3단 잡보 '이등 공 살해한 이유'.
29 1910. 2. 1. 2면 3단 잡보 '공판할 준비'.
30 1910. 2. 9. 1면 4~5단 잡보 '안중근 씨의 공판'.

방청하는 사람들은 대련과 다른 데서 온 사람은 그 전날 밤에 왔고 여순에서는 그날 아침에 와서 방청표가 부족하여 허행하고 돌아간 자 여러 명이오 또 오후에 들어가기를 기다리고 있는 자가 산같이 섰으며 고등관의 방청하는 자리도 찼으며 부인 방청하는 자가 20여 명인데[31]

세계의 이목을 경동하는 이런 범죄인에게 대한 판결이 어떻게 되는가 하여 정한 시간 전에 방청할 사람들이 산같이 모인 중에[32]

③ 연루자 심문 및 답변내용

재판을 담당하게 될 재판관과 검찰관에 대해서는 기사 중에 '재판장은 지방법원장 직와십장, 검찰관은 구연효응, 서기는 도변, 통사는 원목, 변호사는 수야길태랑과 겸전정치로 관선'되었다고 간단하게 사실보도를 하였다.[33] 첫 공판에 대한 기사에서도 동일한 보도 태도를 나타냈는데 사건의 심문내용은 간단하게 언급한 반면 답변은 보다 구체적으로 보도하였다.

나라를 떠난 후 3년 동안은 무엇을 하였는가 한즉 대답하되
- 나의 잡은 뜻을 실행하기로 힘썼나니 나의 뜻은 하나는 외국에 있는 동포를 교육함이요 또 하나는 의병을 일으킬 경영이로라
독립할 생각은 어느 때부터 있었는가 대답하되
- 나의 이 생각은 수년 전부터 있었는데 가장 격분하기는 아일전쟁 후에 5조약과 7협약을 체결할 때라 1875년 일본 황제 선전조칙에는 동양평화와 한

---

31 1910. 2. 12. 1면 5단 잡보 여순통신 '안중근 씨의 공판 첫 날'.
32 1910. 2. 22. 1면 5단 잡보 여순통신 '안중근 씨의 공판 여섯째 날'.
33 1910. 2. 9. 1면 4단 잡보 '안중근 씨의 공판'.

국독립을 위한다 하더니 이등이 군사의 위세를 끼고 조약을 억지로 체결하는 고로 그때부터 이등을 죽일 뜻이 있어서 연내에 잠시도 잊지 아니하였노라

하고 일장 연설을 한 후에 다시 이등을 살해하던 때의 일을 물으니

- 그 사실은 알지만은 총을 놓은 후에 이등이 어떻게 된 것은 알지 못하노라. 이 일은 대한국 독립 의병의 참모중장된 신분으로 행한 바 결단코 일개인의 뜻으로 행한 바는 아니로라.[34]

안중근에 대한 심문내용과 답변뿐만 아니라 사건 연루자인 우덕순과 조도선의 심문에 대해서도 구체적이고 자세하게 지상중계 하였다.[35] 우덕순의 심문을 통해 재판관이 '이등을 미워하는 까닭'에 대해 묻자 한일협약의 강제체결과 한국 국민이 원치 않고 있음을 강조하여 보도하였다.

재판관이 무슨 뜻으로 이등을 죽이고자 하였는가 물은즉 대답하되

- 작년 음력 9월 8일에 이등을 살해할 뜻으로 안중근과 함께 해삼위에서 떠났는데 살해하기로 결정하기는 떠나던 전날에 안중근이 찾아와서 이등을 살해할 말을 하거늘 나도 한국인민으로 이등을 미워하던 바인 고로 즉시 떠나기를 준비하였노라 하고

그 이등을 미워하는 까닭을 물으니 대답하되

- 이등이 한국통감이 될 때에 한일협약을 제 손으로 초하여 가지고 여섯 대신을 핍박하여 조인케 하고 외부대신의 인장은 그때에 고문관 일인이 찍었으며 한국 상하가 원치 아니하는 것을 불구하고 5조약과 7협약을 체결하여 한국의 독립을 해하였은즉 나와 서로 불공대천의 원수라 나는 그 협약을 체

---

[34] 1910. 2. 12. 1면 4~5단 잡보 여순통신 '안중근 씨의 공판 첫 날'.
[35] 1910. 2. 15. 1면 4~5단 잡보 여순통신 '안중근 씨의 공판 둘째 날 오전'; 2. 16. 1면 5~6단 잡보 여순통신 '안중근 씨의 공판 둘째 날 오후'.

결하던 그때부터 분한 마음이 극하였으나 늙은 모친이 계신고로 반대할 운동을 못하였다가 이번에는 연래에 먹은 마음을 실행하기로 결정하고 이등이 어떻게 호위를 잘하고 올지라도 열심으로 하는 데는 필경 먹은 마음을 이룰 줄 알고 상업에 쓰는 8연발 단총을 가지고 9일에 하얼빈에 도착하였다가 그 이튿날 안중근, 조도선 등과 함께 채가구에 가서 세 사람이 연명하여 대동공보사에 투서하고 안 씨는 그 다음 10일에 하얼빈으로 가고 나는 조 씨와 그곳에 머물러 있어서 이등이 오기를 기다렸노라 하였더라³⁶

공판에서 안중근과 우덕순 양 씨의 심문에 대한 답변 기사는 1910년 2월 23일, 24일, 26일 3차례에 걸쳐 심층 연재되었다. 각 보도는 '여순구에 방청성'을 명시하여 기자가 직접 듣고 보았던 상황을 중계보도 하였다. 1, 2차 기사 말미에는 (미완)을, 2, 3차 보도의 시작은 (속)으로, 3차 기사 말미에는 (완)으로 연속 보도의 끝을 알렸다. 각 보도의 양은 147행, 143행, 87행으로 비중 있게 다루어졌다.³⁷

---

36 1910. 2. 15. 1면 4~5단 잡보 여순통신 '안중근 씨의 공판 둘째 날 오전'.
37 1910. 2. 23. 3면 1~4단 잡보 여순통신 '안중근 우덕순 양 씨의 심문에 대한 답변' 여순구에 방청성(미완); 2. 24. 3면 1~4단 잡보 여순통신 '안중근 우덕순 양 씨의 심문에 대한 답변(속)' 여순구에 방청성(미완); 2. 26. 1면 4~6단 잡보 여순통신 '안중근 우덕순 양 씨의 심문에 대한 답변(속)' 여순구에 방청성(완).

<1910. 2. 23. 3면 1~4단 '안중근 우덕순 양 씨의 심문에 대한 답변' 여순구에 방청성(미완)>

④ 연루자 변호

변호사 고빙(선임)에 대한 보도는 한인을 비롯하여 각국에서 지대한 관심을 표명하고 있다고 알렸다. 특히 각 국에 거주하는 한인민단이 의연금을 모집하여 외국인 변호사가 안중근을 변호하도록 관동도독부에 허가를 청하고 교섭 중이고[38] 평양 변호사 안병찬 씨는 자기 가산을 모두 털어 여비 백 환을 준비하였다고 알렸다.[39]

안중근 본인과 가족들도 변호사 선정에 대해 안타까움을 표시하였다.

---

[38] 1909. 11. 18. 2면 4단 잡보 '변호사 고빙'; 12. 11. 2면 4단 잡보 '안중근 변호'; 12. 14. 2면 4단 잡보 '고빙교섭'.
[39] 1910. 1. 7. 2면 4단 잡보 '안 씨가 안 씨를 변호'.

안중근은 '본국 변호사 없는 것에 대해 한탄'⁴⁰하였으며, 안중근의 모친에 관한 '놀라운 부인' 제하의 기사에는 모친이 직접 변호를 위탁할 자로 평양에 가서 안병찬 씨를 교섭하였다고 보도하였다.⁴¹

'왜 거절하노' 제하의 보도에서는 '영국인 변호사 토크로쓰 씨는 일본 법원에서 변호를 허락지 아니함에 대하여 불평한 소회가 있다 하면서 안 씨의 공판을 중지하기를 요구하였으나 일본에서는 일향 거절하였다더라'며 변호에 대한 부당함을 알렸다.⁴²

결국 안병찬 씨와 안정근, 안공근이 여순구 감옥에 있는 안중근을 만나본 결과 법원에서 영국, 아라사, 서반아 등지의 외국인의 변호사는 허가치 않으며 재판관의 직권으로 법원에 소속된 관선 변호사를 책정한다고 밝혔다.⁴³ 이러한 사실에 대해 안 변호사의 일본 변호사의 관선에 대한 소회를 지상에 실었다.

> 안 변호사가 정색하고 대답하여 가라대 대저 사람이 사회에 생출한 이후에는 자기의 신체와 명예에 대하여 방위하는 권리가 자재한고로 형사피고인이 공판을 당하여 변호사를 제 뜻대로 책정하여 그 변호하는 도리를 극진히 하여 상당한 형벌을 받게 하는 것이 당연한데 더욱이 중죄 피고사건에는 변호함이 필요하므로 만일 피고가 책정하지 아니하는 경우에는 재판관이 그 법원에 매인 변호사 중으로 책정하나니 이것이 곧 관선 변호사라. 지금의 피고 안응칠은 자기의 정당한 권리를 보호하기 위하여 한국 기타 외국의 변호사에게 위탁하여 청원까지 되었은즉 마땅히 허가할 것이거늘 무슨 연고로 허가치

---

40 1910. 1. 11. 2면 2~3단 잡보 '안 씨의 편지'.
41 1910. 1. 30. 3면 1~2단 잡보 '놀라운 부인'.
42 1910. 2. 12. 2면 2단 잡보 '왜 거절하노'.
43 1910. 2. 8. 1면 5단 잡보 여순통신 '면회 전말'; 2. 9. 1면 6단 잡보 여순통신 '허락지 아니하는 이유'.

아니하고 피고가 원치 않는 일본 변호사를 관선하였나뇨⁴⁴

⑤ 판결, 집행, 공소에 대한 보도

공판에 대한 재판부의 판결에 대한 보도는 여러 차례 이어졌다. 관동도독부 지방법원에서 초심하여 그 죄명을 정하였는데 '안응칠은 살인범이요 우련준, 조도선 두 사람은 살인을 예비한 죄요, 류동하, 류강로 두 사람은 살인을 도운 죄'라 하였다.⁴⁵ 이어 며칠이 지난 후 2월 13일자 '안 씨 공판' 제하의 기사에서 11일 개정된 공판에서 검사가 구형한 내용을 실었다.

> 검사 구연이 범죄한 것을 통론하다가 최후에 논고하여 왈 안중근은 사형에 처하고 조도선, 우련준 양인은 징역 2년에 처하고 류동하는 징역 1년에 처하기를 요구하였는데 방청하던 안중근 씨의 부인과 두 계씨는 눈물을 흘리며 서로 돌아보고 대동공보 사장 미하일로프 씨는 자주 팔을 뻗대며 눈을 부릅떠 분노한 기색이 뵈고 그때 방청하던 사람은 일백 구십여 명이라더라.⁴⁶

'안 씨 등 판결' 제하의 기사는 여순지방법원의 판결 내용을 보도하면서 각 선고 형량 위에 'ㅇ'을 표기하여 중요함을 강조하였다.⁴⁷ 2월 22일자 '안중근 씨의 공판' 제하의 보도에서도 동일한 판결내용을 담고 있다.

---

44 1910. 2. 8. 1면 4단 잡보 여순통신 '면회 전말'.
45 1910. 2. 9. 1면 4단 잡보 여순통신 '안중근 씨의 공판'.
46 1910. 2. 13. 2면 6~7단 전보 대련전 '안 씨 공판'.
47 1910. 2. 15. 2면 7단 전보 대련전 '안 씨 등 판결'.

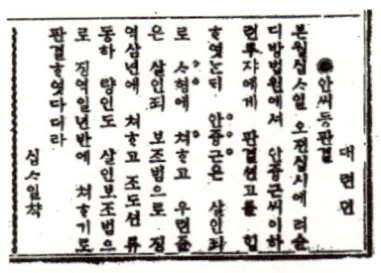

<1910. 2. 15. 2면 7단 '안 씨등 판결'>

　재판장이 피고 네 사람에게 대하여 판결서를 선고하니 안중근은 사형이요 우덕순은 징역 3년이요 조도선, 류동하는 각각 징역 1년 반에 처하고 범죄 관계되는 물건으로 압수한 것은 몰수한다고 말하고 인하여 피고 등에게 대하여 이르되 각각 범죄한 이유와 사실과 판결에 대하여 불복종이 있거든 5일 안으로 공소하라 하였는데 우, 조는 판결에 대하여 이론이 없다 하였고 류는 다만 가라대 어서 집에나 돌아가게 하여달라 할 뿐이오 안은 가라 의견을 더 설명하고자 하면 공소가 없고는 하지 못하는가 하였는데 안은 사형에 선고를 받고도 극히 편안한 기운이 있고 조금도 기색을 변함이 없더라.[48]

　공소와 관련한 보도는 2월 22일자에 '공소 아니 하겠다' 제하로 공소하지 아니하겠다는 뜻을 보도하였다.

　사형으로 판결된 안중근 씨는 공소할 권을 받지 아니하였다고 본월 19일 오후에 통감부로 전보가 왔다더라.[49]

　안중근의 사형집행에 대해 '도상하고 위로해' 제하로 사형집행과 초상

---

[48] 1910. 2. 22. 1면 4~5단 잡보 여순통신 '안중근 씨의 공판 여섯째 날'.
[49] 1910. 2. 22. 3면 1단 잡보 '공소 아니 하겠다'.

을 슬퍼하는 도상 예식, 그리고 홍 신부가 신천에서 가족을 위로한 내용을 보도하였다. 같은 날 '안 씨 사형집행' 제하의 보도에서는 사형집행에 순명하는 모습을 지면에 담고 있다.

> 별항의 전보와 같이 안중근 씨는 삼작일 여순 옥중에서 마침내 사형을 집행하였는데 그 곳에 있는 법국교회에서는 멀리 도상하는 예식을 거행하고 또 홍 신부는 신천에서 안 씨의 친족을 위로하였다더라.[50]

> 안중근 씨의 사형집행은 본일 오전 10시에 여순 감옥형장에서 일인 검찰관과 전옥중이 모여서 집행하였는데 안 씨는 종용히 취사다더라[51]

⑥ 재판 관할권 및 재판의 불공정성

재판 관할권에 대한 문제제기는 '문제 논평' 제하의 기사에서 '영국 변호사 타크라쓰 씨는 안중근 씨 공판에 대하여 관할 문제를 제출하였는데 일인 변호사 수야와 겸전이가 그 문제에 대하여 논평하였다더라'라고 보도하였다.[52]

이어 2월 19일과 20일자 '안중근 씨의 공판'에서 검찰관이 여러 이유를 들어 재판관할권이 일본에 있음을 논술하는 내용을 이례적으로 자세하게 실었다. 그 하나는 범죄가 일어난 땅과 영토의 권한이 서로 다르다는 것을 주장하였다.

> 그날 오후 1시 20분에 검찰관이 다시 법률로 의논하여 소송법의 재판 관할

---

[50] 1910. 3. 29. 2면 3단 잡보 '도상하고 위로해'.
[51] 1910. 3. 29. 2면 7단 전보 대련전 '안 씨 사형집행'.
[52] 1910. 2. 15. 3면 1단 잡보 '문제 논평'.

권에 관한 것을 누누이 논술하였는데 그 대강에 이르되

피고의 범죄한 땅은 동청열도에 속하였으나 그 지방영토의 권은 청국에 있은즉 아라사에서 재판관할권이 없음은 명백하고 1899년 한청조약 제5관과 일본 명치32년 법률 제70호와 33년 법률 제63호와 38년 일한협약 제1조와 명치41년 법률 제52호와 관동노독부 법령 제73호를 참고하면 재판권은 이곳 지방법원에 있음이 당연하다 하고 그 다음에 또한 실체법에 취하여 의논하되 피고는 일본 형법을 쓰는 것이 당연한지라[53]

12일 오전 9시 반에 안중근 씨 등의 다섯 번째 공판을 개정하고 변호사의 변론을 시작하였는데 일인 겸전 변호사가 가라대

이 사건은 세계의 이목을 경동케 하는 중대한 사건인즉 세계에 대하여 모범할 공판이 될 만한 줄로 알게 신중히 재판하기를 바라노라 하고 인하여 가라대 재판권 관할 문제로 말할진대 범죄한 지방은 청국 영토요 피고는 한인이라 광무3년 한청조약과 광무9년 일한보호조약에 대하여 의논하여도 한국의 외교권이 아주 소멸한 바는 아니요 다만 일본이 신하여 할 뿐인즉 한국 신민을 다스리는데 일본법을 쓰는 것이 불가한지라 그런고로 한국 형법을 쓰는 것이 가한 줄로 주장한다 하였고[54]

재판의 불공정성에 대해서는 법정진술을 자세히 보도하고 있는데 안중근은 이등의 죄상과 그를 주살한 이유, 만국공법에 의한 재판을 요구하는 논리를 펼쳤다.

내가 하얼빈에서 이등을 죽인 것은 이등이 한국의 독립을 빼앗은 까닭이

---

[53] 1910. 2. 19. 1면 5단 잡보 여순통신 '안중근 씨의 공판 넷째 날'.
[54] 1910. 2. 20. 1면 3단 잡보 여순통신 '안중근의 공판 다섯째 날 오전'.

니 그럼으로 하얼빈에서 암살한 일은 한국의 독립전쟁 중에 일부분이요, 또 우리가 일본 법정에 서서 일본 재판을 받는 것은 전쟁하다가 패하여 사로잡힌 것이요, 내지에서 의병이 항상 일본 병정과 충돌하는 것도 독립전쟁으로 인정함이 가하다하고, 또 가라대 나는 개인의 자격으로 이 일을 행함이 아니라 한국 의병 참모중장으로 국가를 위하고 동양평화를 위하여 행한 것은 전일에 설명함과 같으니[55]

내가 일개인의 원한으로 행한 일이 아닌즉 나에게는 보통 형사의 피고로 대접함이 불가하고 국제공법과 만국공법에 의하여 각 국 사람이 모인 중에서 심판을 행함이 지당하다 하고[56]

(3) '관련 인물 동정'에 관한 보도

'관련 인물 동정'에 관한 기사는 안중근의 옥중생활의 동정과 안 의사의 가족, 친구, 주변인의 동정, 신상변화나 이동, 체류와 관련된 간단한 사실보도를 포함하였다.

1909년 11월 17일자에서는 안중근에 대한 옥중 동정을 대판매일신문 보도를 통해 전하고 있다.

대판매일신문을 거한즉 여순구에 피수한 안중근은 옥중에서 종이와 연필을 구하여 이등 공 암살에 관하여 참간장[57]을 썼는데 그 사연이 백지 석 장에 가득하다더라.[58]

---

55 1910. 2. 18. 1면 6단 잡보 '안중근 씨의 공판 제3일 오후'.
56 위 보도 1면 4단 '안중근의 공판 다섯째 날 오전'.
57 참간장(斬奸狀) : 간악한 사람을 죽일 때에 그 까닭을 적은 글.
58 1909. 11. 17. 2면 3단 잡보 '많이 썼네'.

안중근의 이름에 대한 보도도 있는데 안응칠이라 칭하게 된 연유는 태어난 지 3일 만에 그의 조부 안인수 씨가 그 배에 바둑만한 검은 점 일곱이 있음을 보고 칠성을 응하였다 하여 응칠이라 하였다.⁵⁹

안응칠은 변명이요 본명은 안중근인데 4년 전에 간도로 가서 이름을 여러 가지로 변하여 행용하다가 근래는 간도에서 안다믁이라 칭하였다 하며⁶⁰

'상면하려고' 제하의 보도는 안중근 형제들이 안중근을 만나기 위해 대련으로 향하고 있다는 소식을 알렸다.

안중근 씨의 친제 안공근 씨와 안정근 씨가 그 백씨를 만나보려고 지난 13일에 인천에서 떠나 대련으로 향하였다더라.⁶¹

옥중에 있는 안중근은 자기의 계씨들이 왔다는 말을 듣고 평순한 말로 동생들이 나를 보고자 하면 보이기는 하려니와 나는 결코 보고 싶지 않다 하더니 감옥서 관리의 허가를 얻어 형제 대면하는데 안공근 씨가 먼저 실성통곡함을 보고 이어 안중근의 간장으로도 심사를 억제하지 못하여 안색이 불평하더니 조금 있다가 서로 마음을 진정하고 안공근 씨와 안정근 씨가 모친의 하던 말을 전하고⁶²

---

59 1910. 2. 9. 1면 5단 잡보 '이름을 유리하게 지었다'.
60 1909. 11. 9. 2면 1단 전보 '안응칠의 내력'.
61 1909. 12. 17. 3면 2단 잡보 '상면하려고'.
62 1909. 12. 29. 3면 1단 잡보 '형제상봉'.

(4) '안중근의 성품과 사상'에 관한 보도
① '안중근의 성품'에 대한 보도
안중근의 인간적인 면모를 파악할 수 있는 성품과 인간성, 외모에 관한 보도가 다양하게 소개되고 있다.

> 안중근 나이 31세요 얼굴이 길고 코가 우뚝한데 조금도 두려워하는 기색이 없고 기타 연루자들도 국축하는 기색이 없고 의기가 양양한데 그중 안중근은 경찰관을 대하여 강경히 말하되 우리들이 국가를 위하여 생명을 버림은 지사의 본분이거늘 이같이 학대하는 것은 부당한 일이라 음식으로 말하여도 이같이 추한 것을 주어 먹지 못하겠으니 우리들을 대신 지위로 대접하라 하였다하며[63]

> 신체가 부대하고 눈썹이 많고 두 눈에 광채가 있으며 수염이 팔자로 담상담상 나고 입술은 오므린 모양이요[64]

> 성품이 맹렬하여 어릴 때부터 산영하기를 좋아하여 험한 산에 왕래하기를 용이하게 하며 산에서 자기도 하고 총 놓는 법이 기이하여 백발백중하는 터인데[65]

> 안중근은 말하기를 나라를 위하는 애국자는 처자를 생각지 아니한다하여 이등 공 살해한 일에 대하여는 관계자가 전혀 없고 자기 혼자 한 일이라 하는데 안중근은 본래 술을 대단히 좋아하더니 연전부터 한국이 독립하기 전까지

63　1909. 11. 9. 3면 3단 잡보 '안중근 소식'.
64　1909. 11. 12. 2면 3단 잡보 '사진도착'.
65　1909. 12. 3. 3면 4단 잡보 '안중근 내력'.

는 술을 끊기로 맹세하였다더라.⁶⁶

안중근 씨가 사형을 선고할 때에 안색이 자약함은 이미 게재하였거니와 그 후에 옥중에서도 언어동작이 여상하야 강개 비상한 영웅의 본색이 있으나 비탄 우수의 형용은 조금도 없는지라 감옥관리들도 그러한 것을 보고 놀라는 빛이 있다더라.⁶⁷

② '안중근의 사상'에 대한 보도

안중근은 법정에서 이등을 주살한 이유에 대해 진술하면서 동양의 평화를 거론하였고, 사형선고 이후 옥중에서 『동양평화론』을 집필하면서 그 집필 의지가 강하여 사형집행이 임박한 시점에 집행일을 15일만 연기해달라고 청원한 적도 있었다.⁶⁸ 또한 '이 말 좀 들어보소' 제하의 기사에서 변호사 안병찬 씨와 여순 감옥에서 작별하며 이천만 동포에게 대한 독립과 동양평화를 위해 분발하여 줄 것을 당부하였다.

나는 4천년 우리 조국을 위하고 2천만 우리 동포를 위하며 동양 전국의 평화를 위하여 우리 민족과 국가의 권리를 박탈하며 우리 동양의 평화를 요란케 하는 그 간적을 죽였으니 나의 목적은 이렇듯이 정대한지라 그런고로 내가 국민의 의무로 살신성인(몸을 죽여서 어진 일을 이룸)하노라 하더라(미완)⁶⁹

내가 대한독립과 동양평화를 유지하기 하여 3년 동안 해외풍상을 지내다

---

66 1909. 12. 5. 2면 4단 잡보 '안중근 소식'.
67 1910. 3. 25. 2면 3단 잡보 '안 씨의 동정'.
68 1910. 3. 24. 3면 1단 잡보 '동양평화론'.
69 1910. 2. 24. 3면 3~4단 잡보 여순통신 '안중근, 우덕순 양 씨의 심문에 대한 답변(속)'.

가 마침내 그 목적을 도달치 못하고 이 땅에서 죽으니 죽기가 원통함이 아니라 속에 품은 만반사를 부탁할 곳이 바이없도다. 바라노니 우리 2천만 형제자매는 각각 분발하여 학문을 힘쓰고 실업을 진흥하여 나의 뜻을 계속하여 나의 소망을 져버리지 말고 우리 대한자유 독립을 회복하여 죽은 자로 하여금 한이 없게 하라 하였다더라.[70]

(5) '안중근 추모'에 관한 보도

사형이 집행된 이후 안중근에 대한 의연금 모금이 전개되고 기념비를 세우고 추도회를 설립하였다. 또한 '안 씨 사형 후 민정' 제하의 보도에 따르면 의사의 표준이며 충신이라 모두 칭송하며 이를 일본인들도 인정하고 있음을 알렸다. 또한 '은근한 추도'가 일어 한국 청년 중에서는 여기저기 모여 추도하는 제례를 은근히 설행하고 있다고 보도하였다.[71]

> 그 죽은 뒤에 일반 민정은 개연하야 서로 칭찬하여 왈 의사의 표준이라 회한한 충신이라 하며 심지어 아동주졸까지라도 모다 칭송하니 일로 인하야보건대 한국인민의 일반 의향을 가히 알겠다고 일인들도 차탄한다더라[72]
>
> 해삼위에 거류하는 한국인들은 안중근 씨의 추도회를 여러 번 설행하였다 하며 의병장 이범윤 씨는 지난 13일 해삼위에 도착하였다더라[73]

---

70 1910. 3. 25. 2면 2단 잡보 '이 말 좀 들어보소'.
71 1910. 4. 1. 2면 5단 잡보 '은근한 추도'.
72 1910. 3. 30. 3면 2단 잡보 '안 씨 사형 후 민정'.
73 1910. 4. 19. 1면 5단 외보 '해삼위 소식'.

5. 결론 및 제한점

본 연구는 『대한매일신보』가 안중근의 이등 박문 주살에 관해 어떻게 보도하고 있는지를 내용분석한 결과 다음과 같은 결론을 도출하였다.

첫째, 『대한매일신보』의 의제설정(Agenda setting) 역할로서 사안의 발생 시점부터 마지막 이후의 모습까지 지속적이고 반복적으로 중요하게 보도(171건)함으로써 국민들의 마음속에도 중요한 이슈로 부각되도록 하였다. 의제에 대한 '무엇에 대하여 생각할지(what to think about)'를 제시하였다.

둘째, 『대한매일신보』는 의견기사보다 사실(fact) 보도(88.3%)를 중심으로 10행 이하의 짧은 스트레이트 기사(68.4%)가 주를 이루었다. 보도의 논조는 전반적으로 중립적(65.5%)인 보도가 주를 이루고 긍정적 보도(31.6%)가 그 뒤를 이었다. 당시 신보의 특징을 살펴보면 사실 보도와 중립적 보도 태도가 늘어나고 사실보도 위주로 가면서 단위 기사의 분량도 점차 짧아지는 경향과 맥락을 같이하고 있으나(채백, 2004, p.288) 30행 이상의 기사도 20건(11.7%)나타나 보도의 중요한 비중을 가늠해 볼 수 있다.

셋째, 언론의 점화 효과(Priming Effect)로서 이슈가운데 '연루자 검거 및 공판' 관련 소식을 강조하여 부각시킴으로써 대중으로 하여금 이슈에 대한 평가기준을 형성하는데 일조하였다. '이등 박문 사망 관련'보도가 그 다음으로 보도되었으나, 기사의 양적 측면에서 차이를 두어 중요성의 무게를 달리하였다(1,962행 vs 415행). 더불어 '안중근의 성품과 사상'과 '안중근 추모' 관련 보도로 이어지면서 인간 됨됨이와 애국심을 고취하고 독립운동에 동조하도록 이끌었다.

넷째, 구체적으로 '어떻게 보도 하였는가'를 뉴스 틀 짓기(News Frame)의 측면에서 살펴보면, 여러 의제 가운데 특히 '공판' 관련 소식을 비중 있게 다루면서, 다양한 각도에서 지상중계, 재판 관할권과 변호사 선정을 비롯한 재판의 불공정성, 안중근을 비롯한 연루자의 자세한 진술, 답변내용을 있는 그대로 전달하였다는 점에서 항일의식과 국권 회복에 대한 강력한 의지를 보인 것으로 평가할 수 있다. '이등 박문 사망 관련' 보도는 단순한 사실보도 위주의 짧은 기사로 처리하거나 '이등 공의 평소 소원이 암살되는 것'이라며 비판의 수위를 높였다. 반면, 한국 측의 반응은 우호적인 관점에서 비중 있는 무게감을 실었다. 특히 정부 차원에서 즉각적으로 조문단을 조직하여 파송하고 위로를 보내는 등을 자세히 다루었다.

또한 대한 자유 독립과 동양 평화를 열망하는 '안중근의 사상과 철학, 인간적 성품'을 집중적으로 다루었다. 신보는 동양평화론 저술, 이천만 동포에게 독립에 대한 의지의 호소, 옥중에서의 의연함 등을 강조하여 전달하였다. 사형이 집행된 이후에도 여론과 민심을 통해 추모열기를 전하면서 더욱 독립과 동양평화를 위해 매진할 것을 호소하였다.

이는 일본의 대한정책의 부당함과 일본의 통감부 설치를 식민 지배를 감추기 위한 기만책임을 통렬히 비판하고 국채보상운동, 헤이그 특사파견, 고종황제 퇴위, 한일병합조약, 동양척식회사 설립 등 역사적 사건을 맞을 때마다 과감하고 열렬한 언론구국투쟁을 전개하여 국민의 국권회복운동에의 분발을 촉구했던(김덕모, 2004, p.260) 신보의 논점과도 부합하는 것이라고 볼 수 있다.

다섯째, 언론의 내용에 영향을 미치는 게이트키핑(gatekeeping)의 관점에서, 『대한매일신보』가 영국인 소유의 치외법권에 존재했으므로 일본의 검열을 피하여 그들의 침략을 신랄하게 비판하고 항일운동을 촉구하였다. 내부적으로 논객이고 항일투사였던 양기탁의 이념적 색채는 보도의 논조를 결정하는데 중요한 역할을 담당하였다. 그의 투철한 우국적 항일정신은 빛을 발하였다.

경제적 측면에서 한국 왕실의 두터운 신뢰를 토대로 정부를 비롯한 민족진영의 적극적 재정적 후원을 받았으므로 한국 측에 대한 우호적 논조를 지닐 수 있었다. 또한 신보가 항일신문을 만들 수 있었던 요인은 한국인의 지속적인 성원과 열망 그리고 민족진영의 열광적인 뒷받침이 있었기 때문이다.

반면 『대한매일신보』가 한국의 황무지 개간권 요구 등을 비판적으로 보도하면서 일본으로부터는 불만을 사게 되었다. 당시 이등 박문은 신보의 재정적 후원에 대해 신경을 곤두세워 주시하면서, 궁중에 드나드는 사람을 통제하고 감시하기 위해 강제적으로 특별 병력을 궁중에 주둔시키고 허락을 얻도록 하였다(정진석, 1987).

다섯째, 취재원이 없는 간접적 취재방식(66.7%)이 주를 이루었다. 취재원이 있는 경우에도 전보나 외국 언론을 인용하여 보도하는 경우가 지배적이었으며(70.2%), 안 의사인 경우(24.6%)도 다수 나타났다. 당시 발간되는 일간 혹은 주간지는 경제적 여력이 충분치 않아 소규모로 운영되었다. 따라서 해외에 통신원을 파견할 형편이 되지 못하였으므로 다른 지역에서 발생한 사안을 독자적으로 취재할 인력이 없었다. 그 지역에서 발간하는 신문의 기사를 전달할 수밖에 없는 상황이었다. 취재원의 수도 제한적이어서 1명인 경우(82.5%)가 절대적인 비중을 나타냈다.

본 연구는 『대한매일신보』가 안중근 의거와 관련한 언론보도 분석을 통해 당시 이등 박문 주살이 역사적·민족적 차원에서 정의로운 의거였음을 천명하고 동양평화와 평등사상을 세계에 알리는 계기가 되었다. 더불어 항일의식과 국권회복에 대한 강력한 의지를 표방하였다.

본 연구는 연구대상에 대한 제한성이 제기된다. 항일민족지 『대한매일신보』에 나타난 보도를 분석하는 것도 의미가 있으나 추후 연구에서는 연구대상 범위를 확장할 필요성이 요구된다. 다른 시각으로 보도한

국내의 언론을 비롯하여 일본, 중국, 러시아, 영국, 미국 등지의 언론에서 어떻게 보도하고 있는지를 비교 분석하는 작업도 필요하다. 더불어 과거로부터 현재까지 안중근에 대한 언론의 평가가 어떻게 변화되어 왔는지 비교 검토하고, 급변하고 있는 아시아의 현실에서 <동양평화론>에 대한 언론 보도를 재조명해 볼 필요도 있다. 또한 언론의 관점에서 벗어나 국민 혹은 동양인들이 어떤 태도(인지, 정서, 행동적 측면)를 지니고 있는지 설문조사 혹은 심층인터뷰를 통해 조망해 보는 과제가 추후 연구자의 과제로 남아있다.

05

해방 후 안중근 기념사업의 역사적 의의

윤선자
전남대학교 사학과 교수

1. 머리말

안중근은 오늘날 한국인에게 가장 친숙한 위인이다. 해방된 한국에서 긍정적인 평가가 진행된 안중근은 남·북한 모두가 함께 긍정적으로 평가해줄 수 있는 몇 안 되는 위인 가운데 한 명이 되었다. 그러나 그에 대한 본격적 연구는 상당히 늦게 출현하였다. 북한에서는 독립운동에 대한 연구가 사회주의 계열로 집중됨에 따라서 안중근 연구가 상대적으로 저조하게 되었다. 남한의 경우에도 정치적 상황에 영향을 받아 1960년대까지는 독립운동 연구가 지지부진했다. 그 때문에 안중근 연구 역시 활발하지 못하였다. 안중근의거는 이토 처단 직후 의병전쟁의 일환으로 간주되었고[1], 의열투쟁의 전범(典範)으로 평가받았으며[2], 1970년대부터 본격적인 연구가 시작되었다.[3]

해방 이후 남한에서는 안중근에 대한 각종 기사가 신문이나 잡지에 다수 실렸다. 안중근을 기념하는 사업이 진행되었고, 안중근의 일대기는 문학작품을 통해서 표현되었다. 그의 의거를 기념하는 연극이 공연되었고, 그의 일대기를 담은 영화가 남·북한에서 각기 제작되었다. 일본에서도 안중근에 대한 긍정적 시각의 연구와 서술이 이루어졌다. 안중근에 대한 평가는 시간의 경과에 비례하여 더욱 강화되어 가고 있다. 그리고 그를 기념하는 각종 기념사업도 시간이 흐름에 따라 활발하고 다양하게 추진되고 있다. 2009년은 안중근의거 100주년이 되는 해이다. 따라서 해방 이후 곧 시작된 안중근 기념사업이 그동안 어떻게 추진되었는가를 추

---

[1] 滄海老紡室, 『安重根傳』(上海:大同編輯局), 1914 ; 인하대학교 한국학연구소, 『한국학연구』4 별집, 1992.
[2] 「利害」, 『丹齋 申采浩 全集』하, p.149.
[3] 김갑득, 「안중근에 관한 일연구 - 국권회복과 관련하여 -」, 이화여대 대학원, 1975 ; 愼鏞廈, 「安重根의 思想과 國權恢復運動」, 『韓國史學』2, 韓國精神文化研究院, 1980 : 「安重根의 思想과 義兵戰爭」, 『韓國民族獨立運動史研究』, 乙酉文化社, 1985에 재수록.

적하는 것은 앞으로 안중근 기념사업은 물론 독립운동가 기념사업이 나아갈 방향을 기획하는 토대가 될 것이다.

기념사업이란 "어떤 뜻 깊은 일이나 훌륭한 인물 등을 오래도록 잊지 아니하고 마음에 간직하기 위하여 벌이는 사업"을 가리킨다. 기념사업의 대상은 사건, 인물, 장소, 이념, 이것들이 아우르는 것들로 구분할 수 있다. 또한 기념사업의 형태는 기념행사, 기념시설 건립, 학술 조사와 연구 등으로 나눌 수 있다. 본고는 안중근 기념사업을 시간의 추이에 따라 조사, 분석해 보려 한다. 시간이 흐름에 따라 기념사업의 내용과 지역에 변화가 일어나기 때문이다. 본고의 시간 범위는 해방 이후부터 2009년 전반기까지이고, 공간 범주는 한반도와 중국·러시아·일본·미주이다. 본고를 작성하기 위해 활용한 기초 자료는 해방 이후 공간된 신문자료들이다.

2. 기념사업회 결성과 동상 건립

한반도·동양평화를 위해 이토를 저격하였던 안중근을 기념한다는 것은 일제식민통치가 계속되는 동안에는 국내에서도 국외에서도 어려웠다. 그러나 안중근의거는 한국인들은 물론 중국인들과 일본인들의 기억에 남아 있었다. 그리고 그러한 기억은 일제의 패망 이후 안중근 기념사업으로 구현되었다. 자료로 확인할 수 있는 해방 후 안중근 관련 첫 기념사업은 안중근 동상 건립이다. 1945년 12월 11일 장충단에서 대한민국임시정부 요인을 비롯하여 각계인사들이 참석한 가운데 민도회(民道會) 주최로 "안중근선생동상건립기금 및 장충단재건총회"가 개최되었다. 총회는 일본인들이 건설한 박문사(博文寺) 안에 있는 이토 히로부미의 동상을 파괴하고 그 자리에 안중근 동상을 건립하기로 하였다.[4] 그리하여 "장충단(獎忠壇)⁵ 재건과 의사안중근 동상건립기성회"를 조직하고 회장 이종대, 부회장 우덕순·고오를 선임하고 총무부장·재무부장·기획부장·지방부장도 선임하였다.⁶ 동상은 사건이나 인물의 동적인 성격과 현실감을 가장 잘 드러내주는 기념물이라고 할 수 있다.⁷ 이토 동상을 파괴하고 그 자리에 안중근 동상을 건립한다는 것은 대부분의 한국인들에게 충분히 공감대를 형성할 수 있는 결정이었다.

안중근 기념일은 의거일인 10월 26일과 순국일인 3월 26일로 이날 기념식이 행해진다. 해방 후 안중근에 관한 첫 기념식은 1946년 3월 26일 서울운동장에서 순국 36주기 추도회로 진행되었다. 김구, 김규식, 조소앙, 홍진, 김창숙, 김능권과 각 정당대표, 유가족 대표, 뉴맨 공보국장, 중화민국거류민단대표 정원한 등이 참석한 추도식은 정인보의 추념문, 천주교합창단의 추념가 합창, 안중근 영정에 2분간 묵념 순으로 이어졌다.⁸ 추도식을 마친 후 안중근선생추도준비회는 발전적으로 해소하고, 안중근선생기념사업협회를 결성하였다. 위원장 우덕순, 부위원장 방응모·김낙영·김효석, 고문 권동진·오세창·이시영 외 33명이 선임되었다.⁹ 순국 36주기 추도식은 지방에서도 거행되었다. 독립촉성국민회이리지부 주최로 이리시립유치원광장, 독립촉성국민협회전주지부 주최로 동풍남초등학교에서 각각 안중근 추도식이 거행되었다.¹⁰

---

4 "死後雪恥:안중근선생 추모 伊藤의 동상분쇄",『동아일보』1945.12.12.
5 을미사변 때 순사(殉死)한 충신·열사들을 제시지내기 위해 1900년 9월 고종의 명으로 마련되었다가 1910년 8월 일제에 의해 폐사되었다.
6 "안중근의사동상건립 장충단재건기성",『동아일보』1946.1.8.
7 박명규,「역사적 사건의 상징화와 집합적 정체성 : 기념비, 조형물의 문화적 기능을 중심으로」, p.5.
8 "안중근선생 추도회집행 휴간중의 기사보고: 동지의 애끊는 추념 26일",『동아일보』1946.3.29
9 "고안중근의사 기념사업협회 결성",『동아일보』1946.5.12.
10 "안중근의사 추도(이리)",『동아일보』1946.4.2 ; "안중근의사 추도식(전주)",『동아일보』1946.4.4.

이후 1950년 한국전쟁 발발 이전까지 거행된 안중근 기념식은 다음과 같았다. 1947년 3월 26일 안중근선생기념사업회 주최로 기독교청년회관에서 순국 37주기 추념식,[11] 1948년 3월 26일 안중근선생기념사업회 주최로 명동 시공관에서 순국 38주기 추념식,[12] 1949년 3월 26일 안중근기념사업회 주최로 시공관에서 순국 39주기[13] 추도식,[14] 1950년 3월 26일 상공회의소강당에서 순국 40주기 추도식[15]이 있었다. 그런데 안중근 추모 행사는 그가 순국한 날에 집중되었고, 의거일에는 1946년 10월 26일 안중근의사기념사업회 주최로 기독청년회관에서 의거 37주기 기념식과 강연회가 있었을 뿐이다.[16] 기념식이 의거일이 아니라 순국일에 집중되었다는 것은 아직 안중근의거에 대한 인식이 충분하지 않았던 때문이 아니었을까 여겨진다. 또한 의거보다는 순국이 더한 의미로 여겨진 것은 안중근의 죽음이 의거 때문에 일어났으므로 순국일에는 의거도 함께 기억할 수 있었던 때문이라 여겨진다.

한국전쟁이 휴전되고 1955년 6월 일부 인사의 발의로 서울 장충단공원에서 안중근 동상 건립이 결정되었다. 1945년 12월 11일 "장충단재건과 의사안중근 동상건립기성회"가 조직되었었지만, 해방 공간의 혼란과 한국전쟁 발발로 동상 건립은 추진되지 못하였던 것이다. 그리하여 휴전

---

11 "안중근의사 37주기 추념식 昨日 기청회관서 집행", 『동아일보』1947.3.27.

12 "안중근의사 추념식 거행 독립은 가까왔소이다 영령이여 瞑目하소서", 『동아일보』1948.3.27.

13 1949년 3월, 백범은 '안중근의사 순국 39주년 기념'으로 '총욕불경'이란 시를 썼다. : "영예와 치욕에 놀라지 아니하고, 한가로이 뜰 앞에 피고 지는 꽃을 본다. 가고 머뭄에 뜻을 두지 않고, 부질없이 하늘가에 걷히고 펼쳐지는 구름을 따른다. 맑은 하늘과 밝은 달을 어느 곳엔들 날아가지 못하리오. 그런데 나는 나방이는 오로지 밤 촛불에 뛰어드는구나. 맑은 샘과 푸른 풀은 어느 것인들 먹고 마시고 싶지 않으리오. 그런데 올빼미는 오직 썩은 쥐를 즐겨 먹는다. 아, 슬프다! 세상에 나방이와 올빼미 같지 않은 자 몇이나 되는가."("김삼웅 칼럼 :정도(正道)냐 사도(邪道)냐", 『서울신문』1999.6.29).

14 "안중근의사 추도식, 순국하신 지 40년", 『동아일보』1949.3.27.

15 "안중근의사 추도식 엄수", 『동아일보』1950.3.28.

16 "안중근의사 의거추모식, 대의는 영생한다", 『동아일보』1946.10.26.

이 성립되고 다시 안중근 동상 건립을 결정하였는데 이번에는 기금 관계로 공사를 중지하게 되어 안중근의사기념사업회에서 1956년 6월 2일 고문·이사 연석회의를 개최하고 동상건립공사를 추진하기로 하였다.[17] 그러나 건립 장소 미확보로 공사가 지연되었는데 관계당국의 양해로 서울역 광장에 건립하기로 결정하여 의거일인 10월 26일 제막식을 목표로 1957년 8월 7일 서울역광장에서 기공식을 거행하였다. 동상은 1957년 4월부터 조각가 김경승에 의해 제작 중이었다.[18] 그러나 그 후에도 공사는 원활하게 진행되지 못하였고, 2년 후인 1959년 5월 23일에야 서울역광장이 아닌 남산 기슭 왜성대(倭城臺) 옛터에서 안중근 동상 제막식이 거행되었다. 대통령 치사는 외무장관이 대독하였고, 입법부 추념사는 한희석 국회부의장, 사법부 추념사는 김세완 대법관이 하였다. 이어 3·1만세운동 33인 중 생존자로 이갑성, 박현숙(자유당), 조병옥(민주당), 왕동원 대사(주한외국사절단장)의 순으로 추념사가 이어졌다. 동상 건립은 전국 학생, 군인, 공무원, 은행원, 기타유지들이 바친 성금 2,300여 만환으로 완성되었다. 동상은 안의사가 오른손에 태극기를 잡고 북쪽하늘을 응시하고 있는 모습이었다.[19]

안중근 동상은 해방 후 마련된 안중근 첫 기념시설이었다. 기념시설은 과거의 사건이나 그 의미를 되살리려는 집합적 노력의 결과로, 구체적인 가시성을 통해 직접적인 경험이 불가능한 과거사를 현재 속에 재현해주고 지식인의 해석체계를 대중의 평범하고도 일상적인 기억 속에 접목시켜주는 문화적인 매개물이 된다.[20] 안중근 동상은 안중근 개인에 대한

---

17 "안중근의사 동상건립 공사추진", 『동아일보』1956.6.6.
18 "안중근의사의 동상 서울역광장에 건립", 『동아일보』1957.8.5.
19 "애국정신을 추모, 안중근의사동상 제막식", 『동아일보』1959.5.24.
20 Grills John R. ed, *Commemorations : The Politics of National Identity*, Princeton University Press, 1994, p. 6 : 박명규(2001), 「역사적 사건의 상징화와 집합적 정체성 : 기념비, 조형물의 문화적 기능을 중심

기억은 물론 그의 의거, 그리고 국망과 피식민통치의 아픔을 기억하고 교훈으로 삼아야 한다는 것을 말해주는 상징물이었다.

한편 1955년 10월 27일에는 전남 장흥군 장동면 만수사(萬壽祠)[21]에서 안중근의사 위패 봉안식이 거행되었다. 만수사는 고려시대 유교를 일으켜 세우는데 공이 컸던 안향(安珦)을 주벽으로 안씨일문이 선조들의 학덕을 기리기 위하여 1946년에 건립을 시작, 1951년에 완공한 사우였는데 여기에 안중근 의사를 배향한 것이다.[22] 그런데 봉안식에 문교부장관을 대신해 고등교육국장이 참석하였다는 것은[23] 문중사우에 모신 것이지만, 국가적인 의미를 부여할 수 있다. 그러나 그러한 의미 부여는 이루어지지 못하였다. 사당은 배향된 이가 매년 사망한 일시를 기억하여 제사가 모셔지고 반복되는 의례 행위를 통해 사건이 끊임없이 재해석될 소지를 지니기 때문에 상대적으로 상징화의 기능이 강하다.[24] 만수사에서는 이후 정례적으로 안중근 기념행사를 하였지만, 그것은 안씨 문중의 일로 그쳤다. 1959년 4월에는 고안중근의사모의계(慕義契) 평의원회의가 광주시내에 안의사 의적비(義蹟碑) 건립을 결정하였다.[25] 그러나 이 계획도 실현되지는 못하였다.

순국 50주년이었던 1960년 3월 26일 순국선열기념사업전국위원회와 안중근의사기념건립회는 안중근의사 동상 아래서 간단한 추념식을 거행하였고, 3월 28일 50주기 추념식을 시공관에서 거행하였다.[26] 의거 52

으로」, 『한국사회과학』23~2, 서울대학교 사회과학연구원, 2001 - 보고서, p.2.
21 1984년 2월 29일 문화재자료 제71호로 지정되었다.
22 이해준, 「장흥지방의 유교유적」, 『장흥군의 문화유적』, 국립목포대학교박물관·전라남도·장흥군, 1989, p.330.
23 "안중근의사위패 봉안식", 『동아일보』1955.10.27.
24 박명규, 「역사적 사건의 상징화와 집합적 정체성 : 기념비, 조형물의 문화적 기능을 중심으로」, p.5.
25 "안의사 순국 49주, 13일에 추도식", 『동아일보』1959.10.8.

주년 추념식은 안중근의사선양회에서 간소하게 거행하였다.[27] 그러나 순국 52주기 추념식은 '국민회당'에서 5·16군사쿠데타 주역들이 직·간접으로 참여한 가운데 거행되었다. 안중근의사선양회 회장 이강의 헌화로 시작된 추념식은 최고회의 박정희 의장(문사위원장 대독), 내각 수반(박 법제처장 대독), 재건국민운동본부장의 추념사 순으로 이어졌다. "우리나라가 독립된 것은 오로지 의사의 구국정신과 민족정기의 체모를 죽음으로 지킨 결과이며 의사의 불요불굴의 기개와 만고불역의 구국지성은 민족의 귀감이라"고 한 박정희 최고회의 의장의 추념사는[28] 안중근에 대한 국민적인 관심을 제고시키는 계기가 되었다. 안중근에 대한 5·16군사쿠데타 주역들의 관심과 평가에 이어『동아일보』는 다음날부터 5월 2일까지 31회에 걸쳐 "처음으로 공개되는 공판기록"이라는 제목으로 안중근 재판기록을 소개하였다.[29]

추념식과 동상 건립 외에 안중근과 관련하여 다음과 같은 일들이 이루어졌다. 유묵·[30]공판기가 발견·소개되고,[31] 희곡으로 김춘광의『안중근사기』(청춘극장, 1946)와 서재수의『안중근사기』(삼중당, 1946), 단행본으로 박성강 편의『안중근선생 공판기』(경향잡지사, 1946)·김진복 편의『(왜놈이등박문죽인)안중근실기』(중앙출판사, 1946)·김용필의『안중근의사』(동아일보, 1947)·김춘광의『안중근사기』(삼중당, 1947)·이 전의『안중근혈투기』(연천중학교기성회, 1949) 등이 간행되었다. 또한 "안중근 사기"(1946년, 계

---

26 "안중근의사 순국 50주년",『동아일보』1960.3.27.
27 "안중근의사 오늘 의거 52주년 간소한 추도식",『동아일보』1961.10.26.
28 "안중근의사 가신 지 52년 국민회당서 추념식 엄수: 안의사 유훈 받들자 박정희 의장 추념사",『동아일보』1962.3.26.
29 『동아일보』는 1956년 4월 6일부터 41회에 걸쳐 황의돈의 "위국항일의사렬전 : 안중근"을 게재한 적이 있었다.
30 『자료 대한민국사』제1권, 1946.1.1.
31 "안중근의사 공판기 등 독립사상서적 도서관에서 삼천권 해방",『동아일보』1946.1.28.

몽영화사)가 안중근을 다룬 첫 번째 영화로 만들어지고, "고종황제와 의사 안중근"(1959년, 태백영화사)이 두 번째 영화로 만들어졌다.³²

한편 천주교계에서도 천주교신자 안중근에 관심을 기울였다. 1946년 4월에 조선 천주교회의 대표적 잡지사였던 경향잡지사에서 『안중근선생공판기(安重根先生公判記)』를 간행하였다. 안중근의거를 부정적으로 평가해 왔던 조선천주교회의 공식 입장을 뒤늦게나마 거부한 것이었다. 이어 1947년 3월 26일에는 안중근 가문의 요청으로 서울교구장 노기남 주교가 안중근 사망 37주년 연미사를 거행하였다.³³ 그리고 1957년 3월 26일에는 안중근 사망 47주기 추도식에 노기남 주교가 참석하여 사도예절을 행하고 명동대성당 강당에서 추도식을 하였다.³⁴ 공식적인 교회행사로서는 아니었지만, 현직 서울교구장이 한국천주교회의 대표 성당인 명동대성당에서 안중근을 추모한 행사들은, 안중근의거를 단죄한 서구인 성직자가 통치권을 장악하고 있던 동안에는 할 수 없었던, 긍정적인 태도와 입장으로의 전환이었다.³⁵

중국에서도 안중근에 관심을 표명하였다. 일제가 패망한 직후 해방구(解放區)에서는 일제의 잔재를 청산하고 애국주의사상을 수립하는 방법의 하나로 '안중근'극을 공연하였다. 중화인민공화국 건립 직후에는 안중근의 사적을 소학교 교과서에 수록하여 후대 교육에 적극 활용하였다. 그러나 안중근을 애국지사 내지 동아의 영웅으로 추대할 뿐, 그의 구체적인 행적과 사상에 대하여는 깊은 관심을 가지지 못하였다.³⁶

---

32 "획기적인 대규모의 영화 수십명의 외국인도 출연 화제의 '고종황제와 의사안중근'", 『동아일보』 1959.2.25.
33 『노기남 대주교 연보』1947년 3월 26일. 1949년부터는 같은 날 대통령 생일 축하식에 갔다.
34 『노기남 대주교 연보』1957년 3월 26일.
35 윤선자, 「안중근의거에 대한 천주교회의 인식」, 『한국근현대사연구』33, 한국근현대사학회, 2005, p.70.

해방 이후 1960년대 초까지 안중근 기념사업은 동상 건립과 순국일·의거일에 거행된 추념식이었다. 추도란 "죽은 이를 생각하며 슬퍼하는 것"으로 '추념'도 비슷한 의미이다. 추도에서 한 걸음 더 나아가 교훈을 끌어내는 것이야말로 추도의 진정한 의미이다. 뿐만 아니라 최고의 추도란 정확한 사실에 토대하여 이루어져야 한다. 그러기 위해서는 안중근에 대한 자료 발굴과 그에 기초한 연구가 진행되어야 하는데 이 기간에는 몇 편의 희곡과 단행본이 출간되었을 뿐이다. 천주교회측에서도 소극적인 관심을 표명하였을 뿐이었다.

3. 기념관 건립과 기념사업 기반 마련

1963년 12월 14일 안중근의사숭모회(이하 '숭모회'로 약칭)가 문화공보부로부터 사단법인 설립을 승인받았다. 2009년 9월 30일 현재 국가보훈처에 등록되어 있는 독립운동가 기념사업회는 48개이다. 이 가운데 가장 먼저 설립된 것이 "일성이준열사기념사업회"(www.leejun.org)로 설립일은 1955년 2월 25일이다. 그런데 이 사업회의 홈페이지에 의하면 동 사업회가 애국선열 기념사업의 최초 활동이라고 한다. 신문 자료에 의하면 이준열사추모준비회 발기인회가 결성된 것은 1946년 5월이었다.[37] 숭모회는 이준열사기념사업회에 이어 두 번째로 승인받은 독립운동가 기념사업회이다. 숭모회가 이전의 안중근의사선양회와 무관하지 않은 것 같지만 정확히는 알 수 없다.

---

36 김춘선, 「안중근의거에 대한 중국의 인식」, 『안중근 연구의 기초』, 경인문화사, 2009, p.401.
37 "만국회의에서 독립절규 해아밀사 이준열사 추념을 준비", 『동아일보』 1946.5.7.

2007년에 수정된 안중근의사기념관 홈페이지(http://www.patriot.or.kr)[38]에 의하면, 숭모회의 주요 사업은 ①3대 기념식(3.26 순국, 9.2 탄신, 10.26 의거) 거행, ②안의사 해외독립투쟁지 대학생 탐방, ③청소년·학생 글짓기 대회·웅변대회, ④음악회·창극, ⑤나라사랑 프로그램 안중근, ⑥안중근 마라톤, ⑦국·내외 안의사 관련 자료의 발굴 수집, ⑧안의사의 사상 연구 및 학술 심포지엄 개최, ⑨안의사 관련 각종 서지 및 홍보 책자 발행, ⑩각종 숭모활동 및 선양사업 추진 등이다. 그런데 이러한 사업들은 숭모회가 설립된 처음부터 있었던 것은 아니고, 시간이 흐르면서 추가·수정되었는데 무엇이 언제부터 추가·수정되었는지는 알 수가 없다. 그러나 이 모든 사업들이 결국은 안중근을 기념하기 위한 것임에는 분명하다.

5·16군사쿠데타 주역들의 안중근에 대한 관심은 숭모회의 사단법인 설립에 이어 1967년 4월 26일 안중근 동상의 현충시설 지정,[39] 1970년 10월 26일 안중근의사기념관의 준공·개관으로 이어졌다. 서울시 중구 남대문로 5가 471번지(남산공원 내)에 석조와즙(石造瓦葺) 1동(594.28㎡, 180평)으로 마련된 안중근의사기념관은 국민들의 성금과 박정희 대통령의 지원에 의해서였다. 기념관이란 '어떤 뜻 깊은 사적이나 인물 그리고 사건 등을 기념하기 위해 지은 집'을 지칭한다. 기념관은 박물관이나 미술관 혹은 역사관 등과 기능 및 역할이 중복되는 측면이 있으나, 특정한 역사적 인물이나 사건 등을 그 대상으로 한다는 점에서 다소 차이를 갖는다.[40]

기념관 건립에 이어 1972년 8월 16일 안중근의사의 유묵 25점과 윤봉길의사유품(尹奉吉義士遺品) 68점이 보물로 지정된 것은[41] 안중근과 윤봉

---

[38] 1997년 10월 26일 개설되었다.("안중근 의사 사이버기념관 개설, 숭모회·웹스코리아 제작", 『국민일보』1997.11.1)
[39] 국가보훈처 홈페이지(http://narasarang.mpva.go.kr) "현충시설" 참조.
[40] 정호기, 『한국의 역사기념시설』, 서울: 민주화운동기념사업회, 2007, pp.205~206.
[41] "안중근, 윤봉길 의사 유물 보물로 지정", 『경향신문』1972.8.10.

길에 대한 국가적인 관심의 표현이었다. 윤봉길의사유품 68점은 보물 제568-1호부터 제568-2호, 안중근유묵 20점은 보물 제569-1호부터 제569-20호로 지정되었다.[42] 그런데 당시까지 지정된 보물 중 대한제국기와 일제강점기에 제작된, 그리고 독립운동과 관련된 유물의 보물 지정은 이것이 처음이었다. 보물은 유형문화재로 학술적·예술적 가치가 국보 다음으로 높은 문화재를 가리킨다. 보물 지정은 일제강점기에 '조선보물·고적·명승·천연기념물 보존령'(1933년 8월 9일)[43]에 의하여 시작되었으며 해방 후 제헌헌법 제100조에서 조선보물·고적·명승·천연기념물 보존령의 효력을 계속 유지시켰다. 1955년 일제강점기에 보물로 지정된 419건(남한 367, 북한 52)이 일괄 국보로 승격·지정되었다. 그 후 1962년 1월 10일 문화재보호법이 제정·공포되고 이 법에 따라 국보와 보물로 분류·지정되어 1963년에 386건이 보물로 다시 지정되었다. 윤봉길의사유품과 안중근유묵이 보물로 지정된 이후 독립운동 관련 유물의 보물 지정은 1997년에야 이어졌다. 1997년 6월 12일 『백범일지』가 보물 제1245호로 지정되었고, 2006년 12월 29일 황현초상 및 사진이 보물 제1494호, 2007년 2월 27일 최익현초상이 보물 제1510호, 2009년 9월 2일 대한제국 고종 '황제어새'(皇帝御璽)가 보물 제1618호로 지정되었다. 황제어새를 제외하면 모두가 독립운동과 관련된 것들이다. 여전히 전근대 생산 유물들이

---

[42] 보물 제569-1호(百忍堂中有泰和) ; 제569-2호(一日不讀書口中生荊棘) ; 제569-3호(年年歲歲花相似 歲歲年年人不同) ; 제569-4호(恥惡衣惡食者不足與議) ; 제569-5호(東洋大勢思杳玄 有志男兒豈安眠 和局未成猶慷慨 政略不改眞可憐) ; 제569-6호(見利思義見危授命) ; 제569-7호(庸工難用連抱奇材) ; 제569-8호(人無遠慮難成大業) ; 제569-9호(五老峯爲筆 三湘作硯池 靑天一丈紙 寫我腹中詩) ; 제569-10호(歲寒然後知松栢之不彫) ; 제569-11호(思君千里 望眼欲穿 以表寸誠 幸勿負情) ; 제569-12호(丈夫雖死心如鐵 義士臨危氣似雲) ; 제569-13호(博學於文約之以禮) ; 제569-14호(第一江山) ; 제569-15호(靑草塘) ; 제569-16호(孤莫孤於自恃) ; 제569-17호(仁智堂) ; 제569-18호(忍耐) ; 제569-19호(極樂) ; 제569-20호(雲齋). 이상 문화재청 홈페이지(http://www.cha.go.kr) 참조.

[43] 『조선총독부관보』1933년 8월 9일.

주로 보물 지정의 대상이 되는 경향이었지만, 근대 특히 독립운동과 관련하여 보물이 지정된 것은 유물 자체의 가시적인 가치보다는 그 유물과 관련된 정신적인 측면에 가치를 부여한 것이다.

1973년 3월 5일 전남 장성군 삼서면 학성리 육군보병학교 내에 안중근의사 동상이 건립되었다. 군에 안중근의사 동상이 건립되었다는 것은 안중근이 한국군의 표상으로 삼을 만한 인물이라는 평가였다. 한편 안중근의사기념관에는 1973년 9월 2일 최성모(숭모회 전 부이사장)가 건립·헌납한 안중근의사 어록비를 시작으로, 1975년 10월 26일 김용원(경제인연합회 전 회장), 1982년 9월 2일 정주영(현대그룹 전 회장)이 어록비를 건립 기증하였다. 이어 안중근 순국 77주년이었던 1987년 3월 26일 "국가안위노심초사", "지사인인 살신성인", "동양대세 사묘현..", "이토히로부미 15개 죄상", "최후의 유언" 비 등이 헌납되었다. 비는 한국사회에서 가장 오래되고 전통적인 기념물의 양식이다. 어떤 인물이나 사건의 의미를 기록된 문자로 돌에 기록해 두는 것은 영구히 그 의미를 보존하겠다는 뜻이 담겨 있는 것이라 하겠다. 그러나 비는 그 규모가 작고 기념물로서의 가시성이 현저하지 못해서 상징화의 기능은 상대적으로 미약하다.[44]

국가적인 관심과 후원은 안중근 관련 자료들의 발굴로 이어졌다. 안중근 관계 자료의 발굴 과정에서 가장 중요한 사건은 그의 자서전인 『안응칠역사(安應七歷史)』와 그의 저서인 『동양평화론』의 존재가 확인된 사실이었다. 즉, 1969년 4월 일본 동경 神田 고서점에서 『안중근자서전(安重根自敍傳)』이란 표제로 된 일본어 번역본이 최서면에 의해 발견되었다.[45] 그리고 1978년에는 나가사키(長埼)의 도변(渡邊庄四郎)이 『안응칠역사(安

---

[44] 박명규, 「역사적 사건의 상징화와 집합적 정체성 : 기념비, 조형물의 문화적 기능을 중심으로」, p.5.
[45] 崔書勉, 「安應七自傳」, 『外交時報』1970년 5월호, 東京 外交時報社, p.777 ; 윤병석, 「해제 안중근 전기전집」, 『안중근전기전집』, 1999. 국가보훈처, p.37.

應七歷史)』한문 원본을 한국대사관에 기증함으로써 그 자료가 본격적으로 발굴될 수 있었다.[46] 한편, 1979년 9월 이치가와(市川正明, 한국명 김정명)가 일본 국회도서관 헌정연구실 '七條淸美 文書' 중에서 『안응칠역사』와 『동양평화론』의 등사본 합책을 발굴하였다.[47] 이러한 노력들을 통하여 안중근의 친필 고본은 아니었지만 그의 유고가 원문대로 빛을 보게 되었다. "안중근 공판 관련 기록"은 중 관동도독부 지방법원 본 등사본은 1976년 『한국독립운동사자료 6:안중근 편1』(국사편찬위원회), 주한일본공사관기록+일본외교문서+대한매일신보는 1978년 『한국독립운동사자료 7:안중근 편2』(국사편찬위원회)로 공개되었다.[48] 이와 같은 안중근 자신이 남긴 자전적 기록이나 당시의 재판 기록들은 안중근을 연구하는 데에 필수적으로 요청되는 일차사료들이다. 이러한 자료들을 토대로 안중근에 대한 많은 단행본들이 국내와 일본에서 간행되었다.[49]

이외에도 안중근의거에 대한 『경성일보』호외[50], 안중근의 미공개 사진,[51] 안중근의 절필,[52] 안중근의 편지,[53] 안중근의 사진,[54] 안중근의 이토

---

[46] 최서면, 「안중근 자전고(自傳考)」, 『나라사랑』34, 외솔회, 1979.12, pp.56~57.
[47] 『동아일보』1979.9.1 ; 윤병석, 「해제 안중근전기전집」 『안중근전기전집』, 1999. 국가보훈처, p.37.
[48] 한상권, 김현영, 「안중근 공판 기록 관련 자료에 대하여」, 『안중근 연구의 기초』, 경인문화사, 2009.
[49] 안학식, 『의사안중근 전기』, 해동문화사, 1963 ; 유경환 저, 『안중근』, 태극출판사, 1972 ; 이선근 등, 『한말격동기의 주역 8인 : 김옥균, 안중근, 이완용 외』, 신구문화사, 1975 ; 최홍규, 『안중근사건공판기』, 정음사, 1975 ; 이은상 역, 『안중근의사 자서전』, 안중근의사숭모회, 1979 ; 市川正明, 『安重根と日韓關係史』, 東京 : 原書房, 1979 ; 경인문화사, 1986 ; 유희용 편, 『(의사)안중근』, 서남출판사, 1979 ; 유경환, 『안중근』, 중앙서관, 1983 ; 中野泰雄, 『安重根 : 日韓關係の原像』, 東京 : 亞紀書房, 1984 ; 中野泰雄, 『일본의 지성이 본 안중근』, 경운출판사, 1984 ; 안중근의사숭모회 편, 『민족의 얼 : 안중근의사 사진첩』, 안중근의사숭모회, 1987 ; 최이권 편역, 『(애국충정)안중근의사』, 법경출판사, 1990.
[50] "안중근 의사 의거 속보 경성일보 호외 발견", 『경향신문』1973.5.17.
[51] "안중근의사 등 애국지사 15명 미공개사진 첫 공개", 『경향신문』1975.10.30.
[52] "안중근 의사 절필 일서 발견", 『경향신문』1978.2.6.
[53] "안중근의사 사진 10장, 편지 1통 또 발견", 『경향신문』1978.2.18.
[54] "안중근의사 사진 9점 경주서 발견", 『경향신문』1978.4.8.

저격 현장 필름,[55] 안중근의 여순옥중 마지막 자작 시 11편[56] 등이 국내와 일본 등지에서 발견·소개되었다. 또한 1974년 10월 26일 서울 중구 을지로 국도극장에서는 안중근의거 64주년을 기념, 연방영화사에서 제작한 70㎜컬러영화 '의사 안중근'의 시사회가 열렸다.[57] 이 영화는 "안중근 사기"(1946), "고종 황제와 의사 안중근"(1959)에 이어 안중근에 관한 세 번째 영화였다.

  안중근의거에 대한 국가적인 평가와 국민들의 관심은 천주교회에도 영향을 미쳤다. 1979년 9월 2일 명동대성당에서 노기남 대주교 주례로 안중근 탄생 100주년 기념미사가 거행되었다.[58] 기념미사 후 안중근의거를 살인행위로 단죄했던 평가에 많은 문제가 있었다는 의견과 연구가 제시되었다. 불과 몇 십 명만이 참석하였고, 현직 교구장이 아닌 전임[59] 서울교구장에 의해 거행되었다는 한계는 있었지만, 안중근의거를 살인행으로 단죄하였던 한국천주교회가 그 의거의 가치를 수용하여 행동으로 옮긴 의미 있는 사건이었다. 이후 1980년 3월 26일 안중근의사 서거 70주기 추모미사, 1986년 9월 26일 안중근의사 서거 76주기 추도미사, 1987년 9월 26일 순국 추도미사, 1990년 3월 26일 서거 80주년 추모미사, 1990년 9월 26일 순국 추도미사가 천주교정의구현전국사제단 주최로 거행되었다. 그런데 당시 일부에서 정의구현전국사제단의 공인 여부를 거론할 정도로 주최측을 폄하하고 있었다는 점에서 한국천주교회의 공식 행사로 간주하기에는 한계가 있었다.

---

55 "안중근의사 이등박문 저격 극적현장필름 동경서 발견", 『경향신문』1979.1.10.
56 "안중근의사의 여순 옥중기 마지막 자작 한시 11편 발견", 『경향신문』1985.12.10.
57 "'안중근의사' 시나리오 3편 집필", 『세계일보』1993.1.15.
58 "교회의 이모저모", 『경향잡지』1979년 10월, p.86.
59 1967년 서울교구장직을 사임하였다.

안중근을 천주교 신앙인의 측면에서 추적한 논문들도 발표되었다. 1984년 발간된 『황해도천주교회사』에 안중근의거가 군인으로서 전쟁 중 전개한 정당방위라고 언급되었다. 1986년에는 안중근의거가 신앙심과 애국심이 조화를 이루어 발현한 정당한 행위였다는 주장들이 제기되었다. 그러나 자료적인 측면에서도 이론적인 측면에서도 아쉬움이 많았다.[60] 1990년 정의구현전국사제단이 『안중근(도마)의사 추모자료집-서거 80주년을 맞이하여』를 발간하였다. 이후 이 자료집은 천주교회 측에서 안중근을 연구하는데 중요한 기초 자료로 활용되었다.

　　한국천주교회의 공식적인 행사는 아니었지만 안중근의 순국과 의거를 기념하는 천주교회측의 행사들과 연구업적들은 『가톨릭신문』에 신앙인 안중근으로 언급되었다.[61] 또한 가톨릭 연극의 주제가 되었다. 1991년 4월 가톨릭문화운동연합연극분과 극단 산맥은 '안중근 그리고 도마'를 제3회 정기공연 작품으로 올렸다.

　　1966~1976년의 문화대혁명이 종료되고 한·중간의 민간 문화교류가 이루어지면서 중국에서 안중근에 대한 관심이 새롭게 고조되었다. 그 결과 1980년대에 들어서면서 안중근 관련 신문기사를 비롯하여 각종 회억록·저서·논문들이 연이어 발표되었다. 1980년 11월 13일 안중근의 의거지인 하얼빈에서 발간되는 『흑룡강일보』는 홍룡의 '하얼빈에서의 안중근'이란 글을 실었다. 이를 시작으로 『길림신문』·『연변일보』·『요녕일보』등 중국 동북지역의 신문들에서 안중근 관련 기사를 수록하였다.[62]

60　윤선자, 「안중근의거에 대한 천주교회의 인식」, pp.61~62.
61　『가톨릭신문』1968년 10월 6일자 '안중근의사의 순교설', 1980년 3월 16일자 "민족의 횃불 안중근 의사", 1982년 8월 29일자 "'암살자 安重根' 흉უ 신앙인에 대한 모독", 1986년 3월 23일자 "참 신앙인으로 다시 부각되는 안중근의사", 1986년 4월 13일자 "안중근의사 재평가돼야 한다", 1986년 7월 27일자, "독립기념관 '안중근 전시실'에 가톨릭관계 자료 전무."
62　"하얼빈에서의 안중근/홍룡", 『흑룡강일보』1980.11.3 ; 서명훈, "80년전 하얼빈의 조선사람들", 『흑룡강일보』1989.4.10 ; 김우종·원인산, "청사에 길이 빛날 그 이름 안중근", 『흑룡강일보』1990.5.14

안중근의 생애와 항일활동을 소개하면서 안중근은 항일투쟁의 선구자라고 평가하였다. 중국내 한글 잡지들도 안중근의거, 안중근 동료들에 대한 글들을 실었다.[63] 1986년에는 동북삼성 조선족학교에서 사용하는 『조선어문』교과서 제9책(5학년용)에 "열혈투사 안중근"이라는 내용이 수록되었다. 또한 중국의 흑룡강성당사연구실, 길림성사회과학원, 연변대학, 북경대학 등의 연구기관과 학교들에서 안중근의 항일운동과 동양평화사상에 대한 학술연구가 이루어지면서 많은 연구성과가 발표되었다.[64] 1989년 10월에는 길림성사회과학원 주최로 장춘에서 안중근의사 의거 80주년 기념 국제학술토론회가 열렸다. 이는 개혁개방 후 중국에서 안중근을 주제로 개최된 첫 학술회의였다.

안중근의거지인 하얼빈과 대련을 중심으로 안중근 기념행사가 전개되었다. 1983년 하얼빈 거주 4만여 명 교포들이 안중근의사의 흉상을 하얼빈 역에 세우는 사업을 추진하였다. 그러나 중국정부가 일본을 의식, "역구내에 안중근의사의 흉상을 세우는 것은 국제적인 외교문제를 야기할 우려가 있다"며 난색을 표명하였다. 교포들은 하얼빈 시내중심부의 민족문화궁 뒤편 5층 부속건물을 제2의 흉상건립장소로 선정하였는데

; 류동선 구술, 김파 정리, "후손만대에 잊지 못할 민족의 얼 - 애국지사 안중근과 오빠 류동하를 회억하며", 『길림신문』1985.6.18, 6.13, 6.15 ; 최홍빈, "항일독립투쟁 의사-안중근-", 『연변일보』 1989.12.15 : 김춘선, 「안중근의거에 대한 중국의 인식」, 『안중근 연구의 기초』, 경인문화사, 2009, p.402의 각주 70에서 재인용.

[63] 송정환, "하얼빈역두의 총소리", 『장백산』, 1983 ; 고송무, "안중근의 의거 도운 유동하의사, 그 가족의 일대기", 『장백산』, 1988 ; 김운룡, "안중근의 옥중실기", 『장백산』, 1988 ; 김충실, "개를 쏴죽인 안중근", 『소년아동』, 1989.3 ; 류동선 구술, 김파 정리, "안중근과 그의 동료들", 『송화강』, 1985.3. ; 송정환·황현걸, "안중근전", 『장춘문예』, 1991 ; 김춘선, 「안중근의거에 대한 중국의 인식」, p.402 의 각주 71에서 재인용.

[64] 저서로 대표적인 것은 양소전·안청전의 『조선애국지사안중근』(상무인서관, 1983), 송정환의 『안중근』(요녕민족출판사, 1985), 김우종·최서면의 『안중근』(요녕민족출판사, 1994), 김우종·리동원의 『안중근의사』(흑룡강조선민족출판사, 1998), 아 성의 『안중근격창이등박문』(신세계출판사, 2002) 등이다.(김춘선, 「안중근의거에 대한 중국의 인식」, p.402의 각주 72)

이 역시 중국정부의 허가를 받지 못해 흉상건립은 중단되었다. 그리하여 '국가안위노심초사'의 조국애를 새긴 안중근의사의 흉상은 하얼빈의 한 허름한 다락방에서 먼지에 덮인 채 방치되었다.[65] 1987년부터 하얼빈시의 조선족 이퇴직간부문화활동중심과 조선족부녀연의회가 매년 3월 26일과 10월 26일을 안중근기념활동일로 규정하고 다양한 기념활동을 진행하였다. 1990년에는 흑룡강혁명박물관에 안중근사적전시관을 설치하였다. 하얼빈시인민정부는 안중근을 '하얼빈의 역사인물'로 그리고 '하얼빈시에서 선정한 세계 40대 위인' 중의 한 사람으로 선정하였다.[66] 그러나 일본과의 외교관계를 인식한 중국은 공개된 장소에 안중근 동상을 건립하는 것은 허용하지 않았다.

일본에서도 매우 특수한 경우이지만 안중근을 기념하는 일이 진행되었다. 1981년 미야기현 구리하라군의 대림사에 안중근의사를 현창하는 2.5m 높이의 비가 세워졌다.[67] 여순감옥에서 안중근을 감시했던 구일본군 헌병 지바 도시치는 안중근이 처형되기 직전에 써준 글을 보관하였고, 그의 유족이 1979년 안중근의사기념관에 기증하였다. 이에 한·일 유지들의 성금으로 지바가 묻힌 대림사 경내에 비를 설립하였다.[68] 1990년 6월에는 안중근의사를 한국의 독립운동가로 소개한 글이 처음으로 일본 정부관계 출판물에 실렸다. 일본외무성이 편집에 협력하는 『외교포럼』(재단법인 세계의 움직임사 발행·일본외무성 편집협력) 6월호에 노태우 대통령의 방일을 계기로 한 한국특집 가운데 재일한국계 학자 이치카와(市川 正明·한국명 김정명) 청삼대교수가 쓴 안중근의사의 행적과 사상을 소개

---

65 "안중근의사 흉상, 하얼빈 다락방서 7년째 '낮잠'", 『경향신문』1990.10.20.
66 김춘선, 「안중근의거에 대한 중국의 인식」, p.401.
67 "안중근의사 독립혼 일본서 추모, 여순 수감 당시 일군 감시헌병과 합동법사", 『동아일보』1992.9.7.
68 "일본의 '반역'", 『국민일보』1992.2.17.

하는 「독립과 동양평화를 찾아」라는 글을 게재한 것이다. 일본어 6천자 분량인 이 글은 『동양평화론』서설과 공판정에서의 진술 등을 소개하고 안중근의사가 이토를 사살한 것은 "남의 나라를 빼앗고 사람의 목숨을 빼앗으려는 인물이 존재하고 있을 때 이를 방관하는 것은 죄악이라고 느꼈기 때문"이라고 안중근의사의 말을 인용, 설명했다.[69] 당시까지 일본은 안중근을 테러리스트로 규정하고 있었다.

숭모회가 사단법인으로 설립된 1960년대 초반부터 1990년대 초까지 안중근기념사업은 국가적인 후원과 국민들의 관심 속에서 추진되었다. 안중근의사기념관 설립과 안중근 유묵의 보물 지정은 국가적인 차원에서의 관심과 후원이었다. 그리고 이러한 관심과 후원은 안중근 관련 자료들의 발굴로 이어졌고, 안중근 연구의 기초가 되었다. 천주교회 측에서도 안중근을 천주교 신앙인으로, 단죄하였던 안중근의거를 애국적인 행동으로 인식하고 평가해야 한다는 주장을 추모식과 논문들로 표명하였다. 중국에서는 안중근의거지인 하얼빈을 중심으로 동북삼성에서 안중근을 기념하는 사업들이 추진되었다. 안중근 동상 건립과 같은, 안중근을 표면에 내세우는 사업은 할 수 없었지만 신문기사·학술회의·단행본 등을 통하여 안중근을 기념하였다. 일본에서도 안중근 기념비가 설립되었다. 이처럼 이 기간 안중근 기념사업은 국·내외적으로 토대를 다져 나갔다.

---

[69] "안중근의사 한국독립운동가", 일정부 관계 출판물서 첫 소개, 『경향신문』1990.5.23.

4. 기념사업 확대와 활성화

　1993년 문화부에서 안중근을 '이달의 문화인물'(8월)로 선정하였다. 문화인물은 '한국인 재발견운동'의 일환으로 문화부가 문예진흥원과 함께 1990년 7월부터 추진하였는데 안중근은 "국가보훈"의 측면에서 선정된 첫 인물이었다.[70] 기념관 건립, 안중근유묵의 보물 지정에 이어 국가적인 차원에서 안중근에 대한 관심이 다시 제기된 것이다. 문화인물 선정은 안중근 기념사업에 활기를 불어넣었다. 세계일보사는 1992년 11월부터 게재한 안중근의사 기획시리즈를 1993년 7월 『대한국인 안중근』으로 간행, 독립기념관은 '안중근의사의 독립운동사에서의 위치'를 주제로 안중근의 달 기념특별강연회와 안중근의사의 의열활동관련 사진 기획전을 하였다. 국립중앙도서관은 8월 한 달 동안 안중근의사 사진첩 외 11종 12책 전시, 한국문화재보호재단은 8월 20~29일 중국의 안중근의사 항일독립유적지순례, 한국영상자료원은 8월 14·15일 고려영화사 제작 '자유만세'(1946)와 연방영화사 제작 '의사 안중근'(1972) 영화 상영, 숭모회는 11월 '안중근의 생애와 사상'을 주제의 국제학술심포지엄을 개최하였다.

　1995년 4월 14일 안중근 동상이 광주시 북구 운암동 중외공원에 건립, 준공되었다.[71] 또한 그해 광복절에는 광복절기념주화로 안중근의사의 초상을 새긴 1만 원짜리 주화가 만들어졌다.[72] 그리고 1996년 10월 26일에는 숭모회가 안중근 흉상을 건립 제막하였다.[73] 1997년에는 전쟁기

---

[70] 2005년까지 456명이 선정되었는데 그중 국가보훈의 측면에서는 1994년 박은식, 1995년 김병로·김구, 1996년 서재필, 1997년 송진우, 1999년 김창숙, 2000년 김좌진 등 8명이다.[문화체육관광부 홈페이지 중 하단 메뉴인 '한국의 문화인물' 홈페이지(http://person.mcstgo.kr) 참조]
[71] "안중근의사 동상 건립, 광주 중외공원서 준공", 『세계일보』1995.4.14.
[72] "광복·유엔 50돌 기념주화 8월 발행", 『국민일보』1995.3.3.
[73] "안중근 의사 의거 87주 기념식", 『세계일보』1996.10.27.

념사업회 전쟁기념관이 선정하는 '호국인물'로 안중근이 선정되었다. 그리하여 3월 14일 전쟁기념관에서 '3월의 호국인물'로 선정된 안중근에 대한 추모식이 거행되었다.[74] 국방부 유관 기관인 전쟁기념관에서 '호국인물'로 안중근을 선정한 것은 안중근에 대한 국가적인 차원에서의 계속적인 관심의 표현이었다. 국가 차원의 관심은 안중근 유묵이 계속하여 보물로 지정될 수 있게 하였다. 1999년 12월 15일 안중근의 유묵 1점,[75] 2000년 2월 15일 유묵 3점[76], 2003년 4월 14일 유묵 1점[77], 2007년 10월 24일 유묵 1점이[78] 보물로 각각 추가 지정되었다.

2005년 8월 17일 통일부는 '안중근의사 의거 100주년(2009) 기념행사'를 비롯 '광복 60주년 기념 남북공동사업'으로 추진 중인 안중근의사 유해 발굴 등과 관련, 북한에 '동참 제안서'를 발송하였다. 통일부와 국가보훈처 관계자, 민간전문가 등으로 실무단을 구성하고, 실무자회의에서 '고증을 위한 남북학술세미나·전기자료집 발간·북한 해주에 기념관 건립·여순에 추모비와 추모관 설립·중국 하얼빈 역에 추모비 건립·현장검증을 위한 조사단 구성·유해발굴시 봉안장소·생가복원·추모문화행사' 등을 논의하기로 하였다. 이러한 제의는 6월 21~24일 제15차 남북장관급 회담 결과에 따른 후속 조치로, 통일부장관과 북한내각책임참사는 공동보도문을 통해 "안중근의사의 유해발굴사업 등을 공동 추진, 일제시기 항일정신을 함께 살려나갈 것"이라고 발표하였다.[79] 2005년 9월 15

---

74 "안중근 의사 어제 추모식", 『세계일보』1997.3.15.
75 보물 제569-24호 : 天與不受反受其殃耳 / 김화자.
76 보물 제569-21호 : 欲保東洋先改政略 時過失機追悔何及 / 단국대학교 ; 보물 제569-22호 : 國家安危勢心焦思. / 안중근의사기념관 ; 보물 제569-23호 : 爲國獻身軍人本分 / 안중근의사기념관.
77 言忠信行篤敬蠻邦可行 / 안중근의사기념관.
78 보물 제569-26호 : 臨敵先進 爲將義務 / 해군사관학교박물관.
79 "안중근기념사업 남북 함께 한다", 『가톨릭신문』2005.8.21.

일 남과 북은 '안중근 의사 유해 공동발굴단'을 만들어 안중근의 유해 수습과 봉환 사업을 추진하기로 합의하였다.[80] 이어 2006년 3월 20일 남북한은 안중근 의사의 유해가 묻힌 위치를 확인하기 위해 중국 현지에서 공동조사를 벌이는 데 합의하였다.[81]

그러나 성과를 거두지 못하였고, 2008년 3월 25일 한국정부가 여순(旅順) 안중근 유해 매장 추정지 일대에 대한 발굴작업을 2개월 예정으로 시작하였다. 중국 정부가 아파트 건설 공사로 훼손 논란이 일고 있는 유해 발굴 예정지에서의 공사를 중단시키고, 남북 공동조사나 한국측의 단독 조사 및 발굴도 무방하다고 알려온 데 따른 것이었다. 그런데 조사지역은 북한이 안중근의 고향이 황해도 해주라는 연고를 내세워 1970년대부터 중국과 함께 여러 차례 발굴을 시도한 지역이었다.[82] 정부 수립 이후 우리 나라가 처음으로 정부 주도로 벌인 안중근 유해발굴작업은[83] 2008년 5월 28일 중단되었다. 여순감옥 뒤편에 자리 잡은 유해매장 추정지를 상대로 광범위한 발굴조사를 벌였지만 유해를 찾지 못한 때문이었다.[84]

국가적인 관심은 관련 자료 발굴·발간과 학술회의를 통해 안중근 연구를 심화시켰다. 1995년 안중근의 사형집행 광경 기록 등이 포함된 자료집이 『아주 제1의협 안중근』일본편(1~3권)으로 국가보훈처에서 영인 발간하였다.[85] 또한 1999년 3월 26일에는 안중근에 대한 최초의 한글 위인전과 재판의 전과정을 실은 공판기가 영인본으로 묶여져 나왔다. 독립기념관 한국독립운동사연구소는 안중근의사 의거 90주기를 맞아 '한국

---

80 "남북, 안중근의사 유해 공동발굴 합의", 『한겨레신문』 2005.9.16.
81 "남북, 안중근의사 유해위치 공동조사 합의", 『서울신문』 2006.3.21.
82 "사설:安 의사 순국 98돌, 유해 발굴 작업에 부쳐", 『세계일보』 2008.3.26.
83 『가톨릭신문』 2008.4.6.
84 "안중근 유해발굴 잠정 중단", 『세계일보』 2008.5.29.
85 "안중근 사료집 발간", 『한겨레』 1995.8.3.

독립운동사 총서'의 하나로 『안중근의사 자료집』을 발간하였는데 미국 하와이 교포사회에서 읽혔던 『대동위인 안중근전』과 일본인 기자가 공판을 방청하고 남긴 속기록을 묶은 것이었다.[86]

안중근을 주제로 국제학술회의도 속속 개최되었다. 2001년 '안중근 의거 92주년 한·러 국제학술회의', 2004년 10월 8일에는 '안중근 의사의 위업과 사상 재조명'(숭모회 주최)을 주제로 의거 95주년 기념 국제학술회의[87], 2008년 10월 17~18일에는 '동북아 평화와 안중근의거 재조명'(안중근·하얼빈학회와 동북아역사재단 주최)을 주제로 국제학술회의가[88] 개최되었다. 국제학술회의는 연구주제와 범위는 물론 연구자 확산이라는 측면에서 의미가 크다. 안중근의 사상과 의거를 한국사 내지 한반도에 가두지 않고 인류평화사상·동양평화를 위한 의거로 자리매김할 수 있는 토대와 계기가 되기 때문이다.

안중근의거 100주년인 2009년에는 안중근 기념행사가 굉장히 많다. 학술회의에서 특별기획전, 창작오페라, 뮤지컬 공연까지 다양하다. 8월 7일, '안중근의거의 국제적 영향'(한국독립운동사연구소 주최)을 주제로 한국프레스센터에서 국제학술심포지엄, 8월 27일 중국 하얼빈에서 '중국인 눈에 비친 안중근 의사 의거'(관훈클럽 주최)를 주제로 해외 세미나가[89] 개최되었다. 이외에도 학술회의들이 준비되고 있는데 의거 100주년 학술회의들은 안중근의 사상과 의거를 주로 국제적인 관점에서 조명하는데 초점이 맞추어지고 있다. 그런데 많지 않은 연구 인력은 100주년 학술회의들을 추진하는데 문제를 발생하게 할 수 있다. 소수의 연구자들이 한

---

86 "안중근의사 순국 89주년 최초 한글위인전 발굴·공개", 『경향신문』1999.3.19.
87 "하얼빈의거 러 한인 의병과 연계" 안중근의사숭모회 국제학술회의 개최, 『국민일보』2004.10.9.
88 "하얼빈의거 99주년 국제학술대회서 재조명", 『한국일보』2008.10.21.
89 "중국인 눈에 비친 안중근의거", 『서울신문』2009.8.26.

정된 시간에 독창적인 논문들을 작성하고 활발한 토론을 진행하는 것이 쉽지 않기 때문이다.

한편 2007년에는 '안중근의 청년정신을 21세기 젊은이들에게'라는 모토로 '안중근평화재단청년아카데미'(http://www.danji12.com)가 설립되었다. 2006년 10월 25일 창립준비위원회를 구성하고 6개월 간 준비과정을 거쳐 50여인의 상임 이사들로 조직을 구성, 구체적인 활동에 들어가 2007년 5월 16일 안중근기념관에서 발족하였다.

1993년 8월 21일 제100회 교회사연구발표회 겸 안중근의사기념 학술심포지움이 개최되었다. 안중근의 신앙과 민족운동에 대하여 추적하였는데 안중근의거에 대한 교회의 인식과 태도에 대하여 논의가 심도 있게 진행되었다.[90] 심포지움 후 거행된 안중근의사 추도미사는 현직 서울교구장인 김수환 추기경이 집전하였다. 김수환 추기경은 강론에서 안중근의거가 윤리적으로 타당하였다고 말하였다.[91] 그러나 김수환 추기경의 강론은 조선일보와 동아일보가 인식한 것처럼, 전 서울교구장 뮈텔(Mutel) 주교가 단죄한 안중근의사가 1993년 현 서울교구장이었던 김수환 추기경에 의해 '복권'되었다는 것을 의미하는 것은 아니었다.[92] 왜냐하면 김수환 추기경의 강론은 비공식적인 것이 아니었지만, 그렇다고 공식적인 것도 아니었기 때문이다. 한 번의 미사에서 행해진 강론으로 끝나는 아쉬움을 남겼다.

2000년 11월 1일, 영성·윤리 신학의 측면에서 안중근을 추적한 심포지움이 '2000년 대희년과 안중근 토마스'라는 주제 아래 한국교회사연

---

[90] 이날 발표된 4편의 논문과 각 논문의 토론문, 종합토론문은 '안중근 연보'와 함께 1994년 『교회사연구』9(안중근 토마스 의사 특집호)로 발간되었다.

[91] 『가톨릭신문』1993.8.29.

[92] 김춘호, 「안중근의 의거 (義擧)는 정당한가? 사회윤리적 관점에서 」, 『신학과 철학』2권, 서강대학교 비교사상연구원, 2000, pp.100~101.

구소 주최로 열렸다. 신학적인 측면에서 안중근의거의 정당성을 보다 자세하게 규명하고자 하였고, 아쉬움은 남았지만 발표자도 토론자도 안중근의거가 전쟁 중에 전개한 정당한 행동이었다는 데 의견이 일치하였다.

안중근의거를 추적한 학문적인 연구성과들이 집적되고, 실천의 측면에서 안중근의 신앙과 애국심을 이해하고 본받으려는 많은 노력들이 계속되었다. 그리하여 안중근의 이토 처단은 살인행위가 아니라 애국심과 신앙심을 조화시킨 영웅적인 일이었고, 따라서 그를 성인의 반열에 올려야 한다는 주장도 제기되었다.[93] 그러나 신학자들과 교회신학자들의 공통된 의견은, 안중근이 가톨릭신앙을 바탕으로 독립운동을 했고, 신앙의 신념 아래 이토를 저격하고, 죽음을 받아들였다 할지라도 열심한 신앙인이었지 순교자는 아니라는 것이었다. 그 이유는 교회법과 교리, 교회의 전통에서 제시한 '순교의 3가지 필수조건' 때문이다. 안중근의거는 궁극적으로 '그리스도를 증거'하기 위해서가 아니며, 안중근의 사형 자체도 신자로서 그가 마지막까지 신앙을 고백했지만 '신앙' 때문에 죽은 것도 아니며, 박해자 즉 일본정부도 '신앙' 때문에 사형선고를 내린 것이 아니라는 것이다.[94]

안중근의거에 대한 한국천주교회의 인식변화는 성당 명칭에 '안중근 도마'가 사용되고, 교구 차원의 행사들이 행하여지는 것에서 확인할 수 있다. 1998년 4월 27일, 군종교구는 새 성당을 '안중근 도마 성당'이라 명명하였고, 1999년 5월 대전교구 전민동본당은 '안중근 도마 추모성당'으로 공포되었다. 1999년 3월 25일 천주교정의구현전국연합은 안중근의사기념관 앞에서 '민족과 함께 한 참신앙인 안중근 도마'를 주제로 순국 89주기 추모행사를 거행하고 추모미사도 봉헌하였다. 같은 해 9월 군종

---

[93] "천주교, 안중근 의사 시성시복 추진", 『한국일보』1997.7.31.
[94] 『가톨릭신문』1997.9.7.

교구는 오스트리아에서 열린 제31회 국제군인사도직(AMI) 총회에 참석, 2000년대 한국의 군인신자상으로 안중근을 제시하였다. 1999년 청주교구는 충북 청원군 청소년수련관의 운영을 지자체로부터 넘겨받아 2000년 5월 '안중근학교'를 개설, 안중근의 생애와 사상을 교육하였다.[95]

안중근의거를 가장 적극적으로 현양한 단체는 천주교 정의구현전국사제단이었다. 매년 안중근 순국 추모미사를 거행하였던 사제단은 2000년 10월 25일 조선카톨릭교협회와 함께 '안중근 의사와 민족통일'이라는 주제로 심포지움을 개최하였다. 이튿날 사제단과 조선카톨릭협회는 하얼빈 역 구내에서 묵념 등 기념행사를 하고 안의사 유해 남북공동발굴을 결의하였다. 안중근은 남북한 모두에서 항일투쟁가로 높은 평가를 받고 있기 때문이었다. 2001년 4월 안중근학교·안중근연구선양회와 함께 '안중근평화운동'을 시작하였으며, 5월 5일 제1회 '안중근통일문화제'를 안중근학교와 함께 마련하였다. 12월에는 '통일염원 한겨레 성찬제와 안중근 도마 의사 하얼빈 의거 92주년 남북 공동 학술세미나'를 평양에서 개최하였다. 2002년 3월 25일 제1회 안중근 평화상을 제정, '평화를 여는 가톨릭청년'에 시상하였고, 4월 29일~5월 1일, 조선카톨릭교협회와 함께 중국 대련·여순감옥에서 "안중근 도마 의사 순국 92주기 남북공동기념 행사"를 개최하였다.[96]

신자들의 인식과 태도에도 많은 변화가 있었다. 2000년 8월 제천 배론성지에서 원주교구와 나고야교구의 한 일 화해와 일치 청소년 세미나가 개최되었는데, "안중근 의사의 사상에서 본 한·일간 화해와 평화" 등에 관하여 토론하였다. 2002년 3월 한국가톨릭언론인협의회 전국대회는 '안중근의사의 삶과 영성' 특강을 마련하였고, 2003년 3월 평화방송TV

---

[95] 윤선자, 「안중근의거에 대한 천주교회의 인식」, p.74.
[96] 위의 논문, pp.74~75.

는 특선영화 '의사 안중근'과 '청소년특별기획-안중근 의사의 발자취를 따라서' 등 안중근 관련 3·1절 특집방송을 하였다. 이상 살펴본 것처럼, 안중근에 대한 한국천주교회의 관심은 교구·본당·신자 차원에서 다양한 형태로 표출되었다. 그러나 일회성의 행사들이 많고, 안중근과 안중근의 의거를 천주교 신앙의 차원에서 밀도 있게 다루지는 못하였다.[97]

한편 1999년 3월 1일 안충석 신부 등이 성역화사업을 대통령에게 건의하였다. 1만평 규모의 '안 의사 추모공원'을 신사참배지였던 서울 남산식물원에 조성하고, 안중근의 고향이자 신앙생활의 모태역할을 하였던 황해도 청계동성당을 복원하고, 남북의 화해와 일치를 위해 비무장지대(DMZ)에 안중근의 유해를 모시는 방안도 추진한다는 것이었다.[98] 3월 26일 남산의 안중근의사 동상 앞에서 안충석·신성국 신부 집전으로 미사를 올리고 성역화사업 추진을 선포하였다. 그리고 9월 5일 '안중근의사성역사업추진위원회'를 발족하였다. 9월 16일 동 위원회는 서울시장에게 성역사업을 제안 설명하였는데, 서울시는 '남산제모습찾기일환'의 이유로 제안을 부결하였다. 이에 동 위원회는 12월 23일 확대회의를 개최하여 '안중근의사남산성역화추진위원회'를 결성하였다.

2000년 1월 1일 안중근의사기념사업회는 안중근의사 생가복원사업 추진을 결의하였고, 3월 16일 안의사유해발굴위원회를 발족하였다. 유해발굴위원회는 "중국 여순(旅順)감옥에서 처형당한 뒤 감옥 내 수인묘지에 묻힌 안의사의 유해 매장장소를 확인할 수 있는 자료를 발견했다. 중국 및 북한의 양해를 얻는 대로 유해를 발굴할 예정"이라고 밝혔다. 유해발굴위원회 도쿄사무국은 도쿄의 성이냐시오성당에서 기자회견을 갖고 "안의사 매장지를 확인할 수 있는 자료는 일본에서 입수한 지도 및 서

---

[97] 위의 논문, pp.75~75.
[98] 『평화신문』2000.3.26.

류와 방증자료 등 여러 점"이라고 말했다. 안중근의사가 묻혀 있는 수인묘지는 1만 5천여 평 규모로 일제가 패망한 뒤 중국의 애국열사를 묻는 공동묘지로 바뀌었다.[99]

현행법상 국가유공자 관련단체의 경우 '선(先) 설립단체 유일주의'가 적용되고 있어 안중근의사기념사업회는 국가로부터 독립운동가 단체로 인정받을 수 없다. 그럼에도 안중근의사기념사업회가 설립된 것은 친일인사들이 숭모회의 이사장 및 주요 간부를 역임한 때문이었다.[100]

2005년 3월 25일 안중근의사기념사업회는 (사)기쁨과희망사목연구원과 함께 '안중근의거에 대한 인식'을 주제로 안중근의사 의거 100주년 기념준비 및 제1회 국제학술회의를 서울프레스센터에서 개최하였다.[101] 이어 2005년 10월 26일 '안중근의 신앙과 사상'을 주제로 제2회 국제학술회의,[102] 2006년 3월 24일 '안중근 부자의 독립운동'을 주제로 제3회 학술대회,[103] 2007년 10월 26일 '안중근과 그 가족의 독립운동'을 주제로 제6회 학술대회,[104] 2008년 10월 24일 '동아시아공동체와 안중근'을 주제로 제8회 학술대회를 개최하는 등 의거 100주년 학술대회를 추진하였다.

한편 2006년 1월 11일 '안중근의사 하얼빈의거 100주년 기념사업추진위원회'가 안중근의사기념사업회 주도로 발족하고, 각계 인사 100명이 추진위원으로 위촉되었다.[105] 동 위원회는 2009년 안중근의사기념

---

[99] "안중근의사 유해 머서 곧 발굴키로…매장장소 확인", 『동아일보』2000.3.18 ; "개운찮은 '安의사 墓地' 발표", 『경향신문』2000.3.21.
[100] 주진우, "독립 열사 욕보이는 독립운동 기념사업회", 『시사인』48, 2008.8.12.
[101] "안중근의사 기념사업회, 의거 100주년 기념준비 국제학술대회", 『가톨릭신문』2005.4.3.
[102] "안중근의사 의거 96주년 학술대회", 『가톨릭신문』2005.11.6.
[103] "안중근의사 순국96주기 추모식·학술대회", 『가톨릭신문』2006.4.2.
[104] "안중근의사 하얼빈의거 98주년 기념식, 학술대회", 『가톨릭신문』2007.11.4.
[105] "안중근 기념사업회 발족", 『문화일보』2006.1.11.

사업회·민족문제연구소 등 50여 독립운동단체·시민단체·학술단체로 '안중근의사 의거·순국 100주년 기념사업추진위원회'로 확대 개편하였다. 100주년 기념사업은 순국 99주기인 2009년 3월 26일부터 100주기인 2010년 3월 26일까지 1년간을 사업기간으로 기획하였다. 주요사업으로는 안중근의사의 생애와 사상을 재조명하는 국제학술대회와 자료집 발간 등 학술사업, 전시회·시민강좌·유적지순례·청소년평화캠프 등 대중교양사업, 공연·서예대전·UCC공모전 등 문화사업, 기념주화와 우표 발행 추진 등이었다. 또한 그동안 내국인만을 수상자로 선정했던 '안중근 평화상'을 '안중근 국제평화상'으로 확대하고, 아시아의 평화운동에 기여한 국내외 인물을 선정 상금 1만 달러와 함께 시상하기로 하였다. 100주년 사업의 내용을 보면 학술연구와 미래세대 교육에 중심을 두고 추진한다는 특징이 있다. 그런데 100주년 기념사업은 연대 형식으로 만들어진 기념사업추진위원회가 추진하기에는 다소 무리가 있어 보인다. 많은 기념사업을 추진하기 위해서는 인적 자원과 더불어 물적 자원이 요구되는데, 현실적으로 인적 자원이나 물적 자원을 조달할 수 있겠는가 의문이 들기 때문이다.

1992년 3월 26일 중국 하얼빈에서 안중근 순국 82주년 기념오페라 '안중근'이 공연되고 대련천주당에서 연미사가 올려졌다.[106] 그리고 같은 달 하얼빈시에 중국교포사회에서는 처음으로 안중근의사연구회가 설립되었고,[107] 서덕근의 주도로 하얼빈공업대학에 안중근장학금이 설립되었다.[108] 2000년 3월 26일에는 여순감옥이 있는 대련(大連)에서 한국인회

---

[106] 『서울신문』 1992.4.21.
[107] 『세계일보』 1992.4.2 ; 『한겨레신문』 1992.6.5.
[108] 2006년까지 15회에 걸쳐 약 400명 하얼빈공업대학생에게 안중근장학금이 전달되었다.("2006년도 안중근 장학금 전달식 거행", 『흑룡강신문』 2006.11.1)

와 조선족노인회의 공동주관으로 시강(西崗)구 조선족 소학교에서 안의사 순국 추모식이 거행되었다. 대련의 한국인과 조선족이 함께 안의사 추모식을 개최한 것은 처음이었다.[109] 그해 대련에 거주하는 조선족 동포 40여명으로 구성된 '안중근연구회'가 출범하였다.[110]

   1992년 8월 24일 한국과 중국의 수교가 이루어졌다. 한·중 수교는 중국 소재 안중근 관련 자료 및 사적지 조사와 중국에서의 안중근 기념사업에 활기가 되었다. 1992년 10월 29일부터 1993년 11월 19일까지 약 18억 원을 모금한 『세계일보』가 1993년 11월 10일 공보처의 승인으로 재단법인 '여순순국선열기념재단'을 설립하였다. 1988년 '여순일아감옥구지'라는 현판 아래 중국국가중요문화재로 지정된 여순감옥에는 안중근의사 코너가 마련되어 있었다. 안중근이 복역한 지하감방은 간수사무실부속창고로 이용되고 있었고, 수감동 복도벽에는 '조선애국지사 안중근'이라고 쓴 액자 속에 수감 당시의 사진이 남아 있었다. 또한 옥중사진, 유화 초상화, 이토와 하얼빈 역사의 사진, 유시 '장부가', 약력, '빈여천인지소악자'라고 쓰인 유묵족자 등이 있었다.[111]

   1994년 4월 15일 여순순국선열기념재단은 여순감옥 내에 안중근 관련 안내 표지동판 3종(안중근 수감 감방 설명판, 안중근 교형장, 여순감옥 수감 기간 중 안중근의 사진 촬영 지점)을 부착하였다. 그리고 1998년 8월 15일 전국재소자교화후원회장인 박삼중(朴三中) 스님과 조선족동포 및 재일교포 등 20여명이 뜻을 모아 마련한 안중근 추모비가 세워졌다.[112] 2001년 4월 5일 기념재단은 여순감옥 내에 안중근의사 독립전시관을 개관하고, 10

---

109 "안중근의사 추모물결…韓-中-日서 순국90주년 추념식", 『동아일보』2000.3.27.
110 "박룡근- 대련 '안중근연구회' 회장", 『중앙일보』2009.3.26.
111 "여순감옥의 실상, 거사와 순국의 현장:24", 『세계일보』1992.12.4.
112 "안중근 의사 순국 中 여순감옥에 추모비", 『동아일보』1998.8.17.

월 20일 안중근이 재판을 받았던 여순 일본군관동부 법원구지를 매입하여, 2004년 6월 5일 여순일본관동법원구지 진열관 복원 공사를 마무리하였다.

한편 2001년 10월 19일 크라스키 류하노프카(煙秋 下里)에 단지동맹 기념비가 광복회와 고려학술문화재단에 의해 세워졌다. 단지동맹을 했던 장소는 이웃마을인데 그곳은 황무지로 변해 인적이 끊겨서 대로변에 비를 세웠다.[113] 그런데 비석에는 1909년 2월 당시의 국호가 대한제국이었음에도 대한민국으로 잘못 표기되어 있고,[114] 2005년 8월 24일 비석의 뒷면 러시아어 비문 중 '한국'이라고 표기된 부분이 알아볼 수 없을 정도로 훼손되었다.[115]

2006년 1월 16일에는 하얼빈의 중앙대로 금안 오로바 광장 공원에 안중근 동상이 세워졌다. 청동으로 만든 높이 4.5m, 기단 2m 크기의 동상으로 숭모회에서 마련한 것이었다.[116] 그러나 이 동상은 중국 중앙정부의 지시로 설치 10일 만에 강제 철거되었다.[117] 의사를 추념하는 방식에서 개인과 공공의 영역을 구분하는 것이 중요하다. 공공장소에 동상을 세우려면 공적 논의 절차가 필요하다.[118] 2006년 3월 26일에는 하얼빈 고려회관에 안중근 동상이 세워졌다. 서울 구로구에서 마련한 것이었는데 중국 당국의 공식 허가를 받은 것이 아니었다.[119] 그해 7월 하얼빈시 철도국은 역 플랫폼에서 안중근의사가 서서 총을 쏜 지점엔 총알이 날아간 방향으로 삼

---

113 김삼웅 칼럼: 연해주의 안중근·이상설 유허비, 『서울신문』 2001.10.23.
114 "안중근의거 100년", 『서울신문』 2009.7.22.
115 "연해주 안중근 의사 단지 기념비 훼손", 『국민일보』 2005.8.26.
116 "중국 하얼빈서 안중근의사 동상 제막", 『세계일보』 2006.1.18.
117 "中하얼빈 안중근 동상 사라졌다", 『동아일보』 2006.3.23.
118 "사설 : 씁쓸하게 유랑하는 안중근 동상", 『국민일보』 2009.9.4.
119 "하얼빈 고려회관에 '안중근 동상' 설치 – 양대웅 구로구청장", 『문화일보』 2006.3.27.

각형 표시를, 이토가 총을 맞은 지점엔 네모 표시를 설명 없이 대리석 보도블록 위에 새겼다.[120] 또한 같은 달 하얼빈시는 자오린공원 내에 안중근의사비 건립을 허락하였다. 앞면에는 여순감옥 수감시 붓글씨로 남긴 '청초당'과 단지 손도장, 뒷면에는 '연지'라는 글자가 각각 새겨졌다.[121] 같은 해 경기 부천시가 하얼빈시와 꾸준한 협상을 벌여 하얼빈 역사에 안중근의사 홍보관을 설치하는 외교적 성과를 거뒀다. 하얼빈역사에 홍보관이 설치됨에 따라 안중근의사 기념물은 조선민족예술관 1층 기념관과 자오린공원 안중근의사 기념비까지 힐빈에만 3개로 증가하였다.[122]

한편 일본에서는 매년 대림사에서 안중근의사와 지바의 합동법사가 거행되었고, 1996년 3월 26일 일본의 학자 등 20여명이 도쿄 국제문화회관에서 "일본 안중근연구회"를 발족하였다.[123] 1997년에는 일본의 대표적 극단이 안중근 의사를 다룬 연극을 무대에 올렸다.[124] 매년 많은 일본인들이 안중근의사기념관을 찾아와 참배하는데 안중근의사기념관측에 따르면 1996년 일본인 참배객들은 1만 4천여 명으로 전체 참배객의 10% 이상이었다.[125]

미주 안중근의사 기념사업회는 의거현장인 중국 하얼빈 역에 의거기념비와 기념관을 세우기로 하고 1993년 1월 7일 발기인 모임을 갖고 구체적인 사업추진방안을 협의하였다.[126] 2008년 현재 미주 안중근 기념사업

---

[120] "안중근 의사 저격 장소 복원", 『한겨레신문』 2006.7.4.
[121] "하얼빈시 안중근의사 추모행사", 『가톨릭신문』 2006.7.9 ; "안중근 애국의 날-자오린공원의 안중근의사 기념비", 『가톨릭신문』 2009.3.11.
[122] "부천 자매도시 하얼빈에 '안중근 홍보관'", 『내일신문』 2006.7.12.
[123] "'일본 안중근연구회' 발족", 『한국일보』 1996.3.27.
[124] "일 극단 안중근 연극 화제, 이토를 죽인 '국적서 영웅'으로…", 『한국일보』 1997.7.9.
[125] "'일 정부 사죄안받곤 눈 못감아', '나눔의 집' 정신대할머니들", 『문화일보』 1997.8.15.
[126] "안중근의사 기념비 하얼빈에 건립 추진, 미주기념사업회", 『동아일보』 1993.1.9.

회는 LA 한인타운에 건립 중인 '노인복지회관'내에 안중근 의사 흉상을 세우고, 시청각 자료실을 만드는 기념사업을 추진하였다. 안중근 의사의 흉상은 2000년 제작이 완료되었다.[127]

1990년대 초부터 안중근기념사업은 매우 활발하게 추진되었다. 문화인물과 호국인물로 선정되었고, 유해발굴작업이 남북 공동으로 추진되었다. 천주교회는 신앙인 안중근, 애국적인 안중근의거라는 측면에 초점을 모았다. 한중 수교로 중국에서의 안중근 관련 기념사업들이 활발하게 추진되었으며, 미주와 일본에서도 안중근연구회가 조직되는 등 국외에서도 안중근 기념사업은 활발하게 진행되었다.

5. 맺음말

해방 후 안중근 기념 첫 사업은 동상건립기성회 조직이었다. 해방된 한반도에서 안중근이 긍정적인 평가를 받은 인물이었다는 의미이다. 이후 안중근 기념사업은 주로 순국일에 추모행사로 진행되었다. 해방 이후 1960년대 초까지 안중근 기념 사업은 동상 건립과 순국일·의거일에 거행된 추념식이었다. 추도란 "죽은 이를 생각하며 슬퍼하는 것"으로 '추념'도 비슷한 의미이다. 추도에서 한 걸음 더 나아가 교훈을 끌어내는 것이야말로 추도의 진정한 의미이다. 뿐만 아니라 최고의 추도란 정확한 사실에 토대하여 이루어져야 한다. 그러기 위해서는 안중근에 대한 자료 발굴과 그에 기초한 연구가 진행되어야 하는데 이 기간에는 몇 편의 희곡과 단행본이 출간되었을 뿐이다. 천주교회측에서도 소극적인 관심을 표명

---

127 『재외동포신문』2008.4.18.

하였을 뿐이었다.

숭모회가 사단법인으로 설립된 1960년대 초반부터 1990년대 초까지 안중근기념사업은 국가적인 후원과 국민들의 관심 속에서 추진되었다. 안중근의사기념관 설립과 안중근 유묵의 보물 지정은 국가적인 차원에서의 관심과 후원이었다. 그리고 이러한 관심과 후원은 안중근 관련 자료들의 발굴로 이어졌고, 안중근 연구의 기초가 되었다. 천주교회 측에서도 안중근을 천주교 신앙인으로, 단죄하였던 안중근의거를 애국적인 행동으로 인식하고 평가해야 한다는 주장을 추모식과 논문들로 표명하였다. 중국에서는 안중근의거지인 하얼빈을 중심으로 동북삼성에서 안중근을 기념사업들이 추진되었다. 안중근 동상 건립과 같은, 안중근을 표면에 내세우는 사업은 할 수 없었지만 신문기사·학술회의·단행본 등을 통하여 안중근을 기념하였다. 일본에서도 안중근 기념비가 설립되었다. 이처럼 이 기간 안중근 기념사업은 국·내외적으로 토대를 다져나갔다.

1990년대 초부터 안중근기념사업은 매우 활발하게 추진되었다. 문화인물과 호국인물로 선정되었고, 유해발굴작업이 남북 공동으로 추진되었다. 천주교회는 신앙인 안중근, 애국적인 안중근의거라는 측면에 초점을 모았다. 한중 수교로 중국에서의 안중근 관련 기념사업들이 활발하게 추진되었으며, 미주와 일본에서도 안중근연구회가 조직되는 등 국외에서도 안중근 기념사업은 활발하게 진행되었다.

즉 해방 후 안중근 기념사업은 시간이 흐르면서 다양화하고 확산되었는데, 그것은 안중근이 한국 민족운동사에서 차지하는 위치와 의미가 그만큼 크다는 것을 의미한다. 또한 그의 동양평화사상과 의거가 지닌 역사적 의미가 크다는 것을 말해준다. 그런 만큼 그를 기념하는 각종 사업들의 다양화와 확산은 역사적 가치와 의미를 지닌다. 안중근을 기념하는 기념사업 확대는 독립운동가와 독립운동사에 대한 관심의 증대이다. 안중근 기념사업의 시작, 전개, 확대는 시간이 흐르면서 독립운동가와 독립운동사에 대한 관심이 증대되었고 한국사는 물론 세계사적으로도 한국의 독립운동이 자리매김해 가고 있음을 보여준다는 점에서 역사적 의의를 찾을 수 있다.

2009년 현재 안중근을 기념하는 단체는 안중근의사숭모회, 안중근의사기념사업회, 여순순국선열기념재단, 안중근평화재단청년아카데미 등이 대표적이다. 독립운동가로 중 기념하는 단체가 이렇게 많은 것은 안중근뿐이다. 그만큼 안중근의 사상과 의거가 우리 역사와 세계사에 던지는 의미가 크다는 의미이다. 따라서 각 단체가 설립 취지에 맞추어, 중복되어 낭비하는 일없이 기념사업을 추진한다면 안중근 기념사업은 다른 기념사업의 모델이 될 수 있다.

그동안 안중근 기념사업은 일회적이고 중복되는 경우가 적지 않았고, 사후 관리가 미흡하였다. 향후 안중근 기념사업은 안중근의 정신을 미래화하는, 안중근의거를 국제평화의 측면에서 자리매김하는 방향으로 나아가야 할 것이다. 그리고 그러한 방향으로 나아가기 위해서 안중근의 사상과 의거에 대한 철저한 사료 조사와 정리, 그에 토대한 연구와 평가가 추진되어야 할 것이다. 안중근에 대한 사료정리와 연구는 눈에 보이지 않는 기념관을 건설하는 것이다.

학술연구 외의 기념사업들은 학술연구 결과를 충분히 활용하여 장기적인 안목에서 기획되고 추진되어야 할 것이다. 안중근의 이름을 내건 많은 기념행사들이 있는데 대개는 왜 안중근 이름을 필요로 하였는지 의문이 들게 한다. 순국일이나 의거일에 행해지는 기념식은 자칫 의례적인 행사로 전락할 수 있다. 따라서 장기 계획을 수립하여 기념식을 추진한다면 일회성의 행사로 끝나지 않을 것이다. 동상이나 비와 같은 기념시설도 왜, 어디에 건립하는지를 충분히 숙고·조사한 후 진행해야 할 것이다. 또한 건립한 기념시설은 사후 관리와 활용이 중요하다. 건립에만 주력하여 건립 이후에는 관심 밖으로 밀려나고 그리하여 훼손되기까지 하는데 관리자(단체)를 분명히 한다면 이용과 관리에 효율성을 부여할 수 있을 것이다.

06

안중근 의거 이후
그 가문의 동향

조광
고려대학교 한국사학과 교수

1. 머리말

한 인물에 관한 종합적 연구를 위해서는 그 시대와 역사적 조건에 대한 연구가 선행되어야 한다. 그리고 그 사건이 배태되어 자라난 기본 문화에 대한 이해가 요청된다. 한국문화의 특성 가운데 하나로 가족적 유대가 남달리 강하다는 점이 지적되기도 한다. 사실 우리 전통사회에서는 부계(父系) 혈족을 중심으로 해서 강하게 결속되어 있었다. 가족 내지는 가까운 친족들은 하나의 혈연공동체를 이루고 있었고, 그 공동체는 동일한 가치를 공유하던 과정에서 일정한 경향성을 드러내며 공동유대를 강화하기도 했다.

이러한 사실은 우리나라 교회사 초기 천주교 신앙의 전파 과정에서 여실히 드러난다. 그리고 독립운동의 과정에서도 확인된다. 안중근(安重根, 1879~1910) 일족은 만주에서 독립운동에 종사하던 이시영(李始榮) 가문이나, 이상룡(李相龍) 가문과 함께 국가와 민족의 독립을 위해서 투쟁한 대표적 가문으로 평가될 수 있다.

안중근의 가족 및 친족 관계를 살펴보기 위해서는 적어도 그 조부(祖父) 대까지는 소급해 올라가야 한다. 안중근의 조부 안인수(安仁壽)는 아들 여섯 명을 낳았다.[1] 이 가운데 안중근의 아버지 안태훈(安泰勳)은 그 세 번째 아들이었다. 남자 형제가 많은 만큼 안태훈은 매우 번성한 집안 출신이었다. 그러므로 안중근에게 두 명의 백부와 세 명의 숙부가 있었다.

안중근은 손아래로 두 형제가 있었다. 그리고 근자(根字) 항렬의 4촌 형제들이 열한 명이었고, 이들의 소생인 생자(生字) 항렬의 조카들이 적어도 스물두 명은 되었다. 우리는 안중근(安重根)의 독립 의지가 그의 친동

---

[1] cf. 別添 安重根 家系圖. 이 가계도는 順興安氏族譜 및 "朴魯連, 2000, 『안중근과 평화』, 을지출판공사"를 비롯한 그 밖의 자료들을 종합 정리하여 작성했다.

생이나 종형제(從兄弟)들을 비롯한 친족들의 독립운동을 통해서 관철 계승되어 나가는 과정을 확인할 수 있다. 안중근 가문의 독립운동은 안중근 의거에 의해서 직접적으로 고무되었다.

안중근 가문의 독립운동에 대해서는 이미 상당한 연구업적이 축적되어 있다.[2] 본고에서는 이러한 선행논문들을 참작하되, 그들의 독립운동뿐만 아니라 일반적인 동향까지도 포괄하여 검토해 보고자 한다. 그리고 선행 연구성과에서 미처 밝히지 못했던 부분들을 보완해 보고자 한다. 그리하여 한국근현대사에서 안중근 일가가 걸어온 발자취를 확인함으로써 일제의 침략에 저항적이었던 한 가문의 역사를 복원해보고 이를 통해서 한국 근현대 천주교사의 결락된 일부를 보완해 보고자 한다.

본고에서는 안중근의 친자(親子)인 안분도(安芬道), 안준생(安俊生) 등의 동향을 먼저 주목해 보겠다. 그리고 이어서 동기간인 안성녀(安姓女) 안정

---

[2] 韓詩俊, 2000, 「安恭根의 생애와 독립운동」, 『敎會史硏究』 15, 한국교회사연구소.
오영섭, 2002, 「안중근 가문의 독립운동」, 『한국민족운동사연구』 30, 한국민족운동사학회(오영섭, 2002, 「안중근 가문의 독립운동」, 『안중근과 한인민족운동』, 국학자료원)
오영섭, 2006, 「을사조약 이전 안태훈의 생애와 활동」, 『안중근 부자의 독립운동』(안중근의사 의거 100주년 기념준비 제3회 학술대회 발표자료집), 안중근의사기념사업회.
오영섭, 2007, 「개화기 안태훈(1862~1905)의 생애와 활동」, 『한국근현대사연구』 40, 한국근현대사연구회(오영섭, 2007, 「개화기 안태훈의 생애와 활동」, 『한국근현대사를 수놓은 인물들(1)』, 경인문화사)
오영섭, 2007, 「일제시기 안공근의 항일독립운동」, 『한국근현대사를 수놓은 인물들(1)』, 경인문화사(오영섭, 2009, 「안공근의 항일독립운동」, 『안중근과 그 시대』, 경인문화사)
오영섭, 2007, 「일제시기 안정근의 항일독립운동」, 『안중근과 그 가족의 독립운동』(안중근의사 의거 100주년 기념준비 제6회 학술대회), 안중근의사기념사업회(오영섭, 2008, 「일제시기 안정근의 항일독립운동」, 『남북문화예술연구』 2, 남북문화예술학회)
이동언, 2008, 「안명근의 생애와 독립운동」, 『남북문화예술연구』 2, 남북문화예술학회.
이동언, 2007, 「안명근의 생애와 독립운동」, 『안중근과 그 가족의 독립운동』(안중근의사 의거100주년 기념준비 제6회 학술대회), 안중근의사기념사업회(이동언, 2009, 「안명근의 생애와 독립운동」, 『안중근과 그 시대』, 경인문화사)
박태균, 2008, 「한국현대사 속의 안중근 일가」, 『동북아평화와 안중근의거의 재조명』, 안중근·하얼빈학회 발표논문집.
도진순, 2009, 「안중근 가문의 百歲遺芳과 妄覺地帶」(안중근의거100주년기념국제학술대회), 안중근·하얼빈학회.

근(安定根)과 안공근(安恭根) 및 그의 자손들 즉 안중근과는 3촌 간인 생자(生字) 항렬 조카들의 행적을 검토하고자 한다. 이에 이어서 안중근의 사촌인 안명근 등 근자(根字) 항렬의 친척들과 5촌 간인 생자(生字) 항렬의 조카들이 전개했던 독립운동과 그 삶에 대한 자료들도 정리해 보고자 한다.

2. 안중근 가족의 이주 경위와 그 직계 가족들

안중근의 직계가족으로는 안중근의 부모 및 처자식을 들 수 있다. 안중근은 안태훈(安泰勳, 베드로)과 조(趙)마리아의 맏아들로 태어났다. 안중근의 의거 당시 그의 부친은 이미 사망한 이후였고, 그의 모친이 황해도 신천군 청계동에 안중근의 가족들과 함께 살고 있었다.³ 안중근의 부친 안태훈은 황해도에서 2~3위를 다투던 부호였다. 안중근의 모친 조마리아는 '너그러우면서 대의에 밝은 분'으로 기억되고 있다.⁴ 조마리아는 1927년 7월 상하이에서 별세하여 프랑스 조계 안의 외국인 묘지인 징안쓰(靖安寺) 만국묘지에 묻혔다.⁵

그리고 안중근은 김아려(金亞麗, 아네스)와 결혼해서 2남 1녀를 두었으니, 장녀 안현생(安賢生)과 맏아들 안분도(安芬道), 둘째아들 안준생(安俊

---

3 현재 서울 대교구청에 보관되어 있는 1890년대 황해도 지방의 영세대장(Liber Baptizatorum)에는 안중근이 세례를 받은 안악 마렴(麻廉)성당의 세례문서가 보관되어 있지 않다. 따라서 안중근 자신의 세례대장은 직접 확인할 수 없으나, 황해도 지역에 거주하던 그 일족의 세례사실과 세례명은 부분적으로 확인이 가능하다.
4 김자동, 2010, 「임정의 품 안에서」(58) 『한겨레』, 2010.3.25. 황해도 관찰사였던 김자동의 조부 金嘉鎭은 安泰勳이 거느리고 있던 私兵의 해산문제와 관련하여 안태훈과 불편한 관계를 갖기도 했다.
5 김자동, 2010, 「임정의 품 안에서」(59) 『한겨레』, 2010.3.28. 이 묘소는 1950년대 말에 도시개발 과정에서 사라졌다.

生, 마태오)이 그들이다. 이들도 안중근의 모친 조마리아 및 처 김아려와 함께 청계동에 거주하고 있었다. 그러나 안중근은 연해주 및 북간도 지역으로 망명한 이후 청계동에 있던 가족과는 떨어져 살게 되었다.

이와 같은 상황에서 안중근은 의거를 단행했고 순국했다. 안중근의 의거를 높이 평가하던 연해주의 교민들은 안중근이 순국한 직후 '안중근유족 구제공동회'를 결성했다. 이들은 1910년 1월 14일 블라디보스톡에서 의연금을 모집했던 사실이 있었다.[6] 안중근에 대한 사형 선고가 1910년 2월 14일에 내려졌음을 감안하면, 안중근유족 구제공동회가 활동을 개시한 시점은 안중근의 사형이 확정되기 이전이었다. 그러나 북간도와 연해주의 교민들은 안중근에 대한 사형선고가 틀림없이 있을 것으로 전망하면서, 그의 가족들을 돕기 위한 운동을 전개하기 시작했다. 이 운동의 중심에는 간도지역의 대표적 독립 운동가였던 최재형이 있었다. 그는 이 의연금을 보관 관리했다. 그리고 안중근 가족은 연해주로 이주한 직후인 1910년 10월경 크라스키노에 있던 최재형(崔在亨)과 그의 사위 엄인섭(嚴仁燮)의 집에 머물러 있었다.[7]

또한 이 운동의 배후에는 아마도 연해주에서 유력한 인물이었던 유승렬과 같은 사람이 있었을 것이다. 유승렬은 그 지역에서 의사로 일하며 일정한 재력을 갖출 수 있었으므로 안중근에게 군자금의 일부를 지원한 바도 있었다. 안중근은 1907년 초봄에 유승렬의 집을 방문하여 "연해주 일대의 모든 조선인들은 최저의 민족량심과 애국심이 있는 사람이라면 신분과 빈부를 막론하고 지식 있는 사람은 구국정신을 널리 선전하고 돈 있는 사람은 돈을 지원하고 나이 젊은 청년은 의군에 자진해 나서라는

---

[6] 金源模, 1984, 『근대한국외교사연표』, 단대출판부, 251쪽.
[7] 오영섭, 2009, 「일제시기 안정근의 항일독립운동」, 『안중근과 그 시대』, 경인문화사, 185쪽.

주장"을 나눈 바 있었다.⁸ 그리고 유승렬의 아들 유동하(劉東夏)는 안중근 의거 직후 함께 체포되어 재판을 받았다. 이와 같은 유승렬의 경력으로 볼 때 그가 안중근 유족들을 돕기 위한 일에 일정하게 간여했을 것으로 추정된다.

안중근의 가족은 안중근에 대한 재판부의 사형선고가 내려진 후 예상되던 일제의 탄압을 피해서 조선 황해도 신천군 청계동(淸溪洞)으로부터 러시아령 연해주(沿海洲)로 이주하였다. 안중근의 모친 조씨(趙氏, 마리아) 및 부인 김아려(金亞麗), 동생인 안정근(安定根)과 그의 처 한씨(韓氏), 그리고 셋째인 안공근(安恭根) 및 안중근의 장녀 안현생(安賢生)과 맏아들인 안분도(安芬道) 및 차자 안준생(安俊生, 마태오)까지 모두 여덟 명이었다.⁹

그 후 그들은 유승렬 이외에도 도산 안창호(安昌浩), 이갑(李甲) 등의 도움으로 1911년 4월경 꼬르지포에서 10여 리 떨어진 조선인 마을인 중국 길림성 목릉현(穆陵縣) 팔면통(八面通)에 옮겨서 '열여드레 갈이' 농장을 마련하여 생활할 수 있었다. 그러나 안중근 가족에 대한 일제의 추적은 이 마을에까지 이르렀다. 1911년 여름 이 마을에서 안중근의 맏아들인 안분도가 12세의 나이로 일제의 밀정에 의해서 독살당해 죽게 되었다.¹⁰ 안분도는 안중근이 그의 부인과 어머니에게 보낸 유서에서 신부로 키워

---

8 유동선 구술·김파 정리, 1985, 「안중근과 그의 동료들」, 『송화강』. 안중근의 이 말은 후일 사회주의 계열의 통일 전선론에서 다시 활용되었다. 그 결과 이 말은 『毛澤東語錄』이나 『김일성선집』 등에 약간 변형된 형태로 포함되어 있다. 이를 보면, 안중근이 이들의 사상에 미친 영향도 부분적으로나마 파악할 수 있을 것이다.

9 유동선 구술·김파 정리, 1985, 「안중근과 그의 동료들」, 『송화강』.

10 유동선 구술·김파 정리, 1985, 앞의 글. 유동선은 안분도가 살고 있던 곳에 낯선 외지 사람이 와서 준 과자를 먹은 직후 복통을 일으켜 사망했으며, 당시 그 주변의 사람들은 분도의 죽음을 독살로 이해했음을 말했다. 그런데 안분도의 죽음은 당시의 신문에는 단순히 病死로 보도되었다. 그러나 유동선의 傳聞證言에는 상당한 신빙성이 있고, 이 증언 자체가 안중근의 측근인 가운데에서 그의 죽음을 독살로 보았다는 당시의 상황을 나타내는 것으로 판단된다. 그러므로 본고에서는 안분도의 독살설을 취했다.

달라고 부탁했던 아이였다. 안중근 가족은 1917년 7월 니콜리스크로 다시 이주하여 벼농사를 시도했다.

그러나 당시 연해주는 러시아 혁명의 큰 물결에 휩쓸리고 있었다. 이 와중에서 연해주의 동지들은 안중근 가족의 보호에 특별히 유념해야 했다. 그리하여 안중근 가족들은 당시 동양 최대의 국제도시였던 상하이(上海)로 다시 옮기게 되었다. 안중근 가족 일행이 상해에 정착한 때는 1919년 10월이었다.

안중근의 가족이 상하이에 이주한 시점은 대한민국 임시정부가 상하이에서 출범한 지 몇 개월이 지나서였다. 상하이로 이주한 안중근 가족들은 프랑스 조계 내 남영길리(南永吉里)에서 살았다. 그들이 살던 곳은 평안도 출신 서북 지방 인사들이 집중적으로 거주했으며 흥사단의 상하이 지부가 있던 선종로(善鍾路)나 기호 지방 인사들의 거주지였던 애인리(愛仁里)와는 약간의 거리가 있었다.[11]

안중근 가족의 상하이 정착에는 도산 안창호가 일정한 도움을 주었다. 또한 구한말 1894년 동학농민혁명 직후부터 안중근의 부친인 안태훈과 잘 알고 지냈으며 안중근보다 세 살 연상이었던 백범(白凡) 김구(金九)도 그들의 생활을 도왔다. 상하이 시절 초기, 어머니 조마리아와 안중근의 부인 및 자녀들을 전적으로 돌보아준 사람은 우선 안중근의 동생 안공근이었다. 그리고 안중근의 아들 안준생이 장성한 이후에는 안중근의 유족들은 안준생이 상하이 교향악단 바이올린 주자로 벌어들이는 비정기적 수입 및 그 처가의 권유로 운영하게 된 약국의 경영을 통해서 마련된 넉넉지 않은 수입에 의존하고 있었다.[12]

안중근의 맏딸 안현생은 상하이의 대학에서 프랑스어와 미술을 전공

---

11 金明洙, 1985, 『明水散文錄』, 삼형문화사, 245쪽.
12 cf. 안천, 1999, 『일월오악도』 2, 260 쪽.

했고,¹³ 황일청(黃一淸)과 결혼하였다. 그러나 안현생의 삶은 그의 남편 황일청이 1939년 9월26일 안중근의 아들 안준생 등 14명과 함께 '재상하이유지만선시찰단(在上海有志滿鮮視察團)'의 일원이 되어 서울을 방문하게 되자 꼬이기 시작했다. 이 시찰단은 상하이에 거주하던 대표적 친일조선인으로서 상하이 조선인회 회장이었던 이갑녕(李甲寧)을 단장으로 하여 조직되었다. 이때 황일청을 비롯한 시찰단은 장충단에 소재한 이토 히로부미의 사당인 박문사(博文寺)를 방문하여 분향했다.

1941년에는 안현생도 박문사를 찾아 분향했다. 안현생 부부는 해방당시 1945년 당시 중국 쉬저우(徐州)에 거주하고 있었다.¹⁴ 해방 이후 황일청은 상하이에서 조직된 한교민단(韓僑民團) 단장을 맡아 동포들의 귀국사업에 종사하다가 1945년 12월 4일 한 교민의 저격을 받아 죽음을 당했다.¹⁵ 그 후 안현생은 1946년 11월 11일 두 딸과 함께 남한으로 귀국했다.¹⁶ 그는 한국전쟁 과정에서는 1952년 피난지 대구에 소재한 효성여자대학의 문학과 교수로 부임하여 불문학을 가르치면서 3년 동안 근무했다. 안현생은 한국전쟁이 휴전을 하고 서울로 환도한 후 효성여대를 떠나 서울로 돌아왔다.¹⁷

---

13 이지혜, 2010.4.4.「안중근 의사 후손들 ; 장녀 안현생씨 대구 가톨릭대 재직기록발견」『평화신문』.
14 김자동, 2010.3.30.「임정의 품안에서 60」『한겨레』.
15 安賢生, 1956,「安重根義士 따님의 手記 ; 擧事後에 우리 가족이 더듬어온 길」『實話』4289年 4月號, 59쪽.
16 安賢生, 1956,「安重根義士 따님의 手記 ; 擧事後에 우리 가족이 더듬어온 길」『實話』4289年 4月號, 59쪽 ; 해방직후 안중근 가족은 일단 황해도 신천군 청계동으로 귀환했다 한다. 그 후 그들 가운데 상당수는 서울에 정착한 김구의 연락으로 월남하게 되었다 한다. cf. 안천, 1999,『일월오악도』2, 교육과학사, 185쪽. 단, 여기에 인용된『일월오악도』에는 여러 곳에서 오류가 발견되고 있다. 그러므로 본고는 주로 그 글에 轉載된 인터뷰 증언 관계 자료에 한하여 인용하고자 한다. 이는 그의 책에 인용된 金泰俊의 증언자료는 본 필자가 전태준으로부터 직접 청취했던 증언과도 일치되고 있음을 감안한 결과이다.
17 安賢生, 1956,「安重根義士 따님의 手記 ; 擧事後에 우리 가족이 더듬어온 길」『實話』4289年 4月號, 64쪽 (이지혜, 2010.4.4.「안중근 의사 후손들 ; 장녀 안현생씨 대구 가톨릭대 재직기록발견」『평화신문』).

그리고 맏아들 안분도(安芬道)는 앞서 언급한 바와 같이 일제에 의해 독살되었고, 안중근의 대를 이을 혈족으로는 둘째 아들 안준생(安俊生, 마태오)이 있었다. 안준생이 성장한 곳은 상하이였다. 안준생은 이곳에서 수학했고, 상하이의 가톨릭스쿨(震檀大學)에서 영어를 공부하고 있었다. 그는 정옥녀(鄭玉女)와 결혼하여 2녀 1남을 두었다.[18]

그런데 안준생은 젊은 시절 상해한인청년당(上海韓人靑年黨)의 이사로 활동했던 이회영의 조카였던 이규서(李圭瑞)와 독립운동가의 후손인 연충렬(延忠烈) 등과 자주 어울렸다.[19] 이규서와 연충렬은 일본 밀정이 되어 1932년 이회영을 일제 경찰 당국에 밀고 해서 죽음을 맞게 했던 사람들로 지목되어 1933년 1월 상하이에서 김구 일파에 의해 암살되는 사건이 일어났다. 이 사건의 희생자들과 안준생의 관계를 생각할 때, 안준생은 당시 임정 주류 세력과의 사이에 일정한 간극이 있었으리라는 추정이 가능하다.

중일전쟁 시 안준생은 임시정부를 따라 중경으로 가지 못하고 그의 가족 및 모친 김아려와 함께 상하이에 남아 있었다. 그는 약국을 경영하던 처가의 권유에 따라 처가와 같이 매약에 종사했다.[20] 그는 앞서 언급한 바 있는 이갑영(李甲寧)을 단장으로 하는 만선시찰단에 합류하였다.[21] 그들은 조선총독부의 초청을 받아 1939년 10월 7일 조선을 방문했다.[22]

---

[18] 金明洙, 1985, 앞의 책, 35쪽. 김명수는 소년 시절 安偶生, 엔젤라(安蓮生), 鄭玉女 등과 자주 어울렸다. 그는 그의 『명수산문록』에 안중근 일가에 관한 기록을 남기고 있다.

[19] 김자동, 2010, 「임정의 품 안에서」(59) 『한겨레』, 2010.3.28.

[20] 金明洙, 1985, 앞의 책, 252쪽.

[21] 金明洙, 1985, 앞의 책, 70쪽. 상하이 조선인회 제3대 회장 李甲寧은 그 후 대한독립단원에 의해 상해에서 암살되었다. 상해 조선인회 제1대 회장 李容魯, 제2대 회장 柳寅發도 이미 암살당한 바 있었다.

[22] 金明洙, 1961, 『思想界』; 1985. 앞의 책, 32쪽. 당시 상하이에 있었던 김명수는 당시 방문단의 면모를 다음과 같이 비판하고 있다. "소위 황군의 앞잡이가 되어 위안소 경영은 한인들이 독차지하고 후방에서 중국 국민에게 痲藥을 팔아 치부하는 것도 우리 한인들이다. 외면에는 某某 실업 공사니, 의원 약국 등의 간판을 버젓이 걸어놓고 내면에는 90%가 이 살인적 행위이다. 과거의 누구누구라는 독립운

그는 조선총독 미나미 지로(南次郎)와도 면회했다. 그런데 당시 서울의 장충단 터에는 총독부 당국에 의해서 이토 히로부미(伊藤博文)를 추모하는 박문사(博文寺)가 세워져 있었다. 박문사는 이토 히로부미가 사망한 기일에 맞추어 1932년 10월 26일에 준공되었다.[23]

안준생은 총독부의 계획대로 1939년 10월 15일 박문사를 찾아 이토의 영전에 향을 피우고 주지가 준비한 안중근의 위패를 모시고 추선공양(追善供養)을 거행했다. 이때 그는 "죽은 아버지의 죄를 내가 대신 속죄하고 전력으로 보국(報國)의 정성을 다하고 싶다"라는 담화를 발표했다.[24] 그리고 다음날에 안준생은 조선 총독부 외사과장 마쓰자와 다쓰오(松澤龍雄)의 주선으로 이토 히로부미의 차남인 이토 분기치(伊藤文吉)를 조선호텔에서 만나 "아버지를 대신 깊이 사과드린다."고 말했고, 이토 분기치는 "나의 아버지도 너의 아버지도 지금은 부처가 되어 하늘에 있기 때문에 사과할 필요가 없다."라고 말하며,[25] '눈물의 악수 일 장면'을[26] 연출했다. 이토 분기치는 이때 안준생에게 안중근의 옥중생활 및 안중근의 죽음과 관련된 사진 15매가 든 앨범을 전해주었다고 한다.[27] 이들의 만남에는 조선총독부 외사부장이었던 마쓰자와 다쓰오(松澤龍雄)와 촉탁(통역) 아이바 기요시(相場淸)가 함께 임석했다.[28]

동자, 애국지사, 종교가, 문화인, 학자 등의 일류 신사님(?)들이 일본군용기를 타고 그 부귀한 상품을 운반하는 형편이었다...고국방문단을 조직하여 錦衣還鄕(?)하는 넌센스 연극을 꾸민 일도 있다."

[23] 신주백, 2009, 「식민시기 조선에서의 이토 히로부미의 기억」, 『한국과 이토 히로부미』, 선인, 397쪽.

[24] 『京城日報』 1939. 10. 16 ; 도진순, 2009, 「안중근 가문의 百歲遺芳과 忘却地帶」, 『안중근의 동양평화론과 동북아 평화공동체의 미래』(안중근 의거 100주년기념 국제학술회의 발표논문집), 안중근·하얼빈학회, 206쪽.

[25] 『大板每日新聞』朝鮮版, 1939. 10. 19 ; 도진순, 2009, 앞의 논문, 206쪽.

[26] 金明洙, 1985, 앞의 책, 252쪽.

[27] cf. Anthony Ahn, M.D., 2000, *Crisis of Humanity*. p. 368 ; 안천, 1999, 『일월오악도』 2, 교육과학사, 260쪽.

[28] 미즈노 나오키, 2009, 「식민시기 조선에서의 이토 히로부미의 기억」 『한국과 이토 히로부미』, 선인,

안준생의 부일행위는 일본이 점령한 상하이에서 살아야 했던 자신과 모친 김아려 등의 안위를 위한 행동일 수도 있었다. 그러나 안준생은 이른바 내선일체(內鮮一體)의 길을 향해 가고 있던 일제의 침략 정책에 이렇게 동원되었고, 안중근을 아끼던 사람들은 그 아들의 행위에 가슴을 쳤다. 김구는 진노하여 그를 민족 반역자라고 지칭하기까지 했다.[29] 해방이 되었다. 그러나 안준생은 해방 조국에 떳떳이 귀환할 수 없었다. 어찌 보면, 일본제국주의의 또 다른 희생양이었던 그는 1950년 조용히 귀국하여 서울에 머물다가 한국전쟁을 겪었고, 1·4후퇴 때 부산으로 피난했다.

안준생은 피난지 부산에서 신병이 악화되어 덴마크 병원선에서 치료를 받다가 1952년 11월 18일에 사망했다. 그를 덴마크 병원선에 입원시켜 준 사람은 그와 상하이 시절부터 알고 지냈던 손원일 해군 제독이었다.[30] 그는 부산시 초량의 천주교회 묘지에 안장되었다가, 1971년 경기도 포천군에 소재한 혜화동 천주교 공원묘지에 이장되었다.[31]

비운의 주인공 안준생이 죽은 이후 부인 정옥녀는 시어머니 김아려와 아들 안웅호 및 딸들을 데리고 미국으로 이민을 갔다.[32] 1987년 정옥녀는 귀국하였고, 1991년 사망하여 남편 안준생의 묘에 합장되었다.

안준생의 아들 안웅호는 1950년 한국전쟁 당시 서울에 머물고 있었다. 서울이 함락된 직후 국군 패잔병을 찾기 위해 세 명의 북한군이 안준생의 집을 수색하다가 안웅호를 국군 패잔병으로 오인하고 벽돌담벽 앞에 세워놓고 사살하려 했다. 이때 안웅호의 부친 안준생이 '그를 죽이면

399쪽.
29 김구 저, 도진순 편, 1997, 『주해 백범일지』, 돌베개, 408쪽.
30 金明洙, 1985, 앞의 책, 238쪽. 손원일은 上海 吳淞에 있던 水産學校를 다닐 때부터 안준생과 교류가 있었던 것으로 추정된다.
31 도진순, 2009, 앞의 논문, 207쪽.
32 김자동, 2010, 「임정의 품안에서」(60), 『한겨레』, 2010.3.30.

안중근의 유일한 혈통이 끊긴다'고 말했다. 안준생은 그 증거를 요구하는 인민군 장교에게 이토 히로부미의 아들이 자신에게 전해주었던 안중근 의거 관계 앨범을 찾아서 보여주었다. 장교는 사격을 중지시키고 '남이건 북이건 우리는 조선사람으로서 안중근의 전설을 어찌 잊을 수 있겠는가? 나는 그의 유일한 혈통을 끊을 수 없다'라고 말하며 떠났다.[33]

안웅호는 1·4후퇴 때에 부친 안준생과 함께 부산으로 피난했다. 그는 부친 안준생이 부산에서 죽은 후 1952년 도미하여 예수회에서 운영하던 시애틀 대학(Seattle University)에서 학부과정을 마쳤다.[34] 그리고 샌프란시스코대학(Univ of California in San Francisco)의 의학전문대학원(Medical School)을 졸업했다.[35] 그는 현재 미국에서 내과의사로 활동하였고, 자신의 조부 안중근의 의거에 관한 서술이 포함된 책자를 자비로 간행한 바 있다.[36]

3. 안중근의 형제와 그 조카들

안중근의 부친인 안태훈은 3남 1녀를 두었다. 장자인 안중근(1879~1910), 아래로는 안성녀(1881~1954), 안정근(1885~1949), 안공근(1889~1940) 등이 있었다. 안중근의 형제들은 독립운동에 직접적으로 참여하고 있었다. 이들 가운데 우선 안정근(安定根, 시릴로, 1885~1949)의 독립운동을 살

---

33 Anthony Ahn, M.D., 2000, *Crisis of Humanity*. p. 368, "North or South Korean, we still Korean. Who can ever forget the legend of An Joong-Geun, I can never cut his one and only direct blood line"
34 Anthony Ahn, M.D., 2000, *Crisis of Humanity*. p. 3.
35 Anthony Ahn, M.D., 2000, *Crisis of Humanity*, p. 9.
36 Anthony Ahn, M.D., 2000, *Crisis of Humanity*. 自家出版한 이 책자의 12장 'Reinforcing Legacy to Humanity'에서 안중근 의거에 대한 기록과 함께 안중근과 관계되는 자신의 체험담을 기록했다.

펴볼 수 있다.[37]

안정근은 안중근보다 여섯 살 아래였다. 그는 안중근 의거 당시 양정의숙 법률과에 유학중이었다.[38] 그는 부인 이정서 여사와[39] 결혼해 살면서 학업을 닦고 있었다. 의거 직후 천주교 조선교구장 뮈텔주교를 만나서 안중근에게 고해신부를 보내줄 것을 강하게 요청한 바 있었다.[40] 그 후 그는 양정의숙을 중퇴한 다음 안중근 가족을 이끌고 북간도로 이주했다.

안정근은 연해주에 이주한지 얼마 후인 1911년 4월까지 밀산현 봉밀산 밑에서 교육과 그리스도교 선교에 종사하고 있었다.[41] 그러다가 1914년 권업회 활동을 통해 독립운동에 투신했다. 그는 독립운동의 효율적 추진을 위해 동생 안공근과 함께 러시아에 귀화하였고 1915년에는 독립운동 단체인 신민회(新民會)의 노령(露領) 총감을 맡았다. 1918년 11월 중국의 지린(吉林)에서 자주독립을 위해 전개된 '무오독립선언문'의 발표에도 공동으로 참여했다. 3·1운동 후 상하이에 임시정부가 조직된 후 이에 적극 가담하여 활동했다.

즉, 그는 1919년 11월 상해 임시정부에서 국내 각 지방에 있는 유력

---

[37] 안정근의 생애에 관해서는 오영섭, 2002, 「안중근 가문의 독립운동」, 『한국민족운동사연구』30, 한국민족운동사학회 ; 오영섭, 2009, 「일제시기 안정근의 항일독립운동」, 『안중근과 그 시대』, 경인문화사 ; 도진순, 2009, 앞의 논문 등에 자세한 연구 성과가 수록되어 있다.

[38] 오영섭, 2009, 「일제시기 안정근의 항일독립운동」, 『안중근과 그 시대』, 경인문화사, 181쪽.

[39] 김자동, 2010, 「임정의 풀 안에서」(61) 『한겨레』, 2010.3.31. 한편, 이구영은 안정근의 부인을 한씨로 기억하고 있으나 이는 착오인 듯하다. 이구영, 2001, 『역사는 남북을 묻지 않는다』, 소나무, 145~148쪽. 안정근의 부인 한씨는 남편이 사망한 1949년 이후 귀국하여 서울에 살았다. 그는 자신의 독립운동 과정에서 남편과의 동지요, 딸의 시아버지인 백범 김구를 방문하여 인사를 드린 일이 있었다. 당시 한민당 선전부 차장으로 있었던 김승원은 이 일을 빌미로 삼아, 이때 백범 김구가 그 미망인에게 '장차 내가 조선의 왕이 될 터이니 그대는 왕비가 되지 않겠는가.'라고 편지를 주었다는 날조된 기사를 동아일보에 보도케 하여 김구와 한민당을 결별시키는 공작을 진행하여 성공시켰다고 한다.

[40] 뮈텔, 1998, 『뮈텔주교일기』4, 한국교회사연구소, 431쪽. 1909년 12월 20일자 등.

[41] 「朝鮮人ノ部 ; 在西比利亞(2)」, 「朝鮮人ニ關배スル情報送付ノ件」(1911. 2. 9) ; 오영섭, 2009, 「일제시기 안정근의 항일독립운동」, 『안중근과 그 시대』, 경인문화사, 186쪽.

자·재산가·학교·종교 등에 대해서 기초 조사를 할 때 김구와 함께 황해도 신천군의 조사위원으로 활동했다. 그리고 그는 1920년 5월 17일자로 왕삼덕(王德三)과 더불어 임시정부 내무부의 '북간도급노령파견특파원'(北間島及露領派遣特派員)으로 임명되어 활동하고 있었다. 그리고 북간도와 러시아령에 교민단(僑民團)을 설치하고 함경북도에 임시정부의 독판부(督辦府)를 설치하고자 시도했다. 또한 1920년 10월 25일에 전개되었던 청산리(靑山里) 전투에 참여하여 그 상황을 상해 임시정부에 보고했다.[42]

안정근은 청산리 전투를 마치고 가족들과 함께 상하이로 이주했다. 이들의 이주는 안중근의 맏아들 분도가 급사(急死)한 이후 안전한 활동 근거지를 찾으려던 자신들의 소망과 이미 상하이에 집결해 있던 백범 김구(金九, 1876~1949)나 도산 안창호 등의 초청과 도움이 있었기 때문이었다. 그는 임시정부의 내무차장과 대한적십자회 회장 직무대리를 맡기도 했으며 임시의정원 활동을 계속하고 있었다.

그 후 안정근은 뇌병(腦病)이 발병되어 1925년 웨이하이웨이(威海衛)로 옮겨가서 살았다. 그는 1937년 중일전쟁이 발발하자 임정 요원과 더불어 난징(南京)으로 이주하였다. 그 후 다시 난징이 위태로워지자 임정 가족과 함께 창사(長沙)로 가는 대신에 홍콩으로 탈출했고, 잠시 베트남의 하노이에 가서 살기도 했다. 그는 1941년 말 태평양 전쟁이 터진 후에 윈난(雲南)성의 쿤밍을 거쳐 42년에 충칭으로 돌아왔다.[43] 해방이 되자 그는 상하이로 귀환하여 한국적십자회 회장 및 중국에 체류하던 한국인들을 본국으로 송환하는 일을 맡아보던 한국구제총회의 회장이 되었다. 1949년 3월 17일 상하이에서 뇌병으로 세상을 떠났다.[44] 그의 유해는 상하이 만국묘

---

42 조광, 1996, 「일제하 무장투쟁과 조선천주교회」, 『교회사연구』11, 한국교회사연구소, 169~171쪽.
43 김자동, 2010, 「임정의 풀 안에서」(60) 『한겨레』, 2010.3.30.
44 鄭華岩, 1982, 『이 조국 어디로 갈 것인가』, 도서출판 자유문고, 181쪽. 상해에서 무정부주의 운동

지(萬國墓地)에 매장되었다. 그는 1987년 건국훈장 독립장을 추서 받았다.

안정근은 부인과의 사이에 3남(原生, 珍生, 王生,) 3녀(惠生, 美生, 恩生)를 두었다. 안정근의 맏아들 안원생(安原生)은 상하이 자오통(交通)대학을 다녔으며, 이때 자오통대학 축구부 주장으로서 중국의 국가 대표급 축구선수로 활동하기도 했다.[45] 안원생은 1943년 충칭에서 조직된 임시정부 계통의 청년 조직인 한국청년회의 총간사가 되었다.[46] 안원생은 해방 이후 귀국했다가 미국에 귀화했고, 미국 USIS와 미국 국무성에 직원으로 근무하기도 했다.

안원생은 1942년 이후 중국의 충칭(重慶) 시절부터 충칭 주재 미국대사관에서 근무하며, 개성에 파견되었던 미국 선교사의 아들이었던 미군 중위 웨임스 중위를 통해서 광복군과 미국 해외전략국(OSS)이 협조하는 데에 중계역할을 하고 있었다.[47] 이러한 경력을 바탕으로 하여 해방 이후에도 미국 정부기관과 연계를 가지게 되었다고 생각된다. 그는 해방 후 인천 미국공보원장으로 일했으며, 그 뒤 인도네시아 등에서 미국대사관 직원으로 근무한 바 있다.[48] 그의 자손들은 현재 미국에 살고 있다.[49]

안정근의 차남인 안진생(安珍生, 1918~1988)은 중국에서 태어나 성장했다. 그는 당시 중국천주교회의 지도자였던 위빈(于斌) 주교의 주선으

을 하던 정화암(1896~1981)은 안중근의 둘째 동생인 안공근이 중국 국민정부의 정보기관인 藍衣社의 戴笠이란 사람과 손을 잡고 자신의 형인 안택근을 김구 대신에 임시정부의 주석으로 추대하고자 꾀했기 때문에 김구와 결별하게 되었다고 언급한 바 있었다. 만일 이와 같은 언급이 사실이라면, 여기에 나오는 안정근은 아마도 안정근의 誤植일 것으로 생각된다.

45 金明洙, 1985, 앞의 책, 30·243쪽.
46 鄭靖和, 1998, 『長江日記』, 학민사, 210쪽. 저자 정정화는 1900년 생으로 金嘉鎭의 자부, 金義漢의 처, 김자동의 모친이다.
47 김자동, 2010, 「임정의 품 안에서」(58) 『한겨레』, 2010.3.25.
48 김자동, 2010, 「임정의 풀 안에서」(61) 『한겨레』, 2010.3.31.
49 조성관, 「조국에 기여했다는 자부심으로 살아요 ; 안중근 조카며느리 박태정여사 최초 인터뷰」, 『주간조선』1818호, 2004. 8. 26.

로⁵⁰ 1938년 이탈리아로 유학했고, 제노아 공대에서 1945년 7월 조선(造船) 공학을 전공하여 박사 학위를 받았다.⁵¹ 그는 제2차 세계대전이 막바지에 이르렀던 시기에 반(反)무솔리니 저항 운동에 가담하여 활동하기도 했다. 그 후 안진생은 제노아 조선소에서 근무하다가 1947년부터 1953년까지 미국에서 회사 생활을 했다. 이승만 대통령의 제의를 받고 귀국하여 서울대 사대 출신인 박태정과 결혼했다. 안진생은 해군 대령으로 3년간 복무한 뒤, 상하이 재류 시에 교류했던 손원일 해군 참모총장의 추천으로 대한조선공사 부사장에 취임했다.⁵²

안진생이 외교관 생활을 시작하게 된 때는 1962년이었다. 당시 박정희 대통령은 이탈리아로부터 어업 차관을 얻기 위해 그를 주(駐)로마 한국대사관 참사관에 임명했다. 이후 프랑스 공사, 네덜란드 대리대사, 자이레 대사, 콜롬비아 대사, 미얀마 대사 등을 지내며, 18년간 해외에서 근무했다. 1980년 외교안보연구원 본부대사로 있던 중 전두환 정권에 의해 강제 해직되자 그 충격으로 병을 얻어 8년간 투병 생활을 하다가 사망했다.⁵³

안정근의 장녀는 안혜생(安惠生)이었다. 그리고 안정근의 차녀는 안미생(安美生)인데, 그는 명문대학인 충칭의 중앙대학 영문과에 입학했다.⁵⁴ 이 학교가 항일 전쟁 과정에서 서남연합대학(西南聯合大學)으로 합류하게 되어 그 대학의 영문과를 졸업하고 임정 주석 김구의 비서로 있으면서

---

50 김자동, 2010, 「임정의 품 안에서」(60) 『한겨레』, 2010.3.30.
51 조성관, 「조국에 기여했다는 자부심으로 살아요 ; 안중근 조카며느리 박태정여사 최초 인터뷰」, 『주간조선』1818호, 2004. 8. 26.
52 조성관, 「조국에 기여했다는 자부심으로 살아요 ; 안중근 조카며느리 박태정여사 최초 인터뷰」, 『주간조선』1818호, 2004. 8. 26.
53 조성관, 위의 글.
54 鄭靖和, 1998, 앞의 책, 115쪽.

건국 운동에 참여했다.[55] 안미생은 김구의 아들 김인(金仁)과 중국 중앙대학의 동창이었으며, 중앙대학에 재학 중에 김인과 결혼하여 김구의 며느리가 되었다. 안미생은 1944년 충칭주재 영국대사관 공보원에 근무했다.[56]

그러나 김인은 1945년 초 폐결핵으로 충칭(重慶)에서 사망했고,[57] 이 부부는 딸 김효자를 두었다.[58] 안미생은 1945년 11월 임정 요인들이 귀국할 때 백범 김구의 비서 자격으로 환국했다. 그 후 안미생은 중국의 친정 부친 안정근에게 맡겨놓은 딸 김효자와 잠시 떨어져 1947년 여름 미국으로 유학을 떠났다. 이는 아마도 미국대사관에 다니던 안원생의 주선이었을 것이다.[59] 한편, 그 안미생의 동생인 안왕생(安王生)과 안은생(安恩生)은 미국으로 유학했고, 안은생은 캐나다로 이주하였다 한다.[60]

한편, 김인과 안미생 사이에서 출생한 김효자는 해방 직후 외조부인 안정근과 함께 상하이에 머물러 있다가 1947년 9월 초, 숙부 김신과 함께 귀국하여 김구와 더불어 경교장에 살고 있었다.[61] 이때 그의 모친이 미국으로 유학을 갔으므로 김효자는 조부 김구가 기르고 있었다. 이 상황에서 해방 직후 귀국한 김구에게 탈장수술을 시술했던 서울 성모병원 의사 박병래(朴秉來, 1903~1974)가 김구에게 요청하여 자신의 집으로 김효자를 옮겨살게 했고 그의 교육을 책임졌다. 김구는 자신의 며느리가 천주교 신자이므로 천주교 신자인 박병래의 집에서 김효자가 양육되는 것

---

55 朴性綱, 1946, 『安重根先生公判記』, 京鄕雜誌社, 227쪽.
56 김자동, 2010, 「임정의 뜰 안에서」(61) 『한겨레』, 2010.3.31.
57 鄭靖和, 1998, 앞의 책, 259쪽.
58 鄭靖和, 1998, 앞의 책, 115쪽.
59 김자동, 2010, 「임정의 뜰 안에서」(61) 『한겨레』, 2010.3.31.
60 김자동, 2010, 「임정의 뜰 안에서」(61) 『한겨레』, 2010.3.31.
61 김자동, 2010, 「임정의 뜰 안에서」(61) 『한겨레』, 2010.3.31.

을 긍정적으로 찬성하리라 생각하고서 그를 박병래에게 보냈다. 김효자는 박병래의 도움으로 이화여대에서 미술을 전공했고, 1960년대 중반 모친을 찾아서 미국으로 떠났다.[62]

또한 안미생의 남동생이었던 안왕생(安王生)과 여동생 안은생(安恩生)도 해방 직후 미국으로 유학을 떠났다. 이들이 미국유학을 떠난 때는 김신이 중국 공군에서 제대하고 귀국을 준비하던 1947년 여름 이전의 시기였을 것이다. 안은생은 김구의 둘째 아들 김신과 동갑으로서 김신이 중국 공군훈련을 미국에서 마치고 귀국하기에 앞서 만난 바 있었다. 안은생은 캐나다에 이주해서 살았다.[63]

안중근의 둘째 동생으로는 안공근(安恭根, 요한, 1889~1939?)이 있다.[64] 그는 원래 서울의 한성사범학교를 마치고 진남포에서 안중근이 운영하던 학교의 교사로 근무했다.[65] 그는 안중근 의거를 계기로 하여 교사로서의 생활을 접고, 중형 안정근 등과 함께 연해주로 이주하여 살면서 독립운동에 참여했다. 안공근은 1910년 봄 원산에서 배를 타고 블라디보스토크에 도착한 후 러시아령 꼬르지포에 잠시 머물렀다. 이들이 거주지로 결정한 곳은 중국 길림성 목릉현(穆陵縣)이었다. 안공근은 1912년 6월 10일 중국 길림성 목릉역을 출발해서 모스크바 및 뻬쩨르부르크로 가서 러시아어를 공부하고 1914년 니콜리스크로 돌아온 것으로 되어 있다.[66]

그는 1919년 임시정부 안창호의 추천으로 모스크바 특사로 임명되어

---

[62] 김자동, 2010, 「임정의 뜰 안에서」(62) 『한겨레』, 2010.4.1.
[63] 김자동, 2010, 「임정의 뜰 안에서」(61) 『한겨레』, 2010.3.31.
[64] 오영섭, 2009, 앞의 논문, 181쪽.
[65] 安賢生, 1956, 「安重根義士 따님의 手記 ; 擧事後에 우리 가족이 더듬어온 길」『實話』 4289年 4月號, 53쪽. 당시 안중근이 운영에 관여하고 있던 학교는 敦義學校와 三興學校가 있다. 이 두 곳의 학교 가운데 안공근은 사범학교를 마친 정규 교사였던 점을 감안할 때 야간학교였던 삼흥학교보다는 주간 보통교육기관인 돈의학교에서 근무했을 가능성이 더 높다.
[66] 오영섭, 2009, 앞의 논문, 127쪽.

상하이 임시정부로 오게 되었다. 상하이에 도착한 다음 임시정부 대통령 이승만에 의해 외무 차장으로 임명되었고, 1921년에 임시정부에서 공식적으로 파견한 외교관으로 모스크바에 도착하여 레닌 등을 상대로 하여 독립 자금의 확보를 위해 활동한 바 있었다. 안공근은 상하이로 귀임한 1925년 이후부터 모친 조마리아와 안중근의 가족들을 부양해야 할 실질적 책임을 지게 되었다.

안공근은 1925년 상하이로 귀환한 직후 임시정부 대통령 박은식이 서거했을 때 '독립운동을 위한 전 민족적 통일'을 강조했던 그의 유언을 필기한 바 있다. 이처럼 임시정부의 핵심에서 활동하고 있었다. 그는 1926년 여운형의 후임으로 상하이 한인 교민단장을 역임하게 되었다.

그는 독립운동과정에서 파생된 좌우의 분열을 극복하기 위해 노력하면서 1927년에는 유일당 운동에 김구·이동녕 등과 함께 집행위원이 되어 활동했다. 그는 전 민족 유일당 운동이 실패하자 안창호·조소앙·김구 등과 함께 우파 계열의 통일체인 한국독립당을 창당하여 이사직에 취임했다. 그는 임시정부를 유지·옹호하는 역할을 맡고 있었다. 그리고 한독당의 별동대로서 의열 투쟁을 목적으로 한 한인애국단이 김구의 주도로 결성되자 안공근은 그 단장이 되었다. 한인애국단은 이봉창 및 윤봉길 의사의 의거를 계획한 조직이었다. 이 시기 일제의 정보 보고서에는 "안공근은 김구의 참모로서 그의 신임이 가장 두텁고 김구가 범한 불법 행동은 안공근의 보좌에 의해서 이루어졌다."고 평한 바 있었다. 1930년대 그는 이처럼 임시정부 주석 김구의 최측근인으로 활동했다.

안공근은 6개 국어에 능통했다 한다.[67] 그는 상하이에서 미국 혹은 영국대사관에 통역으로 근무한 바 있었고, 소련 영사관 및 독일 영사관과

---

[67] 서재현 증언, 1996.3.9. cf. 안천, 1999, 『일월오악도』 2, 교육과학사, 170쪽.

도 관계를 맺었다. 그는 임시정부와 중국 국민당 정부를 연결하는 역할을 맡아서 국민정부의 정보기관인 남의사(藍衣社)와도 일정한 관계를 유지하고 있었다. 그는 임정을 중국을 비롯한 외국 정부 기관 및 조선인 좌파 세력이나 무정부주의자들과 연결시켜주던 인물이었다.

정화암(鄭華岩, 1896~1981)은 그의 회고록에서 1928년 이후 1930년대 중엽에 이르는 기간 동안 안공근의 상하이 생활에 대해서 기록했다.[68] 그 회고록에 의하면, 안공근은 1922년 신규식이 세상을 떠난 이후 중국 정부와의 교섭을 주로 맡고 있었다.[69] 안공근은 1928년 상하이(上海)에 머물며 무정부주의자들인 정화암·백정기(白貞基, 1896~1936), 신현상(申鉉商) 등과 함께 빙과점을 운영하고 있었다.[70] 그 후 무정부주의 계통 단체인 남화연맹(南華聯盟)을 이끌던 정화암은 1932년 11월 우당(友堂) 이회영(李會榮, 1866~1932)이 일본 경찰에 체포되어 고문치사 당한 후 이회영의 밀고자를 수색하는 과정에서 안공근과 다시 만나게 되었다.

그들은 이회영을 밀고한 사람으로 연충렬(延忠烈)과 이태공(李太公)을 지목하여 자백을 받고 처형했다고 한다.[71] 그리고 이 과정에서 안공근의 처조카였던 이종홍(李鍾洪)이 밀정으로 확인되었다. 이종홍은 김구 및 정화암의 지시에 의해서 처단되었고 안공근도 이에 동의했다.[72] 이 시기 안공근은 상해임시정부 주석 김구의 최측근인으로 활동하고 있었으며, 임정 계열의 무장투쟁 단체인 애국단에도 관여하고 있었다.

한편, 1933년 상하이에서 불자약창(佛慈藥廠)을 경영하면서 일제 관헌

---

68 鄭華岩, 1982, 앞의 책, 159~181쪽 참조.
69 鄭靖和, 1998, 앞의 책, 122쪽.
70 鄭華岩, 1982, 앞의 책, 92~93쪽.
71 cf. 註 19. 李太公은 李圭瑞와 동일인물로 추정된다.
72 鄭華岩, 1982, 앞의 책, 145쪽.

과 내통하고 있던 옥관빈(玉觀彬)이 살해당한 서간단(鋤奸團) 사건이 발생했다. 옥관빈은 합방 전후 신민회에서 활동했으며, 1911년에 발생한 105인 사건에도 개입되었던 인사였다. 그러나 1930년대에 이르러 일제와 타협의 길을 걷고 있었다. 이에 임시정부 김구의 자금 지원에 의해서 정화암의 지휘를 받아 남화연맹의 엄형순과 양여주[吳冕稙]가 행동 대원이 되어 그를 제거하게 되었다. 이때 안공근은 김구와 정화암을 연결하는 역할을 수행하고 있었다.

그런데 이 사건 이후 남화연맹에 속했던 엄형순과 양여주가 임시정부 계열의 애국단으로 적을 옮겼다. 이에 정화암은 안공근이 이들을 빼내 간 것으로 생각했고, 이로 인해서 정화암과 안공근 사이에는 간극이 생기기 시작했다. 한편, 애국단으로 적을 옮긴 양여주는 애국단 자체에 대한 비판을 시도했다. 애국단의 주요 업무에 종사하던 안공근은 이러한 일이 애국단의 분열을 획책하려는 정화암의 사주로 발생했다고 판단했다. 이로써 그들 사이의 틈은 더욱 벌어졌다.

한편, 안공근은 김구를 주석으로 한 상해임시정부 산하에서 박찬익(朴贊翊)과 경쟁관계에 있었다. 그는 주변 인물들과 원만한 관계를 유지하지 못했고 종국에는 김구와도 불화하게 되었다.[73] 그가 김구와 결별하게 된 것은 남의사와 연결하여 자신의 형을 임시정부의 주석으로 추대하고자 했기 때문이라는 설이 있다.[74] 또한 그와 김구의 관계가 소원해진 이유로 1932년 윤봉길의 의거 이후 각처에서 들어온 공금 사용과 관련된 문제가 지적되기도 한다.[75] 안공근과 김구의 관계가 좋지 않게 되자, 김구는

---

[73] 鄭華岩, 1982, 앞의 책, 181쪽.

[74] cf. 註 44 參照.

[75] 김자동, 2010, 「임정의 뜰 안에서」(62) 『한겨레』, 2010.4.1. ; 정정화, 1998, 앞의 책, 97쪽. "안중근의 동생 되는 안공근이 상해에 있을 때 형 인중근의 일로 말썽을 일으키고 공금을 챙겨 홍콩으로 잠시 피한 일이 있었다. 재주가 많고 말을 잘하는 이라서 여기저기에 허튼 소리를 하고 다녔던 모양이

임정과 중국 정부를 연결하는 임무를 이광(李光)에게 맡기고 안공근을 중심으로 했던 모든 활동을 봉쇄했으며, 안공근이 쓰던 전신 기계와 집까지 몰수해 버렸다 한다.[76]

그러나 김구와 안공근의 사이가 결정적으로 멀어진 계기는 1937년 10월 일본군이 상하이를 함락시킨 이후의 일이었다. 김구는 안공근에게 상하이에 들어가 그의 가솔과 형수 김아려(즉 안중근의 부인)를 모셔오도록 명했다. 이에 1939년 상하이에 잠입한 안공근은 자신의 가솔만을 데리고 나오고 형수를 모시지 못했다. 이로 인해서 안공근은 김구의 신망을 잃게 되었다 한다.[77]

안공근은 충칭(重慶)에서 김구 계열의 단체에 편입되지 않고 독자적 생활을 했다. 당시 충칭에는 병원을 경영하여 여유가 있었던 유진동(劉振東 號 狂波)이 있었다.[78] 안공근은 상하이 시절부터 가까이 지내던 유진동의 집에 자주 내왕했다. 안공근은 1939년 어느 날 유진동의 병원을 방문하기 위해 길을 나섰다가 그 이후의 행방이 묘연해졌다.[79] 아마도 그는 임시정부의 파쟁 과정에서 임시정부 계열의 인물들에 의해 충칭에서 제거

다. 임정 어른들께 야단을 맞게 생겼으니까 홍콩으로 도망갔던 것인데, 임정이 중경으로 옮겨 갔을 때 홍콩이 일본인의 손에 넘어가게 되자 용케 홍콩을 빠져나와 중경으로 왔다. 그때 백범이 그를 붙들어놓고 타일렀다. "이제 사람이 되라. 지금 이 자리에서 결심해라. 그 대신 나도 내가 좋아하는 이 담배를 끊겠다. 너 사람이 될 때까지" 그 후로 백범은 담배를 끊었다. 한마디로 안 하겠다면 안 하는 분이었으니, 그렇게 즐겨 피우던 담배도 하루아침에 끊어 버린 것이다. 안중근의 조카딸 安美生이 백범의 큰며느리였으니까 사실 백범과 안공근은 서로 사돈 집안이었고 해서 서로 무척 가깝게 지내며 친형제처럼 대했었다. 그러나 백범의 성품으로는 공적인 일만큼은 사사로이 처리할 수 없었던 것이다."

76 鄭華岩, 1982, 앞의 책, 181쪽.
77 김구 저, 도진순 편, 1997, 앞의 책, 361~362쪽.
78 鄭靖和, 1998, 앞의 책, 185쪽 ; 金明洙, 1985, 앞의 책, 238쪽. 劉振東은 上海 吳淞에 있던 독일계통 대학인 同濟大學 醫科 출신이었다. 김구의 주치의였던 그는 김구가 암살된 후 그는 김구의 영어 비서이며 안공근의 아들이었던 안우생과 함께 홍콩으로 탈출했다.
79 鄭華岩, 1982, 앞의 책, 181쪽.

당했으리라 추정되고 있다.[80]

안공근은 부인 이인숙과의 사이에 안우생(安偶生, ~1991), 안낙생(安樂生), 안지생(安志生) 등 세 아들과 두 딸(蓮生 안젤라, 錦生)이 있었다. 안우생은 임시정부에서 운영하던 교육기관인 인성학교 출신이었다.[81] 그는 인성학교를 거쳐 중국 광뚱(廣東)에 있던 국립 중산대학(中山大學) 영문과에서 수학했다. 이때 광뚱에서 발발했던 하룽(賀龍)과 섭정(葉挺)이 주도했던 공산폭동이 발생했다. 이 폭동에는 님 웰즈가 지은 『아리랑』의 주인공 김산(金山)을 비롯해서 40여 명의 조선인 청년학생들이 참여한 바 있었다. 이 폭동에 참여했던 조선인 대부분은 죽음을 당했다. 그러나 안우생은 이에 참여하지 않고 몸을 피해 살아남게 되었다.[82]

안공근의 아들 안우생은 충칭 시절부터 환국 이후까지 김구의 측근으로 임시정부에서 활동했고,[83] 해방 이후 충칭에서 귀국하여 김구의 영문비서가 되어 건국사업에 참여했다. 그러나 김구가 암살된 직후 서울에서 김구의 주치의로 활동했던 유진동과 함께 홍콩으로 다시 망명의 길을 떠났다. 안우생의 모친과 처는 한국전쟁 중 하루 간격으로 폐렴으로 작

---

[80] 김자동, 2010, 「임정의 뜰 안에서」(62) 『한겨레』, 2010.4.1. "중국 공안당국이 이 사건을 일본과 중국 이중간첩의 소행으로 결론을 내렸다는 글을 읽은 적이 있다. 그러나 주범으로 지목된 중국인이 영국 시민권을 갖고 있었기 때문에 확고한 증거가 없어 기소하지 못했다는 것이다. 그러나 나는 당시 한인 청년들이 충칭에서 개업중인 한인 의사 유진동 선생의 병원으로 공근 선생의 시신을 들고 왔다는 말을 들었다....당시 유 선생이 간호사와 내연의 관계를 맺고 지내는 사실은 주변이 다 알고 있었다. 유 선생은 충칭 시내의 병원에서 기거했으며, 본부인 강영파 여사와 딸 수란은 강남에서 약 30km 떨어져 있는 투차오의 우리 집 옆방에 살고 있었다....그는 남편에게 지극히 충성스러워 남편의 외도 소문을 오히려 감싸려 했다.... 강 여사는 중국인 간호사가 공근 선생 시신 사건을 알고 있기 때문에 어쩔 수 없이 데리고 사는 것이라는 남편의 해명을 어머니에게 전하기도 했다." 현재 학계에서는 안공근을 제거한 인물로 朴贊翊를 지목하는 견해가 유력하다.

[81] 여연구, 2001. 『나의 아버지 여운형』, 김영사. 31쪽. "몇 해 전에 나는 김구의 비서였던 안우생(安偶生)과 이야기 하다가 그가 바로 인성학교 출신이라는 것을 알았다. 그는 봉구(鳳九) 오빠와 동창이었다. 그때를 추억하며 인성학교 교가를 부르던 그를 바라보던 나의 가슴도 몹시 설레었다."

[82] 金明洙, 1985, 『明水散文錄』, 삼형문화사, 258쪽.

[83] 김자동, 2010, 「임정의 뜰 안에서」(63) 『한겨레』, 2010.4.3.

고했다. 안우생은 북한에서 '비밀사업'에 종사하다가 1991년 평양에서 사망하여 평양의 애국열사릉에 안장되었다.[84]

안우생은 장녀 안기애와 기철·기호·기영의 세 아들을 두었다. 안우생의 장녀 안기애는 1965년경 북한 과학원 출판사 편집부에 수학전문가로 배치되어 일했다. 그의 장남 안기철은 제주도 유격대장이었던 김달삼의 딸과 결혼하여 장모와 함께 평양에서 살고 있으며, 차남 안기호는 전쟁 중 홀로 된 고모(安錦生?)와 함께 부친이 거주했던 평양 신원동 간부 사택에서 살았다. 셋째 동생 안기영은 평양 정권의 부주석을 역임한 김병식의 사위가 되었다.[85]

안공근의 둘째 아들은 안낙생(安樂生)이었다. 안낙생은 임시정부가 상하이에서 난징으로 이주할 때, 상하이에 남아서 임정의 연락 업무를 수행하고 있었다. 1937년 임정이 또다시 난징에서 철수할 때도 안낙생은 상하이 프랑스 조계에 남아서 생활했다. 안낙생은 41년 태평양전쟁이 발발한 뒤 일경에 체포됐으나 실형은 받지 않았으며, 해방될 때까지 어렵게 지냈던 것으로 알고 있다.[86] 후일 그는 한국광복군에 참여하여 활동했던 사실을 인정받아 대한민국 건국훈장 애족장이 수여되었다.

안공근의 셋째 아들은 안지생(安志生)이었다. 그는 해방 이후 충칭에서 귀국하여 서울에 있었다. 안지생은 1950년 성시백 사건에 연관되어 체포당했다. 그러나 이시영 부통령과 이범석 총리가 보증을 서서 석방되었다.[87] 성시백(成始伯)은 안우생과도 충칭 시절부터 알고 지내던 사이었다. 그리고 안우생은 서울의 남창동 자택에서 안지생과 함께 온 성시백을 만

---

84 도진순, 2009, 위의 논문, 212쪽.
85 성혜랑, 1999, 『소식을 전합니다』, 지식나라, 129쪽.
86 김자동, 2010, 「임정의 뜰 안에서」(63) 『한겨레』, 2010.4.3.
87 김자동, 2010, 「임정의 뜰 안에서」(63) 『한겨레』, 2010.4.3.

난 바도 있었다.[88] 이러한 점을 감안하면 안지생과 성시백은 어떠한 형태로든 상호 연결되어 있었음을 알 수 있다. 안지생은 한국전쟁의 과정에서 정신병으로 자살했다고 안우생이 말한 바 있다. 그러나 안지생은 미국으로 건너가 중앙정보국(CIA)에서 일했다는 설도 있다.[89]

안공근의 딸 안연생은 1930년대 상하이에서 활동하던 김광주(金光洲, 1910~1973)와 교류한 기록이 남아 있고,[90] 충칭 시절에도 활기 있는 생활을 했다. 정부 수립 당시 여성으로서는 임영신 상공부 장관 다음의 고위 관직이었던 공보처장 서리를 지냈다. 그 후 안연생은 도미하여 미국에서 살았다.[91] 2004년 당시 안연생은 파나마에 살고 있다는 증언이 있었다.[92]

안공근의 사위 가운데 하나가 한지성(韓志成)이었다. 한지성은 안공근의 막내딸인 안금생(安錦生)의 남편이 되었다. 한지성은 장인 안공근과 함께 독립운동에 종사했고, 1943년 충칭에서 사촌 매부인 안원생이 총간사로 있던 한국청년회의 간사장에 취임한 바 있다. 그는 광복군 인면특파대(印緬特派隊) 대장을 지냈다.[93] 그리고 해방이 되자 북쪽으로 가서 활동했다. 한국전쟁이 일어나자 서울로 내려와서 서울시 인민위원회 부위원장을 역임했고,[94] 9·28 서울 수복 때 다시 북으로 올라갔다. 이때 한지성은 자신의 장모인 이인숙과 처남 안우생의 부인을 동반하여 북행(北行)했

---

[88] 도진순, 1997, 『한국민족주의와 남북관계: 이승만, 김구 시대의 정치사』, 서울대출판부, 231쪽에서 재인용; 김종항, 안우생, 「민족대단합의 위대한 경륜: 남북련석회의와 백범 김구선생을 회고하여」, 『인민들 속에서』 39, (평양: 조선로동당출판사, 1986), 7.

[89] 김자동, 2010, 「임정의 뜰 안에서」(63) 『한겨레』, 2010.4.3.

[90] 金明洙, 1985, 앞의 책, 194쪽. "金光洲는 상해시절부터 술을 좋아했다. 내가 아직 맥주도 입에 대지 않을 때 스물 안팎의 그는 벌써 독한 고량주를 꿀꺽 꿀꺽 들이키고 있었다. 그것이 아마 안연생에게 실의를 당했을 때였던 것 같다."

[91] 김자동, 2010, 「임정의 뜰 안에서」(63) 『한겨레』, 2010.4.3.

[92] 조성관, 앞의 기사, 2004. 8. 26.

[93] 김자동, 2010, 「임정의 뜰 안에서」(63) 『한겨레』, 2010.4.3.

[94] 鄭靖和, 1998, 앞의 책, 210쪽.

다.[95]

안성녀(安姓女, 루시아, 1881~1954)는 안중근의 손아래 누이였고, 안정근이나 안공근의 누님이었다.[96] 그는 1905년경 안동 권씨 권승복(權承福, ?~1920)과 결혼했다. 그는 안중근의 의거가 단행된 이후 친정 일가와 함께 망명의 길에 나섰다. 권승복은 1920년 만주에서 순국했다.[97] 안성녀는 독립운동을 지원하는 활동을 하다가 허베이(河北省) 스자좡(石家庄)에서 해방을 맞이하여 남한으로 귀국했다. 그는 귀국 이후 김구 등의 도움으로 서울에서 살다가 한국전쟁 때에 부산으로 피난했다. 부산에서 안성녀는 부산 시장이 마련해 준 영도 봉래동의 가옥에서 생활하다가 신선동으로 옮겨 살았고, 1954년 이곳에서 사망했다.[98] 그의 무덤은 부산 용호동 천주교회 묘지에 있다.[99] 안성녀의 아들 권헌(權憲, 1914~1980)은 부인 오항선(吳恒善, 1910~2006)과 함께 만주에서 독립운동을 전개했다. 오항선은 1990년 건국훈장 애국장을 받았다.

4. 안중근의 친척들

안중근의 조부인 안인수는 6형제를 두었고 안중근의 부친인 안태훈은 안인수의 제3자였다. 즉, 안태훈에게는 두 형과 세 동생이 있었다. 그

---

[95] 김자동, 2010, 「임정의 뜰 안에서」(63) 『한겨레』, 2010.4.3.
[96] 도진순, 2009, 앞의 논문, 197쪽.
[97] 김자동, 2010, 「임정의 풀 안에서」(59) 『한겨레』, 2010.3.29.
[98] 도진순, 2009, 앞의 논문, 198쪽.
[99] 사회 1부 광역이슈팀, 「안중근의사 여동생 묘 부산 있다」, 『국제신문』 2005. 8. 1 ; 사회 1부 광역이슈팀, 「안성녀여사의 행적」, 『국제신문』 2005. 8. 1 ; 사회 1부 광역이슈팀, 「안성녀 여사 독립운동 연구과제」, 『국제신문』 2005. 8. 1 ; 사회 1부 광역이슈팀, 「안중근 의사 일가의 독립운동」, 『국제신문』 2005. 8. 1 등 ; 도진순, 2009, 앞의 논문, 196쪽.

러므로 안중근에게는 적지 않은 사촌형제들이 있었다. 안태훈의 첫 번째 아들은 안태진(安泰鎭)이었다. 안태진의 둘째 아들 안장근(安莊根)은 5형제를 두었는데, 그 첫째 아들은 안봉생(安鳳生)이었다. 안봉생은 북만주 중로(中露) 국경 부근의 해륜(海倫, 하이라얼)으로 망명해서 천주교 교우촌을 이루고, 양조장을 운영하면서 독립운동에 참여하고 있었다. 그는 독립운동 관계로 만주국 관리에게 체포되어 8·15해방 당시에는 하얼빈 감옥에 수감되어 있다가 소련군에 의해 석방되었다.[100]

안장근의 셋째 아들이 안춘생(安椿生, 1912~)이었다. 안중근의 조카 항렬인 그는 1917년 이래 가족을 따라 만주에서 망명 생활을 하다가, 만주사변 이후 만주를 떠나 난징(南京)에 있던 중앙육군군관학교를 졸업했다. 그는 임관된 1936년 이후 항일전선에 뛰어들었다. 그리고 1940년 한국광복군에 편입되어 제2지대 제1구대장에 임명되었다. 해방 이후 귀국하여 육군 중장까지 진급했고, 한국의 육군사관학교 교장과 광복회 회장 등을 역임했다.

안중근의 조부인 안인수의 제2자는 안태현(安泰鉉)이었다. 안태현의 장남이 안명근(安明根, 1879~1927)이다. 안중근의 4촌 동생인 안명근은 1910년 말에 발생한 '안악 사건' 혹은 '안명근 강도 사건'의 주모자로 등장했다. 안악 사건은 독립군 기지 건설을 위해 황해도 일대의 부호들을 대상으로 군자금을 모금하던 과정에서 발생한 사건이었다.[101] 안명근은 이 사건으로 체포되어 1911년 7월 22일 강도급강도미수죄(强盜及强盜未遂罪)로 경성지방재판소에서 종신 징역이 선고되었다.[102]

그러나 그가 체포되던 과정에서는 당시 서울교구장이었던 뮈텔 주교

---

100 全泰俊 증언, 1996.1.19. cf. 안천, 1999, 『일월오악도』 2, 교육과학사, 103쪽.
101 尹慶老, 1990, 『105人事件과 新民會硏究』, 一志社, 261쪽.
102 이동언, 2009, 앞의 논문, 경인문화사.

가 개입되어 있었다. 뮈텔 주교는 황해도 신천 청계동에서 선교하던 빌렘 신부를 통해서 안명근이 독립운동을 전개하고 있다는 사실을 알게 되었다. 그런데 당시 식민지 조선의 치안을 책임지고 있던 사람은 조선총독부의 정무총감이었던 아카시(明石元二郞) 장군이었다. 아카시는 일찍이 파리주재 일본공사관의 무관으로 근무한 바 있었고, 아마도 프랑스어를 구사할 수 있었던 듯하다. 그는 프랑스인 선교사 뮈텔 주교와 가깝게 지냈다. 거기에는 물론 조선에 나와 있는 선교사들을 회유하려던 식민 당국의 복선이 깔려 있었다. 그런데 뮈텔은 안명근이 독립운동에 투신하고 있다는 사실을 아카시에게 직접 찾아가 알려주었다.[103] 물론 뮈텔이 제보가 있기 이전에 총독부 헌병경찰에서는 이 사건을 인지하고 있었다. 그러나 뮈텔의 행동에 대해 총독부에서는 특별한 감사를 표시했다.

뮈텔 주교의 이와 같은 행동은 안중근 사건으로 인해서 조선천주교회가 일본 식민지 당국자들에게 '실추당한' 체면을 회복해야 한다는 교회 행정가의 입장에서 내린 판단의 결과였다고 생각된다.[104] 그러나 이 일로 인해서 안명근의 체포는 당겨졌고, 안명근의 독립운동 사건은 이른바 '데라우치 총독 암살미수사건' 혹은 '105인 사건'으로 확대 조작되어 많은 애국지사들이 죽음과 고통을 강요당했다.

안명근은 복역 중이던 1913년 메이지천황(明治天皇)이 죽었을 때에도 요배(遙拜)를 거부하면서 "우리는 일본 천황에게 조그마한 은택도 입은 일이 없다."는 '불경한' 말을 한 것으로 기록되어 있다.[105] 이러한 기록으

---

103 뮈텔, 『뮈텔일기』, 교회사연구소, 1911. 1. 11~13 ; 뮈텔, 『뮈텔일기』, 교회사연구소, 1. 21.
104 오늘날 독립운동사를 연구하는 일부 인사들은 이 사건을 가지고 뮈텔 주교가 고해 비밀을 누설하여 안명근을 고발했고, 총독부로부터 고발의 반대급부를 받았다고 주장하기도 한다. 그러나 고해 비밀 누설로 볼 수는 없다. 물론 뮈텔 주교는 안명근의 형이 확정된 다음 그의 석방을 위해서도 노력한 바 있다. 그렇다 하더라도 이 사건과 관련해서 나타난 뮈텔 주교의 단견은 한국교회사의 어두운 부분으로 두고두고 기억될 것이다.
105 『뮈텔 문서』, 1913-14. 8. 柿原檢事正代理가 司法部 長官에게 보낸 回答抄錄.

로 미루어 보아 그는 감옥에서도 항전 의지를 굽히지 않았음을 알 수 있다. 그는 1926년 가출옥으로 석방되어 신천 청계동에서 천주교 관계의 일을 거들다가 나중에 만주 길림성 의란현(依蘭縣) 팔호력(八虎力) 원가둔(袁家屯)으로 이주했다. 그는 이곳에서도 천주교 전교에 종사하다가, 신도 급환자의 종부성사(終傅聖事)에 임석하고 나서 이질에 이환되어 일주일 동안 앓다가 세상을 떠났다.[106]

안명근은 부인 권수산나와의 사이에서 슬하에 안의생(安毅生)과 안양생(安陽生), 두 아들과 딸 안순생(安順生)을 두었고, 이들은 해방 후까지 중국에서 생활한 것으로 알려졌다.[107] 안명근의 손녀 안기숙의 남편이었던 전태준(全泰俊, 1925~2004)은 안명근의 업적을 밝히기 위해 많은 노력을 했다.

한편, 안홍근(安洪根)은 안명근의 동생이었다. 안홍근도 안중근의 의거 이후 자신의 사촌인 안장근(安莊根)과 함께 북만주 중로(中露) 국경도시인 해륜(海倫)에 망명해서 살고 있었다.[108] 그 안홍근의 셋째 아들은 안무생(安武生)이었다. 안무생은 일제 말엽 간도지방의 천주교 교우촌 가운데 하나였던 해북촌(海北村)에 살던 중 강도에게 피살되었다. 그의 아내 차로길(車路吉, 루시아)은 결혼 후 남편의 성을 따라 아예 안로길로 개명할 만큼 안씨 가문의 부인 됨에 자부심을 가지고 있었다. 안로길(루시아)은 남편이 죽자 하얼빈으로 이주해서 살았다. 중국에 인민정권이 들어선 1949년 이후 안로길(루시아)은 중국천주교 애국회에 참여를 반대하던 김선영 신부와 임복만 신부를 도와 일하다가 이들이 투옥되자 그 옥바라지를 담당

---

[106] 全泰俊, 1989, 「秘史 安明根」, 『現代公論』, 368쪽. 안명근은 1962년에 건국훈장 독립장을 추서 받았다.
[107] 김자동, 2010, 「임정의 뜰 안에서」(64) 『한겨레』, 2010.4.5.
[108] 全泰俊 증언, 1996.1.19. cf. 안천, 1999, 『일월오악도』 2, 교육과학사, 103쪽.

했다.

그러다가 자신도 애국회의 미사 거행을 방해한 사상범으로 체포되어 투옥되었다. 안로길은 형기를 마치고 출옥한 다음에도 내몽고지방으로 끌려가 20년간 '노동개조농장'에서 강제노동을 했다. 무의탁 노인이 된 그는 1999년에 이르러서야 비로소 그 농장을 떠나 하르빈으로 귀환할 수 있었다. 이제 안로길은 한국순교복자회 최선옥(崔仙玉) 수녀 등의 도움으로 90년을 지탱해준 늙은 몸을 누일 방 한 칸을 마련해서 남편과 시숙 안중근이 기다리는 천국으로의 여행을 준비하고 있다.

안명근과 안홍근에게는 여동생 안익근(安益根)이 있었다. 안익근은 안악(安岳) 출신 최익형(崔益馨)과 결혼했다. 최익형은 처남인 안홍근과 함께 해방 이후 옹진으로 이사하여 옹진중학 서무주임을 하면서 적산 과수원 1만여 평을 매입하여 이를 함께 경작하고 있었다. 최익형과 안홍근은 한국전쟁 발발 직후 미처 후퇴하지 못했던 국군 5인을 자신의 과수원에 숨겨주었다가 1950년 10월에 발각되어 공산군에 체포되었고, 10월 15일경에 후퇴하던 공산군에게 총살당했다.[109]

안중근에게 마지막 성사를 집전하기 위해 주교의 명령을 어기고 여순감옥에 갔던 빌렘(Wilhelm, 1860~1838, 洪錫九) 신부는 그 후 동료 선교사들에게 소외당했고, 결국은 1914년 4월 조선 선교지에서 쫓겨나 프랑스로 추방되었다. 이때 빌렘 신부는 안인수의 제4자 안태건의 아들로서, 안중근의 사촌인 안봉근(安奉根)에게 독일유학을 주선해서 함께 조선을 떠났다.[110] 그는 독일에서 지냈다. 1936년 베를린 올림픽 마라톤에서 손기정이 우승했을 때 독일 방송에 일본인으로 소개되었다. 이때 그는 방송국에 찾아가서 손기정은 일본인이 아니라 한국인이라고 항의하고 이를 정정하

---

109 황해도천주교회사 편찬위원회, 1984, 『황해도천주교회사』, 한국교회사연구소, 535~537쪽.
110 『한독수교100년사 연표』

고자 노력했었다.[111] 안봉근은 베를린에 거주하다가 그 후 나치스에게 추방되어 이탈리아로 갔다. 그는 해방 후 귀국 도중에 병사했다.

한편, 안봉근의 아들 안민생(安民生)은 만주에서 젊은 시절부터 항일 유격대에 투신하여 활동하다가 포로로 잡혀 서울로 압송되어 옥살이를 했다.[112]

1930년대 초 상해에는 안중근의 사촌인 안경근(安敬根)이 있었다. 그는 안중근의 조부(祖父) 안인수(安仁壽)의 제5자인 안태민(安泰敏)의 맏아들이었다. 안경근은 1918년 블라디보스토크로 가서 항일 운동을 전개한 바 있고, 1925년에는 중국 운남군관학교를 졸업하고 나서, 만주에 세워진 독립운동단체인 정의부에서 활동했다. 그러다가 1930년대 상해로 와서 백범 김구를 보좌하며 항일 운동을 계속했고, 독립운동가인 이회영(李會榮)의 밀고자를 수색하던 작업에도 참여하고 있었다. 그는 "자상하고, 재치 있고 인정이 넘치던 사람이었다."[113] 안경근은 일제의 침략이 강화되자 1935년 이후 난징(南京)으로 이주했다가, 다시 충칭으로 옮겨 생활했다.

해방 이후 귀국한 다음 안경근은 1950년대 말 자신의 5촌 조카 안민생(安民生)과[114] 함께 '민주구국동지회'를 결성하여 반이승만 운동을 전개했다. 1960년 이승만이 하야한 다음 대구에서 7·29 총선 이후 시국대책위원회를 구성하여 위원장에 취임했다. 이 위원회는 1961년 초순 '경상북도 민족자주통일연맹'(위원장 안경근, 총무위원회 기획부장 안민생)으로 개칭하고 평화통일운동을 전개했다. 또한 그는 4·19시기 교원노조운동에도 적

---

111 조성관, 앞의 글.
112 김자동, 2010, 「임정의 뜰 안에서」(64) 『한겨레』, 2010.4.5.
113 鄭靖和, 1998, 앞의 책, 134쪽.
114 安民生은 安重根의 祖父인 安仁壽의 제4남 安泰健의 孫子였고, 安奉根의 아들이다.

극 참여했다. 그러나 안경근은 1961년 5·16쿠데타 이후 친북 용공의 죄목으로 투옥되어 징역 7년을 선고받고 복역 중에 옥사했다. 이때 안민생은 징역 10년을 선고받아 복역했다.[115] 그리고 그가 복역 중이던 1963년 정부의 주도로 안중근의사숭모회가 발족하게 되었다.

한편, 안중근 가문에 속하는 이들은 현재 러시아 지역에도 살고 있는 것으로 전해지고 있다. 즉, '안중근 의사 동생의 손녀'인 안 라이싸(74)가 전남 장흥의 고려인문화교류협회의 초청을 받아 2009년 말에 치료차 입국한 바 있다. 안 라이싸는 재러시아 동포들과 함께 살던 중 1937년 타지키스탄으로 강제 이주를 당했다가 다시 연해주로 돌아와 시루떡 장사를 하며 어렵게 생활하고 있는 것으로 알려졌다.[116] 그러나 그는 안중근의 친동생이었던 안공근이나 안정근 계열의 후손은 아니었던 듯하다. 아마도 그는 안중근의 4촌 형제인 안장근(安莊根)이나 안명근 계열의 후손이 아닌가 추정된다.

이상에서 서술된 안중근 친족들의 행적을 통해서 볼 수 있는 바와 같이 안중근의 친족들은 남한과 북한 그리고 중국과 러시아 및 미국, 파나마 등 세계 도처에 흩어져 살고 있다. 이는 근현대 식민지시대 이래 우리 민족과 저항적 천주교도들이 걸었던 삶의 한 사례이며, 한민족 디아스포라의 전형이기도 하다.

---

115 도진순, 2009, 앞의 논문, 213쪽.
116 정대하, 「가족과 함께 고국서 여생을 보내고파」, 『한겨레』, 2010. 1. 3.

5. 맺음말

안중근은 1910년에 순국했지만, 그의 죽음은 긴 파장을 남겼다. 그의 형제들이나 친척들은 안중근의 뜻을 이어서 독립운동을 계속했다. 이 과정에서 그의 친족들은 조선뿐만 아니라 중국과 러시아·독일·이태리 등 전 세계로 흩어져서 독립운동에 투신했다. 안중근 의거 직후 안중근의 가족과 친족 상당수는 중국으로 망명했다. 망명지에서 안중근의 맏아들 안분도는 일제에 의해 독살당했고, 그의 둘째 아들 안준생도 일제의 농간으로 정신적 죽음을 당해야 했다.

그의 형제들과 조카들은 독립운동의 전선에 뛰어들어 중국을 배경으로 하여 독립운동을 전개했다. 그의 동생 안정근은 신병으로 고생하면서도 독립운동을 수행하다가 해방 이후 상하이에서 서거했다. 그의 또 다른 동생 안공근은 김구의 측근으로 활동한 바도 있었으며, 임시정부의 내분에 의해 암살된 것으로 추정되고 있다. 안중근의 여동생 안성녀도 독립운동에 종사하다 귀국해서 살다가 부산 용호동 천주교 묘지에 잠들어 있다.

안중근의 4촌 동생이었던 안명근은 1911년 105인 사건의 주역이 되어 수감 생활을 했다. 석방된 후 그는 간도 의란현에서 교회사업에 종사하다가 순직했다. 안명근의 동생 안홍근은 한국전쟁 과정에서 후퇴에 실패한 국군을 보호하다가 북한군에게 처형당했다. 또 다른 4촌 동생 안경근은 독립운동에 종사하다 귀국한 이후 대구 지역을 중심으로 민주화운동 내지 통일 운동에 참여했고, 이로 인해서 5·16쿠데타 이후 투옥되어 복역 중에 옥사했다.

안중근의 친조카인 안우생은 김구의 비서를 지내다가 김구가 암살된 이후 홍콩을 거쳐 북한으로 들어가서 통일 운동에 투신했고 지금은 북한의 애국열사능에 묻혀 있다. 그의 또 다른 조카인 안원생은 중국에서 독립운동에 참여했고, 해방 이후에 귀국하여 건국 운동에 종사하다가 미국에 귀화하여 미국의 관리가 되었다. 그리고 5촌 조카인 안춘생은 대한민국 육군사관학교 교장 등을 지내기도 했다.

이렇듯 안중근의 친척 대부분은 독립운동에 종사하면서 치열한 삶을 살았다. 안중근이 제창했던 대한독립과 동양 평화의 정신은 그들을 통해서 구체적으로 실현되어 갔다. 안중근의 혈족 가운데에는 11명이 대한민국 독립유공자로 포상을 받았다. 그의 가족사는 한국 현대사와 한국 현대 천주교회사의 축소판이다. 안중근 가문이 없었다면 일제하 천주교도의 독립운동은 매우 미미했을 것이다. 해방 이후 한국 천주교 신자들은 민족과 교회 문제를 생각할 때 안중근과 그 가족들의 독립운동을 통해서 자신들의 모범을 찾을 수 있게 되었다. 이러한 점에서 볼 때 안중근 친족들의 독립운동은 우리 역사와 교회사의 귀중한 자산이다. 제국주의 침략에 결연한 태도를 보였던 안중근과, 침략에 시달리다가 남한과 북한 그리고 세계 여러 나라로 갈라져서 살게 된 안중근 친족들의 고뇌에서 평화로운 미래를 전망해 본다.

안중근의거 관련 『노국 관헌 취조번역문』의 내용과 그 의미

신운용
안중근의사기념사업회 안중근연구소 책임연구원

1. 머리말

1909년 10월 26일 오후 9시 30분경 안중근은 한국침략의 원흉인 이토 히로부미(伊藤博文)를 처단하였다. 일제는 대한제국이 자진하여 일제의 식민지가 되려고 한다는 흑색선전을 광범위하게 전개하고 있었다. 이러한 상황에서 안중근의 최종목적은 이토 제거에만 두었던 것이 아니라 재판을 통하여 일제의 잔악성을 폭로하고 한국인은 결코 일제의 식민지가 되기를 원하지 않는다는 사실을 세계에 알리는 데 있었다. 따라서 안중근재판은 그의 진면목을 이해하는 데 반드시 검토해야 할 부분이다.

안중근재판을 살펴보기 위해서는 우선 러시아가 안중근을 일제에 넘긴 이유를 밝혀내는 데서부터 시작하여야 한다. 왜냐하면 안중근재판은 일제의 한국사법침탈, 특히 해외한인에 대한 사법침해와 밀접한 관련성이 있기 때문이다. 안중근재판의 연구는 무엇보다 일제의 한국병탄이 국제법적으로 옳다고 주장하는 일본의 논리[1]를 전면적으로 해체하는 데 꼭 필요한 작업이기도 하다.

안중근은 오전 9시 30분경의 의거 이후 러시아의 조사를 받고서 12시간 40분만인 오후 10시 10분에 일본 하얼빈 총영사관에 넘겨졌다. 이처럼 빠른 시간 내에 러시아가 안중근을 일제에 인계한 이유에 대해서는 박보리스·박종효·신운용 등이 주로 연구하였다.[2] 박보리스는 동청철도 구역 내에 있는 한국 국적자들은 러시아의 사법권 하에 있었다고 주장하면서도[3] 재빨리 안중근을 일제에 넘긴 이유를 수수께끼라고 하였을

---

[1] 운노 후쿠쥬, 정재정 옮김, 『한일병합사연구』, 논형, 2008.

[2] 박보리스 지음, 신운용·이병조 옮김, 『하얼빈 역의 보복』, 2009, 채륜, 72~87쪽; 박종효, 「안중근(安重根)의사의 하얼빈(哈爾賓)의거 진상(眞相)과 러시아의 대응」, 『安重根義士의 偉業과 사상 再照明』, 안중근의사숭모회·안중근의사기념관, 2004; 신운용, 「일제의 국외한인에 대한 사법권침탈과 안중근 재판」, 『안중근과 한국근대사』, 채륜, 2009.

뿐 그 원인을 밝히지 못했다.⁴

박종효는 러시아가 안중근을 일본에 넘긴 이유를 러시아 관할구역인 하얼빈 역에서 사건이 발생했기 때문이라는 정치적 역학관계에서 찾았다.⁵ 박종효의 연구는 안중근의거 장소가 러시아 조차지인 동청철도 하얼빈 역에서 발행했기 때문에 러시아가 정치적 책임과 부담을 덜기 위한 조치라는 논리 위에서 이루어진 것이다. 그러나 이는 카와카미 도시히코(川上 俊彦) 하얼빈 주재 총영사의 하얼빈 역 일본인 출입자유보장 요청에 따른 것이므로⁶ 그다지 설득력은 없어 보인다.

위 연구성과의 한계는 신운용에 의해 일정하게 극복되었다. 그는 러시아가 일제에 신속하게 안중근을 넘긴 원인을 김재동(金在同)·서재근(徐在根)의 일본인 살해사건(1907)에서 그 선례를 찾는 동시에 안중근재판에 대한 일제의 관할권 행사가 일본 국내법조차 어긴 불법적인 행위임을 증명하였다.⁷

그런데 여기에서 안중근 등에 대한 예심서류가 러시아에 남아 있지 않다는 사실에 주목할 필요가 있다. 그 이유는 러시아 측이 안중근관계 예심서류의 복사본을 남기지 않을 정도로 급하게 일제에 넘겼기 때문이다.⁸ 하지만 다행스럽게도 일제가 러시아 사법당국의 예심 조사문서를 『노국 관헌 취조번역문』이라는 제목을 붙여 일본어로 번역하여 남겼다.⁹

---

3 박보리스 지음, 신운용·이병조 옮김, 위의 책, 72쪽.
4 박보리스 지음, 신운용·이병조 옮김, 위의 책, 78쪽.
5 박종효, 위의 논문, 124쪽.
6 신운용, 「안중근의거와 재판투쟁」, 『안중근과 한국근대사』, 193쪽.
7 신운용, 「안중근의거와 재판투쟁」, 477쪽.
8 박보리스 지음, 신운용·이병조 옮김, 『하얼빈 역의 보복』, 78쪽.
9 신운용 편역 『露國官憲取調飜譯文』(『伊藤公爵遭難ニ關スル倉知政務局長旅順出張並ニ犯人訊問之件(聽取書)』第二卷(문서번호: 4.2.5, 245-4)). 이는 『러시아 관헌 취조문서』(안중근 자료집 2)(신운용 편역, 안중근의사기념사업회 안중근 연구소, 2010)로 간행되었다.

러시아가 안중근을 예심에 회부한 이유와 안중근을 일제에 넘긴 원인을 정확하게 밝혀내기 위해서는 러시아 예심서류의 분석이 필요하다.

이러한 측면에서 『노국 관헌 취조번역문』은 러시아에 예심서류가 남아 있지 않다는 점, 러시아가 안중근을 일제에 넘긴 이유를 밝힐 수 있는 중요한 사료라는 점, 러시아의 안중근의거에 대한 입장과 의거상황을 구체적으로 파악할 수 있다는 점, 안중근의거에 대한 일제의 초기 조사가 러시아 관헌의 취조기록을 확인하는 일에서 시작되었다는 점 등에서 사료적 가치가 매우 높다.

2. 『노국 관헌 취조번역문』의 구성과 내용

『노국 관헌 취조번역문』 1) 결정서, 2) 조서, 3) 통지문,[10] 4) 보고서, 5) 진술서 등으로 구성되어 있다. 이중에 가장 많은 부분을 차지하는 것은 결정서와 조서이다. 결정서는 크게 예심집행결정서, 신문결정서, 구류결정서, 안중근 등을 일제에 넘긴다는 결정서 등으로 분류할 수 있다. 조서는 의거현장에 있던 러시아인에 대한 신문조서, 채가구역의 헌병과 역장 등의 신문조서, 주요 하얼빈 한인에 대한 신문조서, 김성백 집에 세 들어 있던 러시아인 두 사람의 신문조서 등이 있다. 그리고 통지문은 주로 밀레르 검사가 하얼빈 주재 일본총영사 카와카미와 여순지방재판소 검사 미조부치 타카오(溝淵孝雄)에게 보낸 것으로 예심보충서류와 물증을 보낸다는 내용이 주종을 이루고 있다. 보고서는 하얼빈형사탐정국장 기병 1등대위 폰큐 겔겐이 국경지방재판소 검사 밀레르에게 보낸 것으로 4건

---

[10] 『노국 관헌 취조번역문』에는 통지문이라는 형식문서는 없다. 필자가 러시아사법당국이 일제에게 보낸 문서를 편의상 통지문이라고 한 것이다.

이 있다. 진술서는 국경지방재판소 검사인 콘스탄틴 콘스탄치노비치 밀레르가 진술한 2건이 있다.

1) 결정서

결정서는 국경 지방재판소 제8구 시심판사 스트라조프의 안중근예심 결정서, 안중근·우덕순·조도선·유동하·하얼빈 한인들에 대한 입감과 구류 결정서, 조사를 담당했던 하얼빈형사탐정국장 기병 1등대위 폰큐겔겐의 구인·가택수사·증인 신문을 결정한 결정서, 동청철도 채가구역에 근무하는 철도경무국 하얼빈지서 하사 게오르기 꾸지미치 세민의 우덕순·조도선·유동하 신체조사 결정서 등이 있다.

특히 안중근과 관련하여 중요한 결정서는 두 가지가 있다. 하나는 예심결정서이다. 이는 "러시아 대장대신 까깝쵸프가 직접 이토공의 옆에서 수행하여 저격의 표적이 된 사실과 범죄장소에서 체포된 한국신민 안응칠(安應七)이라고 자칭하는 범인의 국적이 전혀 확정되지 않아 국경지방 재판소 검사의 구두요구에 의해 형사소송법 제288호, 제289호 및 제297호에 따라 이 건에 관해 형법 제1454조 및 동조9에 근거하는 죄적에 의해 예심집행에 착수하기로 결정한다"[11]는 것이다.

이처럼 러시아 사법당국이 안중근에 대한 예심에 착수한 이유는 까깝쵸프가 표적이 되었다는 것과 더불어 안중근의 국적이 불명했기 때문이라는 것이다.[12] 여기에서 주목되는 부분은 밀레르검사의 공식적인 요

---

11 신운용 편역, 「결정서」, 『러시아 관헌 취조문서』, 5쪽.
12 박보리스 지음, 신운용·이병조 옮김, 위의 책, 71쪽. 박보리스는 러시아 사료를 근거로 러시아가 안중근에 대한 예심에 착수한 이유는 이외에도 사건현장이 동청철도였기 때문이라고 주장하였다(박보리스 지음, 신운용·이병조 옮김, 위의 책, 72쪽). 그런데 『노국 관헌 취조번역문』에는 번역상의 문제인지 알 수 없으나 이 부분이 확실하게 드러나 있지 않다. 만약 안중근에 대한 러시아의 예심착수의

구에 의한 예심착수가 아니라 구두요청에 따른 것이다. 이는 안중근의 국적이 확실히 밝혀지지 않았기 때문이었다. 안중근의 국적에 따라 상당한 변수가 발생할 가능성을 열어두는 대목이다.

다른 하나는 안중근을 일제에 넘기기로 한 국경지방재판소 제8구 시심재판소 판사 스트라조프의 결정서이다. 이는 안중근을 러시아가 그렇게 빠른 시일에 일제에 넘긴 이유를 문서로 확인할 수 있다는 면에서 의미를 더 한다.

2) 조서

(1) 신문조서

안중근에 대한 러시아 측의 신문조사는 의거당일 두 방면에서 진행되었다. 하나는 하얼빈 국경지방재판소 검사 밀레르가 한 것이고,[13] 다른 하나는 제8구 시심재판소 판사 스트라조프가 한 것이다.[14] 밀레르의 신문조서보다 스트라조프의 그것이 『노국 관헌 취조번역문』에 자세하게 기록되었다. 스트라조프는 러시아 형법 제443조에 의해 스테판 페트로비치 박(朴)의 통역으로 일본 총령사관 서기 스기노 호타로(杉野鋒太郎)가 입회하여 하얼빈 러시아 법정에서 안중근을 신문하였다.

이 때 안중근은 이 "성명 안응칠, 신분 농민, 출생지 및 재적지 북한 평안도 평양생, 연령 31세, 현주소 일정한 주소 없음, 가족관계 독신자, 양친은 일찍이 사망, 친척의 유무 모름, 재산 전혀 없음, 국적 한국신민, 종

중요한 이유가 사건발생지가 동청철도이기 때문이라고 한다면 이는 안중근재판의 중요한 변수로 작동되었을 것이다. 그러나 러시아는 러시아의 사법권 속에 있는 동청철도 내의 사건발생 장소보다는 안중근이 어느 나라 국적인 것인가 하는 문제를 재판관할권의 열쇠로 보았음이 분명하다.

[13] 신운용 편역, 「조서」, 『러시아 관헌 취조문서』, 4쪽.
[14] 신운용 편역, 「피고신문조서(역문)」, 위의 책, 14~15쪽.

교 로마가톨릭교, 직업 사냥꾼, 형의 유무 형을 받은 일이 없음"이라는 자신의 대략적인 신상정보를 언급하면서 이토를 처단한 사실을 인정하였다.[15]

이어서 그는 다음과 같이 진술을 이어 갔다. "이토를 죽일 목적으로 하얼빈으로 왔다. 거사는 혼자의 의지로 했다. 이토의 하얼빈 행은 한국에서 신문을 보고 알았다. 한국을 떠나 원산을 거쳐 4일전 오후 5시에 블라디보스톡에 도착하였다. 그 다음날 우편열차로 25일 오후 8시에 하얼빈에 도착하고 나서 대개 정거장에 있었고 3등대합실 청국인 음식점에서 차를 두 번 마셨다. 동지들을 처형한 복수로 이토를 죽였다. 권총은 한국에서 갖고 왔다"[16]는 등의 진술을 하였다. 이는 사실과는 거리가 먼 진술이었다. 그가 이처럼 의거의 진상을 숨긴 것은 우덕순·조도선·유동하와 하얼빈 한인에 끼칠 피해를 우려한 결과로 보인다.

안중근의거에 대한 증거를 확보하기 위해 스트라조프는 하얼빈 법정에서 형법 제443조에 의해 의거현장에 있었던 러시아 대장대신 블라디미르 니콜라예비치 까깝쵸프, 육군중장 독립호경군단장 니콜라이 아폴로노비치 프이하체프, 대장대신 관방장 5등관 예브게니 드미트리예비치 르보프 등 러시아 관헌에 대한 증인신문을 실시하였다. 이들은 모두 안중근의거과정을 상세하게 진술하였다.[17]

의거 전날과 당일 새벽의 행적에 대한 안중근의 진술을 신뢰하지 않았던 형사탐정 국장 기병 2등대위 폰큐 겔겐은 하얼빈 경찰분서 소속 하사(기병조장 파노프)와 졸병(안토노프·보니다렌코·구로즈프·그리고리예프)을 신

---

[15] 위의 책, 14쪽.
[16] 위의 책, 16쪽.
[17] 신운용 편역, 「조서(역문)」, 위의 책, 7~9·10·11~12쪽.

문하였다.[18] 이들은 10월 25일 오전 6시부터 10월 26일 12시에 이르는 사이 정거장에 출입하거나 또는 그 부근에서 배회한 한인은 한 사람도 본적이 없다고 진술하였다. 동청철도경찰 하얼빈분서장 기병 1등 대위 크나프의 신문에 대해 하얼빈정거장 1·2·3·4등 대합실 음식점 주인과 상인 우두머리들, 헌병 하사는 10월 25일 밤부터 의거당일인 26일 아침까지 음식점을 폐쇄하거나 물품을 팔지 않는다고 하면서 한인이나 일본인을 본적이 없다고 진술하였다. 이처럼 안중근이 의거 전날인 25일 도착하여 하얼빈 역에 머문 사실이 없음이 밝혀졌다.

아울러 러시아 사법당국은 25일 8시에 하얼빈에 도착하였다는 안중근 진술의 진위여부를 조사하기 위해 차장장(車掌長) 표도르 모이세이비치 그리샨코프, 차장 세르게이 라디오노비치 다라셴코 등을 신문하였다.[19] 그 결과 25일 저녁 하얼빈에 도착하는 열차에 일본인으로 보이는 사람은 없었다는 사실이 드러났다. 또한 고급 차장 스테판 이바노프 베사라보프도 3등차에 한인과 일본인은 한 사람도 없었고, 2등차에는 안중근과 모습이 다른 일본인 2명이 승차하였다고 진술하였다. 이처럼 안중근이 의거 전날에 하얼빈에 도착하지 않은 사실이 밝혀졌다.

이제 러시아 사법당국은 안중근의 근거지를 확인하는데 주력하였다. 이는 안중근이 유동하에게 보낸 전보를 통해 확인할 수 있다.[20] 전보의 수신 주소는 김성백 집이었다. 이에 대한 증거를 확보하기 위해 폰큐 겔겐은 김성백 집에 세 들어 있는 러시아인 부인 프라스코비야 찌모페브나 마라페예바와 제본업자 안드레이 알렉산드로비치 쿠스토프를 신문하였

---

18 신운용 편역, 「신문조서」, 위의 책, 29쪽.
19 신운용 편역, 「취조서」, 위의 책, 30~32쪽.
20 신운용 편역, 「등본」, 위의 책, 29쪽.

다.²¹ 이들은 안중근·우덕순·유동하가 김성백의 부인의 안내로 24일 김성백집에 머문 사실을 확인해 주었다. 특히 쿠스토프는 안중근이 유동하에게 보낸 전보를 배달부에게서 받아 수취증을 써주고서 김성백의 부인에게 준 사실을 진술하였다.²²

이처럼 러시아 사법당국은 전보를 통해 안중근과 유동하가 친밀한 관계에 있는 것으로 단정하면서 김성백을 비롯한 김성백 집에 출입하는 김성백·김택신·홍시준·이진옥·장명수 등 한인 7명을 혐의자로 체포하여 신문하였다.²³ 물론 하얼빈 한인사회를 이끌던 김성백도 이 때 체포되어 신문을 받아야 했다. 러시아 국적자인 그는 안중근의거와 관계가 없음을 적극적으로 주장하여 석방되었다.

밀레르는 첨부한 조서 중에서 쿠스토프의 신문조서를 가장 중요하다고 평가하면서 김성백의 진술에 의해 유동하라는 인물의 존재를 확인한 것은 한줄기의 광명이라고 해도 좋을 것이라고 평가하였다.²⁴ 이는 러시아 사법당국이 유동하·조도선·우덕순을 안중근의거의 진상을 파악할 수 있는 열쇠로 보고 있음을 의미하는 것이다.

이러한 맥락에서 러시아사법당국이 10월 24일 안중근이 유동하에게 보낸 전보의 발신지 조사에 착수한 것은 당연한 수순이었다. 그리하여 밀레르는 철도경찰 하얼빈지서 채가구(蔡家溝)정거장에 근무하는 군조(軍曹, 하사) 게오르기 꾸지미치 세민을 신문하였다. 세민은 다음과 같이 진술하였다. "조도선이 삼협하까지 가까운지 관성자에서 오는 열차가 있는지 물었으며, 한 사람은 가죽가방을 갖고 있었고 다른 사람은 이불을

---

21 신운용 편역, 「신문조서」·「신문조서」, 위의 책, 75~76·77~78쪽.
22 신운용 편역, 「보고서」, 위의 책, 65쪽.
23 신운용 편역, 「보고서」, 위의 책, 123~126쪽.
24 신운용 편역, 「통지문」, 위의 책, 121쪽.

갖고 있었으며, 또 다른 사람은 빈손이었다. 세 사람 모두 나에게 여권을 보여주어 한국인임을 알았다. 우덕순과 조도선의 여권은 확실히 보았다. 안중근의 이름은 기억나지 않는다. 이들이 일거리가 없는 채가구에 머문 것을 이상하게 여겼다. 안중근이 먼저 채가구로 간 이유를 약국의 주인이 현재 부재중이므로 그들은 그 친구를 그 곳으로 보내기로 결정하였다."[25]

전보에 대해 세민은 "안중근이 출발한 후 2시간을 지나 러시아어를 잘 하는 한국인은 하얼빈 프리스타니 레스나야가(街) 제28호 한국인 유동하 앞으로 「채가구역에서 기다린다. 만약 그들이 하얼빈에 도착하면 타전하라. 안응칠」이라는 전보를 보냈다. 1시간이 지나 하얼빈 유동하에게서 「내일 아침 그들은 이곳에 도착할 것이다」라는 전보가 왔다"고 진술하였다.[26] 이러한 주장은 채가구역장 오그네프의 증언에서도 엿볼 수 있다.[27]

우덕순·조도선이 안중근의 공모자임을 러시아 사법당국이 확신한 배경에는 다음과 같은 채가구를 경비하던 군인들에 대한 증언신문이 있었다. 11월 2일 동청철도 철도경찰국 하얼빈지부장 1등대위 크나프는 연흑용 제2철도대대 제9중대 오장(伍長) 채가구역 조역(助役) 치모프에이 미하일로비치 그바시야[28]와 호경군 제4중대 군조 야코프 스테파노비치 소코로프[29]를 신문하였다. 이들은 다음과 같이 진술하였다. 즉, 조도선과 우

---

25 신운용 편역, 「조서」, 위의 책, 23~24쪽.
26 유동하에게 전보를 친 사람은 조도선이 아니라 안중근이 10월 24일 오후 1시 45분 전보를 친 것이다(신운용 편역, 「등본」, 위의 책, 41쪽). 전보와 관련하여 주목되는 것은 24일 유동하가 대동공보의 유진률에게 임의로 100루블을 보내라는 전보를 친 사실이다(신운용 편역, 「제141호」, 위의 책, 143쪽).
27 신운용 편역, 「조서」, 위의 책, 39쪽.
28 신운용 편역, 「신문조서」, 위의 책, 113~114쪽.
29 신운용 편역, 「신문조서」, 위의 책, 117~118쪽.

덕순이 하얼빈으로 향해 통과할 이토를 살해할 목적으로 채가구에 왔다고 자백하였으며, 이토가 살해되었다는 소식을 듣고 이들은 기뻐하며 이토를 죽인 그들과 함께 채가구에 왔다. 만약 채가구에서 이토를 살해하지 못할 경우 하얼빈에서 이루려는 목적으로 하얼빈으로 돌아간 자는 그들 동행자 중 제3자이다. 이러한 진술은 세민의 주장과 일치하는 것이었다.[30]

위의 진술이 사실이라면 조도선이 안중근의거에 깊이 관여된 것은 부정할 수 없는 사실이다. 그러나 이후 안중근의 동지임을 자처한 우덕순뿐만 아니라 조도선도 미조부치 검사의 신문에서 이를 전면적으로 부정하였고, 일제도 위의 진술을 구체적으로 증명할 수 있는 근거를 제시하지 못하였다. 이러한 측면에서 이상과 같은 러시아 군인들의 주장은 전적으로 신뢰할 수 없다.[31]

우덕순과 조도선도 동청철도 경찰국 하얼빈지부장 기병 1등대위 크나프의 단독 신문을 받았다. 우덕순은 직업을 구하기 위해 하얼빈에 왔고 권총은 남부선 여행이 위험하기 때문에 소지하였으며 권총은 하바로프스크시에서 8루블에 샀다고 진술하면서 안중근의거와 관계없음을 강조하였다.[32]

조도선은 하얼빈에서는 김성옥 집에 머물고 있으며 하얼빈에 온 것은 처를 맞이하기 위해서이고, 채가구에 간 것은 우덕순의 부탁으로 정대호를 마중하기 위해서라고 진술하면서 채가구에서 어떠한 한국인도 배웅하지 않았다고 하여 안중근의거와 관계가 없음을 밝혔다.[33]

---

30 신운용 편역, 「조서」, 위의 책, 140쪽.
31 신운용, 「안중근과 대동공보의 관계에 대한 재검토」, 『안중근의사 하얼빈의거 100주년기념 국제학술대회』, 안중근의사기념사업회, 2009, 참조.
32 신운용 편역, 「조서」, 『러시아 관헌 취조문서』, 35쪽.
33 신운용 편역, 「조서」, 위의 책, 34쪽.

(2) 가택수색조서

폰큐 겔겐은 1909년 10월 26일 안중근이 채가구에서 보낸 전보의 수신지가 김성백의 집이라는 사실을 확인하고 나서 하얼빈 한인사회의 유력인사인 그의 집에 대한 가택수사를 하였다.[34] 그 결과 김성백 집에서 총알 7발이 장전된 브라우닝 권총 1정, 브라우닝 권총용 총알 7발이 장전된 예비 탄장기(彈裝器) 1개와 서류, 유동하의 서류를 압수하였다.

또한 같은 날 경부 트세프는 하얼빈 유력한인 김성옥의 집에서 한국어 신문 1건, 중국어 신문 1건, 불명문서 5건을 압수하였다.[35] 또한 1909년 11월 17일에도 폰큐 겔겐은 안중근의 가방을 압수할 목적으로 김성백의 집에 가서 그 가방의 인도를 요구했으나 김은 이에 응하지 않았다. 다만 크기가 수색하려는 가방과 비슷한 여행 가방 1개를 압수하였다.[36]

하얼빈의 동흥학교가 안중근의거에 관련되어 있다고 본 일제는 하얼빈 탐정국장 폰큐 겔겐에게 안중근의거에 관계된 서신 및 물건을 수색할 목적으로 비르지에바야가(街) 제47번지 가옥의 동흥학교 등의 가택수색 집행을 요구하였다.[37] 이에 따라 폰큐 겔겐은 1909년 10월 30일 의사 김성옥의 집(약국)을 수색하여 한국어 서적 1권, 봉투에 들어 있는 서신 5통, 한국어로 된 서류 6통을 압수하였다. 동흥학교 교사(校舍)에서는 한국어 서적 1권, 한국어로 된 서류 4매를, 그리고 동흥학교 러시아어 교사 김려수의 주택에서는 서류, 서신, 한국어·러시아어 신문 55점, 수첩 2책, 한국어 수첩 1책, 사진 1매를 각각 압수하였다.[38]

---

[34] 신운용 편역, 「가택수색조서」, 위의 책, 42쪽.
[35] 신운용 편역, 「가택수색조서」, 위의 책, 48쪽.
[36] 신운용 편역, 「가택수색조서」, 위의 책, 147쪽.
[37] 신운용 편역, 「가택수색집행결정서」, 위의 책, 72쪽.
[38] 위와 같음.

하얼빈 구(舊)프리스타니 경찰서장 1등대위 게베르민은 10월 28일 김성백 집에 있던 정대호에게 '안중근관련서류'의 제출을 요구하였으나 거절당하였다. 이에 강제 수색을 하여 한국문으로 된 서면과 청국 세무사 코바로프가 발부한 증명서를 압수하였다.[39] 이처럼 러시아 사법당국은 안중근과 하얼빈 한인의 관계를 조사하기 위해 유력한인의 가택을 수색하였으나 이들이 안중근의거에 관련되었다는 증거를 찾지 못하였다.

(3) 신체검사조서

하사 세민은 10월 26일 안중근의거 소식을 들은 직후 우덕순의 신체검사를 실시하여 상의 속에 있던 탄약 8발(그 중 6발은 상두부가 십자가 모양으로 단절되어 있음)을 장전한 브라우닝 권총 1정, 연해주 부지사가 발부한 제1560호 감찰 1매, 지폐 10루블이 들어 있는 검은 가죽으로 만든 지갑, 브라우닝 권총용 총알 등 8발, 한국문 편지 1매를 압수하였다.[40] 또한 조도선의 신체를 검사하여 상의 왼쪽 옷 속에서 연제(鉛製)총알 5발이 장전된 스미스웨슨 권총 1정, 스미스웨슨 권총용 총알 18발, 예니세이현 발부 330호 감찰 1매, 러시아문 서간 7통 한국의사 탄친치킨 명함 1매, 한국문 수첩 1책 및 한국문 편지 1매를 압수하였다.[41]

그리고 1909년 10월 26일 신부두구 경찰분서 경부 조세비치는 김 손얀의 신체검사를 하여 한국문으로 된 서류 7통 및 수첩에서 꺼낸 것 같은 편지에 한국문으로 쓴 5매를 압수하였다.[42]

1909년 10월 26일 조세비치와 헌병 하사 치크신은 김성옥의 몸을 수

---

39 신운용 편역, 「가택수색조서」, 위의 책, 98쪽.
40 신운용 편역, 「신체검사조서」, 위의 책, 52쪽.
41 위와 같음.
42 신운용 편역, 「신체수색조서」, 위의 책, 54쪽.

색하여 포크라니치느이 촌락(村落) 한국거류민장 김성옥에게 발부된 제5호 의사 면허장 1매, 한국문으로 쓴 서류 및 서신 10통, 한국문을 방기(傍記)한 러시아어 초등교과서 1책(사본) 등을 압수하였다.[43]

이외에 1909년 10월 26일 스트라조프의 명령으로 하얼빈시 경찰서장 직무대리 1등대위 체르노글라조프가 안중근의 권총을 분해하여 검사한 것을 기록한 검사조서도 있다. 이에 따르면 총구 속에서 1개의 장탄약포(裝彈藥包)를 발견하였고 권총의 총신은 화약의 초연(硝煙)으로 더럽혀져 있으며 그 권총의 탄소는 7개의 장탄약포로 장전된 것이다. 또한 그 탄알 외피에는 십자형의 자른 흔적이 있으며 총알의 외피에는 총신의 강선을 통과한 흔적이 있다고 한다.[44]

3) 통지문

통지문은 주로 러시아 사법당국과 일제의 협조관계를 엿볼 수 있다는 데서 의미가 있다. 러시아 사법당국은 안중근의거 관계서류 일체를 복사본도 남기지 않고 일제에 넘겨주었다는 것은 박보리스의 연구로 알려진 사실이다. 이를 구체적으로 확인할 수 있는 자료가 바로 통지문이다.

일제는 사건당일 러시아 사법당국에 안중근의 신병인도를 요청하였다.[45] 이에 대해 의거당일 오후 10시 밀레르는 안중근을 송치한 이후 어떠한 조치를 취해야 하는지를 일제에 문의하면서 조서원본을 보낸 사실을 카와카미 하얼빈 총영사에게 통보하였다.[46] 또한 밀레르는 안중근을

---

43 신운용 편역, 「제81호 신체수색조서」, 위의 책, 55쪽.
44 신운용 편역, 「검사조서」, 위의 책, 6쪽.
45 국사편찬위원회, 「전보」, 『한국독립운동사』 자료 7, 8쪽.
46 신운용 편역, 「제9723호」, 『러시아 관헌 취조문서』, 83쪽.

일본영사관에 넘기겠다고 하면서 예심서류 원본 1책(46쪽)과 증거물건을 넣은 상자 2개를 하얼빈 주재 일본총영사에게 송부하였다.[47]

그리고 밀레르는 10월 27일 카와카미에게 정대호에 대한 신문에서 얻은 것이 없고 정대호가 포그라니치나야로 가면 감시원을 두고 그의 행동을 일본 측에 보고하겠다[48]고 하면서 안중근 사진 1매를 제출하겠다고 통지하였다.[49]

10월 28일에는 검사 대리 데르좌비치가 카와카미에게 정대호를 김성백 집에서 체포하고 구금한 구류사본을 보낸다고 통보하였다.[50]

이어 11월 2일 밀레르는 미조부치에게 그 자신의 진술서, 정거장 지도, 안중근이 채가구에서 유동하에게 보낸 전보 원본으로 보이는 것을 저녁까지 송치할 것이라고 통지하였다.[51] 특히 밀레르는 이 통지문에서 송부할 조서 중 김성백의 진술에 의해 한 줄기의 광명이라고 해도 좋을 유동하라는 인물이 있음을 알린다고 하여 유동하와 안중근의 연관성을 강하게 주장하였다.

11월 17일 밀레르는 하얼빈경찰형사탐정국장 폰큐 겔겐이 자신에게 제출한 보고서와 사진 10매를 카와카미 하얼빈 총영사에게 이송한다고 하면서 그 보고서에 첨부한 쿠스토프의 진술조서를 가장 중요한 자료라고 강조하였다.[52] 그러면서 블라디보스톡에 보낸 요구는 아직 완료되지 않았다. 다만 곧 수령할 것이라고 믿는다고 통지하였다고 하였다.

---

[47] 신운용 편역, 「제9724호」, 위의 책, 85쪽; 박보리스는 예심서류의 양이 64쪽에 이른다고 하였다(박보리스 지음, 신운용·이병조 옮김, 『하얼빈 역의 보복』, 78쪽).
[48] 신운용 편역, 「제852호」, 러시아 관헌 취조문서」, 86쪽.
[49] 신운용 편역, 「제854호」, 위의 책, 90쪽.
[50] 신운용 편역, 「제99호」, 위의 책, 99쪽.
[51] 신운용 편역, 「의거상황도」, 위의 책, 121~122쪽.
[52] 신운용 편역, 「통지문」, 위의 책, 122쪽.

4) 보고서

보고서는 4가지가 있다. 첫째는 폰큐 겔겐이 밀레르에게 보낸 것(날짜 미상)으로 이는 두 부분으로 나누어진다. 하나는 의거 당일인 26일 폰큐 겔겐의 행동에 대한 보고서이다. 이는 안중근이 전보를 유동하 앞으로 보낸 사실을 전달받은 하얼빈형사탐정국장 폰큐 겔겐이 김성백의 수색결과를 밀레르에게 보고한 것이다.[53] 그 내용은 의거 당일 김성백 집 수색과정, 한인 7명 체포, 김성백 집의 구조, 김성옥 가택수색과 구인, 김성백 집 세입자 쿠스토프 신문, 김성백 집에 유동하가 머문 사실을 확인한 내용을 담고 있다. 다른 하나는 10월 30일 오후 1시 경찰서장의 명령으로 폰큐 겔겐이 일본관헌과 함께 하얼빈 한인을 수색한 결과에 대한 보고서이다.[54] 그 내용은 김성백의 집, 동흥학교와 그 교사의 집, 김성옥의 집 3곳에 대한 폰큐 겔겐의 수색집행, 하얼빈 한인회, 김성백에 대한 보고서로 구성되어 있다.

둘째는 1909년 11월 4일 밀레르의 명령을 받은 폰큐 겔겐의 홍시준·김택신·장수명·방사담·이진옥·김성엽·정서우에 대한 조사보고서이다. 셋째는 하얼빈 주재 일본총영사가 밀레르에게 의뢰한 사항에 대한 폰큐 겔겐의 보고서이다. 이는 주로 유동하에 대한 것이다.[55] 넷째는 폰큐 겔겐이 대동공보의 사장을 역임한 콘스탄틴 미하일로프로 추정되는 인물에 대한 신문조서 보고서이다.

---

53 신운용 편역, 「보고서」, 위의 책, 63~67쪽.
54 신운용 편역, 「보고서」, 위의 책, 65~67쪽.
55 여기에서 폰큐 겔겐은 유동하가 안중근이 전날 밤 김성옥의 집에서 숙박하였다고 틀린 보고를 하였다. 안중근은 김성백 집에 머물렀던 것이다.

5) 진술서

이는 밀레르의 진술서로 의거상황, 안중근 신문과 그 과정, 하얼빈 한인에 대한 수색과 구인, 관계서류와 한인을 일제에 넘긴 상황, 의거당시 하얼빈 역 약식도의 설명 등으로 이루어졌다.[56]

3. 주목되는 대목과 그 의미

『노국 관헌 취조번역문』에서 가장 주목해야 할 부분은 안중근재판 관할권이 일제에 있다는 러시아 사법당국의 결정서이다.[57] 이는 다음에서 보듯이 러시아가 일제에 12시간 40분 만에 넘긴 이유를 밝힐 수 있는 구체적인 사료라는 면에서 의미가 크다.

결정서

1909년 10월 26일 아래 국경 지방재판소 제8구 시심재판소 판사 스트라조프는 본건을 심사하여 아래의 사실을 발견하였다.
(1) 증인으로 신문한 철도경무부 하사 세민이 진술한 바와 같이 증인이 동청철도 채가구역에서 체포된 한국신민 치도셴[58] 및 우엔데이유니[59]는 신분을 증명한 비밀서류에 의해 본인임과 한국에 국적을 갖고 있다는 것을 진술하였다.

---

56 신운용 편역, 「국경지방재판소 검사 「콘스탄틴 콘스탄치노비치 밀레르」의 진술」, 위의 책, 68~70쪽.
57 신운용 편역, 「결정서」, 위의 책, 56~57쪽.
58 이는 조도선이다.
59 이는 우연준 즉 우덕순이다.

(2) 또한 세민의 진술에 의하면 본관이 피고로 구인한 한국신민 우치 안[60]이라고 자칭하는 자는 지난 10월 11일[61] 위의 한국인과 함께 앞에서 언급한 정거장으로 와서 다음날인 10월 12일[62] 다시 하얼빈으로 향하여 귀환하였다. 그는 채가구에 왔을 때 연해주 지사가 발부한 한국신민 신원증명서를 전기 하사 세민에게 제시하였다.

(3) 또한 세민의 진술에 의하면 채가구에서 체포된 한국인 치도힌[63] 및 우엔 쥬니[64]는 이토공작 살해에 대해 한인 우치 안과 공모하였음을 그에게 자백하였다.

(4) 이리하여 상기 여러 사실은 본관이 피고로 구인한 우치 안은 한국에 국적을 갖고 있음을 인정할 만한 증거가 충분하다. 따라서 본건은 러시아 재판에 회부할 성질의 것이 아니다.

결정사항 아래와 같다.

형법 제175조 단서 제2에 의해 본건을 그 소속관헌에게 돌리기 위해 국경 지방 재판소 검사에게 인도함과 동시에 한국신민 운치 안[65]을 검사의 보관(保管) 아래 이부(移附)하기로 결정하였다.

운치 안으로 정정한다.

시심재판소판사 엠 스트라조프

검사 밀레르

여기에서 알 수 있듯이, 우덕순과 조도선이 이토를 처단할 목적으로

---

60 이는 안중근이다.
61 이는 러시아력으로 서력으로는 10월 24일이다.
62 이는 러시아력으로 서력으로는 10월 25일이다.
63 이는 조도선이다.
64 이는 우덕순이다.
65 이는 안중근이다.

안중근과 공모하여 함께 하얼빈에 왔고 결국 안중근이 이토를 죽였다는 세민의 증인진술과, 안중근이 한국 국적자라는 사실을 근거로 안중근재판 관할권이 일제에 있다고 판단하여 안중근을 신속하게 넘겼던 것이다. 위의 결정서는 안중근재판을 일제가 주도할 수 있었던 이유를 확실히 밝힐 수 있다는 면에서 특히 주목되는 사료이다. 물론 이는 1907년의 「동청철도훈령 19호」를 둘러싼 일제의 하얼빈 한인에 대한 사법권 침탈과, 「김재동·서재근의 일본인 살해 사건」이라는 선례에 따른 것으로 해석된다.[66]

그리고 안중근의거 과정과 상황을 정확하게 알 수 있는 내용이 담겨 있다는 면에서 『노국 관헌 취조번역문』의 사료적 가치가 크다. 이는 의거 현장에 있었던 밀레르의 진술에서 확인할 수 있다. 즉,

> 공작 및 대장대신은 5보 내지 7보를 진행하였다. 일본인 집단에 못 미쳤을 때 이 집단과 러시아 의장병 사이에서 여러 번 총을 발사하는 저음(低音)이 났다. 처음 2회 발사 후 나는 다른 사람과 함께 발사한 곳으로 달려갔는데 범인으로 보이는 자가 왼손으로 오른쪽 팔꿈치를 받치고[67] 1발을 의장병의 전면을 지나가고 있던 공작을 향해 쏘았다. 그곳으로부터 급히 방향을 바꾸어 공작의 수종자에게 발사하였다. 그 발사 회수는 대략 3, 4발인데 마지막으로 발사한 것은 지상 가까이에서 쏘았다고 생각된다. 이 탄알은 타나카(田中)씨를 부상 입혔을 것이다. 이 발사가 있은 후 동청철도 회사 철도경찰서장 대리 기병대위 니키포르프는 제2회 또는 제3회 발사가 있은 후 곧바로 흉행자에게 돌

---

66 신운용, 위의 논문, 참조.
67 안중근은 미조부치 검찰관의 신문과(신운용 편역, 「안중근 제2회 신문조서」, 『안중근 신문기록』(안중근 자료집 3), 45쪽) 공판에서 마나베 쥬조(眞鍋十藏) 재판관의 심문(신운용 편역, 「첫째 날의 공판」, 『안중근·우덕순·조도선·유동하 공판기록-안중근사건공판속기록』(안중근 자료집 10), 안중근의사기념사업회 안중근연구소, 2010, 54쪽)에서 오른손 한 손으로 쏘았다고 진술하였다.

진하였으나 흉행자의 완력이 강하여 처음에는 그를 진압할 수 없었다. 격투를 한 후 달려온 다른 러시아 장교의 도움을 받아 흉행자의 권총을 빼앗아 흉행자는 더는 발사할 수 없었다. 흉행자는 전력을 다해 완강하게 격투를 벌렸는데 이는 대체로 남은 1발로 자살하려고 한 것이 아니겠는가.[68] 하여튼 격투 때 권총을 쥔 손을 자기 쪽으로 향하려는 행동을 하였다. 흉행자 7회 발사 시간은 3, 40초도 채 못 되었다.[69]

이어서 밀레르는 철도경찰 숙직실에 안중근을 신문한 그 때의 상황에 대해 다음과 같이 진술하였다. 즉, "처음에는 매우 흥분(격하게 격투했기 때문이 아닐까)하였으나 곧 평정을 되찾아 명료하게 통역을 통하여 자기 자신 및 흉행의 동기에 대해 진술을 하였다. (중략) 그는 이처럼 흥분한 후에 다시 냉정을 되찾아 침착하게 진술했다. 다만 흉행의 동기를 신문한 것만으로 흥분하였다. 이 때 그는 오만한 음성으로 고국을 위해 원수를 갚았다고 하였다."[70] 이처럼 안중근은 의거직후 당당하면서도 침착하게 이토 처단 이유를 천명하였다.

또한 밀레르는 안중근이 이토의 사망소식을 듣고서 벽에 걸린 성상 앞에서 "너무나 기뻐하며 기도를 올렸다. 통역의 말에 의하면 흉행자는 이 사명 즉 이토공 암살을 행한 것을 신에게 감사하였다"고 주장하였다.[71]

---

[68] 이에 대해 안중근은 "한국의 독립과 동양평화를 위해서는 단지 이토를 죽이는 것만으로 죽을 수 없다"고 자살할 의사가 전혀 없었음을 밝히었다(신운용 편역, 「첫째 날의 공판」, 위의 책, 55쪽).

[69] 신운용 편역, 「국경지방재판소 검사 「콘스탄틴 콘스탄치노비치 밀레르」의 진술」, 『러시아 관헌 취조문서』, 68~69쪽.

[70] 위의 책, 69쪽.

[71] 위와 같음. 이는 철도경찰서 하얼빈지부 군조 카르프 그리고리예비치 아르케비치 신문조서, 철도경찰서 하얼빈지서 군조 안드레이 페트로비치 이바센코프 신문조서에서 확인할 수 있다. 특히 이바센코프는 "(안중근이) 공의 죽음을 듣고 성상을 향해 기도를 하였다. 조국에 대한 의무를 다할 수 있었

이토가 죽었다는 사실을 들은 안중근이 기쁜 나머지 기도를 올렸다는 밀레르의 주장은 신뢰할 만한 진술은 아니다. 왜냐하면 안중근이 이토의 사망 사실을 안 것은 미조부치의 제10회 신문이 있던 1909년 12월 22일의 일이었다.[72] 이 때 안중근은 이토가 "병원에서 죽었는지 한국 때문임을 알고 죽었는지" 미조부치에게 되물었을 정도였다. 또한 이는 러시아 국경지방재판소 제8구 시삼 판사 스트라조프의 신문에 참석한 스기노 호타로(杉野鋒太郎)는 이토의 사망과 관련된 말을 들은 적이 없다고 하면서 "통역의 말이 알아듣기 어려운 데고 있었다."라고 한데서도 확인된다.[73] 따라서 스트라조프의 신문조서에 이토사망과 관련된 내용이 기록되어 있지 않은 것은 당연한 결과이다.[74]

아울러 『노국 관헌 취조번역문』을 통하여 안중근이 일본인의 이토 평가에 대해 궁금하게 여긴 사실도 알 수 있다. 이는 "안응칠이 하얼빈 일본총영사관 서기 스기노에게 통역을 통하여 일본영사관 서기와의 담화 허가를 청하고 또 통역을 통하여 그 서기에게 일본에서는 이토공을 선인(善人)으로 여기는지 또는 악인(惡人)으로 여기는지 물어보았는데, 서기는 이에 대해 아무 대답을 하지 않았다"라고 한 11월 2일 철도경찰서 하얼빈 지서 군조 바실리 오시포비치 밀로노프의 증언에서 확인된다.

밀레르의 진술서를 통하여 밀레르 검사와 스트라조프 판사가 의거당일 안중근을 각각 신문한 사실도 확인할 수 있다. 조서형태의 문서로는 스트라조프의 신문조서가 실려 있다. 그리고 안중근의거에 대한 러시아측의 조사는 밀레르가 "본건취조에 대해서는 동청철도회사 철도경찰서

음을 신에게 감사하였다"라고 증언하고 있다(신운용 편역, 「신문조서」, 위의 책, 103쪽).
[72] 신운용 편역, 「안중근 제10회 신문조서」, 『안중근 신문기록』(안중근 자료집 3), 189쪽.
[73] 신운용 편역, 「증인 신문조서 증인 杉野鋒太郎」, 『伊藤公爵遭難ニ關シ倉知上政務局長旅順出張竝ニ聽犯人訊問之件(聽取書) 第一卷』(문서번호 4.2.5, 245-4).
[74] 신운용 편역, 「피고인신문조서(역문)」, 『러시아 관헌 취조문서』, 14~15쪽.

장 기병 1등대위 니키포로프, 철도경찰 하얼빈분서장 기병 1등대위 크나프, 하얼빈시 경찰서장 대리 기병 1등대위 체르노그라조프, 하얼빈 형사탐정국장 기병 2등대위 폰큐 겔겐 기타 일반관리 및 하얼빈시 경찰관리는 밀접하게 도움을 주었다"고 한 데서도 알 수 있듯이 동청철도 철도경찰, 하얼빈시 경찰서, 하얼빈 형사탐정국 3개의 방면에서 이루어진 사실을 확인할 수 있다.

한편, 러시아 사법당국은 우덕순·조도선을 안중근의거의 공모자로 본 증거로 채가구에서 안중근이 유동하에게 보낸 전보와 22일 하얼빈의 김성백 집에 도착한 것을 목격한 김성백 집 세입자 쿠스토프·마라페예바의 진술을 들고 있다. 또한 러시아 사법당국은 유동하를 공모자로 본 증거로 안중근이 유동하에게 보낸 전보와 유동하가 자신의 집에 머물고 있다는 김성백의 진술을, 정대호를 공모자로 본 증거로 정대호를 마중하러 채가구에 왔다고 한 조도선의 진술을 각각 들고 있다. 결국 이러한 러시아의 시각은 일본의 안중근의거 조사에도 큰 영향을 미쳐 일제는 조사초기에 안중근과 유동하·우덕순·조도선의 공모를 증명하는 데 집중하였다. 그러나 조사결과 우덕순의 협조를 얻은 안중근의 단독의거라는 결론을 내렸던 것이다.[75]

아울러 우덕순과 조도선이 채가구에서 체포된 것과 관련하여 다음의 사료도 주목된다.

> 본직은 10월 12일(오후) 헌병에게 이 한인들(필자:우덕순·조도선)의 구류를 청구하였는데 헌병 및 기병 중대장은 구류해야 할 충분한 죄증(罪證)을 인정하지 않았다.

---

[75] 신운용, 「안중근과 대동공보의 관계에 대한 재검토」, 참조.

제8호 열차 통과 후 정거장 헌병은 이 한인들에 대해 취조를 하였으나 전혀 혐의를 받을 만한 죄가 없음을 본직에게 보고하였다. 한인에 대해 엄중한 감시를 하고 하얼빈에서 추적하기로 정하였다. 10월 13일(필자 26일) 오전 9시 하얼빈 경찰서장이 이 한인들의 구인통지를 보내어 이때부터 공공연하게 그들을 구인하였다.[76]

이는 러시아 당국이 의거 이전부터 채가구에 있던 안중근과 우덕순·조도선을 감시하고 있었음을 의미하는 것이다.[77] 이러한 맥락에서 안중근이 채가구에서 거사를 하기에는 무리였던 것이다.

그리고 러시아 사법당국이 일제에 넘긴 김성백관계 자료의 회송을 요청하였다는 기록도 주목된다. 이는 러시아의 자국민에 대한 보호의지를 단적으로 볼 수 있는 일례로 일제가 러시아 국적자인 김성백이 안중근의거에 관계된 것으로 몰고 갈 가능성을 차단하기 위한 조치로 해석된다. 러시아의 이러한 자세는 조도선의 처 보좌예바와 이루크츠크의 한인이 안중근의거에 관련되었다고 하더라도 러시아 법으로 그들을 처벌할 수 없으므로 이에 대해서는 일본에 알리지 않을 것이라는 밀레르의 주장에서도 확인된다.[78]

한편, 의거 당시의 하얼빈 한인사회의 상황은 다음과 같이 폰큐 겔겐의 보고서에서도 엿볼 수 있다. 즉, "한인들의 직업은 주로 담배말이로 그 외에 소상인, 세탁업, 통역, 용달, 의사 등이 있다. 하얼빈 한인은 222명으로 한인회의 회장은 김성백이고 그 위원은 20명으로 한인의 선거로 뽑았다. 회비는 10코페이카 내지 5루블이며 회계는 홍시준이고 회장과

---

[76] 신운용 편역, 「보고」, 『러시아 관헌 취조문서』, 40쪽.
[77] 이는 세민의 진술에서도 확인된다(신운용 편역, 「조서」, 위의 책, 25쪽).
[78] 박보리스 지음, 신운용·이병조 옮김, 『하얼빈 역의 보복』, 83쪽.

위원은 무급이지만 회계는 월급으로 15루블을 받았다. 모금액은 한 달 약 70루블로 이 돈은 동흥학교, 빈곤한 병자 내지 적빈자, 매장비용에 충당한다. 특히 한인들은 일본영사관이 여권을 강요하자 한인회에서 어느 누구라도 일본영사관에서 여권을 받지 않기로 결정하고 아파나시예프 장군에게 러시아 신민이 되게 해달라고 청원하였다. 한인 사이에 쟁의가 일어나면 회원이 모여 재단하고 벌을 받는 사람에게는 사죄, 벌금 또는 태형을 과하고 누구나 이 재결(裁決)에 복종한다. 집회 시기는 정하지 않고 필요에 따라 모였다."[79]

또한 김성백에 대해서도 폰큐 겔겐의 보고서에 다음과 같이 기록되어 있다. 즉, "김성백의 러시아 이름은 티혼 이바노비치 김이고 한국에서 태어나 두 살 때 노령 우수리(烏蘇里) 지방으로 왔다. 그는 1907년 8월 4일(러시아력)부로 발급된 남우수리 지방 라즈돌노스카야 제288호의 416호의 여권에 근거하여 1908년 10월 2일부 제3509호로 하얼빈 경찰서가 발급한 5개년 거주권을 갖고 있다. 현재 그는 하얼빈 동청철도회사 용달업을 하고 있고 레스나야현 제28번에 자택을 갖고 있다. 현재 약 4000루블을 소지하고 있고 가족은 38루블의 수입이 있다. 시세(市稅) 2루블을 납부하고 있다. 그 성행(性行)을 보건대 범죄인이라고 인정할 만한 것이 없다."[80]

그리고 이 사료에서 러시아 한인들의 안중근 의거에 대한 인식을 엿볼 수 있는 것도 주목된다. 즉, 블라디보스톡에서 친모쿠호이라는 한인이 하얼빈 한국인회에 1909년 10월 28일 오후 12시 15분 "기뻐하며 축하한다. 만세 만세 만세"라는 전보를 보내왔다.[81]

---

79 신운용 편역, 「보고서」, 『러시아 관헌 취조문서』, 66쪽.
80 위와 같음.
81 신운용 편역, 「지급 비」, 위의 책, 96쪽.

4. 맺음말

이상에서 필자는 『노국 관헌 취조번역문』의 구성과 내용 그리고 주목되는 대목과 그 의미에 대해 살펴보았다. 이를 다음과 같이 정리하여 본고를 맺고자 한다.

『노국 관헌 취조번역문』 무엇보다 원사료가 러시아에 남아 있지 않다는 점, 안중근의거의 전체상을 밝히는 데 도움이 된다는 점 등에서 의미 있는 사료이다.

『노국 관헌 취조번역문』의 구성은 결정서, 조서, 통지문, 보고서, 진술서 등으로 이루어졌다. 결정서는 안중근·우덕순·유동하·조도선·하얼빈 한인 등에 대한 입감과 구류 결정서, 신문결정서, 신체수색결정서, 가택수사집행결정서 등이 있다. 특히 예심결정서와 안중근을 일제에 넘긴다는 결정서는 가치 있는 사료이다.

조서는 하얼빈 한인, 러시아 대장대신 까갑쵸프 등 러시아 관헌, 김성백집 러시아인 세입자를 신문한 내용을 기록한 것이다. 통지문은 주로 러시아 사법당국의 조치를 일본에 통지한 내용이다. 특히 이를 통해 러시아가 예심문서의 사본도 남기지 않고 모든 관계자료를 일제에 넘겼는데, 예심서류 원본 1책(46쪽)과 증거물건을 넣은 상자 2개를 하얼빈 주재 일본총영사에게 송부하였음을 확인할 수 있다.

보고서는 3건으로 2건은 폰큐 겔겐이 밀레르에 보낸 것이고, 1건은 폰큐 겔겐의 전대동공보사 발행인으로 보이는 미하일로프 신문 보고서이다. 특히 하얼빈 한인회, 김성백 약력 등은 의미 있는 기록이다. 진술서는 의거상황, 하얼빈 한인 조사결과 등에 대한 밀레르의 기록이다.

안중근재판과 관련하여 『노국 관헌 취조번역문』 다음과 같이 세 가지 점에서 주목된다. 첫째, 이 사료를 통하여 러시아가 의거 12시간 40분만인 오후 10시 10분 안중근을 넘겨주면서 재판 관할권을 포기한 이유에 대해 명확하게 알 수 있다는 것이다. 그것은 안중근이 한국인이었기 때문이었다. 그가 만약 러시아 국적자였다면 적어도 사형을 면할 수 있었음을 이 사료를 통해 확인할 수 있다.

둘째, 러시아 사법당국의 안중근의거에 대한 인식이다. 일제는 "안중근의거는 정치적 사건이 아니라 단순한 살인사건"이라는 논리에 기초하여 안중근에게 사형을 선고했던 것이다. 그러나 러시아 사법당국은 의거가 '조직적'으로 이루어진 정치적 의미를 갖는 사건으로 규정하였다. 이러한 면에서도 일제의 안중근재판 논리의 허구성을 발견할 수 있다.

셋째, 러시아 사법당국은 안중근의거와 러시아인의 관련성을 부인한다는 방향에서 조사를 진행한 사실도 엿볼 수 있다. 동청철도 철도경찰, 하얼빈시 경찰서, 하얼빈 형사탐정국이 동원되어 안중근의거를 조사한 사실도 이 사료를 통해 확인할 수 있었다.

끝으로 안중근이 러시아 군인에게 체포될 때의 상황을 정확하게 알 수 있다는 것도 이 사료의 특징이다. 이를 통해 안중근이 순순히 체포된 것이 아니라 러시아 군인과의 격투도 마다하지 않았다는 사실을 알 수 있다.

02부 안중근의 사상

08. 안중근의 선교활동과 황해도 천주교회
09. 안중근 의사와 빌렘 신부
10. 종교와 폭력의 정당성
11. 안중근의 천주교 신앙과 사상적 성격
12. 안중근 사건의 신학적 고찰

08

안중근의 선교활동과 황해도 천주교회

원재연
수원교회사연구소 연구실장

1. 머리말

　안중근(安重根, 1879~1910, 토마스) 의사가 언행이 일치하는 진정한 가톨릭 신앙심의 소유자로 모범적 선교활동(宣敎活動)을 하신 분이었음은 이제 교회사학계의 보편적인 상식이 되었다. 그러나 아직도 그분이 교회 내외에서 수행한 선교 활동의 구체적인 모습들이 한국 교회사의 그간의 연구결과와 자연스럽게 연결되지 못하고 있기에, 우리는 현재까지 안중근 의사 연구의 소중한 성과물들을 조심스럽게 검토하면서 끊임없이 그 문제점을 파악하고, 대안을 제시하여야 할 것이다.

　안중근 의사의 애국심과 하얼빈 의거에 대해서는 당대부터 이미 천주교회 내에도 잘 알려져 왔지만 그가 독실한 천주교인으로서 열심한 교회활동과 '복음선교'(福音宣敎)에 앞장서 온 인물이었음은 그 주변의 몇몇 인물들을 포함한 황해도 일대의 신자들을 제외하면 대부분의 천주교 신자들에게도 잘 알려지지 않았다. 그러다가 안중근이 교회 가르침에 어긋나는 살인자가 아니라, 신앙 안에서 다져온 애국심을 의병항쟁으로 실천한 모범적인 가톨릭 신앙인이었음을 교회 당국에서 공식적으로 선언한 1990년대 이후 안중근 의사의 천주교 신앙과 교회활동에 대한 연구가 본격화되었다.[1] 그리하여 현재 교회사학계에서는 안중근 의사의 애국심

---

[1] 안중근 의사는 사형을 당하기 17일 전인 1910년 3월 9일 그에게 세례를 준 빌렘 신부로부터 고해성사를 받고 3월 10일에는 미사를 드리고 영성체를 행하여 신자로서 어느 정도 죽음을 준비할 수 있었다. 그러나 뮈텔 주교를 비롯한 당시 조선교회의 공식 반응은 안중근을 살인자로 규정하고 그의 의거를 정당한 의병전쟁으로 보지 않았다. 1945년 해방이 되고서도 안중근 의사에 대해서 교회의 부정적인 평가는 공식적으로 철회되지 않았다. 다만 1979년 9월 2일, 서울 명동성당에서 '안중근 탄생 100주년 기념식'과 노기남 바오로 대주교 집전의 추모 미사가 거행됨으로써 적어도 교회가 그를 일방적으로 거부하는 것이 아님을 보여주었다. 그러나 안중근에 대한 보다 명백한 한국 천주교회의 공식적인 명예회복은 1993년 8월 21일 한국교회사연구소 등이 주최한 '안중근의 신앙과 민족운동'을 주제로 한 학술심포지엄이 서울 혜화동 가톨릭 교리신학원에서 개최되는 자리에서 당시 서울대교구장 김수환 스테파노 추기경과 사제단 공동 집전의 안중근 의사 추모미사가 거행됨으로써 이루어

과 신앙심은 혼연 일체의 상태로 분리될 수 없었으며, 하얼삔 의거를 비롯한 그의 무수한 애국활동은 그의 열심한 천주교 신앙 안에서 추진되고 실천된 것이었음을 하나씩 밝혀내고 있다.[2] 또한 안 의사의 천주교 교리 이해와 교회 활동의 성격에 대해서도 연구가 진행되어, 그의 교리 이해가 한국 천주교 창설 초기에 저술된 정약종의 《쥬교요지》(1790년대 저술) 및 그 아들 정하상의 〈상재상서〉(1839년 저술)의 전통을 계승한 것임을 밝혀내고[3] 그의 교회 활동이 민권(民權)을 중시한 활동이었음을 해명하기에 이르렀다.[4]

졌다. 안중근 의사에 대한 종합적인 연구사 정리는 조 광, 《한국 근현대 천주교사 연구》(경인문화사, 2010.2)를 참고할 수 있다.

[2] 앞서 언급한 바와 같이 안중근에 대한 한국 천주교회 차원의 공식적 명예회복이 이루어지던 1993년 8월에 개최된 학술심포지엄에서는 안중근의 신앙과 이를 바탕으로 한 교회활동 및 민족운동에 대한 몇 가지 본격적인 연구발표들이 쏟아져 나왔다. 노길명, 〈안중근의 가톨릭 신앙〉《교회사연구》제9집(1994, 한국교회사연구소)은 이와 관련된 당시의 대표적인 연구논문이었다. 이외에도 다음의 논문들이 노길명의 논문과 함께 《교회사연구》9집에 발표되어 안중근의 신앙에 대해 언급했다. 홍순호, 〈안중근의 동양평화론〉; 조 광, 〈안중근의 애국계몽운동과 독립전쟁〉; 최석우, 〈안중근의 의거와 교회의 반응〉: 한편 차기진의 연구[차기진, 〈안중근의 천주교 신앙과 그 영향〉《교회사연구》16집[한국교회사연구소, 1994)]에 의하면 안중근의 가톨릭 신앙과 관련되거나 이에 대한 이해를 간접적으로 도와주는 연구논문은 다음과 같이 1980년대부터 나타나고 있음이 밝혀졌다. 이주호, 〈信仰人 安重根論〉《한국교회사논총》(1982, 한국교회사연구소) ; 井田泉, 〈安重根と　キリスト敎〉《キリスト敎學》立敎大學 キリスト敎學會(1984) ; 윤경로, 〈안중근 사상연구 - 의병론과 동양평화론을 중심으로-〉《민족문화》3집(한성대 민족문화연구소, 1986) ; 최이권, 〈안중근 의사의 생애와 사상 - 정의감과 평화사상을 중심으로 -〉《안중근 의사의 생애와 사상》1991 ; 윤경로, 〈사상가 안중근의 생애와 활동〉《한국 근대사의 기독교사적 이해》(역민사, 1992).

[3] 차기진, 앞의 논문(2000, 한국교회사연구소)은 안중근의 교리인식에 대한 본격적인 연구작업이라고 할 수 있다. 이와 함께 같은 책(《교회사연구》제16집, 한국교회사연구소, 1994)에 실린 다음 3편의 논문도 안중근의 신앙에 대해 언급하고 있다. 전달수, 〈안중근 토마스의 신앙과 덕행〉; 정인상, 〈안중근의 신앙과 윤리〉; 변기찬, 〈안중근의 신앙과 현양에 대한 비교사적 검토〉: 안중근의 교리인식을 신학적인 측면에서 이론적으로 분석하고 영성적으로 해명한 보다 구체적인 작업은 황종렬, 〈'안중근편교리서'에 나타난 천·인·세계 이해〉《안중근과 그 시대》(2009. 3, 안중근의사기념사업회)에 의해서 이루어졌다. 이 논문을 통해 황종열은 안중근의 자서전에 나오는 그의 선교활동과 관련된 발언을 이른바 '안중근편 교리서'로 명명하고 이를 한 구절씩 축조적으로 해석하여 그 신학적 영성적 의미를 부여하였다. 차기진과 황종열은 안중근의 교리인식이 기본적으로 정약종의 《쥬교요지》와 정하상의 〈상재상서〉 등에 기반한 것임을 자세하게 언급하였다.

[4] 안중근의 교회활동을 민권운동의 차원에서 해명하기 시작한 연구작업은 앞서 언급한 노길명, 조 광

본고는 이러한 연구사적 성과를 바탕으로, 필자에게 부여된 〈안중근의 선교활동과 황해도 천주교회〉라는 연구주제에 대해서 서술하고자 한다. 필자에게 부여된 이러한 연구주제와 관련해서 본고의 작성에 직접적인 도움을 얻을 수 있는 기본 사료들과 연구업적은 그다지 많지 않았다.[5] 그러나 이러한 자료들 중에는 기존의 연구자들이 제대로 검토하지 않은 자료도 있었는데, 바로 황해도 지역과 관련된 본당별 교세통계표였다. 지금까지 황해도 천주교회와 관련된 연구를 한 어떤 연구자도 연도별, 본당별 교세통계표를 세밀히 분석하여 황해도 천주교회의 특성을 꼼꼼히 규명한 적은 없었고, 더군다나 안중근과 관련이 있는 본당 및 선교사들에 대한 교세통계표도 물론 충분히 검토하지 않았다. 이에 필자는 지금까지 연구자들이 규명해온 안중근 의사의 교회 활동 자취가 교세통계표에는 어떻게 반영되어 있으며, 또 교세통계표의 기록 분석을 통해서 안중근 의사의 교회 활동의 특성을 어떻게 정리해낼 수 있을까 하는 문제의식을 가지고 본고를 서술하였다.

의 연구논문들(1994)과 차기진(2000)의 논문 외에도, 윤선자, 〈안중근 의사의 천주교 신앙과 애국계몽운동〉《안중근의 義烈과 동양평화론》(안중근의사 의거 제89주년 학술심포지엄, 안중근의사숭모회, 1998)에서 언급되어 왔다. 그리고 이러한 작업은 최근의 다음 논문에 의해서 민족계몽운동과의 관련성을 추구하면서 보다 구체화되었다. 신운용, 〈안중근의 민권·민족의식과 계몽운동〉《안중근과 그 시대》(2009.3, 안중근의사기념사업회).

5 [가] 사료 ⓐ 연대기적 자료 ; 한국교회사연구소(역편),《서울敎區年報(Ⅰ): 1878~1903》(명동천주교회, 1984.4) 및 동《서울敎區年報(Ⅱ): 1904~1938》(명동천주교회, 1987.10). 한국교회사연구소 보관본《본당별 교세통계표 Ⅱ - 황해·평안도 지역 A: 1882~1911 -》: ⓑ 전기자료: 김유혁 역편, 《안중근 의사 자서전》(안중근의사기념관, 1990.3). 윤병석(역편),《安重根傳記全集》(국가보훈처, 1999): 백범정신선양회(편),《백범일지》(하나미디어, 1992) [나] 논저 ⓐ 단행본 저서 ; 한국교회사연구소(편),《黃海道天主敎會史》(황해도천주교회사간행사업회, 1984.10). 윤선자,《일제의 종교정책과 천주교회》(경인문화사, 2001.12).: ⓑ 논문집 ; 한국교회사연구소에서 펴낸《교회사연구》제9집(안중근 토마스 의사 특집호 ; 1994.11),《교회사연구》제11집(일제하 한국 천주교회의 민족운동 ; 1996.12),《교회사연구》제16집(2000년 대희년과 안중근 토마스 ; 2001.6).: ⓒ 주요 개별논문 ; 윤선자, '한일합병' 전후 황해도 천주교회와 빌렘 신부》《한국근현대사연구》제4집(한국근현대사연구회, 1996): 윤선자, 〈안중근의 민족운동〉《종교계의 민족운동》(한국독립운동의 역사38 ; 한국독립운동사편찬위원회, 2008.8): 오영섭, 〈을사조약 이전 안태훈의 생애와 활동〉《안중근과 그 시대》(안중근의사기념사업회, 2009.3).

한편 필자는 안중근 의사의 '선교활동(宣敎活動)'의 범위를 넓게 보았다.[6] 그리하여 우선적으로는, 안중근이 빌렘 신부와 함께 순방하고 다녔던 황해도 신천(信川)의 청계동 본당 관할 모든 지역 내에서 행한 일체의 교회 활동을 모두 직접적 선교활동으로 규정했다. 즉, 사제를 수행하면서 길을 안내하고 심부름을 하거나, 미사 때에 복사(服事)를 서는 일, 사제가 신자들에게 베푼 모든 종류의 성사(聖事)에 참여하는 일, 때로 외교인들에게 복음을 전하거나 예비자들에게 교리를 설명한 일 등이 바로 그것이다. 그러나 이러한 '직접적인 선교활동'에 속하는 일은 물론이고, 부당하게 침해당하는 신자들의 권익(權益)을 보호하고 지켜주기 위한 중재 및 알선의 노력들도 모두 간접적인 선교활동으로 보았다.

나아가 1906년 진남포에서 선교사가 설립한 학교의 재정을 담당하면서 학생들에게 신앙심과 함께 애국정신을 고취해준 것, 구한말에 전개된 갖가지 식산흥업운동이나 국채보상운동에 참여한 것, 나아가 의병활동 및 그 연장으로서의 하얼빈 의거를 통하여 천주교 신자로서 민족독립 운동의 전면에 나서서 '민족구원'의 기치를 높이 든 것도 훌륭한 선교활동으로 본다. 안중근이 수행한 이 같은 민족운동은, 한국인의 민족문제를 애써 외면한 채 타협적이고 친일적인 태도로 일관했던 당시 천주교회 교단의 태도와는 매우 대조되는 것으로서, 천주교 신자도 애국자가 될 수

---

[6] '선교'(宣敎) 라는 말은 좁은 의미로 볼 때는 "그리스도를 모르거나 어슬프게 아는 사람들에게 복음을 전함으로써 그들이 회개를 통하여 구원에 이르도록 이끄는 임무"를 말한다. 그러나 좀 더 근본적인 의미는 "예수 그리스도가 맡긴 대로 교회가 이 세상을 향해 펼쳐야 하는 모든 사명"을 총체적으로 지칭하는 것이다. 이러한 선교의 의미에서 볼 때 '선교활동'이란 전통적으로 교회가 추구해온 '외방 선교'(missio ad gentes)만을 의미하지는 않고, 소외된 사람, 비그리스도인 젊은이들, 이주민이나 피난민들에 대한 충분한 배려와 물질적인 시사(애긍)를 포함하게 되며, 민족들의 평화와 발전과 해방의 추진, 인권옹호, 부녀자들과 어린이들의 권익향상, 자연보호, 문화와 과학의 탐구, 국제관계의 평화적 개선 등, 그동안 지리적, 교회법적인 경계에 의해서 전통적으로 규정된 영역뿐만 아니라 사회적, 문화적, 종교적 특성을 지닌 새로운 지평으로 그 영역이 확대되고 있다. 김준철, 〈선교(宣敎)〉《한국가톨릭대사전》제7권(pp.4406~4413).

있음을 교회 내외의 모든 인사들에게 당당하게 선포하여 천주교의 명성을 드높였다는 점에서 우리 민족의 역사에 길이 남을 매우 인상적이고 독특한 선교활동임에 틀림없다. 그러나 본고에서는 안중근이 청계동에서 활발하게 교회활동을 전개하던 1897~1903년을 위주로 하여 그의 선교활동 중에서 순회전교 활동과 신자들의 권익보호 활동만을 분석 대상으로 다루고자 한다.[7]

2. 황해도 천주교회와 안중근의 순회전교

1) 개항 이후 황해도 천주교회사의 흐름

황해도 천주교회는 이미 1801년 신유박해 이전부터 복음의 씨가 뿌려져서 신앙공동체가 형성되었으며, 그 후 수차례의 박해기 동안 수많은 순교자를 배출한 유서 깊은 신앙의 산실이었다.[8] 병인박해기 10년의 공백을 깨고 개항 직후부터 다시 이 땅에 입국한 선교사들이 처음 발을 내디딘 곳도 이곳 황해도였으며, 이곳을 통해 입국한 선교사들은 전국에 흩어져 선교활동을 재개할 수 있었다. 1876년 개항 전후부터 1890년대 후반 안중근의 가문이 신앙에 입교하기 전까지 황해도 지역은 인근의 평안도나 강원도와 함께 2~3개 도(道)를 한꺼번에 관할하던 선교사에 의해서 선교

---

[7] 이 시기와 분야에만 한정하여 특화한 논문은 지금까지는 없었던 것으로 보인다. 그러나 안중근이 황해도 천주교회를 떠나서 평안도 진남포에서 행한 교육계몽 운동과 국채보상운동, 식산흥업 및 나아가 연해주와 간도지방에서의 독립군 양성운동, 그리고 1909년의 하얼삔 의거 등에 대해서는 앞서 언급한 조 광, 윤선자, 신운용 등의 연구성과가 상당한 정도로 축적되어 있으므로 본고에서는 다루지 않는다.

[8] 앞의 책,《黃海道天主敎會史》(1984), pp.49~66 참고.

가 이루어지다가 1896년 8월 빌렘 신부의 부임으로 비로소 황해도만을 독자적으로 담당하는 선교사에 의해 선교활동이 진척되기 시작했다.

표1. 〈1885~1896년 황해도 천주교회의 개관[9]〉

기간	담당 선교사	거점	교우	공소	관할 공소명
1885.5 ~ 1886.4	쿠데르	수안 (진고개)	382	6	수안(진고개), 안악, 장연, 송화, 신계, 신계(호랑골)
1887.5 ~ 1888.4				7	장연, 은율, 송화, 장련, 안악, 재령, 신천
1890.5 ~ 1891.4	로		398	9	안악(마렴), 장련, 은율(읍내), 송화(사직골), 장연(두섭이), 문화(월정골), 수안(덕골, ?), ?
1891.5 ~ 1892.4			477	8	수안(?, 덕골), 안악(마렴), 문화(아현), 장연(도섭이), 송화(사직골), 은율(읍내), 장련(인덕동)
1892.5 ~ 1893.4			598	10	수안(?, 덕골, 가매골), 안악(상전, 마렴), 문화(아현), 장연(두섭이), 송화(사직동), 은율(읍내), 장련(인덕동)
1893.5 ~ 1894.4	르장드르	수안 (덕골)	588	11	수안(덕골, 가마울, 은진산), 안악(마렴, 상촌), 신천(신설도), 문화(구월산), 장연(두섭), 송화(사직동), 은율, 장련(인덕동)
1894.5 ~ 1895.4			765	12	수안(덕골, 가마울, 용암골), 안악(마렴, 안홀, 성촌), 문화(구월산), 장연(두섭), 신천(신설도), 은율, 장련(인덕동), 송화(사직동)
1895.5 ~ 1896.4			877	16	수안(덕골, 가마울, 용암골, 영돈이, 성가리), 안악(마렴, 안홀, 상촌, 나가들), 신천(신설도), 재령, 송화(사직동), 장연(두섭), 은율, 장련(인덕동), 문화(구월산)

위 도표를 통하여 알 수 있는 바와 같이, 개항 이후 황해도 지역을 담당한 선교사의 선교 거점은 황해도 동부산악 지대에 위치한 수안(遂安)이었는데, 이곳은 개항 직후부터 약 15년간 황해도와 평안도 지역의 전교회장으로 활동하기 시작하여 마침내는 조선 교회 전체의 평신도 전교회장으로서 활동했던 김기호(金起浩, 요한, 1824~1903)의 출신지이기도 했다. 이

---

[9] 한국교회사연구소편,《본당별교세통계표》II (황해·평안도 지역 A: 1882~1911), pp.1~9: 난필(亂筆)로 통계 숫자 구분이 어려운 연도(年度)는 생략하였음.

러한 사실은 개항기 황해도 천주교회가 당시 한반도 전체, 또는 북부지방에서 차지한 위상이 어떠했는지를 잘 말해준다. 그러나 수안을 비롯한 황해도 동부지역 일부는 1896년 빌렘 신부가 황해도 전담 선교사로 부임해 올 때부터는 평안도를 담당하는 선교사가 함께 담당하는 지역으로 편입되어, 빌렘 신부를 수행하면서 전교활동을 벌였던 안중근의 활동지역과는 자연 일정한 거리를 두게 되었다. 안중근이 자신의 고향인 황해도 지역에서 펼쳤던 선교 활동의 영역을 지도상에 나타내보면 다음과 같다.

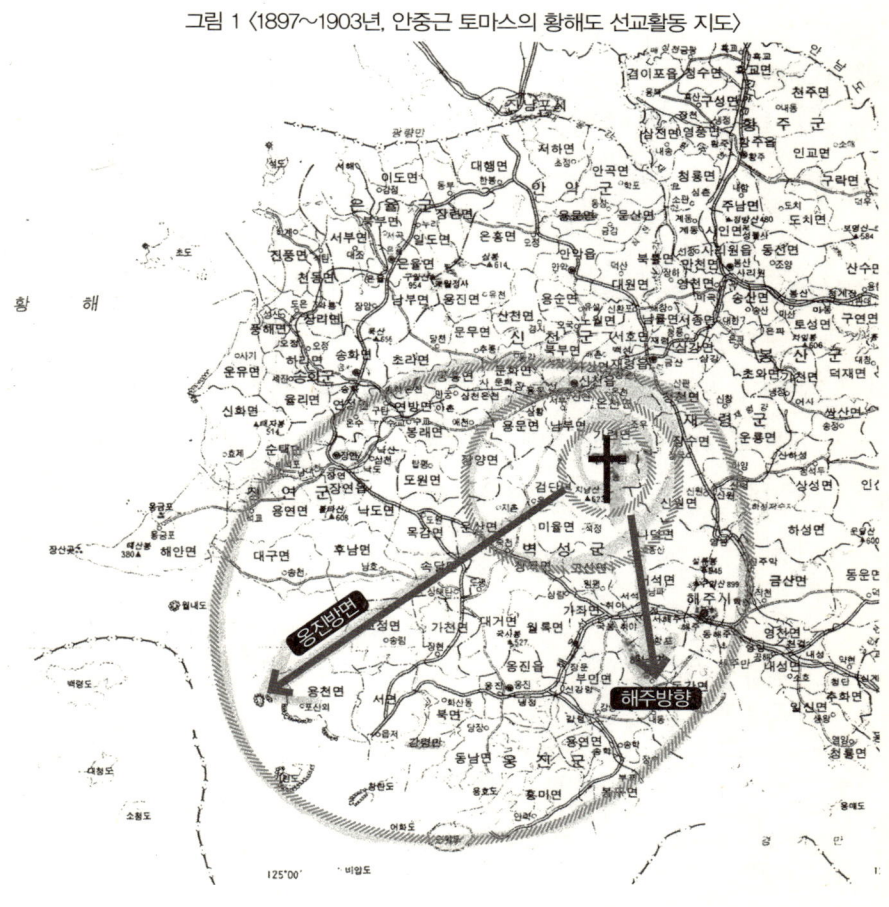

그림 1 〈1897~1903년, 안중근 토마스의 황해도 선교활동 지도〉

위 그림 1에서 동심원 한 가운데 십자표시는 1897~1903년 당시 안중근 일가가 살고 있던 황해도 신천군 두라방에 위치한 청계동 본당의 위치를 알려준다. 또한 이 선교거점을 중심으로 남쪽으로 뻗은 화살표는 해주방향을 가리키며, 남서쪽으로 뻗은 화살표는 옹진방면을 가리킨다. 이 두 곳은 안중근의 황해도 선교활동에서 매우 중요한 의미를 갖는다.

빌렘 요셉 신부는 안중근보다도 19살이 많은 1860년생으로, 독일과 프랑스의 국경지대에 있는 알사스 로렌지역 출신이었다. 그는 1883년 사제로 서품되어 곧바로 페낭 신학교의 교수로 5년간 재직하면서 조선인 신학생들을 가르쳤다.[10] 1889년 2월 조선에 입국한 빌렘 신부는 제물포, 용산 신학교, 미리내 본당을 거쳐 1896년 8월, 황해도 안악의 마렴에 부임하여 황해도 지역만을 담당하는 최초의 선교사가 되었다. 1897년 여름 빌렘 신부는 마렴 인근의 매화동(玫花洞)으로 그의 선교 거점을 이전하였다.[11] 빌렘 신부는 안태훈 일가의 개종운동을 계기로 1898년 4월 하순 다시 그의 선교 거점을 신천군 청계동으로 옮겨간 후 1913년까지 청계동 본당에서만 무려 15년 정도의 사목활동을 수행하였다. 1896년 8월 최초로 황해도 마렴에 부임한 이후부터 1898년 4월 청계동 본당에 안착하기까지 대략 1년 8개월간 그가 사목순방을 다녔던 지역은 수안군 등 동부 산악지대를 제외한 황해도 전 지역에 해당된다. 이를 도표로 나타내 보면 다음 표2, 3과 같다.

---

10 윤선자, 앞의 글(1996), p.110~111.

11 혹자는 빌렘 신부가 황해도에 와서 최초로 정착한 마렴이란 동네의 이름을 따서 그가 부임한 최초의 본당을 '마렴본당'이라고도 부르지만, 이곳에서 사목을 한 지 1년 후에 매화동으로 옮겼고, 그 이후 빌렘 신부는 물론이고 후임 사제들도 마렴이 아닌 매화동에 거처를 두고 있었기에, 일반적으로 교회사 연구자들은 마렴에서의 본당 사목 1년이란 기간을 매화동 본당 사목에 포함시켜 이해하고 있으며 그 명칭도 안악본당 또는 매화동 본당 등으로 부른다. 앞의 책, 《黃海道天主教會史》(1984), pp.155~162 참고.

표2. 〈빌렘 신부, 1896~1897년, 황해도 안악(마렴) 본당〉 *1897. 5. 1 작성*[12]

지역	공소	교우	성인영세 (임종대세제외)	소아영세 (임종대세제외, 세례+보례)	예비자	냉담자	학교 (학생)	유기아 양육 (고아원+교우가정)
안악	마렴	190	86	4	30	1	1(15)	5
	하가들	21		2	5	1		
장련	고정동	58	1	5	4	2		
은률	읍내	39	8	7	2	7		
송화	사직동	90	3	8	2	1		
장연	두섭이	77	17	3	6	1		5
문화	강명골	25		2	1			
	아현천	44	2	4	5	2		2
신천	신설도	59	12	4	5			
	청계동	100	99		100			
재령	읍내	28	10	4	19	1		
안악	안흘	54	3	6	9	1		2
소계		785	241	49	188	17		
기타			11	5				
총계		785	252	54	188	17		

표3. 〈빌렘 신부, 1897~1898년, 황해도 매화동 본당〉 *1898. 5. 3 작성*[13]

지역	공소	교우	성인 영세 (임종대세제외)	소아 영세 (임종대세제외, 세례+보례)	예비자	냉담자	학교 (학생)	유기아 양육 고아원+교우가정
안악	매화동	208	148	20	90	2	1(14)	4+0
	상촌	69	1	3	8			2+0
	안흘	75	6	3	24			2+1
	곰바위	15	6	1	10			
	동창이	19	8		16			
장련	장련	13	3		11			
	고정동	64	8	4	5			
은율	은율	39	3	2	10	2		
송화	사직동	59	2	6	3			
	쇠골	61	4	1	7			

12 한국교회사연구소편, 《본당별교세통계표》Ⅱ(황해·평안도 지역 A: 1882~1911), p.10.
13 한국교회사연구소편, 《본당별교세통계표》Ⅱ(황해·평안도 지역 A: 1882~1911), p.13.

지역	공소	교우	성인영세 (임종대세제외)	소아영세 (임종대세제외, 세례+보례)	예비자	냉담자	학교 (학생)	유기아 양육 고아원+교우가정
신천	신설도	47	3	3	5	1		
	귀틀몰	41	7	1	7			1+1
문화	아현천	63	25	6	26			1+0
	강명골	31			5	1		
	문화	18	12		11	3		
황주	철도	26	16		11			
봉산	사리원	15	15		7			
재령	재령	43	7	6	18	1		
장연	두섭이	71	7	4	8			4+0
	강석골	14		1				
신천	흥동	31	12		7			
	청계동	140	72	8	200	6		
총계		1162	365	69	486	16	1(14)	14+2

    위의 표2는 빌렘 신부가 황해도 안악 마렴에 근거를 두고 사목한 첫 1년 동안의 선교결과를 보여주는데, 안악 지방을 중심으로 인근의 신천, 재령, 은율, 송화, 장연, 장련, 문화 등 모두 8개 고을(郡)에 그 활동이 미치고 있음을 알 수 있다. 그리고 이러한 활동 범위는 그 다음해에 더욱 늘어나서 황주, 봉산 등 2개 고을이 추가되어 모두 10개 고을이 빌렘 신부의 선교활동 구역이 된다. 표2와 표3을 대조해보면, 각 고을에 위치한 공소의 명칭에 다소의 변화가 있음을 알 수 있다. 그중에서도 안악군의 경우 마렴과 하가들 등 2개의 공소가 1년 만에 모두 5개로 늘어나면서 그 명칭도 모두 바뀌어 매화동, 상촌, 안흘, 곰바위, 동창이 등이 보일 뿐 마렴이나 하가들은 보이지 않는다. 특히 이중에서도 교우들의 숫자가 가장 많은 공소가 마렴에서 매화동으로 바뀌고 있는데, 이는 빌렘 신부가 불과 1년도 못되는 사이에 그의 선교거점 즉 본당 소재지를 마렴에서 매화동으로 옮겨간 데 따라 기존의 마렴 공소 교우들의 숫자가 모두 매화

동 공소 교우수에 포함되었기 때문으로 보인다. 한편 빌렘 신부가 최초로 황해도에서 사목을 시작한 선교 거점이 마렴이었던 이유 중의 하나는 위 표2와 3에서 볼 수 있듯이 마렴의 교우들이 다른 곳보다 훨씬 많았다는 점이 지적될 수 있을 것이다. 그런데 마렴 공소가 그 후신인 매화동 공소와 함께, 다른 공소들과는 달랐던 점이 있다면, 이 두 공소야말로 빌렘 신부가 1896~1898년간 전교한 본당사목구 내에서는 유일하게 교회가 설립한 학교를 보유하고 있었으며, 당시 약 14~15명의 학생들이 등록되어 있었던 사실이다.[14] 주지하는 바와 같이 교회가 설립한 사립학교는 구한말과 일제시대에 걸쳐 선교사업에 대한 다방면의 탄압이 가해질 때 이를 극복하고 꾸준히 교세를 성장시키거나 최소한 현상대로 유지시켜 나갈 수 있는 훌륭한 선교의 수단이 되었다. 그러므로 빌렘 신부가 황해도 부임 초에 설치한 마렴의 교회학교는 마렴이 위치한 황해도 안악지방의 천주교 선교역사에서 매우 중요한 위치를 차지한다고 할 수 있다.

당시 빌렘 신부의 왕성한 전교활동은 서울의 뮈텔 주교가 입이 마르도록 칭찬할 정도로 한국 천주교회 전체의 모범이 되는 사례로서 소개되었다.

> 가장 풍성한 수확을 거둔 곳은 황해도입니다. 이곳에서 빌렘 신부는 혼자서 381명의 성인에게 세례를 주었고, 건물 두 채를 지었으며, 네 개의 본당을 직접 세우거나 사람을 시켜서 세웠습니다. 뿐만 아니라 열 곳에 새로운 공소를 마련하였습니다. 2년 동안에 교우들 수는 2배 이상으로 불어났고, 등록된

---

[14] 《황해도천주교회사》p.161에 의하면, 이 학교는 빌렘 신부가 설치한 소규모 학교로 교사 1명이 가르치는 서당과 같은 성격의 학교였다고 한다. 빌렘 신부는 이 학교를 설치하여 위하여 논밭을 각각 12마지기씩 매입하는 한편 본국의 자선단체에 원조를 요청하기도 했다고 한다. 이 학교는 1898년 7월 빌렘 신부에 이어 제2대 본당 신부로 우도 신부가 부임하면서, 안악지방 최고의 사학으로 일컫는 봉삼학교(奉三學校)의 전신이 되었다고 한다. 위의 책, pp.162~169.

예비자의 수도 500명이나 됩니다. 우리의 동료 신부의 수고가 얼마나 많겠습니까?[15]

위 인용문의 보고 내용은 앞의 표3과는 약간의 차이가 나지만, 개략적으로 보아 일치한다. 그런데 여기서 말한 4개의 본당이란, 빌렘 그 자신이 직접 부임하여 세운 매화동 본당(1898년부터 우도Oudot 신부가 부임)과 청계동 본당, 그리고 다른 2개의 본당은 르각(Le gac) 신부가 부임한 재령본당과 빠이야스(Pailhasse) 신부가 사목을 맡은 장연본당이 바로 그것인데, 이들 본당들은 모두 1897~1899년 사이에 세워진 본당들이다.[16]

한편 위 표2, 3에서 특징적인 현상 중의 하나는 신천군에 위치한 청계동 본당의 교우수가 마렴, 매화동을 제외하면, 다른 지역보다 월등히 많다는 사실인데, 이는 사실상 1896년 말부터 청계동과 그 인근 마을에서 안중근 가문의 주도하에 집단적인 개종운동이 급속히 진행되고 있음을 통계상으로 드러내주는 증거가 된다. 아울러 표3에 나타난 모두 10개 고을의 22개 공소에는, 안중근 토마스가 1897년 1월 영세한 후 추가적인 교리학습과 기도생활 등으로 몇 개월간의 준비기간을 가진 뒤 곧바로 교회활동에 나설 때 빌렘 신부를 수행하면서 방문했던 지역으로 추정된다.

안중근 토마스가 천주교 세례를 받은 후 얼마 후에 곧 신덕(信德)이 굳어져서 적극적인 선교 활동에 나설 수 있었던 것은 그의 부친 안태훈에서 비롯된 집단적인 가문입교(家門入敎)의 열기와도 일정한 관련성이 있다. 빌렘 신부가 황해도 지역만을 담당하는 최초의 선교사로 부임하던 해인 1896년, 안중근의 부친 안태훈(安泰勳, 1862~1905, 베드로) 진사(進士)

---

[15] 앞의 책, 《서울敎區年報(Ⅰ): 1878~1903》, p.229〈1898년도 보고서〉.
[16] 각 본당의 설립연대는 다음과 같다. 안악 마렴(매화동) 본당은 1896년 8월, 청계동 본당은 1898년 4월, 장연본당은 1898년 7월, 재령본당은 1899년 5월.

는 이전부터 천주교에 관심이 있던 차에, 이미 1894년 동학도로부터 노획하여 군량미로 써버린 선혜청미 상환 문제로 중앙 정계 고관들의 압력을 받고 명동성당에 얼마동안 피신하지 않을 수 없었고, 그곳에서 천주교 서적을 탐독했다. 얼마 후 다행히도 쌀 문제가 해결되자 안 진사는 곧 천주교와 관련된 교리문답, 12단 등 교리서를 120권이나 청계동으로 가져와서 그 자신은 물론이고 친척들과 인근의 주민들에게 나누어 주면서 학습하도록 하여 미리 입교(入敎)를 준비하였던 것이다.[17] 이러한 상태에서 안태훈은 빌렘 신부에게 사람을 보내서 청계동을 방문할 것을 요청하였고 빌렘 신부는 강 시메온과 김 요셉 등 2명의 전교회장(傳敎會長)을 미리 청계동에 파견하여 약 10여 일간 머물게 하면서 이곳의 입교준비 상황 즉 천주교로의 개종운동(改宗運動) 실태를 파악하는 한편 청계동 일대 여러 마을을 돌아다니며 신주(神主)들을 불사르는 등 공소(公所) 개설에 필요한 사전준비를 하게 했다.[18] 이윽고 1897년 1월 8일 빌렘 신부는 청계동에 이르러 11~12일 사이에 안태훈 진사와 그의 아들 안중근을 비롯한 33명의 예비자들에게 세례를 주었으며, 다시 같은 해 4월 청계동을 방문하여 모두 66명의 예비자들에게 세례를 베풂으로써 청계동 공소가 정식으로 설정되기에 이르렀다.[19] 안중근 가문의 입교는 천주교에 대한 안

---

[17] 안태훈의 생애와 활동, 천주교 입교 동기 및 그 과정에 대해서는 박노련, 《안중근과 평화》(을지출판공사, 2000.4), 윤선자 앞의 글(1996) 및 오영섭 앞의 글(2009.3) 참고: 이들의 내용을 종합하면, 안태훈은 1891년 13세의 나이로 진사(進士)에 합격했는데 당시 신천 사람 민영구(閔泳龜)와 함께 서울에 과거시험을 보러가서 유숙한 천주교 신자 이기수 참봉의 집에서 처음 천주교를 접하였고, 1894년 11월 동학도와의 전투에서 동학도들에게 노획한 선혜청 쌀 1,000석을 군량미로 사용한 때문에 이 쌀의 원래 소유주였던 어윤중과 민영준 등의 배상요구와 압력에 직면하였다. 이를 해결하는 과정에서 안태훈은 1896년 2월 이후 수개월 동안 명동성당에 피신하여 있으면서 본격적으로 교리에 관심을 갖고 공부를 하였으며, 다행히 그의 정치적 후원자 김종한의 중재로 이 문제가 해결되자 교리에 박식한 이참봉(이종래, 바오로)를 대동하고 수많은 교리서들을 휴대한 채 귀향하였다는 것이다.

[18] 이와 관련하여 청계동에 공소와 본당이 설정된 과정에 대해서는 위의 책, 《황해도천주교회사》, pp.191~197 참고.

[19] 앞의 표2에 의하면, 청계동 공소의 신자수가 모두 100명이라고 되어 있는데, 1897년 1월과 4월에 각

태훈 진사의 순수한 종교적 호기심과 원의에서 비롯되었지만, 황해도 해주, 신천 일대 향촌사회의 대지주(大地主)로서 갑신 개화파가 일본으로 유학 보내려고 했던 70인의 명단에도 끼였던 안태훈이 그의 정치적, 사회적 지위와 막대한 재산을 유지하기 위한 방편에서 더욱 천주교회의 도움을 필요로 했던 실리주의적(實利主義的) 이유 등이 복합적으로 작용해서 천주교회에 귀의한 것으로 보인다.[20]

2) 안중근의 순회전교 활동과 교세의 성장

1897년 1월, 당시 황해도 안악군 마렴에 그 선교거점을 두고 있던 빌렘(Nicolas Joseph Marie Wilhelm, 洪錫九, 1860~1938) 신부가 청계동을 방문하였을 때, 안중근 의사는 그에게서 토마스(Thomas, 多默) 라는 세례명으로 영세하였다. 이윽고 빌렘 신부는 1897년 4월, 청계동에 공소를 설정하였으며, 그의 사목활동 거점을 마렴에서 이웃한 매화동(玫花洞)으로 옮겼다가, 1898년 4월에는 다시 청계동으로 그 거점을 옮기니 이때가 바로 청계동 본당이 설정된 시점이 된다. 안중근은 빌렘 신부가 이미 청계동에 공소를 설정한 후 수 개월이 지난 1897년 11월 27일 그곳을 순방한 뮈텔 주교 일행을 맞이하여 주교가 청계동에서 해주로 갈 때 길 안내를 담당하기도 했다.[21] 이 같은 행적을 통해볼 때 안중근은 빠르면 청계동 본당 설정 직후인 1898년 4월부터나, 늦어도 같은 해 연말 무렵부터는 빌렘 신부의 공소순방을 수행하는 복사(服事)가 되어 빌렘 신부의 각종 교회 일

각 세례 받은 교우를 합친 수(=99명)보다도 1명이 더 많다. 이 신자는 아마도 다른 곳에서 임시로 청계동 공소에 와서 세례만 받은 후 타 지역으로 간 교우일 가능성이 있다.
20 신운용,《안중근과 한국근대사》(안중근의사기념사업회 안중근연구소편, 2009.10), pp.503~539.
21 한국교회사연구소(역주),《뮈텔주교일기 2》, p.235. 1898년 12월 1일(천주교 명동교회 편, 1993. 4).

에 한동안 수족(手足)과 같은 역할을 수행하기 시작했던 것으로 보인다. 안중근 자신의 진술에 의하면, "부친의 권면에 따라 가족들과 함께 입교하여 경문(經文)을 강습하고 도리(道理)를 토론하기를 수개월 만에 신덕(信德)이 차츰 굳어져서 독실하게 믿어 의심하지 않게 되었으며, 예수 그리스도를 흠숭하게 되었다"고 하였다. 이와 같이 신앙심이 굳세어 지자 안중근은 곧 빌렘 신부를 따라 순회 전교 활동에 나섰던 것이다.

    그때 교회의 일을 확장하고자 나는 홍교사(洪敎師, 빌렘 신부)와 함께 여러 고을을 다니며 사람들을 권면하고 전도하면서 군중들에게 연설하였다. "형제들이여, 내가 할 말이 있으니 꼭 내 말을 들어주시오. 만일 어떤 사람이 혼자서만 맛있는 음식을 먹고 그것을 가족들에게 나누어 주지 않는다거나 또 재주를 간직하고서 남을 가르쳐주지 않는다면, 그것을 과연 동포의 정리라고 할 수 있겠소. 지금 내게 별미가 있고, 기이한 재주가 있는데, 그 음식은 한번 먹기만 하면 장생불사(長生不死)하는 음식이요, 또 이 재주를 한번 통하기만 하면 능히 하늘로 날아 올라갈 수 있는 것이기 때문에 그것을 가르쳐 드리려는 것이니까 여러 동포들은 귀를 기울이고 들으시오. …… 원컨대 우리 대한의 모든 동포 형제, 자매들은 크게 깨닫고 용기를 내어 지난날의 허물을 깊이 참회함으로써 천주님의 의자(義子)가 되어, 현세를 도덕시대(道德時代)로 만들어 다같이 태평을 누리다가, 죽은 뒤에 천당에 올라가 상을 받아 무궁한 영복(永福)을 함께 누리기를 천만번 바라오" 하였는데, 듣는 사람들로는 혹은 믿는 이도 있었고 혹은 믿지 않는 이도 있었다.[22]

이상의 인용을 통하여, 우리는 안중근의 선교활동이 누군가의 사역을

---

22 앞의 책, 김유혁(1990) 역편, 《안중근 의사 자서전》, pp.15~25.

받아서 강제적으로 수행한 일이 아니라, 신앙심이 견고해지면서 그의 마음에서부터 우러나는 자발적인 행위였음을 감지할 수 있다. 그러기에 그의 순회전교 연설은, 신앙을 전하고 싶은 성령(聖靈)의 강한 충동을 받아서 이루어졌는데, 이는 신앙을 장생불로하는 맛난 음식과 하늘로 날아오르는 특별한 재주에 비유하여 "도저히 혼자만 간직할 수 없다"고 한 위 연설에서 확인된다. 또한 그의 연설 중에서, "현세를 도덕시대로 만들어 다같이 태평을 누리자"는 대목에서 우리는 그의 선교 동기가 단지 개인적인 영혼(靈魂) 구원에 그치지 않고, '사회적인 집단구원' 내지 '민족 전체의 구원'이라는 사회복음화 또는 민족복음화 차원에 입각한 것임도 확인할 수 있다. 한편 그의 신앙심은 다분히 보유론적(補儒論的) 사고에 입각한 천주교 인식을 그 바탕으로 하고 있었는데, 이와 같은 교리인식은 그가 죽을 때까지 늘 불변하고 있었음을 그가 자주 인용한 '천명관(天命觀)'을 통해서 확인할 수 있다.[23] 또한 그의 설교는 그 어법(語法)이나 내용, 형식 등으로 따져볼 때, 1:1 개인 전교의 차원에서 행해진 것이라기보다는 황해도 여러 지역을 순회하면서 만난 수많은 군중들을 모아놓고 집단적으로 행한 강론(講論)이었음을 알 수 있는데, 이러한 강론은 그 자신이 수행했던 교회 내 역할과 일정한 관련이 있어 보인다.

    그렇다면 안중근이 순회 전교한 지역은 구체적으로 어느 고을이었으며, 그 기간은 언제까지였을까? 이와 같은 물음에 답하기 위해서는 우선 안중근이 전교하러 다녔던 곳, 곧 그가 혼자서 전교하러 다니기보다는 자신의 본당 신부였던 빌렘 신부를 수행하면서 다녔던 순방 지역을 확인해보아야 할 것이다. 이와 관련하여 앞서 언급한 자서전에 의하면 그가 여러 고을을 다녔다고 했는데, 그 고을들이란 바로 빌렘 신부가 순방했

---

23 안중근의 선교활동을 통해서 드러난 그의 가톨릭 교리 인식의 내용과 수준에 대해서는 앞서 언급한 차기진, 황종렬의 논문을 참고하기 바란다. 필자 또한 이와 관련된 별고를 준비 중이다.

던 공소들이 위치한 지역일 것이다.

아무튼 안중근 가문의 집단 개종은 안태훈 베드로 진사는 물론이고 동생 안태건(安泰健, 가밀로)과 장남 안중근 토마스 등의 적극적인 교회 활동에 의해서 빌렘 신부는 물론이고 빌렘 신부를 황해도로 파견한 서울의 뮈텔 주교에 의해서도 주목될 만큼 독특하고 모범적인 개종운동으로 인식되었다.[24] 빌렘 신부는 특히 그를 도와주던 평신도 회장들의 헌신적인 교회 활동에 대해서 다음과 같이 보고하였다.

> 우리 교우들은 확실히 훌륭한 위치에 있습니다. 그들은 주일마다 2,3,4십 리 사방에서 모여들어 그것을 입증합니다. 그들의 회장은 중요한 인물이 되고 따라서 그의 활동도 신자와 비신자들에게 더 큰 효력을 미칩니다. 그는 교리를 지키며 찰고를 하고 질문에 대답하며 사소한 일들을 재판합니다. 물론 그 자신이 교리와 기도를 잘 알아야 합니다. 본인은 여러 회장이 당나귀를 타고 본인의 거처에서 50리나 떨어진 곳에서 자신이 대답할 수 없는 문제의 해답을 찾기 위해 오는 것을 보았습니다. 이런 교회에 대한 열성을 가지게 되면 별로 박식하지 않는 회장들이라도 비상하게 깊은 지식을 갖게 됩니다. …… 예비자 수가 계속 늘어나서 본인은 가르치는 인원을 보충해야 했습니다. 이점에서 우리 신자들의 헌신적인 봉사를 대단히 흡족하게 생각합니다. <u>선교사에게 없어서는 안될 복사(服事) 외에 본인은 전교회장(傳敎會長)을 두었습니다. 그는 때때로 전 공소를 순회하며 신부의 회람을 돌리고 또 현지에서 얻은 정보를 신부에게 전합니다. 이 순회는 좋은 효과를 거두고 있습니다. 즉 지난번 방문 때의 가르침을 되새기게 하며, 앞으로 있을 방문을 생각하게 합니다.</u> 또 모든 공소들 간에 접촉을 갖게 하며, 결단을 내리지 못한 사람들에게 종교문제를 다

---

[24] 앞의 책, 《서울敎區年報(I): 1878~1903》, p.209〈1897년도 보고서〉.

시 생각하게 합니다. 본인이 성사집행을 위해 떠날 때는 본인 거주지의 회장이 하루 먼저 떠납니다. 그는 영세 희망자의 전반적인 찰고를 아주 엄격하게 합니다. 그가 하루 종일 그리고 밤늦게까지 찰고를 하기 때문에 때때로 본인이 그것을 확인하는 수도 있었습니다. 이 어려운 시험에 무사히 합격한 사람들은 세례를 받을 수 있다는 것을 거의 확신하게 됩니다. 마침내 복사와 또 한 사람의 회장을 데리고 본인이 도착하면 모두 함께 일을 합니다. 그 때에 교우들은 따로 따로 찰고를 받기 시작하여, 우리 중 피로에 지치는 사람이 있으면 교대해가며 일을 합니다. 고해성사 외에도 이 시험과 교육에 관여합니다. 그밖에 물론 더 어려운 일, 예컨대 예비신자 중에서 선별의 마지막 선택을 하는 일, 세례성사 이외의 여러 가지 성사집행, 신자단체 지도 등등 하는 일이 많습니다.[25]

안중근 토마스는 위의 인용문에서 빌렘 신부가 말했던 복사의 역할을 주로 하면서, 때로 사제의 공소순방을 앞서서 신자들에게 알려주고 판공성사를 준비케 하며, 공소들 간의 정보교환과 외교인 전교와 이를 통한 예비자 모집 등 당시의 순회 전교 회장이 수행했던 역할까지 실행하였던 것으로 보인다. 그가 자서전에서 상당한 분량으로 기술했던 가톨릭 교리에 대한 대중 강연은 바로 이러한 순회전교 회장이 주로 맡았던 역할이었기 때문이다. 이런 점들을 통하여 우리는 안중근 토마스가 빌렘 신부와 함께 공소순방을 할 때 수행했던 교회활동의 다양한 면모를 확인할 수 있게 된다. 특히 빌렘 신부도 언급했듯이, 여러 지역의 공소 신자들에게 필요한 다양한 사목적 요구를 충족시켜주기 위해서는 모든 공소 사목의 주관자인 사제를 보필하는 복사와 회장의 역할이 매우 중요하였다는 점에서, 또한 공소 신자들의 입장에서 볼 때 프랑스인으로서 다소

---

25 같은 책, pp.300~303〈1902년도 보고서〉.

범접하기 어려웠던 빌렘 신부보다도 같은 한국인인 안중근 복사에게 더욱 쉽게 도움을 요청하거나 상담을 해오는 경우가 많았을 것이므로 안중근 토마스와 각 공소의 회장들을 비롯한 여러 신자들과의 친분관계가 빌렘 신부와 신자들과의 관계보다도 더 편하고 더 돈독했을 것으로 여겨진다.[26]

그러므로 안중근은 자연스럽게 그가 순방한 지역의 신자들에게 단순히 본당 신부의 사목 활동을 보좌하는 존재에 그치지 않고, 해당지역 신자들의 신앙생활과 나아가 사회생활에서의 전반적인 문제들까지 함께 고민하고 상담하면서 그 문제해결을 위해 노력하는 매우 중요한 인물이 되었다. 바로 다음 절에서 후술할 신자들의 권익을 보호하기 위한 안중근의 민권운동은 이처럼 당시 청계동 본당 내에서 복사와 전교회장의 역할을 동시에 수행했던 안중근이 차지했던 특수한 위상에서 비롯된 것으로 생각된다. 안중근이 그 일가와 함께 빌렘 신부의 사목활동을 적극적으로 도와서 황해도 청계동 본당과 그 관할 공소가 존재하는 황해도의 몇몇 지역 내에서 수행한 복음 선교활동의 결과는 다음과 같은 도표로 가시화할 수 있다.

---

[26] 안중근이 교우들의 총대가 되어, 빌렘 신부에게 교우들을 일방적으로 압제하지 말 것을 요청하려다가 도리어 빌렘 신부로부터 모욕감이 들 정도로 심한 구타를 당한 후에 서로 화해를 했다는 일화는 이러한 사실을 잘 증명해준다. 앞의 책 《안중근의사자서전》p.48.

표4. 〈빌렘 신부, 1898~1899년, 황해도 청계동 본당〉 *1899. 6. 20 작성[27]

지역	공소	교우	성인 영세 (임종대세제외)	소아 영세 (임종대세제외, 세례+보례)	예비자	냉담자	학교 (학생)	유기아 양육 (고아원+교우가정)
신천	청계동	112	114(?)		200	8		
	읍내	55	55		19			
	흥동	42	21		11	2		
	돌무지	23	19		34			
	동부	24	9		10			
	마산	24	13		13			
	하신동	20	16		14			
재령	읍내	103	48	2	330			
	애자지	63	53		84			
	담안골	13	7		111			
	내무생	21	8		45			
봉산	은파	49	48		205			
	사리원		2					
해주	먹방이	23	12		12			
	염천	16	14		30			
	대학골		0	2				
송화	성당이	11	10		10			
	산골몰	9	6		100			
문화	읍내		2					
총계		608	442	4	1228	10		

위 도표에서 특징적인 기록은 청계동의 교우수와 성인 영세자 수이다. 이 도표는 1898년 4월 청계동 본당이 설정된 이후 약 1년 동안의 성탄, 부활 판공성사를 종합한 기록인데, 역시 선교사의 거점답게 본당관할 공소들 중에서 청계동의 교우수가 가장 많다. 그런데 이 교우숫자보

---

27 한국교회사연구소편,《본당별교세통계표》Ⅱ(황해·평안도 지역 A: 1882~1911), p.18.

다도 성인영세자의 숫자가 2명이나 더 많은 114명으로 기록되어 있는데, 이는 아마도 청계동에 와서 세례를 받은 교우들 중에 상당수는 아직 정식으로 공소가 설정되지 못한 교우촌으로부터 온 교우들이었을 것으로 추측되며, 이들의 경우 청계동에서 세례를 받은 후 곧바로 자기들의 거처로 돌아갔기 때문에 청계동의 교우수는 성인 영세자의 숫자보다도 적게 나오는 것이다. 그런데 이 같은 교우수의 증가 가운데서도 빌렘 신부는 외교인의 입교 자격에 일정한 제한을 둔 것 같다. 이즈음 뮈텔 주교의 보고서 가운데에는 황해도 신천에서 집단개종의 성과를 거둔 빌렘 신부가 향촌에서 고리대금을 직업으로 하던 한 노파의 입교노력을 수차례 무산시켰던 사실이 기록되어 있다.[28] 당시 천주교회가 적어도 향촌사회 여론의 지탄 대상이 되는 부도덕한 일이었던 '고리대부업'과 같은 일을 수용하지 않고 이를 정면으로 거부하고 비판했다는 사실은 나름대로 이즈음의 선교역사에서 기억될 할 만한 의미가 있는 것으로 여겨진다. 이처럼 나름대로의 입교제한 기준을 두면서도 당시 빌렘 신부가 주도했던 황해도의 전교 사업 실적은 이즈음 매년 계속해서 전국 최고를 기록했다.

> 개종의 움직임이 가장 현저한 곳이 바로 황해도입니다. 이것을 돕기 위하여 분활이 이루어진 것입니다. 빌렘 신부는 신자의 3분의 2를 이웃에 양도하고 남은 범위 안에서 다시 본당을 만들었는데, 그에게 남아있는 3분의 1부분에서 455명의 성인 영세자를 배출하는 기쁨을 누렸습니다.[29] 그가 돌보는 3개의 공소는 13개로 늘어났습니다.[30]

---

28 앞의 책, 《서울敎區年報(I): 1878~1903》, pp.210~211. <1897년도 보고서>
29 빌렘 신부가 작성한 표4에 의하면 그 숫자는 442명으로 뮈텔 주교의 보고숫자와는 다소 차이가 난다.
30 앞의 책, 《서울敎區年報(I): 1878~1903》, pp.242~243. <1899년도 보고서>

이 같은 활발한 개종이 가능하게 된 데에는 앞서 이미 언급한 바와 같이 빌렘 신부의 복사 겸 전교회장을 맡았던 안중근 토마스를 비롯한 13개 공소 회장들의 헌신적인 협조와 전교 노력이 있었기 때문이었다.

3. 신자권익 보호활동과 해서교안의 결과

1) 안중근의 신자권익 보호활동

안중근은 성격이 급하고 입바른 소리를 자주하였던 때문에 별명이 번개입[電口]이었다. 이 때문에 그 조부가 어릴 적의 '응칠(應七)'이란 이름과는 달리 진중(鎭重)하게 행동하라는 의미로 '중근(重根)'이라는 관명을 지어주었던 것으로 보인다. 한편 그는 고집이 몹시 세었기에 한번 결심한 바는 반드시 실천하고야 마는 성품이었고, 집안에서 사서삼경(四書三經)을 비롯한 구학문과 개화파의 신식학문을 아울러 배웠지만 학문으로 출사하려는 생각은 조금도 하지 않고 오로지 친구들과 어울려 노닐거나 말타기와 사냥하기 등을 즐기는 용감하고 활달한 성격이었다.[31] 그는 또한 자신과 무관한 사람이라도 불의(不義)한 일을 당하면 현장에서 곧장 불의를 저지른 이에게 돌진하여 완력으로 제압하고 도리를 들어 크게 질책하는 사람이었다.[32] 이러한 의협심(義俠心)과 함께 어릴 적부터 친구들과 친분을 맺고 사귀기[親友結義]를 좋아하였던 만큼 원만한 대인관계

---

31 이상의 내용은 앞의 책, 《안중근의사자서전》, pp.1~15 참고.
32 1898년 3월 경 안중근이 친구와 더불어 서울에 가서 거리를 걷던 중 한 일본인이 말을 타고 지나가던 한국 사람을 강제로 말에서 끌어내리고 말을 탈취하려는 광경을 목격하고, 바로 그 일본인에게 나아가 권총을 뽑아 그의 배에 대고 위협하면서 크게 꾸짖어 그 자리에서 승복을 받은 적이 있다.[《朴殷植全書》〈안중근전〉중권 p.571. 단국대 동양학연구소.]

를 가졌던 안중근인지라 앞에서 이미 설명한 것처럼 그가 순방을 다니던 청계동 본당 관할에 속하는 많은 공소의 신자들이 그를 추대하여 자신들의 이익을 대변하고 억울한 일을 해결하는 총대(대표)로 추천했는데, 이에 안중근은 직접적인 복음선교 활동 외에도 신자들이 당하는 억울한 일을 적극적으로 해결하는 데 나섰다. 그러나 그 취지는 좋았지만, 그 해결 방법을 살펴보면 소영웅주의(小英雄主義)에 입각한 해결사(解決士)와도 같이 정당한 법적 절차를 무시하고, 일종의 폭력과 완력에만 의존하는 모습 또한 보여주었다. 이러한 그의 활동은 좋게 말하면 신자들의 권익을 보호하거나 빼앗긴 권리를 회복해주는 정의로운 일이었지만, 비판적으로 볼 때는 불법적이고 폭력적인 불한당의 무리들이나 하는 지극히 사적이고 천박한 행위로도 취급될 가능성이 다분했다.

 안중근이 황해도 청계동 본당 천주교 신자들의 총대가 되어 신자들의 이해를 대변해서 억울한 일을 해결해준 일은 천주교를 비방하는 금광감리(金鑛監理) 주가(朱哥)에게 단신으로 찾아가서 따진 일, 다수의 신자가 포함된 옹진(甕津) 군민들이 전 참판 김중환에게 부당하게 토색질 당하자 그를 찾아가서 이를 변상하라고 요구한 일, 옹진군민 '이경주(李景周)'라는 신자가 집과 재산과 아내마저 해주부 지방대 위관인 한원교(韓元校)에게 강제로 빼앗긴 사건을 해결하려고 한 일 등 모두 3건 정도 된다. 이러한 일들은 그가 청계동 본당의 복사로서 순회전교 활동을 나선 후 대략 2년 후인 1899년 무렵부터 일어난 사건들로 1903년 해서교안이 교회측의 패소로 결말을 짓게 되면서 더 이상 이 같은 일에는 관여하지 않았던 것으로 보인다. 안중근이 신자들의 불이익을 해결하기 위해 신자들의 총대로 선출되던 1899년경에도 그는 역시 빌렘 신부의 복사로서, 또 청계동 본당의 순회전교 회장으로서 선교의 직책을 여전히 수행하고 있었던 것으로 보인다.

표5. 〈빌렘 신부, 1899~1900년, 황해도 청계동 본당〉 *1900. 4. 21 작성*[33]

지역	공소	교우	성인 영세 (임종대세제외)	소아 영세 (임종대세제외, 세례+보례)	예비자	냉담자	학교 (학생)	유기아 양육 (고아원+교우가정)
신천	청계동	95	60	3	30	2	1(14)	
	읍내	56	11		19	2		
	신천동	19	6		6			
	용당촌?	19	8		8			
	발산	32	21		10			
	고성이	32	20		18	2		
	동부	69	39		20	1		4+0
	신동	25	9					
	돌무지	46	17		9	1		
	마산	25	11					
	대한촌	29	15		9	1		
	새몰	22	8		4			
	원감	32	6		12	7		
해주	읍내	10	5		3	1		
	오리골	38	20		18	2		
	염천	14	6		13	1		
	두잇골	18	7		25			
	묵방이	34	12		22			
	동대	2	3		25			
재령	긴골	41	31		15			
	옹진다리	38	3		10	1		
송화	산골몰	33	21		216	1		
	성당이	49	31		25	1		
옹진	읍내	12	11			1		
평산	상월	4	4		14			
안악	읍내	16	12		94	2		
총계		810	397	3	615	26	1(14)	4+0

위 표5에서 알 수 있는 바와 같이 1899년 5월부터 이듬해 4월까지의 청계동 본당 교세통계표에는 이전에는 없었던 새로운 지역의 공소가 나

---

[33] 한국교회사연구소편, 《본당별교세통계표》Ⅱ (황해·평안도 지역 A: 1882~1911), p.24.

타나는데 이것이 바로 옹진 읍내의 공소이다. 비록 신자수는 12명에 불과하지만, 이들 중 단 1명을 제외한 11명이 당해 연도에 한꺼번에 세례를 받은 것이 확인되므로, 아마도 안중근이 옹진 군민의 억울한 일을 해결하기 위한 총대로 추대된 것과 일정한 관련이 있는 것으로 해석된다. 이즈음 청계동 본당에는 청계동에 교회가 설립한 학교가 1개 개교하여 14명이 학생이 수업을 받은 것을 알 수 있으며, 빌렘 신부와 안중근의 전교지역은 이전 해에 비해서 순방 공소수가 19개에서 26개소로 늘어났고, 또 신자들의 총수도 608명에서 810명으로 늘어났음을 알 수 있다. 다만 에비자의 숫자가 1228명에서 615명으로 되었으니, 이는 전년도의 절반 정도로 줄어든 것이다. 또한 성인 영세자의 숫자도 그 폭이 상대적으로 작기는 하지만 전년도에 비해 약간 줄어들었다. 이러한 통계표상의 결과는 1899년 5월 르각 신부의 재령본당이 정식으로 출범한 사실을 감안하더라도 당시 청계동 본당의 전교활동이 종교 외적인 다른 요인에 의해 상당한 방해를 받기 시작했기 때문인 것으로 추정된다.

아무튼 이처럼 미묘한 교세 변화의 분위기가 감지될 즈음에, 안중근은 그 특유의 의협심과 순발력을 발휘하여 교회 신자들과 관리들 사이의 분쟁을 해결하는 데 나섰던 것이다. 안중근이 금광감리 주가를 찾아가 다툰 일은 대략 1899년 4월을 전후한 시점,[34] 즉 안중근이 빌렘 신부를 수행하면서 청계동 본당 관할 지역을 순회 전교한 지 대략 2년 쯤 된 시점이라고 할 수 있다. 당시 문제가 된 주가가 운영하던 금광이 어디에 있었는지, 또 주가의 정확한 이름이 무엇인지는 지금까지 알려진 자료를 통해서만은 더 이상 알 수 없다. 다만 그 금광의 주 감리가 천주교를 비방한 때문에 그 피해가 적지 않았다고 한 것을 보면, 그 금광의 소재지

---

34 신운용, 앞의 책(2009.10), p.507.

인근에 사는 교우들이 이른바 주가가 주동한 반천주교 운동에 시달렸거나 허위의 유언비어 때문에 명예를 훼손당했을 가능성이 있는 것으로 보인다. 아무튼 안중근은 이 사건의 해결을 위임받은 총대로 추대되어 그 금광에 단신으로 찾아갔다가 오히려 400~500여 명에 이르는 금광일군들의 습격에 쫓겨 주가를 인질로 잡고 간신히 피신했다고 하므로,[35] 주 감리가 주도한 천주교 비방사건을 충분히 질책하고 승복을 받아 내지는 못했던 것으로 보인다.

　금광감리 주가가 천주교를 비방하던 사건이 일어나던 무렵에, 안중근은 다수의 신자가 포함된 옹진군민들이 탐관오리로부터 토색질 당한 억울한 일을 바로잡기 위해서 또다시 교우들의 총대로 추대되어 가해자들을 찾아가서 따지고 힐난했다.[36] 안중근은 서울의 김중환 참판댁 사랑을 찾아가서 곧바로 옹진군민들의 돈 5,000량을 부당하게 착복한 것을 힐난하였지만, 김 참판은 적당한 핑계를 대서 안중근을 돌려보냈기에 안중근은 소기의 성과를 거두지 못한 것 같다. 더군다나 김참판과 시비를 다투는 자리에 동석하여 옹진군민 사건에 참견하던 한성부 재판소 판사 정명섭(丁明燮)과도 언쟁을 벌였는데, 이 일로 인하여 그 당시 일어났던 또 하나의 억울한 일, 즉 옹진군의 신자 이경주가 억울하게 집과 재산과 아내마저 불한당에게 빼앗긴 사건을 해결하는데 어려움만 더하게 되었다. 즉 안중근이 이경주를 가해한 해주부의 지방대 위관 한원교를 찾아가서 따지고 질책했지만, 한원교가 이경주를 한성부에 무고하였기에 한성부로 불려가서 정명섭으로부터 증인심문을 받는 입장에 처하게 되었다. 이때 안중근은 한원교의 잘못을 감정적으로 질책하면서 '서울놈'이라고 욕했다가 정명섭을 분노하게 했고 이경주와 함께 감옥에 잡힐 뻔한

---

35 박노련, 《안중근과 평화》, p.46(을지출판공사, 2000).
36 신운용, 앞의 책, p.508에 의하면 1899년 10월경의 일이라고 한다.

처지에 몰렸다. 그러나 안중근은 자신이 그 재판소에 온 것은 피고의 입장이 아니라 증인의 신분으로 온 것이므로 문명시대의 법이 집행된다면 자신에게는 결코 피해가 있어서는 안 된다고 강조하여 정명섭도 어찌할 수 없었다고 한다. 그러나 재판 결과 이경주가 곧 풀려나오고 1903년 9월에는 이경주의 전답사건이 천주교인들의 승소로 판결났지만, 그때는 이미 이경주가 한원교의 살인교사 행위로 인해 사망한 뒤였던 것이다.[37] 이처럼 옹진군의 교우들이 관여된 두 가지 사건에 모두 관여했지만 안중근이 관여한 이 사건들의 결말은 그다지 좋은 쪽으로 귀정(歸正)되지는 않았다. 다만 안중근의 이 같은 행위가 신자들의 공감을 얻어 신자들이 비신자들의 공격과 비난에도 불구하고 하나로 뭉치는 구심력의 요인이 되었을 것이며, 청계동 본당의 신자들 사이에서 안중근의 입지와 발언권이 일정하게 강화되는 결과를 가져왔을 것이다.

2) 해서교안의 경과와 교세의 위축

1896년 말부터 안중근 가문에 의해 청계동을 비롯하여 신천과 그 일대에 집단 개종의 바람이 불자 이를 탐탁지 않게 여기던 향촌사회의 보수세력과 일부 관장들이 개종운동의 주도세력이었던 안중근 가문에 유형무형의 압박과 탄압을 가해오기 시작했다. 그러나 이러한 탄압이 일어나게 된 데에는 서양인 선교사의 보호만을 믿고 지방의 행정명령이나 절차를 함부로 무시했던 안씨 가문 쪽에서 그 원인을 제공했던 측면도 있었음을 간과해서는 안 된다. 앞서 언급한 바와 같이 안태훈은 그 자신의 신앙적 호기심과 발원 때문에 천주교에 입교하기를 결심했지만, 이러한 종교적인

---

[37] 신운용, 앞의 책, pp.508~509.

동기와 함께 향촌사회에서 자신의 사회적, 경제적 지위를 유지하기 위한 일종의 정치적 배경으로서 천주교회를 선택한 점도 분명히 그와 그의 가문이 집단적인 입교를 결정하게 된 중요한 동기가 되었다. 이같이 다분히 현세적인 실리를 위해 천주교로 개종을 선택했던 당시 황해도 주민들의 심정은 다음과 같은 안중근의 진술에 의해서 좀 더 잘 이해될 수 있다.

> 그 당시 각 지방에 있던 관리들은 학정을 함부로 써서 백성들의 피와 기름을 빨아, 관리와 백성 사이가 서로 원수처럼 보고 도둑처럼 대했다. 다만 천주교인들은 포악한 명령에 항거하고 토색질을 받지 않았기 때문에 관리들은 교인을 미워하기를 외적(外賊)과 다름없이 하였다. 그런데 저들은 옳고 우리가 잘못되어 어찌할 도리가 없는 일도 있었다. 그 무렵 난동부리는 패들이 교인인 양 칭탁하고 협잡하는 일이 더러 있었기 때문에, 관리들이 이틈을 타서 정부 대관과 더불어 비밀히 의논하고 교인들을 모함하려고 했다.[38]

이상의 진술은 안중근 자서전에 나오는 내용으로 안중근이 직접 목격한 황해도 지방에서의 이른바 '해서교안'이 일어나게 된 개략적인 원인과 그 결말을 함께 시사해주는 자료에 해당된다. 안중근이 본당 교우들의 권익을 옹호하기 위해 총대로 추대되어 활동했던 1899년부터 약 2년여 기간 동안 청계동 본당의 교세는 그 성장세가 조금씩 위축되어 갔다. 이러한 사실과 관련하여 빌렘 신부의 다음과 같은 언급이 주목된다.

> 최근의 성사집행은 과거에 비해 모든 면에서 발전을 보이고 있으나, 두 가지 점만은 예외입니다. 그것은 성인영세자와 예비자의 숫자입니다. 본인이 황

---

[38] 앞의 책, 《안중근의사자서전》, pp.43~44.

해도에 온 이래 처음 일어나는 현상으로 의미심장한 일이 아닐 수 없습니다. 예기하던 때가 온 것입니다. 즉 생산할 수 있는 모든 것을 다 생산했던가 아니면 외부 상황이 발전을 저해하여, 대단했던 상승세가 멈추는 시점에 온 것입니다. 본인은 차라리 두 번째 가정이 옳다고 생각합니다. … 보강(Vaughan) 추기경은 다음과 같이 말했습니다. '대거 개종은 대거 혼돈이다' 만일 황해도에서 입교 움직임이 계속 증가 일로로 나갔다면 아마도 견고한 그리스도교 공동체의 형성을 어렵게 했을지도 모를 요소들이 교회 안에 들어올 위험이 있었을 것입니다. 천천히 나아가면 갈수록 우리는 더욱 확실한 발전을 이룩할 수 있을 것입니다.[39]

위 인용에서 빌렘 신부가 간접적으로 은근하게 지적한 교회 외부의 상황 변화란 바로 향토의 반천주교 세력이 커졌음을 의미하는 것이다. 빌렘 신부는 청계동으로 본당을 이전한 뒤 약 10개월 후인 1898년 2월경 본당의 전교회장으로서 교회 일에 열심이었던 안태건 가밀로 회장이 해주 감옥에 갇히게 되고 이를 구하려던 안태훈 진사마저 투옥되자 직접 해주 감영을 찾아가서 안태훈을 구출하였다.[40] 이 일이 아마도 청계동 본당 설립 이후 가장 먼저 닥친 일종의 교안(敎案)이었을 것이다.[41]

---

[39] 앞의 책,《서울敎區年報(Ⅰ): 1878~1903》, p.263〈1900년도 보고〉.
[40] 최석우,〈해서교안연구〉《한국교회사의 탐구》Ⅱ(한국교회사연구소, 1991), pp.416~417.
[41] 이 사건은 당시 조선정부와 황해도 신천의 토호였던 안태훈이 세금 문제로 다투던 데에서 비롯되었다. 1894년 조정에서는 봄에 결전(結錢)을 거두고도 겨울에 다시 결전을 거두려고 했다. 이에 안태훈이 이중과세라며 항의하자 황해도 관찰사는 매결당 16냥 5전 7푼을 1895년도분 결전에서 빼주려고 했다. 그러나 탁지부가 다시 이에 반대하자, 안태훈은 황해도 감사로부터 견감을 받지 못한 매결당 16냥 5전 7푼의 결액을 보충하기 위해서, 수수료 명목으로 신천군민들에게서 결당 3냥씩을 강제로 징수하였는데, 이 과정에서 그의 집안 포수들과 천주교도들이 동원되었다. 또한 이를 비방하면서 천주교도에 대해 위협을 가하던 신천군 향장 柳萬鉉을 사적으로 징치(懲治)하여 신천군수도 해주 감영으로 피신하는 지경에 이르렀다. 이렇게 되자 조정에서는 안태훈이 향장을 사적으로 징벌한 일과 군민에게서 사사롭게 결전을 거둔 일들을 문제삼아 포졸들을 파견하여 안태훈 형제를 해주 감영에 수감시켰던 것이다. 오영섭, 앞의 글(2009.3), pp.104~107 참고.

이처럼 청계동 본당 설립 무렵부터 안중근 가문은 해주나 신천의 관리들과 일정하게 세금 문제로 대립을 하고 있었는데, 빌렘 신부의 입장에서 볼 때, 자신의 수족과 같은 본당의 봉사자들이 위기에 처해 있음에도 이를 그냥 두고 볼 수가 없었을 것이므로 부득이하게 해주부로 가서 안태훈을 구출했던 것이다. 사실 훗날 감옥에서 기록된 안중근의 자서전에는 이 같은 일이 일어난 자세한 배경과 원인 분석이 대폭 생략되어 있는데, 이는 그 자신도 일부 시인한 바와 같이 교회측의 인사들, 즉 그의 부친을 비롯한 청계동의 안씨 가문이 저지른 명백한 불법과 무리한 행위에 대해서 부끄러움을 느끼고 떳떳하게 드러내지 못했기 때문이다.

다음 표6은 빌렘 신부가 청계동 본당의 교세 변화에 대해 심각한 위기를 느끼고 있던 그 무렵 실제로 파악된 청계동 본당과 그 관할 공소들의 교세 변화표이다. 이 표를 통해서 알 수 있는 특징적인 점들로는 우선 교우 전체의 숫자가 전년도에 비해 60명(약 7.4%)이나 줄어들었고, 예비자의 숫자는 이보다 더 크게 줄어들어 전년도 예비자 수의 약 58%에 해당되는 354명이나 줄어 결국 예비자는 절반 이상이 사라져 버린 것이다. 동시에 본당관할 공소수도 18개로 전년도에 비해 8개나 줄어들었고, 일시적인 현상이긴 하지만 전년도 옹진군에 처음 개설되었던 읍내 공소가 사라져버린 것도 한 특징으로 지적될 수 있다. 그러나 이 같은 교세의 위축은 빌렘 신부와 본당 신자들의 적극적 선교활동에 힘입어 다음 해인 1901년부터는 다시 반전되기 시작했다.

표6. 〈빌렘 신부, 1900~1901년, 황해도 신천, 해주〉 *1901.7.31, 청계동에서 작성*[42]

지역	공소	교우	성인 영세 (임종대세제외)	소아 영세 (임종대세제외, 세례+보례)	예비자	냉담자	학교 (학생)	유기아 양육 (고아원+교우가정)
신천	청계동	128	91	13	18	3		2+0
	읍내	51	14		16	4		
	동부	72	14	2	16			
	용두리	29	13		6			
	마산	28	2		1			
	발산	48	9		3	4		
	대한촌	20						
	새몰	38	4	2	2			
	섶파골	29	7					
	원감	48	9	1				
해주	읍내	30	13		50			
	목방이	46	10		9	1		
재령	긴골	71	35		90			
	옹진다리	27		3	4			
	구개봉	18	13		40			
	동님	15						
송화	성당이	40						
연안	읍내	12	2		6	2		
총계		750	236	21	261	14		(2+0)

42 한국교회사연구소편,《본당별교세통계표》Ⅱ(황해·평안도 지역 A: 1882~1911), p.25.

표7. 〈빌렘 신부, 1901~1902년, 황해도 신천, 해주〉 *1902.7.11. 청계동에서 작성*[43]

지역	공소	교우	성인 영세 (임종대세제외)	소아 영세 (임종대세제외, 세례+보례)	예비자	냉담자	학교 (학생)	유기아 양육 (고아원+교우가정)
신천	청계동	133	71	6	15	1		6+0
	함점말?	43	10		6			
	원감	70	31		45	2		
	섶파골	44	16	1	10	1		
	새몰	39	5		4			
	능동	37	8		25			
	마산	37	13		6	2		
	발산	72	23		10	2		
	동부	106	32	2	20			
	용두리	33	14		15	2		
	신천읍내	57	14	1	10	5		
해주	목방이	70	22		21	1		
	오리골	24	3	1	8	2		
	대학골	50	2	1	3			
	가루지	25	16		17			
	청나동	30	29	1	26			
	굴량골	26	23		40			
	읍내	55	24		30	2		
재령	구부내	27	22		130			
	거북바위	19	17		47			
	놋골	6	5		57			
	동님	36	24		37			
	국봉	56	39		189	1		
	긴골	106	48		182	2		
	옹진다리	51	9	2	10			
	송촌	15	5		5			
	놋점	25	20		20			
송화	성당이	77	25			4		
	구일골	50	36		18			
옹진	본영	78	44		91	9		
	순호(섬)[44]	22	16		30			
강령	성재	31	24		260			
총계		1550	690	15	1387	36		6+0

43 한국교회사연구소편,《본당별교세통계표》Ⅱ(황해·평안도 지역 A: 1882~1911), p.40.

44 1846년 김대건 신부가 체포된 '순위도'를 지칭하는 듯함.

표8. 〈빌렘 신부, 1902~1903년, 황해도 청계동〉 *1903. 7. 6, 서울에서 작성[45]

지역	공소	교우	성인 영세 (임종대세제외)	소아 영세 (임종대세제외, 세례+보례)	예비자	냉담자	학교 (학생)	유기아 양육 (고아원+교우가정)
신천	청계동	146	69	2	8		1(6)	
	읍내	67	8			4		
	대한촌(능동)	49	6	2	14			
	쇠몰	40	3	2	5			
	동부	72	3		7			
	오궁동	14	12		25			
	용두리	39	11		17	1		
	지옥령	27	14		23			
	송동	55	27		30			
	함점몰	53	5	1	12			
	섶파골	38			12			
	원감	42	7		11			
	마산	37						
	발산	72						
해주	읍내	57	8		5	5		
	가루지	24	1		30	3		
	가좌동	19	9		60	4		
	내성	21	11		54			
	부무리	8	4		15			
	굴량골	19			7			
	목방이	78	16	1	26			
	오리골	24						
	대학골	50						

[45] 한국교회사연구소편,《본당별교세통계표》II (황해·평안도 지역 A: 1882~1911), p.48: 이해 3월 하순 빌렘 신부는 '해서교안' 때문에 뮈텔 주교의 지시에 따라 서울로 소환되었다가 11월에 다시 청계동으로 귀환했다.

지역	공소	교우	성인 영세 (임종대세제외)	소아 영세 (임종대세제외, 세례+보례)	예비자	냉담자	학교 (학생)	유기아 양육 (고아원+교우가정)
재령	사그동	6	3		36			
	청나동	24			24			
	굽은내	29	4		170			
	동산이	23	15		54			
	놋골	14	6		64			
	거북바위	23	6		53			
	놋점	24	5		28			
	손추	24	7		22			
	동님	36	5		47			
	국봉	67	19		145	3		
	옹진다리	64	7	1	71			
	송림	54	29		60			
	긴골	83	7	2	120	1		
	송촌	22	6		32			
	두무골	25	13		12	1		
	삼탄	54	11		60			
장연	대탄	14	10		42			
문화	구붕	22	10		12			
송화	구일골	97	42		45			
	성당이	77						
옹진	대정골	22	10		95			
	본영	89	13		20	2		
강령	순호(섬)	16			25			
	배나무골	21	5		30			
	안솔뫼	23		2				
총계		2004	447	13	1698	24	1(6)	

위의 표7과 표8은 각각 1901년부터 1903년 사이에 이루어진 황해도 청계동 본당의 교세변화를 보여주는데, 앞서 언급한 바와 같이 1900년 일시적으로 위축된 교세가 다시 대폭으로 신장하는 것을 알 수 있다. 일단 교우수의 경우를 보더라도 1901년 4월 750명에 불과했으나 1902년 4월에는 1550명, 1903년에는 2004명을 기록하여 이 두해 동안 각각 교우수가 약 200%, 130%로 급증하였다. 또한 예비자의 숫자에 있어서는 무려 약 530%, 122%로 증가했다. 또한 공소수도 1901년 4월 32개, 1902년 4월 48

개로 증가했다. 특히 1901년 5월부터 1902년 4월까지의 교세 신장률이 파
격적인데, 교우수의 증가(2배)나 예비자의 증가세(5배), 공소수 증가(1.8배)
의 측면에서 매우 큰 폭으로 증가하고 있다.[46] 그 이유는 아마도 빌렘 신
부가 저간의 교안에 적극적으로 개입하여 신자들의 권익을 적극적으로
옹호하고 이에 반해 천주교에 대항하던 관장들의 입지가 크게 위축된 데
따른 결과로 보인다.[47] 동시에 이러한 교세의 증가는, 빌렘 신부보다는 훨
씬 미약한 영향력을 끼쳤을 것으로 보이지만 아무튼 안중근이 신자들의
총대로 나서서 신자들의 권익을 적극적으로 옹호하고 나선 일의 일시적
긍정적 결과로도 해석될 여지가 있다. 필자가 이렇게 해석하는 것을 뒷받
침해줄 근거로는 위 표7, 표8의 교세통계표상에 일시적이나마 1900년 4
월에 사라졌던 옹진 지역 공소들이 되살아났고 그 수도 1곳이 아닌 본영,
대정골, 순호섬(=순위도) 등 3곳이나 된다는 점이다.[48] 이는 옹진군민들의
억울한 일을 해결하기 위해 나름대로 분투했던 신자들의 총대 안중근의
활약에 따른 긍정적 결과인 셈이다. 옹진군 주민들 중에서도 순위도 사
람들의 집단 입교는 1846년 김대건 신부가 선교사들의 서해를 통한 입국
항로 개척을 위해 이곳에 나왔다가[49] 아전, 기생 등을 포함한 섬사람들과

---

[46] 이와 관련하여 뮈텔 주교도 1901년도 보고서와 1902년도 보고서에서 황해도 교회의 혼란을 야기했던 외부 정세가 가라앉았거나 정상을 되찾은 것으로 평가했다. 앞의 책, 《서울敎區年報(I): 1878~1903》, p.281〈1901년도 보고〉 및 같은 책, p.297〈1902년도 보고〉.

[47] 얼마나 교회측이 득세했는가에 대해 빌렘 신부는 그동안 관장들의 사주를 받아서 끊임없이 폭행으로 교우들을 괴롭히던 보부상의 무리들까지 천주교에 입교하기를 원했고, 자신이 관할하는 공소 중 3곳에 보부상의 우두머리들을 공소회장에 임명하였다고 보고했다. 《서울敎區年報(I): 1878~1903》, pp.297~298〈1902년도 보고〉.

[48] 이러한 사실과 함께 빌렘 신부는 옹진의 한 늙은 외교인이 너무나도 간절하게 영세를 원한다는 사실에 대하여 자세하게 기록하였는데, 이는 당시 안토마가 관여했던 옹진 지역민들의 소원사항이 적어도 당시에는 해결될 기미가 보이는 등 교세증가에 희망적인 요소가 발생했기 때문으로 여겨진다. 위의 책, 《서울敎區年報(I): 1878~1903》, p.305〈1902년도 보고〉.

[49] 원재연, 〈페레올 주교의 조선 입국후 사목활동 - 김대건 신부 현양 및 양반중심 교회운영을 중심으로-〉《교회사학》제5호(2008.12, 수원교회사연구소), pp.120~134 참고.

사선징발(私船徵發) 문제로 시비가 붙고 그 결과로 인해서 마침내 관가에 체포되어 순교(殉敎)에까지 이르렀던 바로 그 역사의 현장에 살고 있는 사람들이란 점에서 빌렘 신부의 감회를 자극하기에 충분했을 것이며, 평생 조선 순교자 현양운동에 헌신했던 뮈텔 주교가 그 편지를 그대로 옮겨 파리외방전교회에 보고할 정도로 감개무량한 일이었던 것이다.

가경자 김(대건) 안드레아 신부님이 포졸들에게 잡혔던 순위도(巡威島)에 새로운 공소를 엶으로써 의심할 나위 없는 위안을 받았습니다. 섬의 관장이 살던 집앞을 지나가며 신자들은 본인에게 그 폐허에 그들의 경당을 만들어도 되느냐고 물었습니다. 본인은 그곳의 소유권자가 항의를 하면 곧 물러날 생각을 하고 조심스럽게 하라고 타일렀습니다. 두 달 후 한국천주교회사를 읽으며 김 안드레아 신부가 페레올 주교에게 자신의 체포 및 자신이 받은 고문의 일부를 전하는 편지를 보았습니다. 김 신부는 '수니'라고 쓰고 있는데 그것은 틀림없이 '순위'나 '순호'일 것입니다. 그것도 모르고 본인은 56년 후에 우리의 순교 가경자가 체포된 바로 그 해안에 신앙을 심은 것입니다. 본인은 그가 해주와 서울을 거쳐 순교에 이르는 길을 가기 위해 고통을 당한 관아 앞을 지나갔습니다. 하느님의 승리와 자비로운 응징을 분명히 깨닫는 것, 또 미흡한 자신이 순교자의 후계자라는 것을 안다는 것이 얼마나 흐뭇한 일입니까! 가경자 김 안드레아 신부님, 하늘 높은 곳에서 우리 지방을 굽어 살피사, 은총을 주시어 머지않아 그리스도교 왕국이 되게 하소서![50]

빌렘 신부와 그의 복사이자 전교회장이었던 안중근 토마스가 함께 이룬 이 같은 역사적인 감격의 결과물에도 불구하고 그들은 불과 1년 후인

---

50 위의 책, 《서울敎區年報(Ⅰ): 1878~1903》, pp.307~308〈1902년도 보고〉.

1903년 조정에서 파견된 사핵사 이응익의 고발과 이에 따른 조정의 강력한 대응방침 때문에 또다시 1900년에 일시적으로 직면했던 교세의 위축과는 비교될 수 없을 정도의 결정적이고도 암담한 결과에 봉착하게 되었다.[51] 조정의 강력한 항의를 받은 프랑스 공사관이 뮈텔 주교에게 해서교안의 원인 제공자로 지목된 빌렘 신부를 서울로 소환하여 1903년 3월 하순부터 11월 하순까지 무려 8개월간이나 선교사가 청계동 본당을 떠남으로써 수년 동안 빌렘 신부와 그의 복사 안중근 토마스를 비롯한 본당 신자들이 이루어놓았던 모든 전교상의 화려한 업적은 일순간에 물거품처럼 사라지게 되었던 것이다.

표9. 〈빌렘 신부, 1903~1904년, 황해도 청계동〉 *1904. 4. 10. 청계동에서 작성*[52]

지역	공소	교우	성인 영세 (임종대세제외)	소아 영세 (임종대세제외, 세례+보례)	예비자	냉담자	학교 (학생)	유기아 양육 (고아원+교우가정)
신천	발산	70						
	용두리	41						
	동부	72						
	읍내	56						
	모산	36						
	대한촌	80						
	섭파골	27	2	1				
	함점몰	41	3	1				
	원감	29	1	1				
	청계동	130	39	13				
해주	오리골	29						
	목방이	59						
재령	옹진다리	52						
	국봉	64						
송화	구일골	92						
총계		878	45	16				

51 이와 관련된 자세한 사항은 신운용 앞의 글(2009) 및 윤선자 앞의 글(1996) 등을 참고.
52 한국교회사연구소편,《본당별교세통계표》Ⅱ(황해·평안도 지역 A: 1882~1911), p.58: 이해의 순방 결과는 전년도의 교안이 교회측에 불리하게 귀결됨에 따라 급격한 교세의 위축을 보여준다.

위의 표9는 1903년 11월 4일에 그 결말이 난[53] 해서교안의 결과로 청계동 본당을 비롯한 황해도 전 지역에서 얼마만큼의 큰 타격을 입게 되었는지를 여실히 보여준다. 우선 교우수의 측면에서 보면, 그 전년도인 1902년 4월, 2004명에 달하던 교우가 그 44% 정도에도 못 미치는 878명으로 대폭 줄었으니, 빌렘 신부가 서울로 소환되면서 황해도에 없던 그 시기 의지처를 잃어버린 청계동 본당 교우들이 얼마나 많이 위축되고 흔들렸을지 가히 짐작하고도 남는다. 더군다나 위 표에서 알 수 있는 사실은 예비자와 냉담자는 아예 한 명도 파악되지 않는다는 사실이다. 예비입교를 준비하려는 교우들이 어딘가에 분명히 소수라도 있었겠지만 전반적인 분위기로 볼 때 교우들이 외교인들과 관가로부터 크게 핍박을 당하던 때이므로 감히 예비입교를 하겠다고 나서기가 현실적으로 매우 어려웠을 것이다. 또한 냉담자의 숫자도 전혀 파악되지 않고 있으니, 이는 예비자의 경우와는 정반대로 그 숫자가 너무 많아서 도저히 수량적으로 파악할 수 없었던 극도의 혼란 상황이었기 때문으로 보인다. 앞서 설명한 것처럼 안중근이 1903년 4월 이후 더 이상 신자들의 권익을 옹호하는 일에 나설 수 없었던 것도 아마 이같이 극단적으로 열악해진 교회 내 사정에 의거하는 것으로 보인다.

4. 맺음말

1896년 8월 황해도 안악군 마렴에 최초의 선교거점을 두고 황해도만을 담당하는 선교사로 그 활동을 시작한 빌렘 신부는 그 무렵 천주교로

---

[53] 《法案》1817호, 1903년 11월 4일; 《法案》1821호, 1903년 11월 10일.

의 집단적인 개종을 도모하던 신천군 청계동의 안중근 가문과 연합하여 1898년 4월 청계동 본당이 창설되었고, 그 이후 안중근 토마와 그 부친이나 숙부 등 안씨 가문 신자들의 열렬한 지원과 헌신적인 협조를 받아서 매년 교세를 크게 신장시켜 왔다. 그리하여 1902년에 절정에 달한 청계동 본당의 교우수는 약 2004명으로 집계되어, 1897년 4월경 785명에 불과하던 신자의 무려 2.55배에 이르게 되었다. 예비자의 경우에는 1897년 4월 188명에 불과했으나, 1902년에는 1698명에 달하였으니, 무려 9배 이상의 큰 폭으로 성장한 셈이 된다. 공소도 초창기 12개에 불과하던 것이 1902년에는 무려 48개에 달하였으니 숫자상으로도 4배로 증가했지만 그 지역적으로 보아도 초창기에는 전혀 공소를 열지 못했던 해주와 옹진 등 황해도 서남부 지방 일대에까지 넓게 본당 구역을 확장할 수 있었다. 그런데 이 같은 비약적인 교세확장을 가져온 중요한 요인 중에 하나는 해주, 옹진 등지를 수행하면서 적극적인 선교활동을 펼쳤던 안중근 토마스와 같은 평신도들이 복사와 공소회장 및 전교회장으로서 적극적으로 선교활동을 펼친 것이라고 할 수 있다.

그들의 선교 활동은 안중근의 경우에서 보듯 미사 복사나 선교사 수행, 공소순방 시의 예비자 성사준비와 때로 외교인 대중 앞에서 행한 교리강연 등의 직접적인 선교활동 이외에도, 신자들의 일상생활 속에서 당하는 억울한 일을 바로 잡아주고 그 경제적 권익을 옹호하거나 회복시켜 주는 신자권익 옹호활동도 포함되었다. 그러나 이러한 일에 적극적으로 뛰어들면서 순수한 선교활동으로서의 의미가 퇴색되면서, 종교본연의 사회적 정화기능을 수행하기가 점차 어려워졌고, 차츰 지역 사회에서 천주교의 순기능보다는 역기능이 더욱 확장되어 갔으니 바로 그것이 해서교안이다. 해서교안은 안중근이 그 자서전에서 회고했듯이 일부라고 표현되었지만 상당수의 신자들이 세속적 현실적인 이익을 얻기 위해 천주교에 입교함으로써 외교인들과 여러 가지 불필요한 마찰과 갈등을 심화시켜 갔던 불행한 사건이었다. 그리고 그 진행 과정에서는 비록 일시적인 교세성장이 이루어졌지만, 그 결말은 돌이킬 수 없는 파국으로 귀결되었다.

1903년 11월, 해서교안이 교회측의 일방적인 패배로 마무리되면서, 청계동 본당을 비롯한 황해도의 교세는 전년도의 1/3 수준으로 떨어졌다.[54] 그리고 1902년 당시 8명에 이르렀던 선교사들 중 4명의 프랑스 신부를 포함한 6명이 서울로 소환되거나 피신하였고, 2명의 한국인 성직자만이 자기 본당을 지켰다.[55] 이후 빌렘 신부가 관할하던 청계동 본당은 다시 이전처럼 교세를 회복하지 못했다. 한편 해서교안으로 낙심한 안중근 토마스는 러일전쟁의 결과 일본 제국주의의 조선 침략 의도가 명백해진 것을 재삼 확인하고, 1905년 중국 상해로 해외독립운동의 길을 찾아 나섰다. 그러나 곧 귀국한 후 1906년에는 일가족을 이끌고 진남포로 이거하여 더 이상 복사나 회장이 아닌 교육계몽가로서의 새로운 길을 걷기에 이르렀다. 1900년대 초반, 황해도 교회사의 이같이 암울한 상황은 황해도 천주교회 첫 담당 선교사였던 빌렘 신부의 위신으로 보나, 열심한 선교활동을 전개했던 전교회장 겸 복사 안중근의 입장에서 보나 더 이상 이전과 같은 방식의 교회활동을 계속해서는 안되겠다는 결심을 하도록 촉구한 것으로 보인다. 특히 안중근 토마스의 경우에는 프랑스 선교사라는 양대인의 세력에 의지하여 선교활동을 해나가는 것의 결정적인 한계성을 분명히 인식하는 한편 그동안 관심을 가져왔던 교육계몽과 식산흥업 및 이어서 추진된 의병활동을 통한 새로운 하느님 나라의 선포라는 광의의 선교활동 내지 사회복음화 또는 민족복음화의 방향으로 그 신앙인으로서의 활동방향을 크게 전환시켜 간 것으로 이해된다. 이에 따라

---

54 윤선자, 앞의 글(1996), pp.121~122.
55 《서울敎區年報(Ⅰ): 1878~1903》, p.318〈1903년도 보고〉.

그가 열정적으로 참여했던 신자들의 권익옹호를 위한 투쟁도 교회의 울타리를 벗어나 전 민족의 생존을 위한 민족적이고 애국적인 투쟁으로 승화되어 갔다.

본고를 마무리하면서 이상에서 서술한 필자의 연구 작업에 다음과 같은 일정한 한계가 있었음을 밝혀두고자 한다. 그것은 곧 본고에서 중심인물로 다룬 안중근 토마스가 본당사목이나 공소 순방 활동을 책임지고 주도한 선교 사제가 아니었고, 어디까지나 본당 신부였던 빌렘을 보좌하는 일개 협조자에 불과하였으며, 그나마 이러한 순방활동 내지 직접적인 선교활동이 약 5~6년 동안에 한정된 것이었기에, 이 기간 중에 행한 안중근의 직접적인 선교 활동이 황해도 교회의 변화에 어떤 영향력을 어느 정도 미쳤는지를 가늠하기가 매우 어려웠다. 또한 필자가 본고에서 독자적으로 시도한 방법, 즉 교세통계표의 변화를 안중근의 활동과 연계시켜 해석하기 위해서는 통계자료와 관련된 동시대 인물들의 회고담이나 최소한 그 후손들의 전문증언(傳聞證言)이 함께 분석되어야만 비로소 그 객관성이 확보된다고 할 수 있었을 것이다. 그런데 안중근 서거 100주년이 훌쩍 지나간 현재에 와서 필자가 이런 활동을 할 수 있는 가능성은 거의 희박하므로, 남아있는 구전자료나 전기, 기타 재판기록 등 안중근의 활동을 담고 있는 문서 자료들을 최대한 찾아내야만 하였다. 하지만 이런 작업도 결코 녹록치 않았기에 결과적으로 본고의 작업은 단순한 시도로서 그치고 말았다는, 무언가 핵심적인 알맹이들을 제대로 꿰지 못했다는 느낌을 지울 수가 없다.

그러나 이러한 한계점에도 불구하고 본고는 안중근의 선교활동을 한국 천주교회사 전체의 차원이 아닌 '황해도'라는 특정 지역의 교회 차원에서 그 실상을 계량적으로 분석하고 아울러 그 의의와 한계를 객관적으로 파악해보려는 최초의 시도라는 점에 나름대로의 의의를 두고, 본고가 향후의 보다 체계적이고 본격적인 안중근 연구와 교회사 연구의 발판이 되기를 바라면서 이 글을 마무리하고자 한다.

09

안중근 의사와 빌렘 신부
기존 사료의 재검토를 중심으로

조현범
한국교회사연구소

1. 문제제기

19살의 조선 청년과 37살의 프랑스 천주교 선교사, 그들은 그렇게 만났다. 1897년 1월 무렵 청계동에서 천주교 영세식이 열렸고, 청년은 '도마'라는 이름으로 영세를 받았다. 청년은 선교사를 따라 공소를 순방하고, 또 미사 때에는 복사로 활동하는 등 교회 활동에 앞장섰다. 청년의 나이가 27살이 되던 해, 1905년에 일본이 러일전쟁에서 승리하고 조선 침략의 야욕을 본격적으로 드러내기 시작하였다. 청년은 조국의 독립을 위해서 몸 바치기로 결심하였다. 그 뒤 두 사람은 각자 자신의 길을 걸어갔다.

1910년 3월 8일 그들은 여순 감옥의 면회실에서 다시 만났다. 어느덧 32살이 되어 버린 청년은 차가운 바닥에 엎드려 큰 절을 올렸다. 냉정한 태도를 유지하리라 다짐했던 선교사는 이 모습에 그만 자신의 감정을 드러내고 말았다. 50살에 접어든 선교사는 조선에 와서 선교 활동을 벌인지도 20년을 훌쩍 넘긴 뒤였다. 18일 뒤 청년은 조선의 별이 되었고, 선교사는 몇 년 동안 우여곡절을 겪은 끝에 유럽의 고향으로 돌아갔다. 선교사는 그 날 여순 감옥에서 청년과 재회한 일로 인하여 다시는 조선으로 돌아오지 못했다. 그는 28년을 더 살고 78살 때 고향에서 죽음을 맞았다.

그 선교사는 무슨 마음으로 청년을 찾아갔던 것일까? 청년이 품었던 대의에 공감해서일까, 아니면 청년과의 특수한 관계에서 오는 의무감 때문이었을까? 두 사람은 만나서 무엇을 하였을까? 이러한 물음에 대해서 해답을 제시하는 연구들은 이미 여러 편 나와 있다. 선교사가 청년의 아버지와 만나면서 황해도에서 선교 활동을 시작한 내력들, 청년의 의거에 대해서 그 선교사가 가지고 있었던 인식 태도, 청년과 선교사의 만남이 교회 안팎에 미친 파장들 등을 비롯하여 많은 주제들이 이미 골고루 다

루어졌다고 볼 수 있다.¹

하지만 몇 가지 문제에 대해서는 아직 명쾌하지 않으며, 미진한 구석이 여럿 남아 있다. 문제는 우리의 의문을 풀어주는 데 필요한 자료들이 대부분 프랑스말로 되어 있다는 점이다. 그래서 안중근 의사와 빌렘 신부의 상호관계가 수록되어 있는 사료들을 정리하여 자료집의 형태로 간행하는 일은 앞으로 이 방면의 연구를 진척시키려면 우선적으로 풀어야 할 숙제이다. 이미 15년 전부터 안중근 의사와 관련한 천주교 사료의 정리와 자료집 간행이 지닌 중요성은 여러 번 지적된 바 있었다.² 그렇지만 아직 제대로 이루어진 적이 없어서 아쉬움이 남는다.

특히 빌렘 신부의 행적과 관련한 자료들의 경우에는 그러한 아쉬움이 더 크다. 왜냐하면 지금까지의 연구들이 빌렘 신부가 남긴 서한 자료들을 여러 가지 방향에서 인용해왔지만, 정작 그 원 사료는 프랑스 파리에 소재한 파리외방전교회 고문서고에 소장되어 있어서 연구자들이 직접 접근하기에는 많은 어려움이 있기 때문이다. 게다가 빌렘 신부의 서한을 번역하여 인용할 경우에도 필요한 구절만 뽑아서 사용하다보니 누락된 부분도 존재하며, 나아가서 해당 구절에 대한 엄밀한 해독이 이루어지지 않아서 자칫하면 오해 내지는 논란을 일으킬 소지도 안고 있다.

지금까지 관련 연구에서 제대로 소개하지 않고 누락시킨 부분 가운데

---

[1] 안중근 의사 개인 및 그의 가문과 빌렘 신부의 관계에 대한 본격적인 연구로는 다음의 것들이 있다. 최석우, 〈해서교안의 연구〉, 『한글성서와 겨레문화』, 기독교문사, 1985; 최석우, 〈안중근의 의거와 교회의 반응〉, 『교회사연구』 제9집, 1994; 오경환, 〈안중근과 인천 천주교회 초대 주임 빌렘 신부〉, 『황해문화』 제2호, 1994; 윤선자, 〈'한일합병' 전후 황해도 천주교회와 빌렘 신부〉, 『한국근현대사연구』 제4집, 1996; 윤선자, 〈안중근 의거에 대한 천주교회의 인식〉, 『한국근현대사연구』 제33집, 2005; 장동하, 〈황해도 해서 지역의 빌렘 신부 선교 정책에 관한 연구〉, 『가톨릭 신학과 사상』 제55호, 2006. 아울러 조선 입국을 전후한 시기에 빌렘 신부의 활동과 개인적인 성향을 다룬 연구도 나와 있다. 장동하, 〈빌렘 신부의 활동과 對韓認識〉, 『인간연구』 제13호, 2007.

[2] 조광, 〈안중근의 애국계몽운동과 독립전쟁〉, 『교회사연구』 제9집, 1994, 68쪽; 조광, 〈안중근 연구의 현황과 과제〉, 『한국근현대사연구』 제12집, 2000, 194쪽.

에는 빌렘 신부가 여순 감옥에서 행한 구체적인 활동에 관한 내용이 있다. 그리고 미진한 번역으로 말미암아 오해의 소지를 안고 있는 부분으로는 빌렘 신부가 여순으로 가게 된 동기와 안중근 의사가 결행한 의거에 대한 빌렘 신부 자신의 견해가 있다. 이하에서는 이 두 가지 문제에 관해서 각각의 해당 자료들을 충실하게 따라가면서 새로운 내용을 소개하거나 또는 기존의 오해를 불식시키고자 한다. 그런 연후에 안중근 의사와 빌렘 신부의 상호관계를 좀 더 심층적으로 다루기 위하여 앞으로 해명해야 할 필요가 있는 주제들과 해당 서한 자료들의 대략을 제시할 것이다.

2. 빌렘 신부, 여순 감옥을 찾아가다

여순 감옥으로 안중근 의사를 찾아간 빌렘 신부는 그곳에서 어떤 일들을 하였는지 살펴보자. 즉 안중근 의사를 만난 빌렘 신부의 행적들을 좀 더 구체적으로 파악해보자는 것이다. 이 문제와 관련하여 당시 안중근 의사를 일본어 통역을 맡았던 통역관의 상세한 보고서가 존재한다. 통감부 소속의 통역관이었던 소노키 스에키[園木末喜]가 통감부 총무장관 이시즈카 에이조[石塚英藏]에게 보낸 1910년 3월 15일자 보고서가 그것이다. 이 보고서는 이미 한국말로 번역되었으며, 국사편찬위원회에서 자료집으로 간행한 바 있다.[3]

소노키는 보고서에서 빌렘 신부가 3월 8일, 9일, 10일, 11일, 이렇게 4일에 걸쳐서 4차례 안중근 의사를 접견하였으며, 첫째 날과 마지막 날에

---

[3] 국사편찬위원회, 『한국독립운동사 자료 7, 주한일본공사관문서중 안중근의사 관계자료』, 1978, 533~539쪽.

는 정근, 공근 두 동생도 함께 만났다고 하였다. 그리고 빌렘 신부가 둘째 날에 고해성사를 주었고, 셋째 날에 미사를 거행하고 안중근 의사가 영성체를 할 수 있도록 배려하였다고 한다. 소노키의 보고서에는 1차 접견에서 빌렘 신부와 안중근 의사가 나누었던 대화 내용이 자세하게 기록되어 있다. 그리고 2차와 3차 접견에서 있었던 고해성사와 미사에 대해서도 간략하게 묘사하였다.

하지만 안중근 의사와 빌렘 신부의 대화를 기록한 부분은 액면 그대로 믿기 어려운 부분이 있다. 왜냐하면 빌렘 신부가 시종일관 안중근 의사의 의거를 '흉악한 행위(兇行)'라고 질책했다고 하며, 또 안중근 의사는 빌렘 신부에게 자신의 행위를 반성하는 의사를 표시하였다고 기록하였기 때문이다. 과연 실제로도 안중근 의사와 빌렘 신부 사이에 그러한 대화가 오고갔을까? 아니면 소노키 통역관이 특정한 목적을 위하여 사실을 조작하거나 윤색하였던 것일까? 사태의 진상은 정확하게 파악하기 어렵다. 하지만 빌렘 신부의 육성이 담긴 서한 자료를 통하여 당시 안중근 의사와의 접견 내용을 알아볼 수 있다. 이와 관련하여 빌렘 신부가 1912년 3월 19일 청계동에서 고향 로렌 지방의 지인들에게 보낸 서한이 남아 있다. 이 서한에서 빌렘 신부는 자신의 여순행을 자세하게 기록하였다. 이하에서는 빌렘 신부의 서한에 나타난 여순에서의 행적을 추적하도록 하겠다.

1910년 2월 17일 빌렘 신부는 안중근 의사로부터 전보를 받았다. 사형이 선고되었으며, 빨리 와달라는 것이었다. 며칠 뒤 빌렘 신부는 여순 감옥의 당국자들이 신부가 올 수 있도록 2월 26일의 사형 집행을 3월 25일, 즉 성금요일로 연기하는 데 동의하였다는 소식을 들었다. 이와 동시에 재판장이었던 마나베 판사가 전보문을 보내어 빌렘 신부로 하여금 여순 감옥으로 와달라는 의사를 전해왔다. 비슷한 요청이 뮈텔 주교에게도 전달되었는데, 한 번은 편지로, 그리고 다른 한 번은 전보로 보낸 것이었다. 일본인 당국자들이 이 문제를 정치적인 것이 아니라 사형수에게 베풀어지는 종교적 위안에 관한 것으로 받아들인다고 생각한 빌렘 신부는 뮈텔 주교의 의사에 반하여 여순으로 가기로 결심하였다.

지체할 시간이 없다고 판단한 빌렘 신부는 3월 2일 여순으로 출발하였다. 4일 아침에 얼어붙은 압록강을 걸어서 건넜으며, 3일 동안 만주를 가로질러 봉천까지 가서, 7일에 드디어 여순에 도착하였다. 빌렘 신부는 재판관 마나베[眞鍋] 판사와 미조부치[溝淵] 검찰관을 만나고는 이들이 자신의 도착을 환영한다고 생각하였다. 마나베 판사와 미조부치 검찰관은 일본에서 법률과 의학에 종사하는 사람들이 대부분 그러하듯이 독일어를 썩 잘 했다고 한다. 그러니까 빌렘 신부와 그들은 통역관이 별도로 필요하지 않았으며 독일어로 대화를 나누었다. 빌렘 신부는 그들에게 다음과 같이 선언하였다. 즉 자신은 오직 사형수에게 성무를 집행하러 왔을 뿐이고, 어떠한 정치적인 문제도 건드리지 않을 것이며, 또한 빌렘 신부 자신도 역시 모든 사람들과 마찬가지로 의뢰인, 즉 안중근 의사의 행동이 어느 정도 정상참작은 가능하겠지만 결코 정당화될 수 없는 범죄라고 생각한다고 말했다는 것이다. 이튿날인 3월 8일 빌렘 신부는 안중근 의사의 두 동생, 안정근 치릴로와 안공근 요한을 데리고 감옥으로 갔다.

그곳에서는 면회실에서 죄수를 기다리도록 하였습니다. 그 면회실은 크고 훌륭한 편이었으며, 높은 유리창들이 있었는데, 여순을 점령하였던 러시아인들이 남기고 간 것이었습니다. 나는 냉정한 모습을 보일 작정이었습니다. 그러나 무의식적으로 솔직함이 외교관처럼 처신하는 것을 뛰어 넘어버렸습니다. 도마가 간수 2명과 함께 방으로 들어와서는 두 무릎을 꿇고 저에게 한국식으로 큰 절을 하자, 저는 그만 참지 못하고 아버지처럼 도마의 두 손을 붙잡고 일으켜 세웠습니다. "아, 불쌍한 도마야, 내가 너를 여기서 만나다니!" 면담은 길고도 화기애애하였습니다. 간수들은 통역관만이 알아들을 수 있는 이 긴 대화에 조급함을 보이지 않았습니다. 뿐만 아니라 대화에 기운을 북돋아 주려고 차와 담배를 내놓았습니다. 죄수 자신도 이 친절을 누렸습니다.[4]

그러나 이 날 있었던 첫 번째 면회로는 빌렘 신부가 애초에 담고 왔던 여행의 목적을 충족시킬 수 없었다. 왜냐하면 안중근 의사에게 고해성사와 성체성사를 베푸는 것이 주된 목적이었기 때문이다. 그래서 빌렘 신부는 일본인 당국자들에게 안중근 의사를 별도로 만나서 고해성사를 줄 수 있도록 해달라고 공식적으로 요청하였다. 그러자 그들은 가장 알맞은 시간으로서 다음날 오전 10시를 지정해주었다. 하지만 안중근 의사의 고해성사는 그렇게 쉽게 해결될 성질의 것이 아니었다. 간수가 입회하지 않는 상태에서 죄수와 외부인이 단독으로 만나는 것은 금지되어 있고, 따라서 빌렘 신부가 안중근 의사를 단독으로 만나서 고해성사를 줄 수는 없다는 것이었다.

이튿날 예정된 시각보다 1시간 전에 제국 검찰관 측에서 저를 호출하였습니다. 저는 어딘가에서 문제가 발생하였음을 예감하였습니다. 저는 미조부치 씨를 그의 집무실에서 만났는데, 그는 관련 규정집을 뒤적거리면서 교도소에서 죄수에게 고해성사를 주는 것이 우려스럽다고 말하였습니다. 그의 얼굴에서는 약간의 짜증스러움마저 섞인 난처함이 읽혀졌습니다. 그는 감옥의 규칙들이 죄수와의 어떠한 사적인 면담도 금지하고 있으며, 규정집은 이 점에 관하여 단호하다고 설명하였습니다.

---

[4] 이 서한은 파리외방전교회 고문서고 한국 관계 문서철 'H-51'에 들어 있다. 이하에서 인용할 면회 장면들은 모두 이 서한에 실린 내용들이어서 별도로 인용 출처를 달지 않았다.

하지만 감옥 내에서 죄수는 자기 양심의 위안을 위하여 일본 승려를 부르는 것은 허락되어 있었다. 빌렘 신부는 이 점을 지적하면서 항의하였다. 그러나 미조부치 검찰관은 심사숙고한 다음에도 본인은 그러한 면담을 허가할 수 없다고 하였다. 이는 일본이 종교의 자유를 공포한 이래로 처음 발생한 문제였으므로 검찰관도 난감하였을 것이다. 그는 자기 권한을 넘어서는 것을 분명히 두려워하였다. 이에 빌렘 신부는 2시간 이상 어려운 문제들을 하나씩 밝혀가면서 그의 두려움을 해소하고자 노력하였다. 대략 이런 논리였다. 분명 감옥의 규정들은 단호하며, 그것들이 일반적인 면에서는 매우 정당하다는 사실은 인정한다. 그러나 고해성사라는 논점은 좀 더 포괄적인 면에서 이해되어야 한다. 가령 1889년 2월 11일 일본의 천황이 새롭게 선포한 〈대일본제국헌법〉 속에서 아마 양심의 자유란 것이 아직 법조문 속에 분명한 형태로 기입되어 있지 않았을 수 있지만, 그 헌법의 정신 속에는 들어 있다는 것이다. 뿐만 아니라 빌렘 신부 본인이 마나베 판사의 초청에 응하면서 성직 수행의 목적 이외에는 다른 목적이 없었으며, 고해성사는 성직 수행에서 가장 중요한 점이다. 그러므로 죄수에게 고해성사 주는 것을 금지한다면, 이번 여행에서 그 목적과 의미를 빼앗아버리는 것이다.

빌렘 신부와 미조부치 검찰관은 계속 논의를 거듭하였지만, 각자 자기 입장에서 완강하였다. 하지만 빌렘 신부가 더 끈질겼다. 왜냐하면 뮈텔 주교의 반대까지 무릅쓰고 여순 감옥으로 안중근 의사를 찾아온 여행의 목적은 고해성사를 줌으로써 사형수의 영혼을 구하려는 것이었기 때문이다. 점심시간이 되자 빌렘 신부는 돌아가서 자신의 거처에서 식사를 하였다. 식사가 막 끝났을 무렵에 검찰관이 빌렘 신부를 다시 호출하였다. 이번에는 접견장에 마나베 판사와 여순 감옥의 전옥(典獄, 즉 형무소장) 구리하라[栗原]도 동석해 있었다. 그들은 결국 빌렘 신부가 안중근 의사에게 고해성사를 베푸는 것에 동의하였다. 그러나 통역관과 간수들이 입회한다는 조건이었다.

빌렘 신부는 잠시 숙고하였고, 분명 이것은 완벽한 양심의 자유는 아니지만, 더 많은 것을 요구하다가는 모든 것을 위태롭게 만들 것 같았다. 게다가 엄밀하게 말하자면 고해성사의 비밀 원칙은 손상되지 않을 것이었다. 왜냐하면 간수들은 조선말을 알지 못하며, 통역관은 매우 입이 무거운 사람인데다가 빌렘 신부의 임무를 방해하기보다는 오히려 도와줄 의향이 있는 것처럼 보였기 때문이다. 이런 판단 끝에 빌렘 신부는 그들의 제안을 수락하였다. 그 뒤 고해성사가 진행된 과정은 다음과 같았다.[5]

치릴로가 달려가서 제 중백의(中白衣), 영대(領帶), 사제각모(司祭角帽), 그리고 십자가를 찾아왔습니다. 저는 이것들과 또 미사성제를 드리는 데 필요한 것들도 청계동에서 가지고 왔던 것입니다. 이윽고 저는 감옥으로 갔습니다. 전옥이 나와 동행하여 면회실로 갔습니다. 15분 정도 기다린 끝에 간수가 와서 모든 것이 다 준비되었다고 알려주었습니다. 우리가 나서자, 간수 2명이 앞장섰습니다. 그리고 전옥은 뒤를 따랐는데, 긴 복도의 바닥에 칼을 질질 끌며 걸었습니다. 저는 중백의를 입고 사제각모를 머리에 쓰고 손에 십자고상을 쥔 모습으로 행진을 끝냈습니다. 감옥의 벽은 아마 이런 행렬을 처음 보았겠지요. 제가 큰 응접실로 들어가자, 도마가 간수 2명 사이에서 손에 수갑을 찬 상태로 저를 기다리고 있었습니다. 저는 탁자 위에 십자고상을 공손히 올려놓고는, 죄수에게 손짓을 하여 혼자 다가오도록 하여 제 옆에 무릎을 꿇도록 하였습니다. 간수들과 장교들은 멀찍이 떨어진 곳에 둥글게 모여 있었습니다. 우리는

---

[5] 소노키의 보고서에도 안중근 의사의 고해성사 장면이 묘사되어 있다. 하지만 안중근 의사가 고해성사를 볼 내용들을 종이에 적어서 고백하였고, 또 의병 활동을 벌일 당시에 성모 마리아가 꿈에 나타났다는 이야기를 했었다고 소노키는 기록하였지만, 빌렘 신부의 서한에는 그러한 내용이 보이지 않는다.

일종의 암묵적인 합의 하에 필요한 만큼 격리되어 있었습니다. 고해성사를 주는 시간 내내 우리를 구경하던 그 사람들은 침묵을 지켰습니다. 그리고 우리는 마치 오래된 주교좌성당의 후미진 구석에 있는 듯이 자유로웠습니다. 게다가 저와 제 고해자는 전혀 다른 일에 몰두해 있어서 우리를 둘러싼 것들에 주의를 기울일 필요가 없었습니다. 제 고해자가 다시 일어섰을 때 저는 그의 손을 잡아주었습니다. 잠시 뒤에 이런 대화가 오갔습니다. "이제 너는 다른 일을 행하고 염두에 두도록 하여라. 나 역시 그렇게 할 것이다."

고해성사가 끝나자 안중근 의사는 빌렘 신부에게 다음날 영성체를 하게 해달라고 청하였다. 그러자 빌렘 신부는 미사를 드리러 올 준비가 되어 있지만, 전옥의 허가가 필요할 것이니, 안중근 의사 본인이 직접 허락을 요청하라고 하였다. 안중근 의사가 즉각 전옥을 향해서 돌아서서 자신의 요청을 말하자, 그들은 저녁때까지 대답을 주겠다고 약속하였다. 그리고 실제로 그날 밤 9시에 빌렘 신부는 이튿날 10시에 감옥으로 오라는 허가증을 받았다. 날이 밝은 뒤 빌렘 신부는 정근과 공근 두 형제를 데리고 10시에 감옥으로 갔다.

하지만 또 다른 난관이 그들을 기다리고 있었다. 그것은 죄수의 영성체와 관련된 것이었다. 여순 감옥의 규칙은 외부로부터 모든 음식물의 반입을 금지하고 있었다. 빌렘 신부는 추측하기를, 아마도 독살의 우려 때문인 것 같다고 하였다. 즉 사형수가 스스로 목숨을 끊음으로써 사형의 수치를 피하고자 할 때 친척과 친구들이 이를 도와주기 위하여 독약을 몰래 감옥으로 반입할 우려가 있다는 것이었다. 그래서 일본인 간수들은 빌렘 신부의 소지품을 모두 검사하였으며, 특히 제병을 의심하였다. 그들은 빌렘 신부에게 감옥 안에서도 제병을 만들 수 있지 않으냐고 묻기까지 하였다. 이 때문에 빌렘 신부는 오랜 시간에 걸쳐서 제병을 만드는 방법을 설명해야만 했다.

결국 자기들끼리 대책을 논의하던 일본인들은 한참을 기다린 뒤에 돌아와서 빌렘 신부에게 가지고 온 제병을 보여 달라고 하였다. 빌렘 신부는 직접 그것들을 보여주었고, 또 그들이 보는 앞에서 안중근 의사의 두 형제들에게 맛을 보도록 하였다. 독이 들어 있지 않다는 것을 보여주려는 것이었다. 또한 한 발 더 나아가서 빌렘 신부는 영성체 때에 안중근 의사가 먹을 제병을 간수들더러 직접 고르라고 하였다. 그러자 비로소 일본인 당국자들도 의심을 풀고, 감옥 안에서 미사를 거행하고 사형수에게 영성체를 할 수 있도록 허락하였다. 하지만 끝내 정근, 공근 두 형제에게는 미사 참례가 허락되지 않았다. 그들은 수위실에 남아서 기다릴 수밖에 없었다. 이하는 빌렘 신부가 안중근 의사를 복사로 삼아서 미사를 거행하고 안중근 의사에게 성체성사를 주는 장면이다. 약간 길지만 빌렘 신부의 육성을 있는 그대로 전달한다는 의미에서 소개하도록 하겠다.

제구를 담은 가방은 이미 큰 응접실로 옮겨졌습니다. 통역관과 몇몇 직원들이 가방을 풀어서 제대를 차리는 것을 호의적으로 도와주었습니다. 십자가는 벽에 걸었습니다. 그리고는 제대로 사용할 큰 탁자 앞으로 현수포(懸垂布)를 드리웠습니다. 그 위에 성석을 놓고, 다시 제대포를 깐 다음에 촛대 등을 올려놓았습니다. 모든 준비가 다 끝났을 때 죄수가 들어왔습니다. 저의 요청으로 그는 미사를 도울 수 있도록 수갑에서 해방되었습니다. 저는 그에게 말했습니다. "도마야, 너는 합당한 자격을 갖추지 못했지만, 오늘 천주님께서 너에게 은혜를 베푸실 것이다. 그분께 감사를 드리고 이 미사에 잘 참례하도록 노력하여라. 네가 드리는 마지막 미사이니라. 네가 소년 교우였을 적에 청계동에서 내가 미사를 드리는 것을 도왔듯이, 오늘도 나를 돕도록 하여라." 저는 제의를 입고는 일본인들이 제대 앞에 깔아놓은 아름다운 돗자리를 존중하는 뜻에서 신고 있던 평범한 가죽신을 벗고, 이런 상황을 대비해서 특별히 가지고 온 아름다운 하얀색 조선 버선을 대신 신었습니다.

저희는 성호경을 외는 것으로 시작하였습니다. 도마는 5년 동안이나 떠나 있었음에도 불구하고, 미사의 응송 구절들을 하나도 잊어먹지 않았습니다. 그는 망설임 없이 장중한 목소리로 응송을 바쳤습니다. 그 순간 세속의 모든 생각들은 멀리 사라져 버렸습니다. 얼마나 아름다운 미사였던지요! 오만 가지 감정들이 교차하는 과정에서도 얼마나 미사에 몰두했던지요! 저는 그 순간을 잊을 수가 없으며, 앞으로도 결코 잊지 못할 것입니다. 모든 것들이 너무나 이상야릇하고 임시변통에 불과했지만, 그와 동시에 너무나도 장엄하였습니다.

구리하라 전옥, 그의 부관인 나카무라, 그리고 아홉 명의 간수들은 침묵을 지키며 제대로부터 3미터 떨어진 곳에 반원형으로 모여서 각자 자기 칼에 기댄 채 앉아 있었습니다. 그들 가운데에는 승려가 있었는데, 형무소에서 영적인 책임을 맡고 있는 불교 승려였습니다. 그는 특별한 복장을 하고 노란 색의 가사를 걸치고 있었습니다. 분명히 호기심이 동했던 것이겠지만, 어느 순간에는 변함없는 존경심도 약간 섞여 있었습니다.

그 날은 3월 10일로, 성 40 순교자 기념일이었습니다.[6] 미사는 천천히 진행되었습니다. 왜냐하면 아무도 재촉하지 않았으며, 또 저 자신이 불쌍한 내 친구 도마를 가능한 오랫동안 이 거룩한 전례의 분위기 속에 젖어 있도록 하고 싶었기 때문이었습니다. 지난 몇 년 동안 그의 삶에서 벌어진 급박한 일들 때문에 도마는 이런 전례에서 멀리 떨어져 있었던 것입니다. 복음이 끝나자, 저는 몸을 돌려 성서 구절을 조선말로 읽고는 내 복사에게 그것을 설명해주었습니다. 먼저 우리 주님께서는 군중에게 둘러싸인 채 설교를 하시면서, 그들의

---

[6] 서기 324년 로마 제국 통치하의 아르메니아 지역(현재의 터키) 주둔군이었던 40명의 그리스도 군인들이 배교를 거부하자 동로마 제국 황제 루치니우스의 명령에 따라 옷을 벗겨 모두 얼어 죽게 하였다. 그들의 순교를 기념하여 동방교회에서는 3월 9일, 서방교회에서는 3월 10일을 전례력상의 기념일로 정하였다.

몸을 측은히 여겨 낫게 해주셨습니다. 그런 다음에 목소리를 높여서 이 세상 사람들이 알지 못하는 행복을 모든 이에게 선포하셨습니다. '온유한 이들은 행복하여라, 슬퍼하는 이들은 행복하여라.'

　복음 말씀을 적용하는 일은 쉬웠습니다. "너 역시 주님의 목소리를 들었고, 그 분을 괴롭히던 그 군중 속에 함께 있었느니라. 너는 그분이 너의 주님, 너의 하느님이신 것을 믿었다. 그래서 도마 성인처럼 너도 그분에게 나의 주님, 나의 하느님이라고 말하였던 것이다. 너의 수호성인과 마찬가지로 너도 얼마 뒤부터 그것을 잊고 지냈다. 그러나 하느님께서는 꾹 참고 인내하셨던 것이다. 이제 너는 이 세상의 행복에서 더 이상 기대할 바가 없다. 대신에 네가 바라고, 또 신앙과 회개와 사랑을 통하여 손에 쥘 수 있는 것이 한 가지 남아 있다. 그것은 '기뻐하여라, 너희가 하늘에서 받을 상이 크다'는 구절이다.7 복음에서 우리 주님은 착한 도둑에게 그의 죄를 나무라지 않으셨다. 주님은 그에게 단지 '바로 오늘' 천국을 약속해주셨던 것이다."

　미사는 죄수의 영성체로 끝이 났습니다. 성체성사와 노자성사를 한꺼번에 주었습니다. 저는 도마의 도움을 받아 제의를 벗고는, 참석자를 향해 돌아서서 통역관에게 부탁하여 우리 종교의 예절에 깊은 관심을 가지고 참석하는 호의를 보여준 모든 분들에게 감사의 뜻을 전하도록 하였습니다. 그리고 저는 깊이 숙여 인사를 하였습니다.

이로써 빌렘 신부는 애초에 여순 감옥으로 안중근 의사를 만나러 왔던 소기의 목적을 모두 달성하였다. 다음날 마지막 면회를 하고는 빌렘 신부는 곧장 청계동으로 돌아왔다. 그리고 보름 뒤인 3월 26일 안중근 의사는 여순 감옥에서 교수형으로 절명하였다. 3월 27일은 예수부활 대

---

7 이 구절은 루카 복음서 6장 23절의 구절이다. 앞의 강론 내용을 고려한다면, 빌렘 신부가 미사를 거행한 날(1910년 3월 10일 목요일)의 복음이 루카 복음서 6장의 내용이었던 것 같다.

축일이었다. 청계동에서는 부활 미사를 끝낸 후 교우들이 모여서 부활의 기쁨을 나누고 있었는데, 전보가 한 통 날아들었다. "사형이 집행되었음." 교우들은 흐느껴 울며 다시 경당으로 모였다. 부활의 기쁜 날에 죽은 이를 위한 기도를 바치기 위해서였다.

3. 빌렘 신부는 왜 갔을까

주지하다시피 빌렘 신부는 뮈텔 주교로부터 허락도 얻지 않고 여순 감옥을 다녀왔다는 이유로 60일 동안의 성무집행 정지 처분을 받았다. 뮈텔 주교가 이 처분을 내린 것은 1910년 3월 15일이었고, 사순기간이 끝나고 부활대축일을 준비해야 하는 시기였던 만큼 청계동 본당이 관할하는 지역의 교우들에게 성사를 베풀 수 없도록 한 조치는 빌렘 신부에게 대단히 충격적인 일이었을 것이다. 아마 빌렘 신부도 이 문제에 대해서 그냥 순명하고 지나가지 않았을 것이다. 분명히 자신의 행위가 정당한 사유를 지녔다고 강변하였을 것이며, 뮈텔 주교의 처분에 하자가 있다고 주장하였을 것이다. 황해도 지역에서 처음 전교활동을 펼칠 때나 해서교안이 벌어졌을 때에 빌렘 신부가 보였던 태도로 미루어 짐작하자면 그랬을 것이라는 이야기이다. 아마 그러한 자기 변론 과정에서 여순 감옥으로 안중근 의사를 찾아간 이유나 동기를 설명하였지 않나 생각된다.

현재 이 문제와 관련하여 지금까지 제출되었던 연구들은 대략 두 방향으로 갈라지지만, 아직 이렇다 할 통일된 의견은 없는 듯하다. 먼저 빌렘 신부가 여순 감옥을 찾아간 것은 안중근 의사의 의거를 이해한 때문이 아니라, 천주교 사제로서 신자에게 성사를 주어야 한다는 신념에 의한 행위였다는 설명이 있다. 즉 안중근 의사의 의거를 정치적인 문제와 종교적인 내용으로 분리하여 인식하였고, 성직자로서 자신은 종교적인 책무를 해야 한다고 생각하였기 때문에 여순 감옥을 방문하였다는 것이다. 이러한 해석은 빌렘 신부가 1911년 뮈텔 주교에게 사목 활동에 관한 연례 보고서를 보내면서 자기 행동의 정당성을 주장한 논리에 그 근거를 두고 있다. 그러므로 대체적으로는 이런 입장에 동의하는 경향이 많다.

하지만 그렇게 설명하면서도 빌렘 신부가 안중근 의사와 관련된 일을 겪으면서 인식의 변화를 일으켰다고 다소 상충되는 듯한 내용을 싣는 경우가 종종 있다. 애초에 빌렘 신부는 조선인들의 민족운동에 부정적인 인식을 가지고 있었지만 안중근 사건을 계기로 하여 변했다는 것이다. 그리하여 일본 제국주의의 침략 야욕 앞에서 민족 독립을 지키려는 조선인들의 노력과 투쟁에 대해서 공감적인 인식을 가지게 되었다고까지 설명하기도 한다. 이런 경우에는 빌렘 신부가 1871년 보불전쟁 이래로 프랑스와 독일 사이에서 끊임없이 고통을 받았던 로렌 지방 출신이었기 때문에, 힘없는 민족의 서러움을 더 잘 이해할 수 있었다는 식의 해석도 부가된다. 그 대표적인 주장을 인용해보자.

> 이토가 죽은 것은 잘된 일이기도 하다. 러시아와 중국 사람들은 암살자를 칭찬한다. 그의 행위는 분명히 非그리스도교적이고 反윤리적이다. 그렇다고 그 행위가 무죄로 입증되거나 변명될 수 없다는 것은 아니다. 일본인들도 자기들 가운데 그와 같이 용기와 애국심을 가진 사람이 없다는 것을 애석해 한다. 안중근은 나라를 위하여 자신을 바쳤고 나라를 구하지는 못했어도 원수를 갚았음을 믿고 있었다. 그것을 이해하기 위해서는 한국을 알 필요가 있다. 안중근의 목적은 너무나 등한시되던 한국 문제에 대해 국제적인 관심을 끌려는 데 있었다. 알자스, 로렌에서 독일군이 철수한 것처럼 동북 아시아를 아는 사람들은 일본군이 중국과 한국에서 철수하는 것만이 동북 아시아의 문제를

해결하는 길이라고 생각한다. (빌렘 신부가 로렌의 친구들에게 청계동에서 보낸 1912년 3월 19일자 서한)⁸

하지만 빌렘 신부가 안중근 의사의 의거에 공감하였다는 주장들이 그 근거로 삼고 있는 위의 인용문은 어느 특정한 연구자에 의해서 제출된 것이 아니다. 세 명의 연구자들이 일련의 수정 과정을 거치면서 가공해 낸 것이다. 먼저 최석우는 대략적으로 빌렘 신부가 이토의 살해 사건을 이러저러하게 해석하였다고 하면서, 여러 서한 자료들에서 발췌한 내용들을 인용 주석 없이 길게 나열하였다.⁹ 그런데 그 내용 가운데 일부를 추려서 인용 부호를 표시하여 빌렘 신부의 기록에서 인용한 것처럼 소개한 것은 오경환이었다.¹⁰ 하지만 아직 인용 출처를 밝히지 않았기 때문에 이를 학술 논문에서 재인용하기에는 부적절한 상태였다. 이에 비해서 오경환이 발췌하여 정식화한 것과 동일한 내용을 그대로 사용하면서 마치 빌렘 신부의 서한 원문에서 직접 인용한 것처럼 소개한 것은 윤선자였다. 위에서 인용한 내용이 바로 그것이다. 여기에는 특정한 서한이 인용 출처로 표기되어 있다. 이 때문에 현재 많은 연구자들이 빌렘 신부의 서한에서 뽑아낸 신뢰할 만한 인용으로 보고 이를 재인용하고 있는 실정이다.¹¹

그런데 이런 해석들이 주로 인용하고 있는 근거 자료들의 원문을 찾아

---

8 윤선자, 〈'한일합병' 전후 황해도 천주교회와 빌렘 신부〉, 128쪽.
9 최석우, 〈안중근의 의거와 교회의 반응〉, 114~115쪽.
10 오경환, 〈안중근과 인천 천주교 초대 주임 빌렘 신부〉, 173쪽.
11 윤선자 본인도 빌렘 신부의 서한 내용을 거듭 인용하여 사용하고 있으며, 다른 연구자들도 이것을 계속 재생산하고 있다. 윤선자, 〈안중근 의거에 대한 천주교회의 인식〉, 58쪽; 신운용, 〈안중근 의거에 대한 국내의 인식과 반응〉, 『한국근현대사연구』 제33집, 2005, 19쪽. 심지어 최근에 나온 안중근 평전에서도 빌렘 신부의 반응을 근거로 하여 '뮈텔 주교=친일, 빌렘 신부=반일'이라는 논조를 펼치고 있음을 확인할 수 있다. 김삼웅, 『안중근 평전』, 시대의창, 2009.

보면 상당한 문제점을 발견하게 된다. 먼저 빌렘 신부는 이토가 죽은 것이 잘된 일이라고 말한 적이 없다. 이것은 프랑스어 원문을 오역한 것이다. 또한 위의 인용 문단은 두 개의 서한에 실린 별개의 내용을 하나로 뭉뚱그린 것이다. 사실 알자스와 로렌에서 독일군이 철수한 것은 제1차 세계대전이 끝나고 1919년 프랑스에서 파리강화회의가 열려서 베르사이유 조약이 체결된 이후에 벌어진 일이다. 그러므로 1912년의 서한에서 이러한 사실을 적었을 리가 없는 것이다. 한 마디로 말하자면 빌렘 신부가 여순 감옥으로 안중근 의사를 찾아간 동기와 관련하여, 안중근 의사의 의거에 공감했다거나 한국 민족의 항일운동을 이해하였다는 해석들이 그 근거로 제시한 자료는 원문을 오역하였거나 아니면 별개의 자료들을 하나로 재가공하여 만들어낸 것이기 때문에 신빙성이 떨어진다고 하겠다.

물론 여기서 빌렘 신부의 여순 방문이 어떤 동기에서 나온 것인지를 확정적으로 주장하려는 것은 아니다. 다만 지금까지의 주장에서 제출된 근거 자료들을 다시 한 번 되짚어서 필요한 부분은 바로잡고, 미처 다루어지지 않은 부분이 있다면 함께 소개하고자 하는 것이 목적이다. 그래서 이하에서는 위에서 잘못 인용되거나 해석된 자료들을 다시 판독하고 번역하여 실제로 빌렘 신부의 생각이 어떠했는지를 찾아보고자 한다.

빌렘 신부의 인식 태도를 평가할 때 가장 많이 인용하는 자료는 대략 세 가지 서한 자료이다. 먼저 첫째는 1911년 8월 무렵, 그러니까 일이 있은 지 약 1년 반이 지난 뒤에 빌렘 신부가 청계동에서 사목활동에 대한 연례 보고서를 제출할 때 첨부한 항의서한이다. 그리고 둘째는 그로부터 약 7개월 뒤인 1912년 3월 19일에 역시 청계동에서 로렌에 있는 고향의 지인들에게 보낸 서한이다. 마지막으로 셋째는 7년 반 뒤인 1919년 8월 27일 로렌 지방의 메츠 교구에 소속된 달렘(Dalem)이라는 본당에서 파리외방전교회 파리 본부로 보낸 서한이다.[12] 그러면 이들 세 자료에서 빌렘 신부는 자기 행위의 동기를 어떻게 설명하고 있는지를 살펴보자.

먼저 가장 처음 등장하는 자료는 1911년 연례 보고서의 항의서한이다. 이 서한에는 작성 일자가 나와 있지 않다. 하지만 당시 연례 활동 보고서의 작성 시점이 대개 6월 내지 7월이었고, 또 빌렘 신부가 동일한 내용의 서한을 한 벌 더 작성하여 1911년 8월 21일이라는 날짜를 적어서 파리외방전교회 신학교 장상들에게도 보냈던 것을 보면,[13] 이 항의서한이 대략 6월에서 8월 사이에 쓰였다고 말해도 크게 어긋나지는 않을 것 같다. 항의서한에 담긴 빌렘 신부의 항변 내용은 이미 한국말로 번역되어 나와 있다.[14] 대체로 큰 오역은 없으며 빌렘 신부의 항의서한에 담긴 내용을 충실하게 옮겼다. 이에 따르면 빌렘 신부는 사제로서의 고유한 의무를 수행하기 위하여 여순 감옥으로 가서 천주교 신자인 사형수, 즉 안중근 의사에게 성사를 베풀었으며, 이는 교회법적으로 정당한 직무 행위였다는 것이다.

빌렘 신부는 해당 서한에서 도합 6가지 조목에 걸쳐서 자신의 주장을 펼쳤는데, 위의 번역문에는 그 가운데 첫 번째 조목만을 번역하여 실었다. 사실 나머지 5가지 조목은 안중근 의사의 의거와 자신의 여순 방문에 관련한 것이 아니라 당시 조선 대목구의 운영 방식, 빌렘 신부 개인에 대한 부정적인 세평 등에 대한 언급이기 때문에 이 글에서 문제 삼을 만한 것은 아니다. 하지만 향후에 안중근 의사 문제와 관련하여 빌렘 신부 사건이 당시 천주교회에 어떤 파급 효과를 가져왔는지를 평가하려면 해당 항의 서한 전체에 대한 상세한 검토가 필요할 것이다. 다만 한 가지 첨

---

12 아래에서 소개할 개별 서한들의 내용을 윤선자가 인용한 부분과 대조해보면 금방 알 수 있겠지만, 윤선자의 인용 내용은 둘째 서한과 셋째 서한에 별도로 실려 있던 내용들을 하나로 뭉뚱그린 것이다.
13 빌렘 신부가 파리신학교 장상들에게 보낸 1911년 8월 21일 서한. A-MEP: Vol. 582A, ff. 63(1~13).
14 한국교회사연구소 편, 『황해도 천주교회사』, 황해도천주교회사간행사업회, 1984, 201-202쪽.

가할 것은 위에서 소개한 번역문은 첫 번째 조목의 마지막 단락을 누락시켰는데, 사실 그 속에는 매우 미묘하고도 복잡한 문제가 들어 있었다는 점이다. 해당 구절을 번역하자면 다음과 같다.

> 주교님께서는 동료 선교사들이 주교님의 처사에 대해서 찬성하였다는 사실이 본인의 정당성을 입증한다는 식으로 암시를 하셨습니다. 이에 대해서는 저는 솔직히 딱하다는 생각이 들었습니다. 설혹 동료 선교사들의 찬성이 없었더라도 주교님의 판단은 마찬가지였을 것입니다. 주교님은 불안하셨던 것이지요! 즉 자백하신 것입니다! 그리고 이 찬성이란 것에 대해서 주교님은 그것이 어느 정도 유효한 것인지, 그리고 과연 선교사들 중에서 몇 명의 의견을 대변한 것인지 알고 싶으십니까? 올해에 조선 선교지에서는 훨씬 더 중대하고 아주 다른 방향으로 이끌린 투표가 있었습니다. 즉 신설된 대구 대목구의 수장을 선출하는 문제였습니다. 주교님의 참사원(conseiller), 모든 사람들이 이번 사건의 전개 과정에서 주교님을 잘못된 방향으로 이끌었다고 비난하는 바로 그 사람은 이미 예전부터 후보자들 가운데 제1순위였습니다. 하지만 그는 그 이전에도 지명을 받지 못했으며, 이번 저의 성무집행 정지처분 사건 이후에는 동료 선교사들이 그를 주교로 받아들이기를 거부하였던 것입니다. 물론 주교님은 그를 주교로 만들고 싶으셨겠지만 말입니다. 바로 이것이 선교사들의 참된 입장입니다.[15]

위의 구절을 보자면 빌렘 신부는 자신에게 가해진 처분의 배후에는 뮈텔 주교 옆에서 조언을 하고 있는 참사원 한 명이 있다고 생각한 것으로 보인다. 그 사람은 누굴까? 전후 사정을 고려하여 판단하자면 뮈텔 주

---

[15] 빌렘 신부가 청계동에서 뮈텔 주교에게 보낸 1910~1911년 연례 활동 보고서. 이 문서는 〈뮈텔 문서〉 내에서 〈Wilhelm 서한집, No. 203〉으로 분류되어 있다.

교를 최측근에서 보좌했던 종현 본당 주임 프와넬 신부가 아니었을까 한다. 아닌 게 아니라 프와넬 신부는 뮈텔 주교, 약현 본당 주임 두세 신부의 뒤를 이어 당시 조선 천주교회에서 세 번째 연장자였다. 그렇지만 대구 대목구장 선출을 위한 투표에서 드망즈 신부에게 지고 말았다. 드망즈 신부보다 더 나이가 많은 선배 그룹에서는 프와넬 신부를 지지하였지만, 젊은 선교사들이 압도적으로 드망즈 신부를 지지하였던 것이다.[16] 물론 빌렘 신부의 생각 자체가 착각에서 빚어진 것일 수도 있다. 빌렘 신부 자신도 다른 동료 선교사들과 그렇게 친밀한 관계를 유지하지 못했기 때문이다. 그러니까 몇 가지 사실들을 빌렘 신부가 아전인수식으로 해석하였을 가능성도 있다. 하지만 그렇게 보더라도 안중근 의사에게 성사를 베풀기 위해서 여순 감옥을 다녀온 빌렘 신부에게 처벌을 내린 문제는 당시 조선 천주교회 내에서 상당한 파란을 일으켰을 것으로 짐작된다.

두 번째로 검토할 자료는 앞 절에서 이미 인용하였던 것으로, 빌렘 신부가 청계동에서 자신의 고향인 로렌의 지인들에게 보낸 1912년 3월 19일 서한이다. 이 서한을 쓰게 된 이유는 이러하다. 1911년 9월 5일과 6일에 청계동을 비롯한 황해도 신천군 일대에 큰 홍수가 발생하여 가옥이 유실되고 전답이 매몰되는 등 수해가 막심하였을 때 빌렘 신부가 고향의 지인들에게 도움을 청해 수재민을 구제한 일이 있었다.[17] 빌렘 신부는 이에 대한 감사를 표시하기 위하여 편지를 보냈고, 일본이 조선을 식민지화한 이후에 종교의 자유가 어느 정도 신장되었는지를 말하는 과정에서

---

16 이 글에서 주요 논점으로 삼는 부분과는 약간 거리가 있으나, 드망즈 신부에 대해서도 연구가 필요하다. 나중의 일이지만 제1차 세계대전 종결 이후에 빌렘 신부가 조선으로 돌아오고 싶어 하였을 때, 서울대목구에서 거절하자 당시 대구대목구장이었던 드망즈 주교는 빌렘 신부를 자신의 대목구로 받아들이고 싶어 한 적이 있었다. 이런 점을 염두에 둔다면 빌렘 신부와 드망즈 신부의 관계를 밝히는 것도 의미 있는 작업이 될 수 있을 것이다.

17 당시 빌렘 신부가 보냈던 1911년 10월 7일자 수재의연금 모금 편지는 리용에서 발행하던 선교잡지에 실렸다. *Les Missions Catholiques*, No. 2218, 8 Décembre 1911, pp. 584~586.

감옥에 갇혀 있던 안중근 의사에게 성사를 베풀었던 일화를 소개하였던 것이다. 이 서한에서 빌렘 신부는 이토 히로부미가 죽었다는 소식이 청계동에 전해졌을 당시 조선인들의 반응을 소개하면서 다음과 같이 자신의 견해를 밝혔다.

사실 자기 나라라는 시야에 갇혀 있는 조선 사람으로서는 문제를 진실한 각도에서 바라본다는 것이 어렵습니다. 게다가 그들이 볼 때 분명 저의 태도는 불쾌하였을 것입니다. 이번에 폭력에 의해서 사망하게 된 그 남자는 그들에게는 원수였습니다. 하지만 이것은 아주 잘못된 생각입니다. 저는 그렇다고 봅니다. 조선의 운명과 일본의 운명을 하나로 묶는 최초의 조약을 체결한 사람이 바로 그였습니다. 그는 사람들이 현재 임박했다고 느끼는 병합을 준비하였던 것입니다. 사람들은 소리를 낮추어 비밀스럽게 이야기합니다. 그가 하얼빈에 가서 러시아 전권대사와 회담을 한 뒤에 멋진 선물을 자기 나라에 가져갈 것이었다고 합니다. 이 선물이란 조선 전체, 혹은 어쩌면 대부분을 말하는 것입니다. 하지만 사람들은 하얼빈에서 그의 시신만을 가져왔을 뿐입니다. 그가 개선한 것은 사실이었지요, 그러나 완전히 죽은 채로 돌아온 것입니다(Et on n'avait rapporté de Harbin que son cadavre; triomphalement, il est vrai, mais bien mort tout de même)![18] 중국의 신문들은 기뻐 날뛰며 살인자를 찬양하였습니다. 서울의 술주정뱅이들은 길거리에서 싸울 때 이렇게 서로 욕설을 주고받았습니다. "네놈이 주둥이를 닥치지 않으면, 내가 너를 이토처럼 만들어버릴 테다!" 이토가 죽자 조선의 황제마저도 웃었다고들 말합니다.[19]

---

[18] 프랑스어 원문에서 볼 수 있듯이 '잘 죽었다'는 것이 아니라 '죽은 채로 개선했다'는 뜻이다. 이를 오역하였기 때문에, 빌렘 신부는 이토가 잘 죽었다고 말했다는 주장이 나온 것이다.
[19] 앞서 소개하였지만 이 서한은 현재 파리외방전교회 고문서고 한국관계 문서철 'H-51' 속에 들어 있다.

위의 인용문에서 보다시피 빌렘 신부는 안중근 의사의 의거에 대해서 당시 청계동에 있던 교우들과는 판이한 반응을 보였다. 조선인들의 민족적인 감정을 이해하지 못할 바는 아니나, 대국적인 견지에서 보자면 이토 히로부미는 조선인들이 생각하는 만큼 그렇게 잘못한 일이 없으며, 오히려 그가 추진한 일본과 조선의 병합으로 조선은 상당한 정도로 근대화의 혜택을 누리고 있다는 것이다. 따라서 안중근 의사를 찾아간 것은 조선인들의 반일 의식이나 민족 감정에 동조해서가 아니라, 천주교 신자 안중근 의사가 죽기 전에 마지막으로 성사를 받기 원했기 때문에 이에 대한 사제로서의 사목적 배려의 차원에서 결행한 일이었던 셈이다.

그럼에도 불구하고 빌렘 신부는 신중하지 못한 처신, 선교지 장상에 대한 불복종 등의 이유로 처벌을 받았다. 그리고 나중에 가서 빌렘 신부가 뮈텔 주교의 조처에 대해서 항의하고, 또 이 문제를 파리외방전교회 본부 및 로마의 포교성성에 제소하였다. 하지만 제소에 대한 포교성성의 결정과 상관없이 빌렘 신부는 계속 동료 선교사들 사이에서 고립되었고, 급기야 신병을 이유로 휴가를 신청하게 되었다. 그러나 이것은 더 큰 불행을 자초한 일이 되었으며, 약현 본당의 주임이자 서울 대목구장 직무대행이었던 두세 신부가 1914년 2월 22일 서울대목구 소속 선교사들에게 연판장을 돌려 빌렘 신부가 조선에 머무는 것을 원치 않는다는 연명서를 받아냈다. 결국 빌렘 신부는 1914년 4월 22일 조선을 떠날 수밖에 없었다. 서울을 출발한 그는 대구와 일본의 고베, 그리고 홍콩을 거쳐서 유럽으로 귀환하였다.

애초에 빌렘 신부는 한시적인 휴가를 원했던 것으로 보인다. 결코 완전히 조선을 떠나고 싶었던 것은 아니었던 모양이다. 20년 넘게 선교사로 활동한 조선을 버리고 떠나는 것도 쉽지 않은 일이었으며, 본인의 성격으로도 아무 잘못도 없는데 쫓겨나듯이 떠나는 것은 용납할 수 없는 일이었을 것이다. 그러나 모처럼 휴식을 취할 사이도 없이 공교롭게도 빌렘 신부가 조선을 떠난 바로 그 해 7월 제1차 세계대전이 발발하였다. 빌렘 신부의 고향인 로렌 지방은 당시 독일 영토로 편입되어 있었기 때문에, 파리외방전교회 파리 본부와의 연락이 두절되고 말았다. 그 뒤 전쟁이 끝날 때까지 빌렘 신부는 하는 수 없이 로렌 지방의 메츠 교구에 속한 달렘(Dalem)이라는 본당에서 일하였다.

1918년 11월 11일 독일이 항복하면서 전쟁이 끝나자, 이를 기다렸다는 듯이 빌렘 신부는 1918년 12월 18일 파리로 편지를 보내어 서울대목구의 소식을 묻는다. 아직 자신이 서울대목구 소속 선교사로 등록되어 있는지를 물으면서 서울로부터 어떤 소식이 있었느냐는 것이다. 이에 대해서 당시 파리외방전교회 신학교의 장상은 프랑스와 델마(François Delmas) 신부였는데, 그는 답장을 보내어 아직 빌렘 신부가 서울대목구 소속의 파리외방전교회 선교사로 되어 있다고 말한다. 하지만 조선으로 돌아가려면 서울에서 공식적으로 대목구장의 복귀 허가서가 와야만 한다는 점을 분명히 하였다. 그 뒤 약 8개월 동안 10여 통의 서신을 교환하면서 빌렘 신부는 서울로 돌아가려는 강력한 의지를 밝혔다.

아마 뮈텔 주교는 빌렘 신부가 유럽으로 돌아간 것에 대해서 파리 신학교 본부에도 정확하게 설명하지 않았던 것 같다. 그래서 빌렘 신부는 여전히 서울대목구 소속 선교사로 등재되어 있었던 것이다. 빌렘 신부는 자신이 유럽으로 돌아온 것은 순전히 병 때문이었고, 병이 나은 뒤에는 전쟁 때문에 연락이 두절되었다고 말한다. 그리고 이제 병도 나았고, 전쟁도 끝났으니, 조선 선교지로 돌아가서 활동하다가 죽고 싶다는 의사를 표시한다. 아울러 자신의 문제를 반드시 파리 본부 참사회에 회부해달라고 요청하면서, 자신이 조선 선교지에서 축출당한 것인지, 그렇다면 그 이유가 무엇인지를 가르쳐 달라고 하였다.

그 뒤 계속해서 빌렘 신부가 조선으로 돌아가고 싶다는 희망을 표시하자, 급기야 대구 대목구의 드망즈 주교가 대구로 와서 일할 것을 권유하는 편지를 보내기도 하였다. 그러나 자기 때문에 대구와 서울, 두 대목구 사이에 불화가 발생할까 두려워서 드망즈 주교의 제안을 완곡히 거절하였다. 그래서 결국 빌렘 신부는 파리 신학교 장상에게 보낸 1919년 8월 27일 서한에서 최종적인 선택으로 메츠 교구에 계속 남아서 본당 사목에 종사하겠다고 말한다. 이 서한에서 빌렘 신부는 이제 완전히 해소된 일이므로 조선에서 있었던 일에 관하여 아무런 거리낌 없이 다시 한 번 회고하겠다고 말하면서 지나간 일들을 반추하였다. 다음은 서한의 내용 가운데 일부인데, 안중근 의사의 의거에 대해서 빌렘 신부 자신이 가졌던 생각들을 솔직하게 드러내었다. 약간 길지만 핵심적인 내용들은 빠짐없이 인용해보도록 하겠다.

　　이제 제 문제는 궁극적인 귀결점에 도달하였으므로, 그 일의 발단과 전개과정들을 간단히 요약해서 말씀드리고자 합니다. … 1909년 10월 26일 (오전 9시 20분, 만주의 하얼빈 역에서) 내가 세례를 주었고, 나의 전임 복사이기도 하였던 조선인 안 도마(속명 안중근)가 리볼버 권총으로 일본인 이토 공을 중국과 러시아 장관들이 보는 앞에서 죽였습니다. … 저의 개인적인 입장은 특별히 확고하였습니다. 왜냐하면 저는 뮈텔 주교님처럼 조선의 황제에게 러시아 공사관으로 피신하라고 충고한 적도 없었으며, 조선의 조정이 맺은 반일적인 조약문들을 내 집에 숨겨둔 적도 없었기 때문입니다. 반대로 저는 일본인 당국자들이 제가 사는 구역을 평화롭게 다스리도록 도와주었습니다. 수백 명의 조선인 폭도들을 친절하게 설득하여 무장을 해제하도록 했던 것입니다.
　　교회의 관점에서 보자면 안 도마는 무엇보다도 사형 선고(1910년 2월 17일)를 받은 뒤에는 교회가 이런 경우에 항상 베풀었던 자비로 대접받아 마땅했습니다. 성사를 베풀 때건 아니건 정치적인 문제는 한 마디로 나오지 않았습니다. … 저의 입장으로 말할 것 같으면, 저는 사태를 아주 단순하게 설명하였습니다. 저는 일본인 판사에게 이렇게 말했습니다. 나를 사형수 곁으로 부른 것은 바로 그가 분명히 세례를 통하여 천주교 신자가 된 사람이라는 사실 그것이다, 그리고 그리스도교 윤리는 전적으로 그의 행위를 배척한다, 아울러 나도 그렇게 파악하고 있으며, 그래서 내가 관할하는 모든 교우들 앞에서 정당화될 수 없는 일이라고 공표하였다는 것이었습니다.

하지만 다른 모든 관점에서도 안 도마의 행위가 정당화될 수 없다거나 혹은 적어도 용서받을 수 없다는 것은 아닙니다. 물론 일본인 판사가 자리하고 있을 것임에 분명한 그런 관점은 여기서 제외해야겠지요. 러시아 사람들, 중국 사람들, 조선 사람들은 이 행위에 박수를 보냈습니다. 심지어 일본인들마저도 살인자가 자기네 동포가 아니라는 사실을 유감스러워 하였습니다. 그의 용기와 그의 애국심을 칭찬할 수가 없었기 때문이지요.

왜냐하면 안 도마가 감옥에서 저에게 말한 것이지만, 그는 단지 자기가 볼 적에 외국으로부터 너무나도 주목을 받지 못하고 있는 조선 문제에 대한 관심을 불러일으키고 싶었던 것입니다. 안 도마 외에도 극동에 대해서 잘 알고 있는 사람들 가운데 많은 이들이 그렇게 생각합니다. 그토록 불행한 소동이 제기한 문제는 독일군이 이제 막 로렌과 알자스 지방에서 철수한 것처럼 그렇게 일본군이 만주와 조선에서 물러나는 날에야 비로소 해소될 것이라고 말입니다.

저는 이 문제에 대해서 더 이상 아무런 현실성을 지니고 있지 않은 만큼, 위에서 말한 그런 견해에 홀가분한 마음으로 동조할 수 있습니다. 저는 1896년 이래로 일본의 군사력을 과소평가하지 않은 유일한 선교사였으며(아마 샤르즈뵈프 신부나 드망즈 주교도 여기에 포함시킬 수 있을 것입니다), 일본이 극동 지역에서 일시적으로나마 우월한 역할을 누릴 것이라 예견하였고, 또 1896년부터 뮈텔 주교에게 러시아인들은 결코 조선에 대해서 손을 뻗칠 수 없을 것이라고 예언했던 사람입니다.

　이와 같이 판단하였기 때문에 저는 사실상 뮈텔 주교님의 '피뇨 드 베엔' 식의 외교술,[20] 그리고 동료 선교사들의 유치하면서도 인습에 젖은 무분별과 충돌하였던 것입니다. 저는 이런 외교술과 이런 무분별에 대가를 지불해야 했고, 지금까지도 지불하고 있는 셈입니다. 뮈텔 주교님과 동료 선교사들은 당시에 예외 없이 거의 반일 성향이었습니다. 반대로 저는 이른바 일본애호(japonophile) 성향이었습니다. 그래서 저는 원래부터 바랐던 것은 아니지만, 일본에 반대하는 조선의 애국주의를 위로해주는 역할을 하였던 것입니다.[21]

　위에서 보듯이 빌렘 신부는 처음부터 끝까지 일본의 조선 지배에 대해서 부정적인 인식을 가지고 있지 않았다. 오히려 뮈텔 주교가 더 반일 성향을 가지고 정치적 문제에 개입하였지만, 자신은 결코 그런 행위를 한 적이 없다는 것이다. 게다가 조선 문제는 일본이 조선에서 철수함으로써 해결될 수 있다고 하였지만, 현재 일본이 보이는 압도적인 무력을 인정한다면 이것은 사실상 불가능한 일이라고 보았다. 그래서 자신은 조선에 입국하던 무렵부터 철저히 친일적인 입장을 가지고 있었고, 설혹 안중근 의사에 동정을 보낼 때조차도 그것은 일본에 저항하는 조선인의 애국주의를 위로해줌으로써 일본의 통치가 원활하게 잘 이루어질 수 있도록 도와주려는 것이 목적이라고 말하였다.

20　피뇨 드 베엔 주교는 18세기 후반 베트남에서 활동한 선교사로서, 베트남의 마지막 통일 왕조인 응우옌(阮) 왕조가 설립하는 과정에서 내란이 발생하자 프랑스가 개입할 수 있도록 교섭을 벌였던 인물이다. 특히 카인이라는 왕자를 프랑스로 피신시켰다가 나중에 왕위에 오를 수 있도록 원조하여 베트남에서 천주교가 번창하는 데 큰 몫을 하였다. 하지만 파리외방전교회가 표방하던 선교 방침이었던 정치 불관여의 원칙을 어기고 베트남의 정치에 깊이 개입하였다는 평가를 받고 있다. 아마 빌렘 신부는 뮈텔 주교가 고종 황제와 긴밀한 관계를 맺고 있었다는 사실을 지적하면서 자신의 친일적인 입장과의 차별성을 강조하려는 의도를 담은 것 같다.
21　이 서한 역시 파리외방전교회 고문서고 한국관계 문서철 'H-51' 속에 들어 있다.

이상에서 살펴본 바에 따르면, 빌렘 신부는 안중근 의사에 대해서 개인적으로는 대단히 친밀한 우애 내지 애정을 가지고 있었지만, 결코 조선인들의 반일 민족운동을 공감하지는 않았던 것 같다. 그리고 이런 태도는 그 후로부터 계속 유지되었으며, 1919년 파리강화회의에 의해서 알자스와 로렌 지역에서 독일군이 철수한 뒤에도 변함이 없었다. 오히려 전승국이었던 일본이 극동 아시아에서 압도적인 지배력을 행사하는 것을 현실로 인정하는 자세를 취하였다. 그러므로 이 자료에서도 역시 빌렘 신부가 여순 감옥으로 안중근 의사를 찾아간 것이 단지 사제로서의 성사 집행이라는 의무를 이행하려는 동기에서 나왔음을 보여준다.

하지만 분명히 한계를 그어야 할 일이 있다. 위에서 내린 잠정적인 결론은 지금까지 안중근 의사의 의거에 대해서 빌렘 신부가 보인 반응을 다룬 기존 연구들에서 집중적으로 인용되고 있는 빌렘 신부의 서한 자료들을 재검토한 결과에서 도출된 것이다. 이것이 좀 더 설득력을 갖춘 주장이 되기 위해서는 관련된 천주교측의 사료들을 전체적으로 검토하는 작업이 선행되어야 한다.

4. 향후의 연구를 위한 제언

안중근 의사의 의거 및 여순 감옥에서의 순국 등과 직접 관련된 것은 아니지만, 1910년 이후 빌렘 신부의 행적을 파악하기 위해서 더 연구가 필요한 주제들이 몇 가지 있다. 먼저 이른바 '안악 사건'과 빌렘 신부의 관련성이다. 많은 연구들이 뮈텔 주교의 1911년 1월 11일자 일기에 토대를 두고, 빌렘 신부가 뮈텔 주교에게 안명근이 모종의 음모에 가담하고 있음을 알렸고, 이를 뮈텔 주교가 일본 헌병대의 아카시 장군에게 밀고

하였기 때문에 안명근이 체포되었다고 말한다.

그런데 일반적으로 안악사건이 발발하게 된 경위에서 안명근은 황해도 신천에 사는 민씨라는 부자의 밀고로 1910년 12월 평양에서 체포되었다고 말한다. 이 시점은 뮈텔 주교가 빌렘 신부에게 연락을 받았다는 날짜와 거리가 있다. 게다가 뮈텔 주교가 남긴 문서들 가운데에는 빌렘 신부가 이 날 보냈다는 편지가 들어 있지 않다. 그러니까 빌렘 신부가 안명근을 밀고하였다는 것은 오로지 뮈텔 주교 본인의 주장에 따른 것이다. 그런데 더욱 이상한 것은 빌렘 신부는 1912년 3월 19일 서한에서 안중근 의사 가문의 후일담을 소개하면서 안명근 야고보가 1911년 1월 18일에 체포되었다고 말한다. 빌렘 신부는 무슨 근거로 안명근이 이 날 체포되었다고 말하는 것일까? 과연 안명근의 체포 과정에 빌렘 신부는 어떤 역할을 하였을까?

빌렘 신부의 행적과 관련해서는 또 한 가지 의문스러운 일이 있다. 이 역시 뮈텔 주교의 일기에 근거하고 있다. 즉 뮈텔 주교는 1919년 4월 18일 일기를 기록하면서, 분도회의 보니파치오 자우어 아빠스가 자신을 찾아와서 비밀리에 말을 전했다고 한다. 즉 빌렘 신부가 파리에 있는 것 같은데 그의 주선 덕분에 소위 조선 대표들이 그들의 진정서를 고위층에 전달하는 데 성공했을 것이라고 말하였다. 그런데 1919년에 열린 파리강화회의에 참석하기 위하여 파리에 도착한 조선인 대표는 김규식이 유일하였다. 하지만 김규식의 활동에 관해서 어떤 기록에도 빌렘 신부가 통역이나 기타의 형태로 도움을 주었다는 언급이 나오지 않는다. 그러므로 이 역시도 빌렘 신부의 행적과 관련하여 풀어야 할 의문이라고 할 수 있다.

아울러 빌렘 신부가 뮈텔 주교의 처분에 항의를 제출하면서 동료 선교사들과 불화를 일으키게 되는 과정, 그리고 그 당시에 벌어졌던 논의들에 대해서도 깊은 연구가 필요하다. 왜냐하면 이 문제는 안중근 의사와 빌렘 신부의 관계를 다루는 데에서 그치지 않고, 1910년대 초반 조선 천주교회의 실상을 이해하는 데에도 중요한 단서가 될 수 있을 것이기 때문이다.

하지만 이 모든 연구들이 제대로 성과를 거둘 수 있기 위해서는 최우선적으로 선결되어야 할 과제가 있다. 그것은 바로 이 글에서도 지적하였다시피 빌렘 신부에 관련한 천주교 자료들이 제대로 정리되어 연구자들이 이용할 수 있는 자료집의 형태로 공개되어야 한다는 것이다. 원문 대조본 형태의 번역까지 이루어진다면 더할 나위 없이 좋을 것이다. 현재 이 자료들은 대부분 파리외방전교회 고문서고에 소장되어 있으며, 한국관계 문서철로 분류된 자료군 가운데 일부(Vol. 582A; H-51; DF 230)에 들어 있다. 이 자료들에 대한 판독과 번역이 이루어져서 국내외의 관련 학자들에게 제공된다면, 지금까지 안중근 의사 관련 연구에서 상대적으로 연구가 미진했던 '안중근 의사와 조선 천주교'라는 주제가 좀 더 활성화되지 않을까 생각한다. 아울러 이 분야의 연구는 '안중근 연구'를 넘어서 '안중근이라는 통로를 통해서 본 근대 한국사 연구'로 그 시야를 확장시켜 주리라고 본다.

10

종교와 폭력의 정당성
안중근 의거의 종교적 의미에 관한 논쟁

프랭클린 라우시
브리티시 콜롬비아 대학교

1. 머리말

일본은 1905년과 1907년 한국과 강제 조약을 체결한 후 대부분의 한국인들이 일본의 통치를 환영했고 일본에 의해 실시된 개혁조치에 대해 긍정적인 반응을 보였다고 주장했다.[1] 그러나 안중근은 세계 여러 나라를 청중으로 삼아 하얼빈에서 이토 히로부미를 처단함으로써 이와 같은 주장을 정면으로 부인했다. 그는 이토를 쏜 후 러시아 말로 "까레이 우라 (한국 만세)"라고 외침으로써 자신을 한국인이라고 신분을 밝혔다. 이토는 일찍이 한국의 통감이었기 때문에 서구의 신문들은 안중근의 이토 처단을 일본의 한국 통치에 대한 저항 행위로 해석했고 일부 신문은 일본의 식민통치에 대한 정당성에 의문을 제시하기까지 하였다.[2] 이는 일본에게는 매우 심각한 문제였다. 왜냐하면 당시 일본은 남만주에 대한 개방정책의 실시를 계속해서 거부하여 국제적으로 명성이 좋지 못했고 다른 제국주의 나라들과도 긴장 상태에 있었기 때문이다.[3] 그러므로 일본은 안중근의 이토 처단이 부당하며 일본의 한국 통치가 정당함을 보여줌으로써 안중근의 명예를 손상시키고 일본의 한국 통치에 대한 그의 정면 도전을 무마시켜야할 필요성이 절대적으로 대두되었다.

이 논문에서는 한국 통감부의 주요 기관지였던 영어일간지 서울 신문(Seoul Press)을 통해 일본 식민정책의 대표자들이[4] 안중근의 이토 히로부

---

[1] 『The Second Annual Report on Reforms and Progress in Korea (1908-1909)』, H.I.J.M's Residency General, 1909, 4~5쪽.

[2] 예를 들면 『San Francisco Call』1909년 10월 26일자, 「Ito Slain by Korean at Harbin」; 『The New York Times』1909년 10월 26일자, 「Prince Ito Assassinated」; 『The Toronto Globe』1909년 10월 27일자, 「The Tragedy and the Problem」참조.

[3] Steward Lone, 『Army, Empire and Politics in Meiji Japan』, Palgrave Macmillan, 2000, 155~170쪽.

[4] "일본 식민통치의 대표자들"이란 일본의 식민 통치의 추진을 공개적으로 지지하거나 찬성하는 발언을 일삼는 자들을 의미한다. 여기에는 이토 히로부미와 같은 정부 관리, 조지 라드와 같은 학자, 그리

미 처단을 어떻게 부당한 것으로 몰아갔는지를 검토하고자 한다. 이 일간지를 통하여 일본의 식민정부는 당시 자국 정부에 영향을 줄 수 있는 영어 신문을 구독하는 외국인들을 대상으로 일본에게 유리한 의견이 형성되도록 노력했다.[5] 당시 영어신문을 구독하는 외국인들의 상당수는 기독교 선교사들이었기 때문에 일본인들은 안중근의 이토 히로부미에 대한 무력 사용을 부당한 것으로 만들기 위해 종교를 광범위하게 사용하였음은 당연한 것이었다. 그러므로 이 논문은 서울신문이 안중근의 이토 처단을 부당하게 만들기 위해서 뿐만 아니라 일본의 한국 식민지화를 정당화시키기 위해 종교를 사용함으로써 위기의 가능성을 교묘하게 기회로 바꾸었다고 주장한다. 뿐만 아니라 일본은 이토의 사살이 종교적으로 부당한 것으로 부각하여 안중근이 자신의 행위를 정당화하기 위해 종교를 공개적으로 사용하지 못하게 저지했고 그가 일본의 식민 통치에 도전하기 위해 사용할 수 있는 효과적인 수단이 되는 길도 차단해 버렸다고 주장한다.

2. 한국의 기독교 선교

기독교 선교는 20세기 초 한국의 사회 및 정치에 중요한 부분을 차지했다. 학교와 병원을 운영한 교회는 최상의 교육과 의료 혜택을 제공했다. 선교사들은 교리에 호소함으로써 한국인들이 그들의 생활과 문화에 커다란 변화를 야기하도록 촉구하였다. 예를 들면, 개신교 선교사들은

곧 해리스 감독 같은 선교사들이 포함된다.

5 Chin-Sok Chong, 『The Korean Problem in Anglo-Japanese Relations: 1904~1910』, Nanam Publishing Co. 1987, 153~170쪽.

한국의 기독교도들이 술과 담배를 끊도록 하는데 아주 효과적이었다.[6] 가톨릭 선교사들과 함께 조상들의 제사와 일부다처제의 관습까지도 포기하도록 했다. 선교사들은 자국 정부의 힘을 등에 업고 자신들과 신자들의 이익을 보호할 수 있었다.[7] 선교사들은 책도 집필하여 호레이스 알렌의 《조선 견문기(Things Korean)》, 호레이스 언더우드의 《와서 우릴 도우라(The Call of Korea)》, 릴리아스 언더우드의 《상투잡이들과 함께한 15년(Fifteen Years among the Top-knots)》, 제임스 게일의 《전환기의 조선(Korea in Transition)》 등이 있는데 이 책들은 한국인들의 종교뿐만 아니라 한국의 사회와 정치에 관해 언급하고 있고 한국이 처한 상황에 대한 대중들의 인식 형성에 관해서도 언급하고 있다. 그러므로 선교사들은 일본의 식민지인 한국에서 무시할 수 없는 하나의 큰 단체였다.

기독교가 한국에서의 일본의 식민정책에는 위험스러운 존재였을 것이다. 많은 기독교도들은 정치적으로 적극적이었고 한국에서의 일본의 영향을 제한시키려 하였으며 자신들의 국권을 회복하려고 노력했다. 그와 같은 저항은 폭력적이기까지 하여 스티븐스(Durham White Stevens)와 이토 히로부미를 처단하고 이완용을 사살하려한 사람들 모두가 기독교도들이었다. 뿐만 아니라 지극히 선하신 하느님 안에 도덕의 근간을 이루는 기독교 정신은 도덕과 교리를 근거로 볼 때 일본의 식민정책에는 이론적으로 큰 도전이 될 수 있었다. 일본은 기독교 국가가 아니기 때문에 그와 같은 비판에는 특히 취약했다. 사실 한국의 가톨릭 신자들은 하느님을 근거로 조선의 법과 관습에 도전을 하였다. 그들은 자신들의 신앙에

---

6 Chung-shin Park, 『Protestantism and Politics in Korea』, University of Washington Press, 2003, 53~60쪽.

7 예를 들면 개신교 선교사는 Chull Lee, 「Social Sources of the Rapid Growth of the Christian Church in Northwest Korea: 1895~1910」, Boston University 박사학위 논문, 1997, 181~199; 천주교는 장동하, 『개항기 한국 사회와 천주교회』, 가톨릭출판사, 2006, 364~404쪽.

방해가 된다고 믿고 국가의 법과 관습을 따르기를 거부하는 것을 정당화하였다.[8] 이처럼 하느님을 근거로 한 저항이 일본의 식민지에 대해서도 이론상으로 가능했기 때문이었다.

그리하여 일본의 식민 정권은 정부가 침해하지 않는 "종교적"영역과 종교가 간섭하지 않는 "정치적" 영역을 존중할 것을 약속하는 유화정책을 실시하였다.[9] 진실성을 보여주기 위해 일본의 식민지 당국은 선교사들에게 금전적인 지원을 제공했고 한국의 문명 선교에 있어서 자신들이 그들의 동반자라고 선언했다.[10] 이와 같은 유화정책은 정교의 엄격한 분리를 지지하는 선교사들과 기독교를 문명의 세력이라고 간주하는 선교사들에게는 맞아 떨어졌다.[11] 그러나 통감으로서 이토 히로부미는 이와 같은 경계가 어디이고 무엇이 위반을 의미하는지를 결정하는 것은 국가임을 분명히 하였다. 선교사들은 기독교 신앙을 전파하기 위해 그들의 기관, 특히 학교에 크게 의존했다. 이토는 비종교적인 사립학교들을[12] 많이 폐쇄했기 때문에 선교사들은 그러한 상황에서 사역을 한 동료들의 한

---

[8] Don Baker, 「A Different Thread: Orthodoxy, Heterodoxy, and Catholicism in a Confucian World」, 『Culture and State in Late Chosŏn Korea』, Harvard University Press, 1999, 217~220쪽; Don Baker, 「The Religious Revolution in Modern Korean History: from ethics to theology and from ritual hegemony to religious freedom」, 『The Review of Korean Studies』제9집, 2006, 262쪽; 조광, 『조선후기 천주교사 연구』, 고려대학교사 연구, 1988, 120~154쪽.

[9] 윤선자, 『일체의 종교정책과 천주교회』, 경인문화사, 2002, 36~50쪽; 『The Seoul Press』, 1909년 11월 12일자, 「Christian Missionaries and Political Questions」참조.

[10] 『The Seoul Press』, 1909년 7월 17일자, 「Missionary Work in Korea」; 『The Seoul Press』 1909년 11월 11일자, 「What Japan has done in Korea」참조.

[11] 개신교 입장은, Kenneth M. Wells, 『New God, New Nation: Protestants and Self-Reconstruction Nationalism in Korea, 1896~1937』, University of Hawaii press, 1991, 29~32쪽; Wi Jo Kang, 『Christ and Caesar in Modern Korea: A History of Christianity and Politics』, State University of New York Press, 1997, 29~30쪽; 천주교 입장은 노길명, 『가톨릭과 조선후기 사회변동』 고려대학교 민족문화연구소, 1988, 149~187 과 240~243쪽.

[12] 윤선자, 위의 책, 40~42쪽.

계를 알고 있었다.[13] 그러므로 선교사들은 복음 전파의 자유는 종교적 영역 내에 머물러야 하는 조건을 충족시키려는 자신들의 의지에 달려있다는 사실을 알고 있었다.[14]

서울 신문을 통하여 당시 종교적 영역이 어떻게 정의되었는지 알 수 있다. 종교에 관해 우호적으로 보도한 기사들은 사람과 사회가 문명과 개화를 이루도록 돕는 종교의 가능성을 강조했다.[15] 반면 기독교의 초자연적 측면들은 폄하되었다. 예를 들면, 1907년에 있었던 대부흥 운동에 관해 서울 신문은 단 한 줄도 언급하지 않았다. 마찬 가지로 나자렛 예수에 관해서도 가끔 언급되고 있으나 인류를 죄와 죽음에서 구원하기 위해 죽임을 당하고 죽은 자들 가운데 다시 살아난 영혼의 구원자라기보다는 도덕군자의 전형이란 느낌을 불러일으킨다.[16] 그러므로 종교는 사회가 문명과 개화를 이루도록 돕는 것이며 초자연적 요소가 아닌 도덕적 요소라고 간주된다.

3. 이토의 이미지

서울 신문을 통해 일본식민정책의 대표자들은 영자신문 구독자들인

---

[13] 예를 들면 1899년 일본에서는 종교를 가르치는 학교는 징병 유예나 공인된 졸업장 발급이 허용되지 않았다.
Timothy McKenzie, 「Spiritual Restoration and Religious Reinvention in Late Meiji Japan: The Three Religions Conference and Religious Nationalism」, Lutheran School of Theology at Chicago 박사학위 논문, 2003, 85~102쪽.

[14] 『The Seoul Press』1909년 11월 12일자, 「Christian Missionaries and Political Questions」.

[15] 『The Seoul Press』의 1908년 2월 2일자, 「A Missionary Triumph」; 1909년 2월 5일자, 「The Youngman's Christian Association」; 1909년 11월 28일자, 「Japan's Difficulties in Korea」; 1910년 4월 6일자, 「The Duty of Japanese and Korean Christians」.

[16] 『The Seoul Press』1910년 1월 4일자, 「Notable Statements Concerning Foreign Missionaries」.

외국인들, 특히 선교사들이 그의 암살은 부당하다고 인식하도록 이토 히로부미의 이미지를 긍정적으로 조작하기 위해 종교를 이용했다. 한국과 일본의 감리교 감독이었으나 일본 쪽에 더 가까운 해리스(M.C. Harris)는 서울 신문에 실린 한 서신을 통해 모든 선교 단체들이 이토의 추도 예배에 대표들을 보냈다고 언급했다.[17] 게다가 그는 "가톨릭과 개신교가 모두 이토를 사랑했고 신뢰했으며 이토가 한국인들은 물론 선교사들과 순박한 기독교인들을 위해 한 일에 대해 감사의 눈물을 흘렸다"는 추도사를 서울 신문에 보냈다. 또한 해리스는 이토가 황제의 도움으로 어떻게 보수적인 일본 관리들을 제압하고 메이지 헌법에 종교의 자유를 보장하는 조항을 삽입하게 되었는지 이토가 그에게 들려준 이야기를 언급하기 까지 하였다. 뿐만 아니라 해리스는 이 조항 덕분에 종교의 자유가 완전하게 보장되었고 국가의 선을 위하여 다른 종교를 신봉하는 사람들과의 협력도 가능하게 했다고 한껏 치켜세웠다.[18] 그러므로 보수주의자들에 대항한 이토의 용감한 태도 덕분에 일본에 종교의 자유를 가져왔으므로 이토는 기독교인들의 친구이며 보호자였다.

선교사들이 아닌 외국인들도 이토를 한국인들의 친구이며 한국에서의 선교 사업의 친구로 묘사하기 위해 종교적 주제를 이용했다. 예를 들면, 전 일본 주재 캐나다 통상장관인 프레스턴(W.T.R. Preston)이 토론토 글로브(Toronto Globe)지에 기고한 편지가 서울 신문에 연속 연재되었다. 프레스턴의 편지는 일본인들이 한국에 물질적 진보뿐만 아니라 한국인들의 정신적 성장도 가능케 했는데 이는 기독교의 급속한 성장에서 기인된 것이 분명하다고 칭송하며 일본식민당국과 기독교 선교사들 간의 동반자 관계에서만이 가능할 수 있었다고 주장하였다. 실제로 프레스턴은 통

---

[17] 『The Seoul Press』 1909년 11월 20일자, 「Christianity in Korea and the Assassination」.
[18] 『The Seoul Press』 1909년 11월 7일자, 「Prince Ito」.

감부에 의한 개혁은 기독교에 의한 정신적 개혁 없이는 효과가 없었을 것이라고 주장했다.[19] 그는 서구 개신교 문명의 주요 상징인 한국의 YMCA의 발전은 한국 황제와 황태자뿐만 아니라 이토의 지원도 받았다고 지적했다.[20] 그러므로 그와 같은 협력은 한국과 기독교 선교사들 모두의 친구로서 이토를 긍정적으로 묘사하기에 충분했다.

서울 신문은 또한 이토를 개인적으로도 덕스러운 사람으로 묘사하려고 했다. 그러나 그는 기독교도가 아니었고 특히 종교적인 인물도 아니란 사실 때문에 쉽지가 않았다. 서울 신문은 이토가 전 생애에 걸쳐 단지 세 번 기도를 했다는 사실을 보도하는 기사를 실어 이를 하나의 미덕으로 미화시키려 하였다. 그 세 번이란 일본의 황태자가 병이 났을 때, 러일전쟁이 발발했을 때, 그리고 황태자가 한국에 갔을 때였다. 그리하여 이토의 부족한 신앙심마저도 다른 나라와의 전쟁을 위해서는 기꺼이 기도를 한다는 덕스러움으로 미화되었다.[21] 즉 이토의 단 세 번의 흔치 않은 기도는 그만큼 기도의 진실성을 강조하는 것이 되었다.

이토 히로부미는 또한 매우 가정적인 인물로도 묘사되었다. 1909년 만주로 떠나기 전에 그가 가족들에게 한 말을 전하고 있는 기사를 보면 그는 가족들을 모두 다 불러 놓고 그가 "살면서 얻은 신조는" 주로 그의 아내의 희생의 결과로 얻은 것이었다고 말하며 자신이 죽으면 그의 아내, 즉 어머니에게 지극 정성으로 효를 다하라고 자녀들에게 당부하였다. 이는 이토의 평상시의 모습과는 다른 것이며 그가 "자신의 운명을 미리 직

---

19 『The Seoul Press』1909년 11월 11일자, 「What Japan has done in Korea」.
20 서구개신교문명의 대표로서 YMCA의 중요성과 그 당시 일본에서의 YMCA의 역할에 관해서는 Jon Davidann, 「World of Crisis and Progress: Christianity, National Identity, and the American YMCA in Japan, 1890~1930」, University of Minnesota 박사학위, 1995 참조.
21 『The Seoul Press』1909년 11월 3일자, 「Prayed only Three Times in Life」.

감"한 결과였다고 언급했다.²² 이 기사를 통해 이토는 자애로운 남편일 뿐만 아니라 자신의 죽음도 예측할 수 있는 인물로 그려져 어떤 신성을 소유한 선교사와도 같은 모습으로 비추어 졌다. 그러나 이토는 자신의 죽음을 직감하였음에도 불구하고 그의 임무를 계속하였다고 지적한다. 기꺼이 죽음을 각오한 그의 태도는 그와 함께 여행을 한 내과의사 고야마의 인터뷰에도 나타난다. 고야마는 "이토와 여행할 때는 수술에 대비하여 항상 붕대와 다른 기구들을" 휴대하고 다녔는데 이는 이토가 "자신의 목숨을 나라를 위해 내어놓았기 때문에 언제 암살을 당한다 할지라도 결코 후회는 없을 것"이라고 말했기 때문이라고 했다.²³ 그러므로 이토는 자신의 의무를 다하기 위해 기꺼이 죽을 준비가 된 덕스러운 인물이었다.

    이토의 용맹과 덕스러운 이미지는 특정의 종교적 용어로 더욱 확고해진다. 예를 들면, 이토의 죽음 직후에 발행된 한 기사는 "우리의 정치가들 중 가장 훌륭하고 한국과 한국인들의 최고의 친구(best friend)가 타국에서 인류와 문명을 위해 순교했다는 사실이 아직 공식적으로 발표되지는 않았으나 거의 확실한 것 같다"고 그의 죽음을 전했다.²⁴ 조지 라드(George Ladd)도 이곳에 있는 동료들 상당수는 우리들이 사랑한 아브라함 링컨 대통령의 암살과도 비슷하다고 말하고 있는데 그도 그와 특별히 친했던 사람들의 손에 의해 순교를 했다고 썼다. 라드의 견해는 일본인들의 종교적 관점에서 이토의 순교를 살아있는 사람들의 마음속에 가까이 남아있도록 자애로운 영혼으로 변형시켜 신격화되었다는 점에서 특히 흥

---

22 『The Seoul Press』 1909년 10월 30일자, 「Newspapers in Japan」.
23 『The Seoul Press』 1909년 10월 26일자, 「Prince Ito's Devotion」.
24 『The Seoul Press』 1909년 10월 28일자, 「The Assassination of Prince Ito」.

미롭다.²⁵ 종교적 어휘의 사용은 특히 선교사들을 의도하고 이루어졌을 것이다. 순교의 개념, 특히 아브라함 링컨의 순교를 이용한 이유는 한국에 파견된 선교사 대부분이 미국인이었기 때문이다. 그러나 여기서 순교라는 용어는 엄밀하게 종교적 의미에서 사용되지는 않았으나 선교사들은 자신들이 "타국에서 인류와 문명을 위해" 일한다고 생각했기 때문에 이토에게도 동정심을 느끼도록 부추겼다.

이토의 순교는 그를 예수와 같은 인물로 묘사한 서울 신문에 발표된 한 시에서는 절정을 이룬다. 이 시에서 이토는 그가 구원하려고 애쓴 사람들 중의 하나에 의해 어이없고 부당하게 죽음을 당한 구세주로 묘사된다.²⁶ 그는 죄를 속량하기 위해 피를 흘린 하느님의 어린 양 예수와도 같이 "제단을 물들일 피"를 흘리는 희생 제물이다.²⁷ 둘 다 부당하게 죽음을 당했으나 그들의 죽음은 축복을 가져올 것이다. 즉 예수는 죄에 대한 용서를, 이토는 한국에 대한 축복을 가져왔다. 이 시에서는 이토와 한국을 "개명하기 위한" 그의 사명과 인류를 구원하기 위한 예수의 사명 간에 뚜렷한 대비가 그려진다. 이토의 종교적 이미지는 선교사들의 이해를 진작시키고 한국에 정당한 정책을 추진한 덕스러운 인물로 그려졌다. 그러므로 그를 처단하는 것은 부당하다. 게다가 안중근이 순교자, 즉 예수와 흡사한 누군가를 죽였다면 그는 링컨 대통령을 암살한 존 윌커스

---

25 『The Seoul Press』 1909년 12월 8일자, 「The Assassination of Prince Ito」.

26 L.B.C, 『The Seoul Press』 1909년 11월 6일자, 「To Prince Ito」:
"역사 속에서 무딘 칼에 의해/ 미친 자의 총에서 발사된 총탄에 의해/ 얼마나 자주 영웅의 삶을 보게 되는가 - 죽음을 기다려온 바로 그 행위로/ 희생을 이룬 그 위업을!/ 인간은 위대한 대의를 위해 자신을 바치는 법이니/ 배은망덕한 손은 재단을 물들일 피를 뿌리리라/ 아, 이것이 우주의 법칙인 것을/ 구세주는 구원받은 자들에 의해 죽는 법/ 죽음으로 삶이 헛되지 않으리니/ 그들에게 생명을 내어 준 죽음은 진실하여/ 많은 이들이 그 뒤를 따를 것이다. / 그러므로, 이토여, 우리는 당신을 행운아라 믿으리라/ 한국인들의 손에 의해 맞은 죽음이니/ 슬픔은 끝이 없으나/ 이는 그들의 땅을 위한 축복의 전주곡일지어다."

27 요한복음 1장 29절과 묵시록 1장 5절 및 12장 11절.

부스(John Wilkes Booth)나 예수를 팔아넘긴 유다와 같은 파렴치한 악당에 불과하게 된다.

4. 안중근의 이미지

한국의 식민 통치를 정당화하기 위해 일본 당국이 작성한 한국에 관한 1909~1910의 연례 보고서에는 "근시안적인 미신과 그릇된 애국심의 발로에서 한 한국인이 극도의 폭력성으로 1909년까지 한국의 통감이었고 일본 추밀원장인 이토 공이 10월 중국의 북부를 방문 중일 때 그를 암살했다"고 언급되었다.[28] 여기서 "미신"이란 단어를 사용한 것은 매우 흥미롭다. 왜냐하면 안중근은 자신의 행동에 대해 어떠한 유형의 종교적 정당화를 공개적으로 추구하지 않았기 때문이다. 그렇다면 일본은 왜 그와 같은 맥락에서 종교를 이슈화했으며 안중근을 이런 식으로 낙인을 찍어 폄하하려 하였는가?

안중근이 이토를 처단하기 한 달 전에 발간된 서울 신문의 한 기사는 어떤 행동을 미신적이라고 낙인찍는 지에 대한 실마리를 제공한다. "한국인들의 미신"이란 제목의 이 기사는 동생의 정신병의 원인이 그의 몸에 살고 있는 악령 탓으로 돌린 "돌팔이 의사"를 믿는 한 남자의 이야기를 소개하고 있다. 악령을 쫓아내기 위해 앞을 못 보는 점쟁이(박수무당)가 동생을 위해 기도를 올리고 있는 동안 의사는 동생을 몽둥이로 마구 때렸다. 이와 같은 치료로 그 정신병자는 사망하였고 의사와 박수무당은

---

28 『The Third Annual Report on Reforms and Progress in Korea (1909~1910)』, H.I.J.M's Residency General, 1910, 2~3쪽.

체포되었다.²⁹ 그러면 무엇이 이를 미신적인 행동으로 만들었는가? 그것은 기도이었나? 앞에서 언급한 것처럼 이토 히로부미는 황태자의 건강을 위해 기도를 하였으나 체포되지 않았다. 마찬가지로 서울 신문은 기독교 선교사들의 기도는 미신적이라고 말하지 않았다.³⁰ 오히려 선교사들은 미신을 타파하는 계몽사상을 전파한다고 인식되었다.³¹

"돌팔이" 의사와 박수의 행동이 이토와 구별되는 것은 이토는 병에 대한 초자연적 원인을 말하지 않았고 그의 기도가 근대 의학을 대신하지도 않았다는 점이다. 박수무당의 기도는 환자를 회복시켰을 지도 모르는 반면 이토의 기도는 황태자의 회복의 원인으로 칭송을 받지 않았을 것이다. 마찬가지로 선교사들도 기도를 할 때 그들의 청원은 다소 모호하고 일반적이다. 그들은 하느님께 직접 중재하시어 가시적인 결과를 얻게 해달라고 청하지 않는다. 종교는 문명과 계몽사상에 의하여 정해진 영역을 넘어 다른 영역으로 들어서거나(예를 들면 종교가 현대 의학을 대신하려고 할 때), 초자연성이 적극적이고 가시적인 역할을 하는 세계로 들어 왔을 때면 미신이 되어 버리는 것 같다. 결정적으로 그 결과는 달랐다. 기독교 선교사들과 이토의 기도는 해가 되는 것이 아니라 기도의 대상에 대한 지지와 사려를 나타냈다. 이토의 기도가 효과가 있었는지 아닌지에 관해서는 논란의 여지가 있다. 그러나 가장 중요한 것은 황태자를 기적적으로 치유시켜 달라고 초자연성에 청하지 않았다는 점이다. 중요한 점은 기도를 통해 이토는 황태자의 안녕에 대해 자신의 심려를 전달했다는 것이다. 반면, 초자연성이 이 세계에 적극적으로 개입한다는 미신적인 믿음에 근거한 박수의 기도와 의사의 행위는 그들의 환자의 죽음을 가져왔고

---

29 『The Seoul Press』 1909년 7월 29일자, 「Korean Superstitions」.
30 『The Seoul Press』 1907년 4월 9일자, 「World's Student Christian Federation」.
31 『The Seoul Press』 1910년 5월 9일자, 「The Comet and Superstitious Koreans」.

그들은 체포되었다.[32]

미신에 대한 부정적인 의미를 확인하며 서울 신문에 개재된 또 다른 기사를 검토함으로써 왜 안중근에게 이와 같은 정의가 적용되었는지에 대한 의문의 답을 모색해 보고자 한다.[33] 이 기사는 안중근의 통역이었던 소노기의 보고에 근거한 것이라고 밝힌 한 "지역 일본신문"에서 번역한 것이다. 이 기사에 의하면 안중근은 빌렘 신부에게 꿈속에 동정녀 마리아가 나타나 그에게 걱정할 필요가 없다고 말했다고 했다. 그는 이 꿈을 의병에 입소한 직후 꾸었기 때문에 그의 행동을 하느님께서 허락하신다는 의미로 이해했다고 한다.[34] 이 기사는 또한 안중근이 블라디보스토크로 갔을 때 어떤 미국신문을 보게 되었는데 거기에는 "일본 장교가 한국 여성 옆에서 그녀의 보물을 빼앗으려 하고 있고 그들 뒤로는 한 한국인 거인이 그 일본 장교의 등에 권총을 겨누고 서있는" 만화가 있었다고 한다.[35] 그 신문 기사에 의하면 안중근은 이토를 죽이려는 그의 결심을 하

---

[32] 종교와 미신의 차이에 관한 이해는 당시 일본의 교과서에서 볼 수 있는 종교와 미신에 대한 이해와 동일하다. Jason Josephson, 「Taming Demons: The Anti-Superstition Campaign and the Invention of Religion in Japan」, Stanford University 박사학위, 2006, 132~143.

[33] 『The Seoul Press』1910년 4월 8일자, 「An Chungkeun」.

[34] 신문 기사는 안중근의 꿈을 다음과 같이 묘사한다. "1908년 봄에 반란군(물론 안중근은 의병이라고 했음)에 가입한 첫 날 밤 그는 진남포의 자신의 집 방에 앉아 있다가 꿈을 꾸게 된다. 하늘에 커다란 무지개가 나타나더니 잠시 후 그의 머리위로 내려앉았다. 그는 정신이 혼미해 졌으나 성모 마리아가 무지개 위에 계신 것을 알아보았다. 마리아가 무지개에서 내려와 그에게 다가오자 그는 마리아에게 인사를 드렸다. 마리아는 무서워하지 말라고 말하며 성경을 그의 가슴에 내려놓았다. 그리고는 연기 속으로 사라지자 그도 뒤따라가려고 했으나 헛수고였다. 안중근은 이 꿈을 알 수 없는 성스러운 계시로 받아들여 기억하고 있었다."

[35] 신문 기사에 의하면 "안중근은 최근 치명적인 죄를 범하는 데 있어서 일부 몰염치한 신문에 의해 자극을 받았다고 고백했다. 그는 하얼빈으로 가기 전에 블라디보스토크에 도착하여 우연히 한 미국신문을 보게 되었다. 그 신문에는 한 일본 장교가 한국 여성 옆에서 그녀의 보물을 빼앗으려하고 있고 그들 뒤로 한 한국 거인이 일본 장교의 등에 권총을 겨누고 있는 만화가 있었다. 그 순간 그는 이등공의 목숨을 빼앗으려는 생각을 품게 되었고 이 사악한 그림은 그의 음모가 성공할 것이란 좋은 징조라고 생각했다. 그는 하느님이 미국인 신문을 통해 자신을 인도하고 계시다고 믿기까지 하여 그의 결심은 더욱 확고해졌다."고 한다.

느님으로부터 인정받은 징표로 이 만화를 받아들였다고 한다. 그리하여 그 신문 기사는 안중근의 무지를 비난하고 한국인들과 접촉하는 사람들은(주로 선교사들) 그처럼 속기 쉬운 사람들에게 무엇을 가르칠지 신중하라고 주의를 주며 끝난다.[36]

이 기사는 안중근이 꿈과 만화를 신의 계시로 받아들였다고 묘사함으로써 그를 미신적인 인물로 그렸다. 종교적인 초자연성은 일상생활에서 배제되어야 하며 그처럼 직접적인 방식으로 개입되는 것을 기대해서는 안 된다. 그러나 미신적인 초자연성이 사람들의 삶에 직접 작용하는 것으로 인식되었다. 게다가 기도하는 박수무당과 악령과 대화하는 "돌팔이 의사"가 의학의 영역으로 들어온 것처럼 안중근도 한국의 "합법적인 정부"를 비판하고 그 정부의 신하 중 한 명을 처단함으로써 정치적 영역으로 들어섰다. 그 영역은 공식적 직위가 없는 한국인은 어느 누구도 허용되지 않지만 일본의 식민 정부를 힘껏 지지하는 사람들에게만 허용되는 곳이다. 그러므로 이 기사에서는 명확하게 언급하지 않고 암시만 할 뿐이지만 그 결과는 아주 나쁜 것이었다. 즉, 위대한 정치가 이토 히로부미는 죽었고, 안중근의 행동은 한국에 도움이 되지 못했으며 오직 해만 미쳤고, 안중근 자신도 고통을 겪었다.

안중근을 미신적이라고 낙인을 찍음으로써 일본의 식민 당국은 그의 이토 히로부미 처단을 부당하게 만들 수 있었고 한국에서의 일본의 식민지 정책을 정당화할 수 있었다. 안중근의 공판기록, 자서전, 그리고 동양 평화론에서 볼 수 있듯이, 안중근은 왜 이토를 죽였는지 논리정연하

---

[36] 이 기사는 오류가 아주 많다. 안중근이 의병 대장으로 일본군과 싸우기를 거부했다고 언급했으나 실제로 안중근은 두 번 전쟁에 참여했다. 또한 동정녀 마리아가 안중근에게 성경을 주었다고 했으나 소노기의 보고서에 의하면 마리아가 안중근의 가슴에 손을 얹었다고 한다. (국사편찬위원회, 「電報」, 『한국독립운동사』자료7, 535쪽).

게 설명을 하였다. 그러나 일본의 식민지 당국은 안중근을 미신적이라고 낙인찍음으로써 이토를 사살한 그의 동기를 비이성적인 것으로 만들어 버렸다. 동기가 미신적이었기 때문에 신중하게 다루어 지지 못하고 고려 대상에서 제외되었다. 게다가 안중근을 미신적인 인물로 낙인을 찍어 그 결과 비이성적임을 암시하여 일본의 한국 식민 통치를 정당화하였다. 미신적인 한국인의 행동이 다른 사람에게 해가된다는 예로써 안중근은 동양평화에 위협이 되는 한국인의 초상에 완벽하게 맞아 떨어지는 인물이었다. 그러므로 안중근을 미신적인 인물로 낙인찍음으로써 일본의 식민정책 대표자들은 그의 이토 사살을 부당한 것으로 만들었을 뿐만 아니라 한국에 대한 일본의 통치를 정당화시켰다.

5. 안중근의 고백

안중근은 재판에 회부되기 직전에 프랑스 선교사 요셉 빌렘 신부를 만나게 해달라고 청하였다. 한국 가톨릭교회의 수장인 뮈텔 주교는 안중근이 자신의 행동을 공식적으로 회개하길 바라면서 그의 청을 거절하였다. 그리하여 안중근과 그의 동생들은 빌렘 신부가 주교에게 불복종하고 안중근을 만나러 가기로 결심할 때까지 계속 신부를 보내달라고 청했다.[37] 빌렘 신부가 뮈텔 주교를 거역한 것은 그와 안중근이 친한 사이였다는 증거이기도 하지만 한편으로는 가톨릭교회, 한국민족, 그리고 일본 식민당국과의 올바른 관계 정립을 두고 서로 반목했었던 시기도 있었다. 안중근은 가톨릭교회가 한국민족이 발전하도록 도움을 주어 일본에게

---

[37] 윤선자, 「안중근의거에 대한 천주교회의 인식」, 『안중근 연구의 기초』, 안중근의사 기념사업회 편, 경인문화사, 2009, 224~226.

빼앗긴 독립을 되찾을 수 있기를 희망했다. 빌렘 신부는 일본 식민당국의 정당성을 본질적으로 인정하고 한국 가톨릭교도들이 이를 거부하지 않기를 원했다. 이 때문에 그는 의병들에게 당국에 자주하라고 권했다. 서울 신문은 그가 한국인들에게 일본의 식민당국에 대한 적극적인 무력투쟁을 포기하도록 설득하여 한국인들을 "빛과 정의"로 이끌고 있다고 최고의 미사여구를 사용하여 그의 행동을 보도했다.[38] 일본의 식민정책 대표자들은 빌렘 신부가 안중근에게도 그와 똑같은 권고를 하기를 바랐을 것이다.

서울 신문은 빌렘 신부의 안중근 방문을 예의주시하였다. 한 기사에서 빌렘 신부가 안중근의 이토 사살이 잘못된 이유 세 가지를 밝혔다고 인용 보도했다. (1) 기독교는 살인을 금한다. (2) 아토의 처단이 실제로는 한국에게 해가 된다. (3) 이토는 "한국에게 고마운 사람"이었다. 또한 "죄수들에게 공정하고 공평한 판결을 내린 판사와 검사장에게 심심한 감사를 표명하고 싶다"라고 안중근을 예우한 일본을 칭송하는 빌렘 신부의 말을 인용했다. 그리고는 실제로 안중근이 자신의 이토 사살을 부인했으며 서울 신문이 곧 자세한 보도를 할 것이란 말로 끝을 맺었다.[39] 며칠 후 서울 신문은 안중근에 대한 조작된 부당성을 자세히 설명하는 기사를 실었다.[40] 이 기사에 의하면 빌렘 신부가 다음과 같이 안중근을 타이른

---

[38] 『The Seoul Press』 1909년 3월 15일자, 「Father Wilhelm at Port Arthur」. 해당 기사 내용은 다음과 같다. "빌렘 신부는 신천에 거주한다. 그곳에서 그는 정신적 지도자이며 평화의 제조자로 추앙을 받고 있다. 대련의 지사는 믿을만한 소식통에게 전해 준 한 일화를 다음과 같이 소개했다. - 일전에 빌렘 신부가 세 명의 한국인 폭도들을 그 고장의 헌병대로 데리고 와서 헌병에게 이들을 개조시켜 법의 자비에 스스로를 맡기도록 해달라고 부탁하고는 이들을 헌병에게 넘겼다. 빌렘 신부의 보증으로 이 한국인들은 "개조되어" 풀려났다. 이는 많은 사람들이 본받을 만한 좋은 선례가 되었다. 한국의 일본 수비대 참모인 아카시 대장은 지난 4월 빌렘 신부에게 감사장을 보내어 한국인들을 빛과 정의로 이끈 그의 헌신을 치하했다."

[39] 『The Seoul Press』 1909년 3월 10일자, 「Spiritual Teacher of An Chungkeun」.

[40] 『The Seoul Press』 1909년 3월 18일자, 「The Repentance of the Assassin」.

다. 즉,

> 이토 공의 암살은 일말의 분노나 정당성도 없이 저지른 가장 비열한 범죄였다. 가장 훌륭하고 최고인 신하를 네가 빼앗아 갔으나 일본 정부는 네가 공정한 재판을 받도록 모든 노력을 기울이고 있고 각별한 관심으로 너를 대하고 있으며 이제 내 손에 있는 주님의 만찬을 먹도록 허락하였다. 나는 일본 당국이 네가 진실로 받을 만한 자격 이상의 후한 대접을 너에게 해주었다고 믿는다. 이제 내가 지극히 높으신 하느님의 이름으로 너에게 명하노니 너 자신은 이 일을 어떻게 받아들이는지 내게 말하도록 하여라.

이토가 "일말의 분노나 정당성도 없이" 죽었다는 빌렘 신부의 말은 안중근의 행동을 부당하게 만들었고 일본의 한국에서의 식민 통치를 정당화시켰다. 만일 안의 이토 처단에 정당성이 없다면 그가 한국에서 추구했던 정책은 한국의 주권을 심하게 약화시켰으나 타당했었다는 논리가 성립된다. 이토를 안중근의 손에 의해 잃었음에도 불구하고 일본 정부는 안중근을 후하게 대하고 그에게 성찬례를 허용하는 자애로운 정책을 유지하였다. 그러므로 일본 정부는 정의와 종교적 자유를 존중하는 개명된 정부로 비춰진다. 빌렘 신부의 말에 안중근은 다음과 같이 응답한다. 즉,

> 저를 비난하시는 신부님의 말씀에 저도 동의를 하고 돌이킬 수 없이 잘못을 저지른 저에게 일본 정부가 우대를 베풀어 준 것에 감사한다는 말씀에도 동의를 합니다. 저가 저지른 짓을 회개하지만 이는 돌이킬 수 없는 일입니다. 저에게 남은 일은 저의 죄 값을 저의 목숨으로 갚는 것입니다. 주님께서는 저의 영혼을 용서하시고 구원해 달라는 저의 미천한 기도를 들어주실 것입니다. 이것이 저의 믿음이고 이러한 믿음에서 제가 구원 받을 것이란 저의 마지막이

자 유일한 희망을 가지렵니다.

이토의 처단이 죄악이라고 동의한 안중근은 자신의 행동에 대한 정당성을 부인한 것이 되며 일본 정부에게 후한 대접을 받았음을 인정하며 자신의 처형을 받아들인다. 안중근 스스로가 자신의 행동에 대한 정당성을 부인하는 것보다 더 강력하게 안중근의 행동을 부당하게 만들 수는 없을 것이다.

안중근의 회개는 거기서 끝나지 않았다. 성찬례를 마친 후 빌렘 신부는 안중근이 "구원 받았다"고 선언했다. 심경의 변화는 내면적인 것만이 아니라 안중근의 행동 그 자체에도 나타났다.

> 예식의 절정에서 그 죄수는 그가 지금까지 줄곧 지녀온 도전적이고 고집스런 태도는 보이지 않고 그 순간 고무되어 황홀한 모습으로 바뀌었다. 이를 지켜본 사람들도 죄수에게 일어난 큰 변화에 깊은 감동을 받았다. 그들의 마음은 동정심으로 녹아내려 저 안에서 밀려오는 충동으로 어느덧 빌렘 신부 앞에서 회개하는 자에게로 향했다. 모든 사람의 마음을 흐뭇하게 만드는 감격스런 장면이었다.

안중근의 고백, 회개와 성찬 전례는 그를 변화시켰다. 그의 고집과 반항심, 일본 식민 당국의 합법적 통치에 저항하도록 만든 그의 특성들이 사라져 버린 것이다. 이와 같은 변화를 지켜 본 목격자들은 놀라워하며 서있었다.

서울 신문은 안중근이 자신의 행동을 회개했고 일본 식민통치의 정당성을 인정했다고 주장하기 위하여 종교를 이용했다. 게다가 서울 신문은 빌렘 신부를 안중근에게 회개를 적극적으로 권하는 사람으로 묘사하여 선교사들의 행동에 대한 모범 사례를 제시했다. 선교사들은 식민지 당국의 합법성을 옹호하기 위하여 종교적 지도자로서의 자신들의 지위를 이용해야 했다. 일본 관리들의 친절과 빌렘 신부의 권고가 안중근의 개조를 가져온 것처럼 신민지 당국과 선교사들의 동반자 관계가 한국인들의 개조를 가져올 것이다. 이는 일본이 언급한 선교사들과의 협력 정책을 더욱 강화시키는 계기가 되었다.

이러한 이미지는 아주 강력했으나 안중근은 자신의 행동을 부인하지 않았다는 것이 명백한 사실이다. 관련 심문 보고서에 의하면 안중근은 "죄를" 회개한다고 말한 것은 사실이나 무슨 죄를 언급한 것인지는 분명하지가 않다. 게다가 안중근이 고해성사에서 죄를 고백한 후 빌렘 신부가 이토의 사살을 회개하라고 촉구하자 그는 더 이상 회개할 것이 없다고 대답했다. 그러므로 그가 말한 죄란 이토를 처단하려는 계획을 실행하는데 필요한 자금을 마련하려고 이석산의 돈을 강탈해 온 것과 그가 이토를 처단 할 때 다른 세 명에게도 총을 쏜 것을 의미하는 것 같다.[41] 만약 안중근이 이토를 처단한 것이 잘못이라고 믿었다면 빌렘 신부의 재촉에 보다 분명하게 말을 했을 것이다. 그러므로 그는 회개하지 않았고, 그의 심문 기록과 그의 글에도 이토의 처단에 대한 후회가 별로 보이지 않는 것은 서울 신문의 기사가 제기한 이토 처단에 대한 회개 주장은 거짓이기 때문이다. 마찬 가지로 그가 일본 식민 당국을 칭송하는 말을 한 것은 안중근에게 호의를 보인 일본 관리 개인에 대한 칭송이 와전된 것으로 보인다.[42] 또한 빌렘 신부의 말로 인용한 것도 상당수가 그가 실제로 말한 것의 와전이거나 아니면 거짓일 가능성이 매우 크다.

---

[41] 신용하, 『안중근유고집』, 역민사, 1995, 82~87쪽.
[42] 신용하, 위의 책, 89~92쪽.

6. 안중근의 종교적 침묵

안중근은 자신의 이토 히로부미 처단을 정당화하기 위해 공개적으로 종교를 언급하지는 않았으나 서울 신문은 그가 이토가 죽었다는 것을 알았을 때 성호를 긋고 하느님께 감사했다고 보도했다.[43] 안중근은 심문을 받을 때 이 사실을 시인했으나 나중에는 그런 적이 없다고 주장했다.[44] 앞으로 살펴보겠으나 안중근은 실제로 그렇게 했던 것으로 보인다. 이토 사살에 대해 하느님께 감사를 드림으로써 안중근은 자신의 행위가 종교적으로 정당하다고 생각했던 것 같다. 이는 이미 언급한 것처럼 의병에 참여한 직후 꿈속에서 성모 마리아의 발현을 체험한 점도 이를 뒷받침한다. 마찬 가지로 그의 자서전에서도 안중근은 거의 죽을 뻔했다가 살아난 적이 여러 번 있었는데 그는 그의 의병활동에 어떤 운명이나 목적 의식을 부여하며 그의 구원의 행위자로서 초자연적 존재를 언급한다.[45] 그의 자서전에서 그가 기독교를 전파하기 위해 설명을 하는 대목을 보면 그의 마지막 편지에서 볼 수 있는 깊은 신앙심이 결합되어 있어 그가 이토의 처단을 종교적으로 정당한 것으로 이해하지 않았다고 믿기가 어렵다.[46] 그러나 만일 그가 종교적으로 이해했다면 왜 그는 그 사실을 좀 더 명확하게 드러내지 않았는가? 왜 그는 이토의 처단을 정당화시키기 위해 종교를 공개적으로 언급하지 않았는가?

---

43 『The Seoul Press』 1909년 11월 14일자, 「The Korean Assassin」.
44 안중근은 1909년 11월 4일 제2차 신문에서는 신에게 감사한다며 성호를 그었느냐는 질문에 그렇다고 시인했으나 1909년 12월 22일 제 10차 심문에서는 이를 부인했다. 이기웅 옮겨 엮음,『안중근 전쟁 끝나지 않았다』, 열화당, 2000, 65, 190~191쪽.
45 안중근은 자신이 절벽에서 거의 떨어질 뻔했으나 살아난 것, 그의 부친의 의병이 사상자 없이 동학군을 물리치고 승리한 것, 자신의 의병부대가 일본인들과의 전투에서 패하여 괴멸되었으나 자신이 살아남은 것, 등을 하느님이 개입한 결과라고 믿었다. 신용하, 위의 책, 23~29, 68~78쪽.
46 선교를 하는 대목과 안중근의 최후의 서신들은 신용하, 32~39, 314~320쪽.

위의 질문에 대한 답을 하기 위해서는 안중근이 이토의 사망을 알게 되었을 때 그가 하느님께 감사하고 성호를 그었다는 사실을 부인한 시점으로 돌아가야 한다. 안중근은 자신의 행동을 가톨릭교회와 지나치게 가깝게 연결시키면 교회에 어떤 문제를 야기할까봐 두려워했던 것은 아닐까? 게다가 그는 종교에 공개적으로 호소하려는 시도는 오히려 교회와의 의절을 의미한다는 사실을 알고 있었을 것이다. 심문이 시작되었을 때 안중근은 이토의 처단이 가톨릭 교리에 의하면 죄가 아니냐는 질문을 받았다. 그는 이토가 너무나도 많은 해를 끼쳤기 때문에 그를 처단하는 것은 안중근 자신의 도덕적 의무였다고 대답했다. 심문관이 그러한 견해는 빌렘 신부와의 생각과는 다르다고 지적하자 안중근은 평소와는 달리 아무런 대답도 하지 않았다.[47] 빌렘 신부의 권위와 관련하여 그가 할 수 있는 것은 별로 없었다. 그가 빌렘 신부와 관련된 언급을 공개적으로 했다면 가톨릭교회의 지도자들은 이를 비난했을 것이고 이는 아무런 긍정적인 결과도 얻지 못한 채 교회에 커다란 파문만을 가져왔을 것이다. 그와 같은 상황에서 안중근이 할 수 있는 것은 그저 침묵하는 것 외에 별 도리가 없었다.

7. 종교적 이미지의 수용

서울 신문과는 대조적으로 서구의 영자 신문들은 안중근의 이토 히로부미 처단을 보도하면서 종교적인 이미지를 사용하는 것을 삼갔다.[48] 신

---

[47] 1909년 12월 12일 안의 10번째 심문 참조. 이기웅, 194쪽.
[48] *The Call, Christian Science Monitor, Desert Evening News, The Globe, New York Daily Tribune, New York Times, The Standard, The Times, Wall Street Journal, The Washington Post* 등의 신문을 조사했다.

문에 개재된 기사들은 일부 예외는 있으나 대체적으로 이토를 긍정적으로 묘사했다.⁴⁹ 이토에 관한 긍정적인 보도는 그를 메이지 헌법의 입안자로 언급한 것이 있고 종교적 자유에 관한 기사는 뚜렷하게 언급된 것이 없다.⁵⁰ 이토를 순교자로 선언한 예도 찾을 수 없었고 그를 예수에 비유한 곳도 없었다. 안중근에 관해서는 별로 언급된 것이 없었고 그를 미신적이라고 묘사한 기사도 없었다. 그가 신문에 난 만화를 보고 결심을 하게 되었다고 고백했다는 보도도 찾을 수가 없었다.

그렇다고 해서 종교가 전혀 개입되지 않았다고 말하려는 것은 아니다. 예를 들면, 위에서 언급한 것처럼, 서울 신문에 인용된 프레스턴의 편지는 원래 캐나다 신문에 실린 것이었는데 이토를 선교사들의 친구로서 묘사하였다. 그러나 일반적으로 서구의 기자들은 (학자와 정부 관리들과 비교하여) 종교적 이미지를 드러내놓고 이용하는 것을 삼간다. 서구의 기자들은 종교를 이 사건의 중요한 부분으로 파악하지 않았겠으나 일본의 변명론자들은 안중근의 이토 처단을 부당한 것으로 정의하고 한국에서의 자신들의 식민통치를 정당화시키기 위해 종교적 이미지를 사용하려고 애썼다. 이와 같은 경향이 서울 신문에는 극대화되어 나타나는데 이는 신문 구독자의 상당수가 선교사들이었기 때문이었다.

당시 한국에서 활동했던 서구의 선교사들이 이와 같은 종교적 이미지에 어떠한 반응을 보였는지 말하기는 어렵다. 그들은 대부분 이토가 어느 정도는 선교활동을 도왔다는 사실을 인정했지만 그를 그리스도와 같은 인물로 인정하지는 않았을 것이다. 여기서 중요한 점은 서울 신문의

---

49 이토에 대한 긍정적인 보도는 1909년 10월 27일자, 『The London Times』의 「Prince Ito」, 「An Appreciation」, 그리고 「The Murder of Prince Ito」을 참조. 부정적인 견해는 주석 2를 참조.
50 『The New York Times』 1909년 10월 26일자, 「Prince Ito Assassinated」; 1909년 10월 27일자「Baron Shibusawa Weeps」참조.

지면을 통해 종교를 드러내 놓고 논의한 서구인들은 모두가 라드나 프레스턴처럼 주로 일본에서 활동했거나, 아니면 이런 저런 면에서 일본과 연관이 있는 선교사들이었다. 한국에서 활동한 선교사들은 종교 문제에 관해서는 공개적인 언급을 피한 것으로 보인다. 기사 전체가 조작된 것은 아니라 할지라도 서울 신문의 보도 내용이 와전되었을 가능성이 크지만 빌렘 신부의 경우는 이례적인 것 같다. 일본 당국은 종교계의 보다 공개적인 지지를 더 선호했겠지만 그들은 선교사들이 이토에 대해 슬픔을 공개적으로 표현함으로써 선교사들이 일본 당국의 통치를 수동적이나마 인정했다는 사실로 충분하다고 해석을 했다.[51] 이와 같은 해석에 선교사들이 동의를 하건 그렇지 않던지 간에 그들은 종교적 영역을 떠나지 않고서는 안중근의 행위를 옹호할 수가 없었다. 그를 옹호한다는 것은 선교사들을 미신의 친구이고 진보의 적으로 만드는 행위였으며 이는 곧 보복과 박해를 불러오는 것이었다.

8. 맺음말

서울신문은 안중근의 일본 식민정책의 정당성에 대한 도전을 무마시키기 위해 종교적인 이미지를 사용했다. 서울 신문은 이토 히로부미를 순교자로 묘사했고 심지어는 예수에 비유하기도 했다. 그는 개인적으로서 뿐만 아니라 통감이란 신분으로서도 종교의 자유를 옹호했고 선교사들의 친구로 간주되었다. 그러므로 그는 선한 인물이었고 그의 정책은 선교 사역을 추진하는데 도움을 주었다. 한국에서 활동한 선교사들이 이

---

51 M.C. Harris, 『The Seoul Press』 1909년 11월 20일자, 「Christianity in Korea and the Assassination」.

를 얼마나 인정할 지는 분명하지 않으나 수사학적으로는 매우 그럴듯했다. 이토 히로부미가 기독교인은 아니었으나 선교사들의 선교 사역을 존중하고 선교의 자유를 허용하도록 정치적으로 조치를 취한 선한 인물이었다면 선교사들은 그의 죽음을 손실이 아닌 다른 것으로 받아들이기는 어려웠을 것이다. 선교사들이 그와 같은 상황에서 어떤 관리의 죽음을 부당하다고 간주했다면 종교의 자유를 신봉한 이토와 같은 인물의 죽음에는 그 부당성이 배가 되었을 것이다.

이와는 대조적으로 안중근은 미신적으로 그려진 비이성적인 인물이었다. 안중근을 옹호하는 것은 미신을 옹호하는 것이며 기독교의 선교 사업을 위험하게 만드는 것을 의미했다. 게다가 안중근은 미신적이어서 한국의 그릇된 점에 대한 상징처럼 취급되었다. 한국인들이 그렇게 속기가 쉬워서 꿈이나 신문의 만화를 신의 목소리로 생각하고 정부 관리를 죽이기 위한 정당성으로 받아들였다면 그들은 정말 식민지화가 되어야 하고 개조되어야 할 필요가 있는 민족이었다. 이토를 죽인 자신의 죄를 회개하는 안중근의 이미지는 다른 나라가 아니라 일본이 한국을 식민지화해야 한다는 사실을 입증하는 셈이 되었다. 선교사들과 협력하는 일본의 정책은 빌렘 신부가 안중근을 만나도록 허용했고 일본 당국의 후한 대우는 안중근이 회개하도록 이끌었다. 그의 고백에 대한 보도는 대부분 거짓이었지만 일본 당국은 선교사들과 기꺼이 협력할 것이며 그들이 모범으로 삼아야할 협력관계가 어떤 것이어야 하는지를 선교사들에게 전달하기에 충분했다.

서울 신문은 종교를 이용하여 이토 히로부미로 상징되는 일본 식민지 당국을 종교의 자유를 존중하는 개화된 옹호자로서 강력한 이미지를 창조했고 반면 안중근으로 대표되며 미신에 의해 위험에 빠져 개조가 절실한 나라로서의 한국의 이미지를 만들어 냈다. 빌렘과 식민지 당국의 손으로 안중근이 개조된 것은 일본이 선교사들과 협력하여 한국을 개조시킬 능력이 있음을 보여주어 한반도에서의 일본의 식민지 통치를 정당화시켰다. 일본의 식민통치 대표자들은 서울 신문과 같은 수단을 통하여 그들의 메시지를 영어로 효과적으로 전달할 수 있었기 때문에 그들은 안중근의 이토 히로부미 처단을 일본의 제국주의에 대한 도전에서 한국이 식민지화되어야만 하는 또 다른 이유로 변형시켜 버렸다. 선교사들은 자신들의 선교 사업을 위험에 빠트리지 않고 이런 화술에 공개적으로 도전하기가 불가능했기 때문에 묵시적으로 이를 수용할 수밖에 없었다. 이 때문에 후에 일본의 한국 합병의 정당성에 도전하기가 더욱 어렵게 되었다. 게다가 선교사들은 일본의 식민정책의 정당성을 부인하기 위하여 기독교 교리와 도덕성에 호소하기를 꺼렸고 안중근도 그렇게 할 수가 없었다. 만일 안중근이 그렇게 했더라면 선교사들은 자신들의 권위를 사용하여 그의 주장을 공개적으로 비난했을 것이다. 그러므로 안중근이 공개적으로 종교에 호소를 했더라면 얻는 것이 아무 것도 없었을 것이고 오히려 그가 사랑했던 가톨릭교회를 위험에 빠트렸을 지도 모른다. 그러므로 이와 같은 점에 있어서 일본 식민통치의 정당성에 도전을 했던 한 기독교인의 가능성은 관련된 자들의 피해를 막기 위하여 슬프게도 저지되었다.

안중근의 천주교 신앙과 사상적 성격

김동원
천주교 수원교구 신부

1. 서론

안중근 의사의 하얼빈 의거 100주년과 뤼순 순국 100주년을 맞이하여 그 역사적 의미를 성찰하는 것은 대단히 의미 있는 일이라고 생각된다. 그 간의 활발한 연구는 천주교 신앙이 그의 생애와 활동에 밀접한 관계를 지니고 있으며 결정적인 영향을 주었다는 사실을 확인하였다.

안중근의 사상과 활동에 영향을 끼친 천주교 신앙을 파악할 수 있는 자료는 사형직전 다롄시 뤼순(大連市旅順) 감옥에서 쓴 자서전 『안응칠 역사』와 미완성 원고 「동양평화론」, 블라디보스톡에서 海朝新聞에 기고한 「人心團合論」, 감옥에서 일본관원들에게 써 준 유묵과 가족들에게 보낸 편지, 그리고 재판과정에서 일본 검찰관과 재판장에게 진술한 기록들이 있다.

특히 『안응칠 역사』는 자신의 짧은 생애를 소개하며 천주교 교리와 신앙적 행적들을 전하고 있다. 한편 해조신문에서 천주교 윤리의 수양론을 민족정신을 치유하기 위한 방안으로 제시하고 있다. 『안응칠 역사』가 그의 천주교 신앙과 행적을, 해조신문의 기고문은 윤리 및 수양론을, 「동양평화론」은 당시 세계상황에 대한 역사의식과 교회관을 드러내고 있다.

이 논문에서는 안중근 의사의 생애에서 유가사상과 천주교 신앙이 어떻게 융합되어, 민족의 독립을 위한 항일운동의 정신적인 동기로서 정의와 평화사상을 형성하고 실천적으로 표출되었는지에 대하여 살펴보고자 한다.

2. 유가 사상과 천주교 신앙의 융합

1) 유가 사상의 기초

안중근은 1879년 9월 2일(음력 7월 16일) 황해도 해주부 황석동에서 부친 안태훈(1862~1905)과 모친 백천 조씨 사이에서 3남 1녀 중 장남으로 태어났다. 안태훈은 유가적 민족주의 정신을 지닌 성균 진사로서 박영효와 가깝게 지내며 개화사상에 관심을 가졌지만, 갑신정변 후에 박영효가 일본으로 망명하자, 해주를 떠나 신천군 청계동으로 이사하였다. 이후 안중근은 한문학교에서 8~9년 동안 사서와 역사서 등을 읽으며 유학을 수학하는 한편 무예를 닦았다. 이때 받은 유가 교육은 정신적인 기초를 형성하였다.

어렸을 적 봄철에 친구들과 산에서 아름다운 꽃을 따려다가 발을 헛디뎌 미끄러지면서 몇 십 척 아래로 굴러 떨어져 죽을 뻔했으나 가까스로 목숨을 구해 "天命에 감사하면서 산을 내려 집으로 돌아오니 이것이 어려운 고비에서 죽음을 면한 첫 번째였다."[1]고 회고한다.

> 그때 내 나이 17~8세쯤이라 나이는 젊고 힘은 세고 기골이 빼어나 남에게 뒤지지 않았다. 내가 평생 남달리 즐겨 하던 일이 네 가지가 있었으니 첫째는 친구와 의를 맺는 것이요(親友結義), 둘째는 술 마시고 노래하고 춤추는 것이요(飮酒歌舞), 셋째는 총으로 사냥하는 것이요(銃砲狩獵), 넷째는 날랜 말을 타고 달리는 것이었다(騎馳駿馬). 그래서 멀고 가까운 곳을 가리지 않고 만일 의협심 있는 사나이다운 사람이 어디서 산다는 말만 들으면 언제나 총을 지니

---

[1] 이은상역, 「안응칠역사」 『대한의 영웅 안중근 의사』, 2009, 서울, 안중근의사숭모회, 124쪽.

고 말을 달려 찾아갔었고, 과연 그가 동지가 될 만하면 강개한 이야기로 토론하고 유쾌하게 술을 마시고 취한 뒤에는 혹 노래도 하고 혹 춤도 추고 또 혹 기생방에서 놀기도 했다.[2]

안중근은 스스로 학문에 뜻이 없었고 무예와 풍류를 즐겼다고 했지만, 뤼순 법정의 공판과정에서 어렸을 때『童蒙先習』,『通監』,『四書五經』등을 읽으며 유가교육을 받았다고 진술하였다.[3]『안응칠 역사』에서 죽음의 위기로부터 빠져나오면서 자신의 목숨을 지켜 준 것은 天命으로 이해하였다.

훗날 이범윤에게 의병투쟁을 권고할 때나 동양평화론에서도 역시 천명을 강조하였는데, 안중근의 천명의식은 인간관계에서 중시하던 의리관념과 역사의식에서 가정과 국가에 대한 충효관념의 두 줄기 흐름을 형성하였다.

이러한 유가적 천명의식은 안중근이 천주교 신앙을 받아들이는 기초가 되었다. 그는 뤼순 감옥에서 저술한『안응칠 역사』에서 상당한 분량을 할애하여 천주교 신앙을 체계적으로 설명하고 있는데, 그의 천주교 신앙 형성에 영향을 준 책들은 이태리 출신 중국 선교사 마태오 리치(Matteo Ricci, 利瑪竇, 1552~1610)신부의『天主實義』, 스페인 출신의 판토하(Didace de Pantoja, 龐迪我, 1571~1618) 신부의『七克』등이 꼽힌다.『천주실의』가 신앙의 기본교리를 제시한다면,『칠극』은 천주교의 윤리생활과 영성수련을 위한 수양서이다. 이 저서들은 초기 한국 교회의 창립자들에게 전해져서, 순교자 選菴 丁若鐘(1760~1801)이 쓴 최초의 한글 교리서『主敎要旨』, 그 아들 丁夏上(1795~1839)의 호교서『上宰相書』등의 신학 작품이

---

[2] 앞의 책, 128쪽.
[3] 신용하 엮음,「안중근 의사 제1회 공판기」,『안중근 유고집』, 1995년, 서울, 역민사, 188쪽.

저술되는 기본 자료가 되었다.

한편 중국의 한역서학서들이 조선에서 유가 사상과 천주교의 신앙이 통합되고 토착화되는 과정에서 曠菴 李檗(1754~1785)의 『聖敎要旨』를 거론하지 않을 수 없다. 이벽은 『천주실의』와 『칠극』 등을 읽고 나서 정약용 형제에게 소개해 주고 나중에 천주교에 입교시키는 등 한국천주교회를 시작하는 데 결정적인 역할을 수행했다. 정약용은 이벽을 자신의 사상에 지대한 영향을 준 선비로서 『與猶堂全書』에서 자주 언급하고 있다.[4]

광암 이벽이 한역서학서를 읽고 저술한 『聖敎要旨』는 천주교의 성경과 교리를 〈中庸〉의 誠사상과 〈大學〉의 修身齊家治國平天下의 구조를 통해서 요약하여 표현하였다. 여기서 天命은 誠의 원천으로서 인간이 살아가야 할 길이요 진리요 생명으로서 제시되고 있다.[5] 이렇게 이벽의 신앙과 사상은 동시대의 정약종이나 후대의 정하상을 거쳐 약 100년 후에 안중근의 신앙 형성에 이르기까지 영향을 주었다는 점을 충분히 추론할 수 있다.

『안응칠 역사』에서 언급되는 天命은 『中庸』의 첫 머리에 "하늘이 명한 것을 성(性)이라 하고, 성에 따르는 것을 일러 도(道)라고 하며, 도를 닦는 것을 일러 교(敎)라 한다(天命之謂性 率性之謂道 修道之謂敎)"[6]에 나오고 있다. 안중근이 지니고 있었던 동양 전통의 내재적 천명 관념은 천주교를 수용하면서 위격적이며 초월적인 천주에 대한 계시신앙으로 발전한다.

계시신앙에 의하면 천주는 우주를 창조하고 인간의 삶에 필요한 모든 것을 조건 없이 베풀어 주며 세계의 역사에 참여하여 인간과 관계를 형

---

[4] 丁若鏞, 「鹿菴權哲身墓誌名」 『與猶堂全書』, 제1집 15권, 35쪽.
[5] 이성배, 『유교와 그리스도교』, 2001, 왜관, 분도출판사, 276~283쪽.
[6] 이가원 감수, 『신역 대학·중용』, 1997, 서울, 홍신문화사, 187~188쪽.

성하는 사랑의 원천인 동시에, 인간의 행위에 대하여 상선벌악을 행하는 정의의 원천이다. 이렇게 유가의 천명의식의 기초위에 수용한 진리와 도덕의 객관적인 근본을 계시하는 천주교 신앙을 통해서 안중근의 내면에서는 보다 확고한 정의 관념을 형성하여 항일운동의 강력한 동력으로서 작용하였다.[7] 또한 『대학』의 수신제가치국평천하(修身齊家治國平天下) 관념은 천주교의 평등사상과 보편주의를 받아들이는 기초로서, 민족의 경계를 넘어 세계적으로 평화를 위해 헌신하는 사상적 동기와 목표를 제시했다고 본다.

2) 안중근의 천주교 신앙 이해

안중근은 파리외방전교회 소속의 선교사로서 황해도에서 전교활동을 했던 빌렘(Nicolas Joseph Marie Wilhelm, 洪錫九, 1860~1938) 신부로부터 1897년 1월 토마스란 세례명으로, 부친을 비롯한 일가친척과 마을사람 등 33명과 함께 세례를 받았다.[8] 청소년기에 호기어린 의협심을 키우며 풍류를 즐기던 안중근은 천주교를 접하면서 이전의 세속적 공명심을 버리고 새로운 정신세계로 진입하는 일대 전기를 맞이하였다. 그가 천주교

---

[7] 신운용, 「안중근의 민권·민족의식과 계몽운동」, 『안중근과 그 시대』, 2009년, 경인문화사, 6쪽.
신운용 박사는 안중근의 "이른바 天命의 본성(天命之本性)이란 것은 그것이 바로 지극히 높으신 천주께서 사람의 태중에서부터 부어넣어 주는 것으로서, 영원무궁하고 죽지도 멸하지도 않는 것이오."라고 한 천명관념은 인간이 천부적으로 부여받은 영혼으로 인하여 누구도 침해할 수 없는 존엄성을 지닌다는 사상으로서, 과거 한국천주교회의 내세 중심의 신앙에서 현세를 중시하는 단계로 발전하여 민족구국 운동으로 발전했다고 하였다. "현세에서 종교적 가르침을 구현하여 그 시대를 도덕의 시대로 만들고자 하는 안중근의 목표는 내세를 중심으로 종교 활동을 하던 당시 천주교인들의 경향과는 다른 양상을 보이고 있다는 면에서 주목되는 대목이다.
이러한 종교의식은 향후 그의 민권·민족의식의 성장으로 이어졌고 이는 다시 민족운동에 참여하게 된 원동력이 되었다."
[8] 신운용, 「안중근 의거의 사상적 배경」, 『안중근과 그 시대』, 234쪽.

에 입문한 계기는 부친의 영향이었지만, 수동적 태도가 아니라 활발하고 적극적인 성격에 의해 주체적으로 사고하고 토론을 거치면서 독실한 신앙심을 성숙시켜 나갔다.

> 성서를 강습도 받고 교리를 토론하면서 여러 달이 지나 신앙이 차츰 굳어지고 독실하게 천주 예수 그리스도를 숭배하면서 날이 가고 달이 가서 몇 해를 지냈다.[9]

1898년 4월 청계동 본당이 설립되고 빌렘 신부가 초대주임으로 부임하자, 안중근은 숙부 안태건 회장과 함께 홍석구 신부를 수행하여 황해도 지방을 다니면서 전교활동에 열중하여 교세 발전에 기여할 정도로 천주교 교리에 대한 깊은 이해를 갖추었다. 과거 혈기 방장했던 청년이 천주교에 입교한지 약 1년여 만에 적극적으로 전교활동에 나섰다는 것은, 근본적으로 내적 변화가 일어난 것이라고 할 수 있다. 말하자면 유가 생활의 관념으로부터 종교적인 신앙과 확신으로 정신적인 비상이 이루어진 면모를 나타낸다.

그가 『안응칠 역사』에서 소개한 천주교 교리는 전체 내용이 아니라, 주요 4대 교리를 중심으로 신앙을 이해하고 입교하기 위한 전단계의 예비적인 내용으로서, 인간론(영혼 존재와 불사불멸성) - 천주론(천주의 존재와 속성) - 윤리론(상선벌악) - 그리스도론(교회론)의 순서에 따라 설명하고 있다.[10]

---

[9] 「안응칠 역사」, 129~130쪽.
[10] 황종렬, 「안중근편 교리서에 나타난 천·인·세계 이해」, 『안중근과 그 시대』, 315쪽.
　　황종렬 박사는 "「안중근편 교리서」에 나타난 천·인·세계 이해"라는 논문에서, 『안응칠 역사』에 나오는 교리 내용을 이전에 발간된 다른 천주교 교리서들과 상관성을 체계적으로 비교 분석한 결과, 교리 내용은 유사하지만 독특한 편집구조를 밝혀내고 "안중근편 교리서"라고 이름하였다. 「안중

(1) 경청 권고에서, 안중근은 음식의 비유를 들어 자신이 먼저 맛본 장생불사의 음식과 하늘로 오를 수 있는 재주를 지니고 있다면서 사람들에게 경청을 호소하는 권고는 천주교 신앙이 담고 있는 구원의 신비를 역사 안에서 현실화시키려는 선교와 복음화의 열성을 보여주고 있다.

> 형제들이여, 내가 할 말이 있으니 꼭 내 말을 들어 주시오. 만일 어떤 사람이 혼자서만 맛있는 음식을 먹고 그것을 가족들에게 나누어 주지 않는다거나, 또 재주를 간직하고서 남을 가르쳐 주지 않는다면 그것을 과연 동포의 정리라고 할 수 있겠소? 지금 내게 별미가 있고 기이한 재주가 있는데 이 음식은 한번 먹기만 하면 장생불사하는 음식이요, 또 이 재주를 한번 통하기만 하면 능히 하늘로 올라갈 수 있는 것이기 때문에 그것을 가르쳐 드리려는 것입니다."

여기서 안중근이 말하는 장생불사의 음식이란 천주교의 성체성사를 말한다.

당시 민중의 표현 방식으로 장생불사의 음식이라고 소개한 성체는 예수께서 인류의 죄를 속죄하기 위하여 십자가에 못 박혀 죽기 전에 제자들과 나눈 최후의 만찬을 기념하는 미사에서, 성령의 능력으로 빵과 포

근편 교리서」는 『주교요지』의 체제와는 상이한 구조를 띠고 있다. 이를테면 앞에서 본 것처럼, 안중근은 인간론에서 천주론으로 옮겨가는데, 그 전이의 이유가 인간의 혼의 존엄을 설득하고, 거기에 바탕하여 구원에의 초대에 응답하게 하려는 데 놓여 있는 것이다. 이런 점에서 인간 이성에 근거해서 천주를 먼저 설명하고 이어서 다시 인간 영혼에 관하여 설명하는 방식을 택한 리치와는 물론, 인간의 위기 상황에서 하느님에 대한 이해를 제시하고 이를 통해서 신앙에의 귀의를 설득하고자 하는 정약종과도, 일부 상통하는 면을 드러내면서도, 명백한 차이를 드러낸다. 단적으로, 『주교요지』는 천주론 중심의 체계적 교리 진술로 기획되고 또 그렇게 작용하였다고 할 수 있다. 그런데 「안중근편 교리서」는 인간 존재의 존귀함에 근거하여 그 존귀함의 근원으로서 천주에 대한 본분을 구현할 것을 설득하여 도덕-태평 시대와 영세영복의 구원을 열어가도록 하는 초대로 선포되었던 것이다."

11 「안응칠 역사」, 130쪽.

도주를 예수의 거룩한 살과 피로 변화시켜, 이를 믿음으로 받아먹는 사람들은 하늘나라에서 영원한 생명을 살게 하는 음식으로서 재현된다.

성체는 천주교 신앙에 있어서 하느님께서 인간을 위해 자신의 생명을 내어주는 절대적인 사랑의 무한한 표현이며, 신자들은 또한 성체를 받아먹음으로서 자기를 내어주는 헌신과 봉헌을 실천하는 사랑의 삶을 살도록 인도된다. 안중근은 자신이 설파한 교리의 첫머리에 이를 내세우면서 성체의 신비를 민족을 구원하는 길로서 역사 안에서 구체화하는 신앙을 보여주고 있다.

(2)인간론에서, 안중근은 우선 인간은 식물의 생혼이나 동물의 각혼과는 차원이 다른, 천명의 본성으로서 신령한 불사불멸의 영혼을 지니고 있으므로 본래의 존엄성을 지닌다는 사실을 강조한다.

> 여러 동포들은 귀를 기울이고 들으시오. 무릇 천지 만물 가운데서 오직 사람만이 가장 귀하다고 하는 것은 혼이 신령하기 때문이오. 혼에는 세 가지가 있는데, 첫째는 생혼이니 그것은 초목의 혼으로서 능히 생장하는 혼이요, 둘째는 각혼이니 그것은 금수의 혼으로서 능히 지각하는 혼이요, 셋째는 영혼이니 그것은 인간의 혼으로서 능히 생장하고 능히 지각하고 그리고 능히 시비를 분별하고 능히 도리를 추론하고 능히 만물을 다스릴 수 있기 때문에 오직 사람이 가장 귀한 존재라는 것이오.
>
> 사람이 만일 영혼이 없다면 육체 만으로서는 짐승만 같지 못할 것이오. 왜 그런가 하면 짐승은 옷이 없어도 추위를 견디고 직업이 없어도 먹을 수 있고 날 수도 있고 달릴 수도 있어 재주와 용맹이 사람보다 낫기 때문이오. 그러나 수많은 동물들이 사람에게 지배를 받는 것은 그것들의 혼이 신령하지 못하기 때문이오. 그러므로 영혼의 귀중함은 이것을 미루어 보아도 알 수 있는 일입니다. 이른바 천명의 본성이란 것은 그것이 바로 지극히 높으신 천주가 사람의 태

중에서부터 부어주는 것으로서 영원무궁하고 죽지도 멸하지도 않는 것이오.[12]

안중근의 인간관에 영향을 준 영혼론은 유가의 혼백산화론에서 영혼불멸론으로 변화된 것이다.[13] 유가의 혼백산화론은 인간을 구성하는 요소인 백은 흙으로 돌아가고 혼은 자연의 기(氣)의 흐름으로 순환한다는 것인데, 천주교 신앙의 영혼불멸론을 수용하면서 인간의 존엄성에 대한 신념을 형성하였고, 정의를 위하여 죽는 것은 영생을 누리는 길이라는 확신을 지녔다.

(3) 신론(천주론)에서, 집안에는 주인이 있고 나라에는 임금이 있듯이, 사람에게는 영혼이 있고, 천주가 존재하여 우주를 창조하고 인간을 그 안에서 살게 해주었으므로 천주의 은혜를 알아서 근본에 대하여 충효를 다해야 한다고 설명하였다.[14]

그러면 천주는 누구인가? 한 집안에는 그 집 주인이 있고, 한 나라 가운데는 임금이 있듯이 이 천지 위에는 천주가 계시어 시작도 없고 끝도 없이 삼위일체로서 전지, 전능, 전선하고 지공, 지의하여 천지만물, 일월성신을 만들어 이루시고 착하고 악한 것을 상주고 벌주시는 분은 오직 하나요 둘이 없는 큰

---

12 동상.
13 金東園, 『請,看這些人』, 2003, 臺北, 輔仁大學出版部, 81쪽.
14 참고 曠菴 李檗, 「天主恭敬歌」『聖敎要旨』, 144~145쪽.
어와 세상 벗님네야/ 이 내 말씀 들어보소/ 집안에는 어른 있고/ 나라에는 임금 있네/ 내 몸에는 영혼 있고/ 하늘에는 천주 있네/ 부모에게 효도하고/ 임금에는 충성하네/ 삼강오륜 지켜가자/ 천주공경 으뜸일세/ 이 내 몸은 죽어져도/ 영혼 남아 무궁하리/ 인륜 도덕 천주공경/ 영혼 불멸 모르면은/ 살아서는 목석이요/ 죽어서는 지옥이라/ 천주있다 알고서도/ 불사 공경 하지 마소/ 알고서도 아니하면/ 죄만 점점 쌓인다네/ 죄짓고서 두려운 자/ 천주 없다 시비마소/ 아비없는 자식 봤나/ 양지 없는 음지 있나/ 임금 용안 못 뵈었다/ 나라 백성 아니런가/ 천당 지옥 가 보았나/ 세상 사람 시비 마소/ 있는 천당 모른 선비/ 천당 없다 어이 아노/ 시비 마소 천주 공경/ 믿어 보고 깨달으면/ 영원 무궁 영광일세.

주재자가 바로 천주이십니다. …

　그런데 이 천지간에 큰 아버지요, 큰 임금이신 천주께서 하늘을 만들어 우리를 덮어 주시고, 땅을 만들어 우리를 떠받쳐 주시고, 해와 달과 별들을 만들어 우리를 비추어 주시고 또 만물을 만들어 우리로 하여금 쓰게 하시니 실로 그 크신 은혜가 그같이 막대한데 만일 사람들이 망녕되이 제가 잘난 척, 충효를 다하지 못하고 근본을 보답하는 의리를 잊어버린다면 그 죄는 비길 데 없이 큰 것이니 어찌 두려운 일이 아니며, 어찌 삼갈 일이 아니겠소. 그러므로 孔子도 말하기를, 「하늘에 죄를 지으면 빌 데도 없다」했소.[15]

　우주의 기원 문제에 대하여 조선의 유학자들은 태극이기론에 의하여 만물이 생성되었다는 천지개벽설을 주장하였는데, 절대자로서 상제를 인정하지만 상제도 태극이기론에 의하여 생성된 존재로서 다만 만물을 주재 안양할 따름이다.[16] 그러나 천주교에서 만물의 근원인 천주는 무시무종의 전지전능한 절대자로서 무한한 사랑의 속성으로 인하여 무로부터 유를 창조한 우주만물의 창조주이며, 인간의 삶을 돌보아 주며 역사에 참여하는 위격적 존재로서 정의의 심판자라는 점은 유가의 상제와 다른 점이다.[17]

　⑷윤리론에서, 유교는 군신관계의 충성을, 부부관계의 순종을, 부자관계의 효도를 강조하는 계급윤리였다면, 천주교는 천주로부터 모든 인간이 같은 본성을 나누어 받았다는 평등윤리를 수용하였다. 이러한 평등사상은 안중근에게 모든 인간의 존엄성과 인권에 대한 신념을 심어 주

---

15 「안응칠 역사」, 131쪽.
16 금장태, 「조선후기 유학·서학간의 교리논쟁과 사상적 성격」『교회사 연구』제2집, 1979, 서울, 한국교회사 연구소, 100~101쪽.
17 『請,看這些人』, 79~80쪽.

었다.

> 천주님은 지극히 공정하여 착한 일에 갚아주지 않는 일이 없고 악한 일에 벌하지 않는 일이 없거니와, 公罪의 심판은 몸이 죽는 날 내는 것이라 착한 이는 영혼이 천당에 올라가 영원무궁한 즐거움을 받는 것이요, 악한 자는 영혼이 지옥으로 들어가 영원히 다함없는 고통을 받게 되는 것이오. 한 나라의 임금도 상주고 벌주는 권세를 가졌거늘 하물며 천지를 다스리는 거룩한 큰 임금이겠소. …
>
> 전지, 전능, 전선하고 지공, 지의하기 때문에 사람의 목숨을 너그러이 기다려 주었다가 세상을 마치는 날 선악의 경중을 심판한 연후에 죽지 않고 멸하지 않는 영혼으로 하여금 영원무궁한 상벌을 받게 하는 것인데 상은 천당의 영원한 복이요, 벌은 지옥의 영원한 고통으로서 천당에 오르고 지옥에 떨어지는 것을 한번 정해지면 다시는 변동이 없는 것입니다.[18]

천주의 존재와 전지, 전능, 전선, 지공, 지의한 천주의 속성으로부터 상선벌악과 심판에 대한 교리를 이끌어 내어 설명한다. 유가에서는 내세를 인정하지 않으므로 조상의 음덕은 후손을 통해서 반드시 보상을 받게 된다는 현세보응론을 주장했지만, 천주교는 사람이 죽은 후에 그 삶의 선과 악에 대한 공정하고 전체적인 심판의 결과에 따라 내세에서 영원한 상이나 벌을 받는다는 내세상벌론을 가르친다.[19]

안중근의 이러한 천주교의 상선벌악 신앙은 명확한 정의관념을 형성하여 이경주 사건에서 불의에 대하여 강력히 저항하거나, 일본군과의 전투에서 사로잡은 포로들을 만국공법에 따라서 석방시켜주었다. 또한 이

---

18 「안응칠 역사」, 131~132쪽.
19 『請,看這些人』, 83~84쪽.

토 히로부미를 처단하되 일본 국민에 대해서는 포용적으로 대하는 확고한 소신과 명확한 분별력을 발휘하였다.[20]

(5)그리스도론에 이어 교회론을 간단하게 기술하는데, 천주께서 만인의 죄악을 속죄하고 구원해 내기 위하여 성자를 동정녀 마리아를 통하여 인간으로서 탄생하게 하였으니 이분을 예수 그리스도라고 하며, 예수는 천주교회를 세우고 교황을 임명하여 이 세상에서 계속 사람들을 천국으로 인도하는 사명을 수행하도록 권한을 주었다고 설명한다.

> 지금으로부터 1800여 년 전에 지극히 어진 천주님이 이 세상을 불쌍히 여겨 만인의 죄악을 속죄하여 구원해 내시고자 천주님의 둘째 자리인 성자를 동정녀 마리아의 뱃 속에 잉태케 하여 유태나라 베들레헴에서 탄생케 하였으니, 이름하여 예수 그리스도라 했습니다. …
>
> 천국으로 들어가는 문은 다만 천주교회의 문 하나밖에 없다고 하였습니다. 바라건대 우리 대한의 모든 동포 형제, 자매들은 크게 깨닫고 용기를 내어 지난날의 허물을 깊이 참회함으로써 천주님의 의자(義子)가 되어 현세를 도덕 시대로 만들어 다 같이 태평을 누리다가 죽은 뒤에 천당에 올라가 상을 받아 무궁한 영복을 함께 누리기를 천만 번 바랍니다.[21]

---

20 황종렬, 앞의 책, 325쪽. 황종렬 박사는 안중근의 천명관념과 상선벌악 신앙은 당시 세계 역사가운데서 평화를 되찾기 위한 정의를 실천하는 행동의 동기로서 작용하였다고 보았다.
"안중근의 관점에서 의거의 정당한 근거는 단순히 나라와 나라 사이의 정치적 관계나 힘의 균형에 놓여 있는 것이 아니다. 그것은 근본적으로 "天命"에 놓여 있고, 하느님의 정의에 놓여 있었다. 하느님의 속성으로 인식되는 '義'가 인간의 의를 부르고, 인간의 의를 이끌며, 인간의 의의 척도가 되고, 그 의를 완성에 이르게 하는 것으로 인식할 수 있다. 안중근의 천주 인식의 지평에서는 하느님의 정의가 상벌의 기준이고, 이런 맥락에서 하느님의 정의는 그에게서 회개로의 초대의 성격을 갖는다. 이 세계의 불의를 극복할 질서를 천주 신앙에서 본 안중근에게서 이와 같은 하느님의 정의 인식은 하느님 앞에서의 궁극적 상선벌악을 정치-윤리적인 도덕- 태평 시대의 종교적인 구원의 설득 메카니즘으로 작용하게 하고 있는 것이다."

21 「안응칠 역사」, 135쪽.

안중근의 천주교회의 도덕적 신뢰에 신념과 기대는「동양평화론」에서 뤼순을 중립지대로 설정하고 천주교회의 교황사절을 초빙하여 평화를 위한 중재자의 역할을 제안하는데서 변함없이 드러나고 있다. 그의 보편 종교로서 천주교에 대한 신뢰는 민족의 구원과 동양의 평화를 지향하고 있었다.

안중근은 소년시절 유가 교육의 기초에서 천주교 신앙을 받아들인 과정에서 내적으로 이루어진 사상적 융합은 이미 초기 한국천주교 신도들의 유가적 그리스도교 신앙 안에서 어느 정도 그 성격이 드러났다.

이벽, 이승훈, 권일신, 정약종을 비롯한 평신도들이 학문적 연구와 자발적인 선교활동으로 창립한 한국천주교회는 약 100년 후에 안중근을 통하여 더욱 토착화된 신앙과 외적으로 확대된 사회사상으로 발전하였고, 민족의 경계를 넘어 세계적으로 실현되어 가는 과정을 보여준다.

안중근은 내면적으로 유가사상과 천주교 신앙의 조우를 통해서, 인간에게 존재하는 불사불멸의 영혼성과 그 존엄함에 대하여 눈뜨게 되었고, 그 우주적 근원으로서 창조주의 존재를 깨닫게 되었다. 이전의 내재적 천명의식은 초월적 절대자의 존재에 대한 인격적 인식으로 발전하였다. 천주교 신앙의 절대자는 인간에 대하여 상선벌악을 심판하는 윤리도덕의 원천으로서 정의의 하느님이었고, 또한 죄악에 빠져 고통을 겪는 인간을 구원하기 위하여 십자가의 고통과 죽음으로 속죄하는 사랑의 하느님이기도 하였다.

안중근의 천주교 신앙은 분열과 고통을 겪는 세상에 교회를 통해서 평화의 사명을 계속 수행하게 하였다. 안중근의 하느님은 민족과 세계의 역사 안에서 그를 일깨우고 행동하게 하는 천명의 근원이었다.

3. 수양론과 민족 교육 사상

안중근은 천주교 신앙을 통해서 우주와 인간에 대하여 새로운 세계관을 형성하였으므로 서양의 대학교육제도에 대해서 관심을 가지고 있었다. 그는 전교활동을 하면서 한국인들이 기본 지식이 없어 큰 어려움을 느꼈다. 그래서 인재양성을 위해 홍석구 신부와 상의하여 대학설립과 청년 교육을 뮈텔 주교에게 건의하였다.

> 이제 한국 교인들이 학문에 어두워서 교리를 전도하는 데에 어려움이 적지 않은데 하물며 앞날 국가 대세야 말하지 않아도 생각할 만합니다. 서울의 천주교 최고 책임자인 뮈텔 주교에게 말씀해서 유럽의 수사회 가운데서 박학한 선비 몇 사람을 초빙해서 대학교를 설립한 뒤에 국내에 재주가 뛰어난 자제들을 교육한다면 몇 십 년이 안 가서 반드시 큰 효과가 있을 것입니다.
> "한국인이 만일 학문이 있게 되면 교 믿는 일에 좋지 않을 것이니 다시는 그런 의논을 꺼내지 마시오."하는 것이었다. 나는 두 번, 세 번 권고했으나 끝내 들어주지 않았으므로 어찌할 길이 없어 고향으로 돌아오긴 했으나 이 일이 있은 후 분개함을 참지 못하고 마음속으로 맹세하며 "교의 진리는 믿을지언정 외국인의 심정은 믿을 것이 못 된다"하고 프랑스 말 배우던 것도 중단하고 말았다.[22]

안중근이 뮈텔 주교에게 대학 설립을 건의한 동기는 보다 효과적인 전교활동과 국가 대세를 위한 민족교육의 필요성에서 나온 것이었다. 그는 천주교 신앙으로 민족을 교육하고 또한 국가에 도움이 되기를 원했던 이

---

[22] 「안응칠 역사」, 135~136쪽.

상이 뮈텔 주교의 반지성주의로 인해 거부되자 천주교는 믿어도 외국인은 믿을 수 없다는 분노를 표출하였다. 이러한 의견대립과 갈등은 홍석구 신부에게 배우던 불어 공부마저 중단하게 했지만 동시에 민족의식이 더욱 성장하는 계기가 되었다.[23]

안중근은 일본이 1905년 러일전쟁에서 승리를 거두고 한국의 주권을 침탈하려는 의도를 간파하자, 부친과 상의하여 해외 항일터전을 잡기 위해 중국의 상해와 청도 등지를 두루 다닌다. 상해의 성당에서 전에 전교활동을 하며 알고 지냈던 르각 신부(Charles Joseph Ange Le Gac, 郭元良, 1876~1914)를 만나서 나눈 대화에서, 교육의 발달, 사회의 확장, 민심의 단합, 실력의 양성 등 4가지를 확실히 성취하면 한국은 반드시 독립할 수 있으므로 이에 힘쓰라는 권유를 듣고 돌아온다. 집에 돌아온 그는 아버지가 돌아가신 것을 알고 몹시 슬퍼하며 장례를 치르고, 1906년 청계동을 떠나 진남포로 이사하여, 교육을 통한 구국운동으로 돈의학교와 삼흥학교를 시작하였다. 삼흥은 선비가 흥해야 한다는 사흥(士興), 국민이 흥해야 한다는 민흥(民興), 나라가 흥해야 한다는 국흥(国興)의 애국 교육의 철학을 담고 있었다.[24]

그는 두 곳의 학교를 운영하며 천주교 신앙을 통해서 구국을 위한 민족 교육의 이념으로 활동하였지만 경제적 어려움을 겪지 않을 수 없었다.

---

[23] 신운용, 「안중근의 민권·민족의식과 계몽운동」, 『안중근과 그 시대』, 11쪽.
　　 신운용 박사는 이렇게 안 의사가 서양 신부들과의 접촉을 통하여 이미 지니고 있었던 동양적 세계관에서 서양적 세계관을 습득할 수 있는 기회를 갖게 된 과정으로 보았다. "안중근은 천주교에 입교하여 동양에 국한되어 있던 세계관에서 벗어나 동서를 아울러 볼 수 있는 눈을 갖게 되는 기회를 얻었던 것이다. 뿐만 아니라 천주교 내부의 모순, 민족 내부의 모순관계를 체득하게 되었다. 그리하여 '민권의식'을 통하여 민족모순을 해결하려고 하였고 선교사들의 제국주의적 태도를 통해 민족의식을 성장시켰던 것이다. 이러한 사회의식의 성장은 향후 계몽운동, 의병전쟁, 의열투쟁(이토 처단)으로 이어지는 그의 행로에 밑거름이 되었다."

[24] 최서면, 『새로 쓴 안중근의사』, 1994, 서울, 집문당, 70~71쪽.

이러한 가운데 1907년 대구에서 시작된 국채보상운동이 전국적으로 확대되자 안중근은 국채보상회 관서지부를 설치하고 모금 운동을 전개하며 열성적으로 구국 활동에 참여하였다.

이토가 강제로 정미 7조약을 체결하고 군대를 해산하자 안중근은 국외활동을 모색하기 위해 서울을 떠나 북간도 일대에서 애국계몽운동을 일으키려 했지만, 일본 군대가 이미 주둔해 있는 것을 보고 블라디보스톡으로 떠난다. 안중근은 블라디보스톡에서 〈海朝新聞〉에 보낸 '人心團合論'에서 자기를 단합하고, 가정을 단합하고, 국가를 단합할 것을 역설하면서, 단합을 방해하는 이유를 만악의 뿌리인 교만병으로 보고 이를 치유하기 위해서 겸손이 필요하다고 역설하였다.

> 귀보의 논설에서 인심이 단합하여야 국권을 흥복하겠다는 구절을 읽으매 격절한 사연과 고상한 의미를 깊이 감복하여 천견박식으로 한 장 글을 부치나이다.
>
> 대저 사람이 천지만물 중에 가장 귀한 것은 다름이 아니라 삼강오륜을 아는 까닭이라. 그런고로 사람이 세상에 처함에 제일 먼저 행할 것은 자기가 자기를 단합하는 것이오, 둘째는 자기 집을 단합하는 것이오, 셋째는 자기 국가를 단합하는 것이니 그러한 즉 사람마다 마음과 육신이 연합하여야 능히 생활할 것이오. 집으로 말하면 부모처자가 화합하여야 능히 유지할 것이오. 국가는 국민상하가 상합하여야 마땅히 보전할지라.
>
> 슬프다. 우리나라가 오늘날 이 참혹한 지경에 이른 것은 다름이 아니라 不合病이 깊이 든 연고로다. 불합병의 근원은 驕傲病이니 교만은 만악의 뿌리라. 설혹 도적놈이 몇이 합심하여야 타인의 재산을 탈취하고 잡기군도 동류가 있어야 남의 돈을 빼앗나니 소위 교만한 사람은 그렇지 못하여 자기보다 나은 자를 시기하고 약한 자를 능모하고 같이 하면 다투나니 어찌 합할 수 있으리

오. 그러나 교오병에 약은 겸손이니 만일 개개인이 다 겸손을 주장하여 항상 자기를 낮추고 타인을 존경하며 책망함을 참고 잘못한 이를 용서하고 자기의 공을 타인에게 돌리면 금수가 아니거늘 어찌 서로 감화하지 않으리오….[25]

안중근은 초기 한국 교회 신자들이 영적 수양을 위해서 읽었던 판토하 신부의 『七克』의 수양론으로 민족의 정신적인 병을 치유하는 길을 제시하였다.[26] 그는 민족이 나라의 존엄과 독립을 잃어버리게 된 것은 민족적으로 지니고 있는 교만병으로 인해서 개인이 자기를 단합하지 못하고 가정이 화목하지 못하며 결국 나라가 분열된 것으로 보았다. 그러므로 겸손으로 교만을 치유하여 서로 단합해야만 나라의 독립을 찾을 수 있는 길이라고 역설하면서, 천주교의 영성 사상으로 민족교육을 실천하려고 하였다.

안중근은 프랑스 주교로부터 천주교 대학 설립이 거부되자 스스로 교육활동과 사회계몽 운동을 모색한 데서 드러나듯이, 그의 교육 사상은 신앙심과 민족애는 그 안에서 하나가 되어 있었다. 이는 당시 서양 선교사들이 지니고 있었던 성속이원론이나 정교분리원칙이 아니라 종교적인 내세의 구원과 더불어 현실적으로 민족의 구원을 지향하는 성속일치의 구원신앙을 교육을 통해서 구현하려고 한 것으로 평가된다.

---

[25] 「긔서」, 『海朝新聞』1908년 3월 21일자. 『안중근과 그 시대』49~51쪽에서 재인용.
[26] 판토하 저, 박유리 역, 『七克』, 1998, 서울, 일조각, 18쪽. 천주교에서는 죄의 근본에 일곱 가지 실마리가 있다고 한다. 그 첫째는 교만이고, 둘째는 질투이고, 셋째는 인색함이고, 넷째는 분노이고, 다섯째는 탐식이고, 여섯째는 음란에 빠지는 것이고, 일곱째는 착한 일을 함에 나태한 것이다. 또 이 죄의 일곱 실마리를 이겨내는 데는 일곱 가지의 덕이 있다고 한다. 그 첫째는 겸양으로 교만을 이겨내는 것이고, 둘째는 인애로서 질투를 이겨내는 것이고, 셋째는 자선으로서 인색함을 이겨내는 것이고, 넷째는 인내로서 분노를 이겨내는 것이고, 다섯째는 절제로서 탐식을 이겨내는 것이고, 여섯째는 정결로서 음란을 이겨내는 것이고, 일곱째는 근면으로서 게으름을 이겨내는 것이다.

4. 내세 신앙과 사생관

사람은 어떻게 살다가 죽을 것인가 하는 사생관은 그 인생을 좌우한다. 안중근은 천주교 신앙에 따라서 천국에서 영생을 누린다는 내세 신앙으로 형성된 사생관은 생사를 초월하여 항일운동을 수행하는 원동력을 제공하였다.

그의 사생관은 국내진공작전을 수행하는 과정에서 일본 포로 석방으로 인해 위치가 노출되고 부대가 지리멸렬되어 쫓기는 생사의 기로에서 드러낸 행적, 정의와 평화를 위해서 도덕과 질서를 파괴한 주범으로서 이토 히로부미를 저격하였던 하얼빈 의거, 그리고 체포된 후에 뤼순 감옥에서 천주교 종부 성사 예식을 받고 최후의 죽음을 받아들이는 안심입명의 태도에서 나타나고 있다.

(1) 1908년 안중근은 연해주의 한인촌을 순회하면서 의병부대를 조직하여 총독에 김두성, 총대장에 이범윤을 추대하고, 자신은 참모중장의 자격으로 7월에 300여 명의 의병부대를 거느리고 함경북도 경흥 부근 홍의동과 신아산 부근으로 진격하여 몇 차례 승리를 거두고 일본군인과 상인 등을 생포하였다. 포로들이 일본인들도 이토 히로부미 때문에 고통을 겪고 있다는 심경을 토로하자, 안중근은 만국공법에 따라서 포로들을 석방하려 하였으나 동료들의 강력한 반대에 직면하여 이렇게 설득하였다.

> 적들이 그렇게 폭행을 일삼는 것은 하느님과 사람들이 다 함께 노하는 것인데, 이제 우리들마저 야만의 행동을 하고자 하는가. 또 일본의 4천만 인구를 모두 다 죽인 뒤에 국권을 도로 회복하려는 계획인가? 저쪽을 알고 나를 알면 백 번 싸워 백 번 이기는 것이다. 이제 우리는 약하고 저들은 강하니 악전

(惡戰)할 수는 없다. 뿐만 아니라 충성된 행동과 의로운 거사로써 이토의 포악한 정략을 성토하여 세계에 널리 알려서 열강의 동정을 얻은 다음에라야 한을 풀고 국권을 회복할 수 있을 것이니, 그것이 이른바 약한 것으로 강한 것을 물리치고 어진 것으로써 악한 것을 대적한다는 그것이다. 그대들은 부디 여러 말을 하지 말라."[27]

안중근은 결국 장교들이 부대를 데리고 떠나버리는 강력한 반대에도 불구하고, 포로들을 만국공법에 의해 석방한 것은 적군일지라도 그 생명을 존중하는 정의의 행위이며, 선으로서 악을 이기고 평화를 찾을 수 있는 전략으로 인식하였다. 전쟁은 정의를 세움으로서 평화를 찾기 위한 목적이라는 도덕적 신념을 견지하였기 때문에, 이로 인한 생명의 위험과 대단한 손실도 감수하려고 하였다.

(2)한편 안중근은 일본군과 치열하게 벌어진 회녕 영산 전투에서 중과부적으로 부하들을 잃고 기진맥진한 상태로 패퇴하며 열이틀 동안 겨우 두 끼를 얻어먹는 절망적인 생사의 기로에서 간절한 심정으로 기도한다. "죽어도 속히 죽고 살아도 속히 살게 하소서."[28]

안중근의 신앙은 절대절명의 위기에서 자신의 운명을 하느님께 맡기는 기도에서 드러나고 있다. 그래서 필사적으로 함께 도망하던 2명의 의병에게 신앙을 받아들이도록 간곡히 설득하고 교리를 설명해 주고 세례를 베풀었다.

> 두 형은 내 말을 믿고 들으시오. 세상에 사람이 만일 천지간의 큰 임금이요, 큰 아버지인 하느님을 신봉하지 않으면 금수만도 못한 것이오. 더구나 오

---

[27] 「안응칠 역사」, 163쪽.
[28] 앞의 책, 166쪽.

늘 우리들은 죽을 지경을 면하기가 어렵게 되었으니, 속히 천주 예수님의 진리를 믿어, 영혼의 영생을 얻는 것이 어떻소. 옛글에도 '아침에 도를 들을 수 있다면, 저녁에 죽어도 좋다'하였소. 형들은 속히 전일의 허물을 회개하고 하느님을 믿어 영생하는 구원을 받는 것이 어떻소?²⁹

이렇게 안중근은 전투의 위험 중에도 동료들에게 회개를 권고하고 하느님을 믿어 영생을 얻도록 준비하게 하는 신앙적 사생관으로 무장되어 있었다.

신학에서 '신앙의 법은 기도의 법'이라는 격언이 있듯이, 그의 천주교 신앙은 공판에서 매일 기도를 바쳤다고 말한 데서 드러나고 있다.³⁰ 기도는 시련과 고통으로 계속 채워지는 그의 삶에서 정의를 수행하기 위한 용기를 발휘하고, 좌절의 위기에서도 마음을 평화롭게 지지해주는 내적인 힘이 되었다.

(3)안중근은 10월 26일 오전 9시경 하얼빈 역에 이토 히로부미가 도착하자 권총을 발사하여 3발을 명중시키고, 그의 수행원들에게도 부상을 입혔다.³¹ 안중근은 저격 직후 목이 터져라 '코리아 후라!'(대한 만세)를 외치고 러시아 장교에 의하여 체포되었다.³² 치명상을 입은 이토는 곧 열차로 옮겨져 응급처치를 받았지만 69세로 절명하였다.

---

[29] 「안응칠 역사」, 167~168쪽.
[30] 신용하 엮음, 「제3회 공판」『안중근 유고집』, 218쪽.
[31] 참고, 박노연, 『안중근과 평화』, 2000년, 서울, 을지출판공사, 379쪽.
당시 하얼빈 저격 현장에 있었던 남만주 철도회사 대표 다나까의 증언에 의하면, "나는 안중근이 총을 쏜 뒤에 서 있는 모습을 보고 순간 신(神)같은 느낌이 들었다. 신은 신이로되 음산한 신이 아니고 밝은 신처럼 보였다. 저격 후의 안중근의 모습은 태연하고 남자답고 늠름했다고 할까. 그 순간의 모습은 나이가 먹어도 잊혀지지 않는 광경이었다. 나는 세계의 유명한 사람을 많이 봤지만 그 사람들 모두 안중근의 발밑에 미치는 사람들이라고 생각했다."
[32] 「안응칠 역사」, 177쪽.

안중근이 하얼빈에서 결행한 이토 히로부미 저격은 조선의 자주 독립 의지를 세계에 천명하고 이후 항일 운동을 촉발하는 역사적으로 대단히 충격적인 사건이었다. 중국의 주은래(周恩來)는 "중일 갑오 전쟁 후, 중국과 조선 인민의 제국주의 일본의 침략에 대한 투쟁은 안중근이 하얼빈에서 이토 히로부미 저격으로부터 시작된다."[33]고 하면서 그 역사적 영향을 평가하였다.

안중근은 오후 8시경에 러시아 헌병대로부터 하얼빈 일본 총영사관으로 넘겨져 미조부치 검찰관이 이토를 저격한 행위는 천주교의 계명에 어긋나는 살인 행위라고 심문하자, 그는 악인이 사람의 생명을 빼앗는 데도 수수방관하는 태도야말로 더욱 부당하며 자신의 행위는 약자를 보호하기 위한 정당한 행위라는 점을 분명히 주장하였다.

> 검사: 그대가 믿는 천주교에서도 사람을 죽이는 것은 죄악이 되겠지?
>
> 안중근: 물론 그렇다.
>
> 검사: 그렇다면 어떻게 인도에 반하는 살인을 했단 말인가.
>
> 안중근: 천주교에서도 사람을 죽이는 것은 죄악이다. 오직 전쟁에서 군인과 국가만이 할 수 있다는 것을 나도 잘 알고 있다. 성서에도 사람을 죽이는 것은 죄악이라는 되어 있는 것도 분명히 알고 있다. 그러나 남의 나라를 탈취하고 사람의 생명을 이유 없이 빼앗고자 하는 자가 있는데도 이것을 방관하고 아무것도 방지하지 않으면 이것도 죄악이 된다. 따라서 나쁜 놈의 죄악을 제거한 것이다. 강한 자가 약한 자를 못살게 구는데도 옆에서 보고만 있으면 되겠는가. 우리는 약한 자를 구해야 하고 도와야 한다. 강도가 눈앞에서 사람을 죽이려고 하면 옆에 있는 사람을 부르든지 강도의 손을 잡고 같이 강도를 누르

---

[33] 華文貴 主編, 『安重根硏究』, 2007年: 沈陽, 遼寧人民出版社, 58쪽.

고 경찰에 데려가는 상식적인 얘기도 모르느냐.[34]

안중근은 검찰관의 심문에서 저격할 수밖에 없었던 15개조의 죄목[35]에서 이토의 악행들을 '가공할 죄악'으로 규정하였다. 그는 이토가 민족의 생명과 존엄성을 말살한 살인과 폭력, 강도와 기만의 죄악을 마땅히 응징해야 한다고 주장하였는데, 이는 그의 정의감에서 나온 통렬한 비판적 도덕의식과 더불어 자기의 죽음을 불사하더라도 반드시 악인의 불의를 응징해야 한다는 자기희생적 사생관에서 표출된 것이었다.

안중근은 11월 1일 연루자와 함께 여순 관동도독부 감옥으로 이감되었는데, 일본 정부는 정당한 재판절차를 무시하고 압력을 가하면서 검찰관과 재판관 역시 강압적으로 돌변한다. 1910년 2월7일부터 14일까지 뤼순 관동도독부 지방법원에서 일주일간 열린 여섯 번의 공판에서 안중근은 사형을 선고 받았다. 이 때 안중근은 "이토를 죽인 것은 한 개인을 위해서가 아니라 동양의 평화를 위해서 한 것이다. … 어디까지나 한국의 독립 전쟁을 수행하는 참모중장 자격으로서 한 것"[36]이라고 하였다.

안중근은 공판에서 자신은 여러 계층의 일본인들을 만나서 마음을

---

[34] 최서면, 앞의 책, 135~136쪽.
[35] 「안응칠역사」, 177~178쪽. 내가 이등박문을 저격한 까닭은 이등박문의 가공할 죄악 때문이다. 그 죄악은 다음과 같다. 1.한국 민황후(명성황후)를 시해한 죄요, 2.한국 황제를 폐위시킨 죄요, 3.을사5조약과 정미 7조약을 강제로 체결한 죄요, 4.무고한 한국인들을 학살한 죄요, 5.정권을 강제로 빼앗은 죄요, 6.철도, 광산, 산림, 천택을 강제로 빼앗은 죄요, 7.일본의 제일은행권 지폐를 강제로 사용하게 한 죄요, 8.군대를 해산시킨 죄요, 9.교육을 방해한 죄요, 10.한국인들의 외국 유학을 금지시킨 죄요, 11.교과서를 압수하여 불태워 버린 죄요, 12.한국인이 일본인의 보호를 받고자 한다고 세계에 거짓말을 퍼뜨린 죄요, 13.현재 한국과 일본 간에는 분쟁이 끊이지 않고, 살육이 끊이지 않고 있는데도, 마치 한국이 태평무사한 것처럼 위로는 일왕을 기만한 죄요, 14.동양평화를 파괴한 죄요, 15.일왕의 아버지 태왕을 죽인 죄 때문이다.
검찰관이 나의 진술을 다 듣고는 깜짝 놀라면서, '이제 말을 듣고 보니, 당신은 참으로 동양의 의사라 할 수 있겠소. 의사를 사형에 처할 수 있는 법은 없으니 염려하지 마시오.' 하는 것이었다.
[36] 신용하 엮음, 「제3회 공판」『안중근 유고집』, 1995년, 서울, 역민사, 256쪽.

터놓고 대화한 결과, 그들도 모두 동양의 평화를 희망하고 있다는 것을 알게 되었으며, 일본인들도 그렇다면 하물며 한국인으로서 자기의 친척과 지기들이 죽음을 당하는 마당에 어찌 증오하지 않을 수 있겠는가? 이토 히로부미가 살아 있으면 동양의 평화를 해할 뿐이므로 이런 나쁜 자를 제거하는 것은 당연한 의무라고 생각한다고 진술하였다.[37]

안중근은 이토 저격을 군인의 신분으로 민족의 생명을 지키기 위하여 행한 정당방위이며, 더 큰 악을 제거하기 위하여 작은 악을 행하는 것은 정의의 원칙에 조금도 어긋나지 않는다고 확신하였다.[38] 그래서 사형 선고를 받고 "이보다 더 극심한 형은 없느냐"고 말하면서 시종 의연한 자세로 일관하였다. 이 재판을 지켜 본 사람 중에는 "심판을 받은 사람은 안중근이 아니라, 일본인들이었다."고 전하였다. 안중근은 이토 저격으로 말미암아 자기 목숨을 잃을 것을 알면서도 정의를 위해 목숨을 바치려는 사생관을 지니고 있었던 것이다.[39]

(4) 안중근은 면회 온 동생들을 통하여 홍석구 신부에게 연락하여 종부성사 받기를 원하였다. 홍 신부는 두 동생과 함께 3월 8일 형무소를 찾아 3년 만에 다시 안중근을 만난다. 홍 신부는 뮈텔 주교의 반대로 뤼순에 오기까지 우여곡절이 많았지만, '신앙의 아들을 사랑하기 때문에 죽을 때까지 사랑하고 목숨을 잃을 때까지 기도하며, 이번 살인 행위는 옳

---

37 앞의 책, 290쪽.
38 윤선자, 「안중근 의거에 대한 천주교회의 인식」, 『안중근 연구의 기초』, 2009년, 서울, 경인문화사, 241쪽.
    "정인상은 안중근의 이토 포살행위를 살인행위로 본다면 일제의 대한제국 침략을 정당하다고 보는 결과를 초래하고, 뿐만 아니라, 일본의 보호국체제를 합법적인 권력으로 보는 결과를 초래한다."
39 이에 대하여 참고할 수 있는 『성경』내용은 "나는 착한 목자다. 착한 목자는 양들을 위하여 자기 목숨을 내놓는다"(요한 10,11); "밀알 하나가 땅에 떨어져 죽지 않으면 한 알 그대로 남고, 죽으면 많은 열매를 맺는다. 자기 목숨을 사랑하는 사람은 목숨을 잃을 것이고, 이 세상에서 자기 목숨을 미워하는 사람은 영원한 생명에 이르도록 목숨을 간직할 것이다"(요한12,24-25); "친구들을 위하여 목숨을 내놓는 것보다 더 큰 사랑은 없다"(요한15,13).

지 않다는 것을 가르치고, 국법에 따라 반드시 사형에 처해질 것이니 모친과 교우들은 죽기 전에 일순간이라도 좋은 교우로서 죽기를 바란다는 점, 고해성사를 올려 하루속히 죄의 사함을 청하면 하느님은 반드시 네 큰 죄를 용서할 것'이라는 내용의 교리를 가르치고, 다음 날 고해성사를, 그 다음날은 미사를 집전하고 10월 12일 떠났다.⁴⁰ 안중근은 그때의 감격을 이렇게 표현하였다.

> 그 때 고향의 천주교회 빌렘 신부님께서 나에게 영생영락의 성사를 주시려고, 한국에서 이곳까지 찾아오셨다. 신부님을 다시 만나 뵙게 되니 마치 꿈 속 같고 취한 것같이 기쁘기 형언할 수 없었다. … 신부님은 거룩한 교회의 가르침에 따라 훈계하시고 다음날은 고백성사를 주셨다. 또 이튿날 아침에는 감옥으로 친히 찾아오시어 미사성제를 거행하시었으니 나는 복사하며 성체성사로 하느님의 특별한 은혜를 받으니 그 감사함을 어떻게 표현할 수 있으랴. 이때 감옥의 관리들도 모두 참석하였다.⁴¹

그가 쓴 유묵 '天堂之福永遠之樂'(천당의 복은 영원한 즐거움이다)은 천주교 예식에 따라 최후의 죽음을 준비하고 나서 평화로운 마음으로 천국에 누릴 행복에 대한 신앙을 드러낸 것으로 보인다. 안중근의 내세 신앙은 죽음을 앞두고 동생들을 통해 홍석구 신부와 어머니 조 마리아와 부인 김 아녜스에게 보낸 편지에서 천국에서 다시 만날 것을 기약하며 위로하는 일관된 내용을 표현하고 있다.⁴²

---

40 박노연, 앞의 책, 256~263쪽.
41 「안응칠 역사」, 186~187쪽.
42 『대한의 영웅』73~74쪽.
   〈어머님 전 상서〉 아들 도마 올림
   예수를 찬미합니다. 불초한 자식은 감히 한 말씀을 어머니 전에 올리려 합니다. 엎드려 바라옵건대

1910년 3월 25일 미즈노 변호사는 "이번 사건을 일으킨 당신의 뜻이 길이 세상에 전해지길 바라며 나도 될 수 있는 대로 그 뜻을 전하려고 노력하겠다. 그러니 깨끗이 형에 따르고 빨리 천국에 가시기를 바란다. 천국에서는 언어에 지장이 없을테니 나도 뒤에 천국에 가면 당신과 손을 잡고 정을 나눌 수 있을 것"이라고 말하자, 안중근은 "귀하가 이처럼 동정하고 이해해 주시니 감사하다. 그러나 천국에 가는 것은 외국에 가는 것과 같아서 일정한 법이 있다. 모름지기 천주교 교도가 되어 천국에 가도록 하는 것이 어떠냐. 그렇다면 천국에서 같이 손을 잡고 서로 정을 나

자식의 막심한 불효와, 아침저녁 문안인사 못드림을 용서하여 주시옵소서. 이 이슬과도 같은 허무한 세상에서 감정에 이기지 못하시고 이 불초자를 너무나 생각해 주시니 훗날 영원의 천당에서 만나 뵈올 것을 바라오며 또 기도하옵니다. 이 현세의 일이야말로 모두 주님의 명령에 달려 있으니 마음을 평안히 하옵기를 천만번 바라올 뿐입니다. 분도는 장차 신부가 되게 하여 주기를 희망하오며, 후일에도 잊지 마옵시고 천주께 바치도록 키워 주십시오. 이상이 대요이며, 그밖에도 드릴 말씀은 허다하오나, 후일 천당에서 기쁘게 만나 뵈온 뒤 누누이 말씀드리겠습니다. 위아래 여러분께 문안도 드리지 못하오니, 반드시 꼭 주교님을 전심으로 신앙하시어 후일 천당에서 기쁘게 만나 뵈옵겠다고 전해 주시기 바라옵니다. 이 세상의 여러 가지 일은 정근과 공근에게 들어 주시옵고, 배려를 거두시고 마음 평안히 지내시옵소서.

〈분도 어머니에게 부치는 글〉 장부 안도마 배
예수를 찬미하오. 우리들은 이 이슬과도 같은 허무한 세상에서 천주의 안배로 배필이 되고 다시 주님의 명으로 이제 헤어지게 되었으나, 또 멀지않아 주님의 은혜로 천당 영복의 땅에서 영원히 모이려 하오. 반드시 감정에 괴로워함이 없이 주님의 안배만을 믿고 신앙을 열심히 하고 어머님에게 효도를 다하고 두 동생과 화목하여 자식의 교육에 힘쓰며 세상에 처하여 심신을 평안히 하고 후세 영원의 즐거움을 바랄 뿐이오. 장남 분도를 신부가 되게 하려고 나는 마음을 결정하고 믿고 있으니 그리 알고 반드시 잊지 말고 특히 천주께 바치어 후세에 신부가 되게 하시오. 많고 많은 말을 천당에서 기쁘고 즐겁게 만나보고 상세히 이야기 할 기회가 있을 것으로 믿고 또 바랄 뿐이오. 1910년 경술 2월 14일

〈홍 신부 전 상서〉 죄인 안도마 올림
예수를 찬미합니다. 자애로우신 신부님이시여, 저에게 처음으로 세례를 주시고 또 최후의 그러한 장소에 수많은 노고를 불구하고 특히 와 주시어 친히 모든 성사를 베풀어 주신 그 은혜야말로 어찌다 사례를 할 수 있겠습니까. 감히 다시 바라옵건대 죄인을 잊지 마시고 주님 앞에 기도를 바쳐 주시옵고, 또 죄인이 욕되게 하는 여러 신부님과 여러 교우들에게 문안드려 주시어 모쪼록 우리가 속히 천당 영복의 땅에서 흔연히 만날 기회를 기다린다는 뜻을 전해 주시옵소서. 그리고 주교께도 상서하였사오니 그리 아시기를 바랍니다. 끝으로 자애로우신 신부님이 저를 잊지 마시기를 바라오며, 저 또한 결코 잊지 않겠습니다. 1910년 경술 2월 15일

눌 수 있다."⁴³고 하였다. 그 변호사는 마지막 의례적 인사로 천국에서 다시 만날 것을 이야기했지만, 안중근은 아무나 천국에 가는 것이 아니라며, 천주교 신자가 되어 천국에 가도록 신앙을 권유했다. 훗날 이 변호사는 죽음 앞에서도 안심입명하는 그의 태도에 감동을 받아서 신앙생활을 시작한 것으로 전해진다.⁴⁴

1910년 3월 26일 10시, 안중근은 고향에서 보내 온 한복을 입고, 평상시와 같이 침착하고 평온한 태도로 사형에 임한다. 미조부치 검찰관이 사형집행을 전하자, 그는 자기 행동은 오직 동양의 평화를 도모하는 성의에서 나온 것이므로 동양평화 삼창을 제의했지만, 전옥은 그렇게 할 수 없다는 뜻을 설명한다. 이어 간수는 백지와 흰 천으로 눈을 가리고 기도할 것을 허가하자, 2분여 기도를 하고 교수대에 올라 태연하게 사형을 받고 안장되었다.⁴⁵

인간 행위의 상선벌악을 심판하는 정의의 하느님에 대한 안중근의 신앙은 정의를 실천하는 행동은 반드시 천국에서 영생과 평화를 누린다는 사생관을 지니고 있었다. 이러한 신념과 사생관은 국내진공작전에서 사

---

43 신성국 역저, 『의사 안중근(도마)』, 2009, 서울, 안중근 기념사업회, 161쪽.
44 「上毛教會 月報」142호(1910년 8월 15일 발행), 앞의 책, 318~319쪽에서 재인용.
일본 교회의 저명한 목사 우에무라 마사히사(植村正久)는 안중근의 신앙에 대하여 다음의 기록을 남겼다.
"내가 탄 배에 안중근을 재판했던 관동도독부 히라이시(平石) 고등법원장이 타고 있었다. 그는 기독교를 싫어함에도 불구하고 '안중근의 깊은 신앙심에는 고개를 숙였다'고 말했다. 또 '안중근이 메이지의 원훈인 이토 히로부미를 사살했으나 정직하고 훌륭한 사람이다'라고 칭찬했다. 전에 일본인 천주교 신부는 안중근은 천주교 신자가 아니라고 어떤 글에 써 있는 것을 보고 나도 이를 그대로 알고 있어 교회 복음 신문에 그같이 쓴 일이 있었는데 이 히라이시 고등법원장은 안중근을 그와 같이 찬탄하는 것이었다. 그 후 내가 안중근을 변호했던 관선 변호사가 나에게 기독교 교회에 관하여 질문을 하러 와서, 안중근의 신앙심이 두터웠음을 알려 주었다. 안중근은 처형되기 전날에도 자기 집에 돌아가는 듯이 마음을 편안하게 가졌다는 것이다. 종교에 관심이 없었던 그 변호사는 이에 감복하여 즐기던 술도 끊고 신자가 되려고 교회에 다니고 있다면서 … 중략 … 나는 안중근을 직접 만나본 적은 한 번도 없으나 그의 신앙심이 훌륭했던 것에 감동하지 않을 수 없었다."
45 박노연, 앞의 책, 305~306쪽.

로잡은 일본 포로들을 석방하여 생명을 보호한 일, 일본군에 쫓기는 생사의 기로에서 동료들에게 영생을 준비하도록 베푼 세례, 정의와 평화의 질서를 파괴한 주범으로서 이토를 저격한 하얼빈 의거, 그리고 체포된 후에 뤼순 감옥에서 천주교 종부 성사 예식을 받고 사형을 받아들이는 안심입명의 태도에서 잘 나타나고 있다.

특히 안중근은 이토를 응징한 이유와 동기에 대하여 수많은 사람들에게 심각한 고통을 주는 죄악을 제거하기 위하여 천명에 따라 평화를 세우기 위하여 정의를 실천했다고 확신했기 때문에, 살인을 금하는 계명에 저촉되지 않는다고 믿었으므로 자신의 구원에 대한 추호의 의심도 없이 평화롭게 사형을 받아들였다.[46]

---

46 참고, 심상태, 「이벽 죽음과 순교 문제에 대한 재조명」『제2차 한국순교자 시복시성을 세미나』.
천주교회가 구원에 필요하다고 규정하는 신앙은 '신앙대상'(fides quae creditur)과 '신앙행위' (fides qua creditur)의 두 차원에서 논의될 사안이다. '신앙대상'은 '범주적(範疇的) 신앙'이라고 불릴 수 있으며, 교리체계(敎理體系)와 세례와 미사성체를 위시한 경신예식(敬神禮式), 그리고 각종 신심활동이나 성지순례 등으로 구체화되는 생활양식(生活樣式) 등으로 범주적 차원에서 다른 사회 이념단체나 종교들과 명시적으로 구별되어서 대상화가 가능한 양식으로 이루어지는 '그리스도교적 신앙의 명시적 차원'을 가리킨다.
이에 비해서 '신앙행위'는 '초월적(超越的) 신앙'으로 불릴 수 있으며, 신앙인이 현실 안에서 일상적으로 주위(이웃 사람, 다른 생명, 또는 사물 등등)와 관계를 맺을 때에 자신의 내면 심층에서 들리거나 발해지는 하느님의 말씀, 곧 천명(天命)에 따라 시간과 공간 안에서 시시로 성취하는 윤리 도덕적 생활로 구현되는 신앙을 뜻한다. 이 '초월적 신앙'은 명시적으로 객관화된 그리스도교적 행위가 아닌, 가난하고 병든 사람을 사심 없이 돕는 것과 같은 일반적 윤리 도덕적 행위로 구현된다. 독일 신학자 칼 라너(Karl Rahner, 1904~1984)는 이 '초월적 신앙'으로서의 '신앙행위'의 성격을 훌륭하게 규정하고 있다. "모든 철저한 도덕적 행위는 하느님의 일반적 구원의지에 입각하여 제공된 은총을 통하여 초자연적 이해의 지평 안에서도 이루어지고 있으며 항상 초자연적 유형의 신앙이고 이로 말미암아 구원행위가 된다."
그런데, 구원 여부, 곧 배교 여부에서 일차적으로 관건이 되는 신앙은 '범주적 신앙'보다 '초월적 신앙'이다. 예수의 다음 말씀은 이 사실을 확인하여 준다. "나더러 '주님, 주님'하고 부른다고 다 하늘나라에 들어가는 것이 아니다['범주적 신앙']. 하늘에 계신 내 아버지의 뜻을 실천하는 사람이라야 들어간다['초월적 신앙']!"(마태 7, 21).

5. 보편주의와 동양 평화 사상

동양평화론은 천명의식에서 시작하여 도덕에 입각한 정의를 회복함으로서 평화를 세우기 위해 노력했다는 천명론[47]과 당시의 동서양 대립의 국제 정세 하에서 세계 종교로서 천주교의 보편주의에 대한 상정에서 형성되었다[48]는 관점이 있다.

안중근의 동양평화론은 가톨릭교회를 통해서 동양과 서양을 대립적으로 인식하는 인종의 벽을 극복한 것으로 평가되었다. "첫째, 안중근의 사상적 기반으로서의 보편적인 종교가 존재했다는 점이다. 안중근은 다양한 가치를 제국주의와의 관련이라는 하나의 기준으로 재단하지 않았기 때문에 천주교라는 보편적인 종교의 가치를 매개로 동서양을 뛰어넘을 수 있었다. … 둘째, 안중근은 당시의 민중의 삶을 체험한 사상가라는 점이다. 안중근은 고향에서는 여러 동네를 다니면서 전교활동에 종사했던 경험을 비롯해서 국내에서 학교 활동과 경제 활동을 하였고 해외에서 항일운동을 하는 과정에서 자연히 민중의 삶을 이해하고 그들의 편에서

---

[47] 신운용,「안중근 의거의 사상적 배경」,『안중근과 그 시대』, 251쪽.
　　신운용 박사는 "안중근 의사의 사상적 배경" 논문에서 동양 전통의 天命사상에서 그 뿌리를 찾고 있다. "안중근은 종교성에 바탕을 두면서 사회관계와 역사의 발전과정을 천명(天命)이라는 인식으로 내재화하였고 더 나아가 죽음까지 담보로 한 '天命의 絶對性'을 체화하였다고 볼 수 있다. 이러한 천명의 구체적인 실천 방법론이 바로〈동양평화론〉으로 나타났다."고 보았다.

[48] 강동국,「동 아시아 관점에서 본 안중근의 동양평화론」『안중근과 그 시대』, 408~412쪽.
　　강동국 교수는 "동 아시아 관점에서 본 동양평화론의 의의"라는 논문에서, 19세기 중반 동 아시아에는 서양의 충격으로 인하여 제국주의, 민족국가, 지역주의가 대두되었던 상황을 언급하면서, "근대 일본에서는 제국주의와 민족주의가 결합하고 지역주의를 침략의 수단으로 이용한다는 관계가 설정되었다." "안중근은 제국주의와 지역주의의 결합이라는 현실을 인정하는 대신 잘못된 현실을 고쳐서 그가 생각하는 이상인 동양평화론을 현실화하는 길을 선택함으로써 양자택일의 선택으로부터 벗어날 수 있었다. 이토 히로부미 암살이야말로 제국주의와 지역주의가 결합된 현실에 대한 절박한 저항이며 제국주의에 반대하는 입장에서의 지역주의와 민족주의의 결합이라는 이상을 위한 영웅적 실천"이라고 보았다.

사고하게 되었다."[49]

그러나 안중근이 동양평화론을 저술한 내적 동기는 외적인 국제상황과 세계종교로서 천주교회의 면모 때문만이 아니라, 동양 민중의 고통에 대한 공감과 도덕의식이 그 발로였다고 본다. 그가 감옥에서 쓴 한편의 유묵은 당시 동양의 민중에 대한 그의 깊은 관심과 절절한 애정을 드러내고 있다.

> 동양 대세 생각하매 아득하고 어둡거니 뜻 있는 사나이 편한 잠을 어이 자리. 평화 시국 못 이룸이 이리도 슬픈지고. 정략(침략전쟁)을 고치지 않으니 참 가엾도다.[50]

이는 자기와 직접 아무런 관계도 없는 다른 사람의 고통까지 자신의 고통처럼 연민의 정으로 아파하는 성인의 도덕적 경지를 담고 있다. 그의 이런 도덕적 심성은 동양의 민중이 겪는 고통의 원인을 서구 열강들이 도덕을 무시하는 비도덕인 경쟁주의 때문이라고 인식하였다.

> 가까이 수백 년 이래로 구주의 여러 나라들은 도덕을 까맣게 잊고 날로 무력을 일삼으며 경쟁하는 마음을 양성해서 조금도 기탄하는 바가 없는데 그 중 러시아가 더욱 심하다. 그 폭행과 잔해함이 서구나 동아에 어느 곳이고 미치지 않는 곳이 없으니 악이 차고 죄가 넘쳐 신과 사람이 다 같이 성낸 까닭에 하늘이 한 매듭을 내려 동해 가운데 조그만 섬나라인 일본으로 하여금 이와 같은 강대국인 러시아를 만주대륙에서 한 주먹으로 때려눕히게 하였으니, 누가 능히 이런 일을 헤아렸겠는가. 이것은 하늘에 순하고 땅의 배려를 얻은 것

---

[49] 강동국, 앞의 책, 431쪽.
[50] 안중근 숭모회, 『대한의 영웅 안중근 의사』, 87쪽.

이며 사람의 정에 응하는 이치이다.[51]

위에서 보듯이 안중근은 동양의 평화가 유린당하는 이유를 먼저 서양 열강들이 도덕을 망각하고 경쟁적으로 무력을 일삼는 비도덕성에 찾았고, 동양에서는 청나라가 대국이라는 교만한 태도로 말미암아 화합하지 못하고 분열됨으로서 외국의 침략을 막아내지 못했기 때문이라고 보았다. 그래서 안중근은 동양의 평화를 위하여 일, 청, 한 세 나라의 황제가 로마 교황을 만나 평화를 약속하는 방안은 '로마 교황을 통해 세계 민중의 신용'을 얻음으로서 평화를 세울 수 있는 대단한 힘으로 확신하였다.

> 일본이 앞서 말한 것은 같은 (평화적인 의미의)패권을 얻은 뒤 일·청·한 세 나라의 황제가 로마 교황을 만나 서로 맹세하고 관을 쓴다면 세계는 이 소식에 놀랄 것이다. 오늘날 존재하는 종교 가운데 3분의 2는 천주교이다. 로마 교황을 통해 세계 3분의 2의 민중으로부터 신용을 얻게 된다면 그것은 대단한 힘이 된다.[52]

안중근은 과거 프랑스 선교사에 대하여 품었던 실망과 분노에도 불구하고 사형직전까지도 변함없이 천주교회에 대한 절대적 신뢰를 품고 있었다. 이는 그가 열심히 읽고 연구하였던 『상재상서』를 통해서 습득한 것으로 보인다. 정하상은 『상재상서』에서 천주교를 가리켜, 하느님께서 세우셨기 때문에 지극히 거룩한 교회요, 남녀노소와 빈부귀천을 가리지 않는 지극히 공번된 교회요, 그르침이 없는 지극히 올바른 교회요, 거짓이 없는 지극히 참된 교회요, 인간의 삶에 필요한 모든 것을 갖추고 있는

---

51 앞의 책, 48~49쪽.
52 「청취서」 56~57쪽, 『안중근과 그 시대』, 430쪽에서 재인용.

지극히 완전한 교회라고 하였다.[53]

안중근이 동양의 평화를 위하여 천주교의 역할을 제시한 것은 세계 종교로서 외적 제도 뿐 아니라, 천주교회를 동서양을 초월하여 보편 가치를 제시하는 강력한 '도덕적 신뢰'의 주체로서 인식하였기 때문이다.[54]

안중근은 천명을 통해 인간은 그 존엄성을 부여받았기에 이에 대한 존중은 우주의 근본 도리요 세계를 유지하는 도덕적 질서의 중심이라는 신념을 지니고 있었다. 그러나 도덕과 정의가 무너진 당시의 세계는 평화를 유지할 수 없었다. 그러므로 국제관계에서 도덕과 정의가 바로 세워져야만 여러 민족의 평화도 가능한 것이었다. 이를 위해 안중근은 보편종교로서 가톨릭의 도덕적 신뢰를 바탕으로 국제적인 도덕과 질서를 구축할 때에 세계는 평화를 누릴 수 있다는 동양평화론을 제시하였다.

6. 결론

(1)안중근의 민족운동과 동양평화 노력의 근간이 되는 사상은 초기 한국천주교회 평신도들이 유가문화의 사상적 기초 위에서 자발적으로 천주교 교리를 연구하여 교회를 세우고 순교로서 지켰던 신앙의 전통이 당대 역사 안에서 계승되고 더욱 발전하여 확대된 형태로 구현되었다.

---

53 참고 정하상 저, 윤민구 역, 『상재상서』, 2007년, 서울, 성황석두 루가 서원, 29~31쪽.
54 참조 차동엽, 『성공적인 교회들에는 비밀이 있다』, 2006, 김포, 에우안젤리온, 152쪽.
천주교의 보편주의는 가톨릭(catholic)이라는 명칭에서 드러나고 있는데, 예루살렘의 치릴루스 주교는 이렇게 설명하였다. "교회는 온 세계를 두루 아우르기 때문에 '가톨릭'이라 불린다. … 교회가 보편적으로 가르치되 모든 리를 하나도 빠짐없이 가르치기 때문에 … 교회가 통치자나 백성들이나, 배운 사람이나 배우지 못한 사람이나 구별 없이 모든 계층의 사람들을 참된 신앙의 품으로 데려오기 때문에 그리고 교회가 어떤 죄악이라도 모두 돌보고 치유해 주기 때문에 … 그리고 교회가 온갖 덕목을 두루 갖추고 있기 때문에 … 그리고 모든 종류의 영적 은총을 갖추고 있기 때문에 '가톨릭'이라 불린다"(교리강론, 18장 23항).

그의 유가 전통의 천명론은 천주교의 계시 신앙을 수용하는 기초가 되었다. 그래서 혼백산화론은 영혼불멸론으로 인간의 존엄성에 대한 신념을 형성하였다. 천지개벽설은 천주창조론으로 변화된 우주관을 형성하였다. 또한 현세적 윤리도덕의식은 내세의 상선벌악 신앙으로 영생의 사생관을 형성하였다. 계급윤리는 평등의식으로 발전하면서, 역사적으로 민족의 독립과 동양의 평화를 위하여 행동하는 사상으로 발전하였다.

(2)안중근의 내면에서 유가사상과 천주교 신앙이 융합된 사상은, 외적으로 국제정세의 상황에서 민족의 독립과 동양의 평화를 위한 현실적인 방안을 모색하며 투쟁하게 하였다. 그의 사상은 생애와 활동의 방향을 결정하는 결정체로서, 현대와 미래를 위한 의미와 가치를 지니고 있다. 그의 생애를 나무에 비유한다면 유가사상의 뿌리에서 천주교 신앙으로 큰 줄기를 돋아내고, 선교활동, 교육운동, 항일운동, 의열 투쟁의 가지를 뻗어내어 민족의 독립과 동양평화라는 열매를 맺으려 했던 한 그루 거목이라고 할 수 있다.

이러한 행적은 동양 전통 수양의 이상인 안으로 성인의 도를 닦고 밖으로는 세상을 다스린다는 '內聖外王'[55]의 정신이 그의 인격 안에서 천주교 신앙을 만나 종교적으로 내면화되었고 역사 안에서 실천행동으로 나타난 결과로서 높이 평가된다.

(3)그의 구국 활동과 평화 노력은 순국 직전에 감옥에서 쓴 『안응칠 역사』와 『동양평화론』을 통해서 '정의'와 '평화' 사상의 두 가지 큰 주제를 드러낸다. 그가 이토를 저격한 목적은 국제 질서에서 무너진 '정의'를 바로 세움으로서 민족의 독립과 동양 백성들의 '평화'를 지키기 위한 것이었다.

---

[55] 참고 풍우란 저, 곽신환 역, 『중국철학의 정신』, 1993년, 서울, 서광사, 15쪽.

그는 개인적인 구복신앙이나 편협한 민족주의에 폐쇄되지 않고, 정의의 사도로서 민족의 존엄을 짓밟는 침략에 대하여 그 불의를 응징하고, 또한 평화의 사도로서 민족들이 존엄과 평화를 누릴 수 있는 국제적 협력체제를 세우려고 하였다. 이러한 국제 평화의 구상을 현실적으로 실현하기 위하여 가톨릭교회가 보편종교로서 지닌 도덕적 신뢰에 기초하여 영구적 평화를 세우기를 간절히 원하였다.

안중근의 사상과 생애는 민족분단과 주변국가의 군비경쟁으로 긴장이 날로 심화되는 현대의 우리에게 화해와 영구평화를 세우기 위한 빛과 방향을 제시하며, 역사적으로 이를 수행할 과제를 촉구하고 있다.

12

안중근 사건의
신학적 고찰

전수홍
천주교 부산교구 신부

1. 머리말

필자는 어릴 때부터 안중근 하면 토마스라는 세례명을 기억하기는 하였지만 마치 얼마 전 서거하신 노무현 전 대통령이 유스토란 세례명을 가진 것처럼 가톨릭교회에서 세례는 받았지만 신앙생활을 하지는 않은 사람으로 생각하였다. 그러다 1992년 로마 유학시절에 신앙인 안중근에 대한 자료들을 접하면서 안중근 토마스의 깊은 신앙심과 그 신앙심이 하얼빈 의거에도 영향을 주지 않았을까 추측해 본 기억이 난다.

이처럼 안중근 토마스에 대해 문외한인 필자는 금년 초 '기쁨과 희망 사목연구소'로부터 안 의사의 하얼빈 의거 100주년을 기념하여 개최될 심포지엄에 안중근의 신앙에 대한 논문을 써달라는 부탁을 받고 일주일 동안 고민했다. 그리고 이번 기회로 안중근을 배우고 또 도전하는 마음으로 논문 집필을 수락하였다.

그리고 안중근의 신앙에 대한 논문들과 자료들을 찾으면서 다시 한 번 고민해야 했다. 안중근 신앙에 대해 이미 수많은 논문들이 집필되었으며 그것도 그의 신앙과 관련된 가정배경과 영성, 교회활동, 하얼빈 의거에 대한 다양한 신학적 접근 등 상세한 연구들이 되어졌기에 논문주제를 무엇으로 택해야 하나가 고민이었다. 그래서 일단 다양한 서적들과 논문들을 읽어가면서 생각해 보기로 하고 자료들을 찾아 읽기 시작하였다.

그리고 안중근 토마스의 삶 전체를 우리 민족사에서 하나의 사건으로 보고 주제를 '안중근 사건의 신학적 고찰'이란 주제를 택하면서 기왕에 연구된 다양한 자료들을 토대로 신학적으로 정리해 본다는 마음으로 이 글을 집필하기로 했다.

첫 글은 신학의 배경으로써 '신앙인 안중근과 일제 하 한국 천주교회의 선교정책'으로 설정하고 먼저 안중근 토마스의 신앙관을 살펴보고 다음으로 파리외방전교회의 선교지침과 당시 한국에서 선교하던 선교사들의 선교정책을 비판적 관점에서 기술하고 자 한다. 그리고 마지막으로 일제 하 한국천주교회에 대한 교황청의 시각은 어떠했는지도 살펴보기로 한다.

둘째 글에서는 신학의 본론으로서 '하얼빈 의거에 대한 신학적 고찰'을 먼저 육화론과 종말론적 관점에서 살펴보고, 다음으로 윤리신학적 관점과 한민족에 대한 대속(代贖)적 관점에 이어 교회와 국가 관계의 관점에서 살펴보게 될 것이다.

그리고 마지막 글에서는 '안중근 사건을 통해 계승해야 할 교회의 예언자적 사명'이란 소제목으로 안중근 사건의 정신이 우리 한국 가톨릭교회에서 어떻게 계승되어 왔으며, 그리스도교 예언직의 관점에서 아직까지 교회 안에 제대로 그리고 보편적으로 알려지지 못한 한계에 대해서도 반성해보기로 한다.

2. 신앙인 안중근과 일제 하 한국 천주교회의 선교정책

1) 안중근 토마스의 신앙관

1879년 9월 9일(음력 7월 16일) 황해도 해주에서 향반인 아버지 안태훈, 어머니 조 소사(趙 召史)의 3남 1녀 중 장남으로 태어난 안중근은 아버지의 영향으로 개화사상과 근대적인 민족의식을 갖게 되었다.[1] 안중근은

---

[1] 안중근의 가계와 성장 과정에 대해서는 이은상 역, "안중근 의사 자서전", 안중근 의사 숭모회, 1979, 17~24 참조(앞으로 이 책은 "자서전"으로 표기함); 신성국 역저, "의사 안중근(도마)", 안중근 의사 기념사업회, 2009년, 19~31 참조; 노길명, '안중근의 가톨릭 신앙', "교회사 연구" 9집, 한국교회사연구소, 1994, 7~12 참조.

아버지 안태훈을 따라 19세 때인 1897년 1월 황해도의 신천군 청계동에서 빌렘(Joseph Wilhelm, 洪石九) 신부로부터 그의 형제 2명과 조카, 그리고 청계동과 그 인근 주민 33명과 함께 세례를 받고 세례명을 도마(多黙, Thomas)라고 하였다.[2]

빌렘 신부는 같은 해 부활절을 앞두고 다시 청계동 공소를 방문하여 입교준비를 마친 66명에게 세례를 베풀었으며, 그 이듬해 부활시기에 또다시 방문하여 25명에게 세례를 베풀었다. 이때 안태훈의 가족 중 아직 세례를 받지 못했던 나머지 사람들도 모두 세례를 받았다. 다만 안태훈의 큰형인 안태진은 안씨 문중의 장자이기 때문에 가톨릭에 입교하면 조상제사를 드리지 못한다고 하여 세례받기를 거부하고 모친과 함께 고향인 해주로 이사하였다.

청계동 안씨 일가와 인근 마을에서의 개종운동은 빌렘 신부에게 황해도 선교에 대한 희망을 불러일으켰다.[3] 이에 그는 1898년 4월 하순, 본당을 마렴에서 매화동(玫花洞)으로 이전한 지 8개월 여 만에 다시 청계동으로 본당을 옮기게 되었다. 아마도 빌렘 신부는 황해도의 토착 세력가인 안태훈의 힘을 선교에 이용하려는 생각이었고, 안태훈도 서울에서 보호를 받으면서 알게 된 프랑스 선교사의 힘을 빌려 자신의 입지를 넓히려는 생각이 전혀 없지 않았을 것이다.

이와 같이 볼 때 안중근의 입교는 부친의 개종에 영향을 받은 것으로 볼 수 있으며 개종의 동기 또한 천주교를 개화사상과 근대적 민족의식에

---

[2] 안중근의 천주교 입교에 관해서는 정인상, '안중근의 신앙과 윤리', "교회사 연구" 16집, 한국교회사연구소, 2001, 87~91 참조.

[3] 실제로 청계동 본당설립 당시에 555명에 불과하였던 황해도의 신자 수는 1899년에 1,800명, 1901년에는 5,433명으로 급증하였고, 성인 영세자 수도 1900년에 1,942명을 기록하면서 전국 영세자 수 5,353명의 36.3%를 차지하게 되었다.(한국교회사연구소 역편, "서울교구연보" I, 천주교 명동교회, 1984, 1898-1901년 보고서) 참조.

부합하는 종교로 생각하고 입교하였다는 점에서 본다면 어떤 종교적 체험이나 신앙적 관점보다는 어느 정도 세속적인 동기가 자리 잡고 있음을 알 수 있다. 하지만 이러한 한계성에도 불구하고 교회활동에 대한 참여가 증가함에 따라 그의 신앙과 영성은 놀랄 만한 성장을 나타내기 시작했다.

특히 그의 신앙과 영성을 살펴볼 수 있는 내용은 자신의 몇몇 선교연설[4]에 잘 나타나 있는데 이를 소개하면 다음과 같다.

… 천주는 누구인가. 한 집안 가운데는 그 집 주인이 있고, 한 나라 가운데는 임금이 있듯이, 이 천지 위에는 천주가 계시어 시작도 없고 끝도 없이 삼위일체로서 전능, 전지, 전선하고 지공, 지의하여 천지만물, 일월성신을 만들어 이루시고, 착하고 악한 것을 상주고 벌 주시는, 오직 하나요 둘이 없는 큰 주재자가 바로 그분이요. … 천주님은 지극히 공경하여 착한 일에 갚아주지 않는 일이 없고 악한 일에 벌하지 않는 일이 없거니와 공죄의 심판은 몸이 죽는 날 내는 것이라, 착한 이는 영혼이 천당에 올라가 영원무궁한 즐거움을 받는 것이요, 악한 자는 영혼이 지옥으로 들어가 영원히 다함없는 고통을 받게 되는 것이요…

혹시 어째서 천주님이 사람들이 살아 있는 현세에서 착하고 악한 것을 상주고 벌주지 않느냐고 하겠지만 그것은 그렇지 아니하오. 이 세상에서 주는 상벌은 한정이 있지마는 선악에는 한이 없는 것이오. (만일 어떤 사람이 한 사람을 죽여 시비를 판별할 적에 죄가 없으면 그만이려니와 죄가 있어도 그 한 사람만 다스리는 것으로 족한 것이오.) 그러나 어떤 사람이 여러 천만 명을 죽인 죄가 있을 적에 어찌 그 한 몸뚱이만 가지고 대신할 수 있겠소. 그리고 또 만일

---

4 "자서전", 43~51, 51~55 참조.

어떤 사람이 여러 천만 명을 살린 공로가 있을 적에 어찌 잠깐 되는 세상영화로써 그 상을 다했다고 할 수 있겠소.

더구나 사람의 마음이란 때를 따라 변하는 것이어서 혹 금시는 착하다가도 다음 시간에는 악한 일을 짓기도 하고 혹시 오늘은 악하다가도 내일은 착하게도 되는 것이니 만일 그 때마다 선악에 상벌을 주기고 든다면 이 세상에서 인류가 보전하기 어려울 것이 분명하오.

또 이 세상 벌은 다만 그 몸을 다스릴 뿐이요, 그 마음은 다스리지 못하는 것이지만 천주님의 상벌은 그렇지 아니하오. 전능, 전지, 전선하고 지공, 지의하기 때문에 사람의 목숨을 너그러이 기다려 주었다가 세상을 마치는 날 선악의 경중을 심판한 후에, 죽지 않고 멸하지도 않는 영혼으로 하여금 영원무궁한 상벌을 받게 하는 것인데, 상은 천당의 영원한 복이요, 벌은 지옥의 영원한 고통으로서, 천당에 오르고 지옥에 떨어지는 것을 한 번 정하고는 다시 변동이 없는 것이오. … (만일 사람이 천주의 천당과 지옥을 보지 못했다하여 그것이 있는 것을 믿지 않는다 하면, 그것은 마치 유복자가 아버지를 못 보았다고 해서 아버지 있는 것을 안 믿는 것과 같고, 또 소경이 하늘을 못 보았다고 해서 하늘에 해가 있는 것을 안 믿는 것과 무엇이 다를 것이오. 또 화려한 집을 보고서 그 집을 지을 때 보지 않았다 해서 그 집을 지은 목수가 있었던 것을 안 믿는다면 어찌 웃음거리가 되지 않겠소.)

비록 집 한 간, 그릇 한 개도 그것을 만든 사람이 없다면 생겨질 수가 없는 것인데 하물며 수륙 간에 하많은 기계들이 만일 주관하는 이가 없다면 어찌 저절로 운전될 리가 있겠소.

그러므로 믿고 안 믿는 것은, 보고 안 본 것에 달린 것이 아니라 이치에 맞고 안 맞는 것에 달렸을 따름이오. 이러한 몇 가지 증거를 들어 지극히 높은 천주님의 은혜와 위엄을 확실히 믿어 의미하지 아니하고 몸을 바쳐 신봉하며, 만일에 대응하는 것이야말로 우리 인류들의 당연한 본분인 것이오.

지금부터 1800년 전에 지극히 어진 천주님이 이 세상을 불쌍히 여겨 만인의 죄악을 속죄하여 구원해 내시고자 천주님의 둘째 자리인 성자를 동정녀 마리아의 뱃속에 잉태케 하여 유대국 베들레헴에서 탄생시키니 이름하되 예수 그리스도라 했소. 그가 세상에 머무르기를 33년 동안, 사방을 두루 다니며 사람들을 보고 그 허물을 뉘우치게 하고 신령한 행적을 많이 행하였으니 소경은 눈을 뜨고 벙어리는 말을 하고 귀머거리는 듣고 앉은뱅이는 걷고 문둥이가 낫고 죽은 사람이 되살아나 원근 간에 이 소문을 듣고 따르지 않는 사람이 없었소. 그 중에서 12인을 가려 제자를 삼고 또 특히 한 사람을 뽑으니 이름은 베드로라, 그로써 교종을 삼아 장차 그 자리를 대신하게 하고자 권한을 맡기고 규칙을 정해서 교회를 세웠던 것이요.

그 당시 유대국 예루살렘 성 중에서 옛 교를 믿던 사람들이 예수의 착한 일을 하는 것을 미워하고 권능을 기시하여 무고로 잡아다가 무수히 악형하고 천만 가지 고난을 가한다음, 십자가에 못을 박아 공중에 매어달았을 때 예수는 하늘을 향해 '만인의 죄악을 용서해 주십사'하고 기도한 뒤에 큰 소리 한 번에 마침내 숨이 끊어졌소… 예수는 사흘 뒤에 다시 살아나 무덤에서 나와 제자들에게 나타나 같이 지내기를 40일 동안에 죄를 사하는 권한을 전하고 무리들을 떠나 하늘로 올라가셨소. … 그러나 지금 세상에는 위선의 교도 대단히 많은데 이것은 예수께서 미리 제자들에게 예언했으되 "뒷날 반드시 위선하는 이가 있어, 내 이름으로 민중들을 강화시킨다 할 것이니, 너희들은 살아서 그런 잘못에 빠져들지 말라, 천국으로 들어가는 문은 다만 천주교회의 문 하나밖에 없다"고 하였소. 원컨대 우리 대한의 모든 동포 형제자매들은 크게 깨닫고 용기를 내어 지난날의 허물을 깊이 참회함으로써 천주님의 의자가 되어 현세를 도덕시대로 만들어 다 같이 태평을 누리다가 죽은 뒤에 천당에 올라가 상을 받아 무궁한 행복을 함께 누리기를 천만번 바라오.

이 글은 안중근이 옥중에서 직접 쓴 자서전 가운데 나오는 것으로 그의 천주교에 대한 신앙심이 10년 전의 선교연설을 회상하면서 기록한 것이다. 이 글을 통해서 볼 때 그는 가톨릭의 4대 핵심교리인 천주존재, 삼위일체, 상선벌악(賞善罰惡), 강생구속(降生救贖)에 대한 내용을 고백하고 있을 뿐 아니라 사후심판과 영혼불멸설 그리고 교회의 사도적 전통과 회개를 통한 구원까지 언급하고 있음을 보여주고 있다.

또한 그가 독립전쟁 중 절대 절명의 위기 상황에 직면하였을 때에는 동료들에게 교리를 설명하여 대세를 베풀었으며,[5] 연해주와 만주 등지에서의 망명생활과, 유격 전쟁으로 특징지어지는 독립전쟁 중에도 매일 아침 하느님께 기도를 드릴 정도로 기도생활에 충실하였다.[6]

뿐만 아니라 하얼빈 역에서 이토 히로부미(1841~1909, 伊藤博文)를 제거하기 전날 하느님께 축복을 청하는 기도를 바친 일[7]이나 거사 후 가슴에 성호를 긋고 감사기도를 드린 모습[8]을 통해서도 세례 후 일관된 그의 신앙심을 엿볼 수 있다.

이와 같은 신앙의 일관성은 순국 직전에 나타내었던 행동에서도 그 깊이와 수준이 잘 드러나고 있다. 그는 고해성사와 성체성사를 받기 위해 교도소 당국에다 자신의 본당신부였던 빌렘 신부를 초빙해 줄 것을 요청하였으며, 가족과 성직자들에게는 신앙심에 충만한 유언들을 남겼다. 그는 모친과 부인에게 천국에서 다시 만날 것을 기약하면서, 자신은 '평소 장남 분도를 신부로 키우려고 하였으나 그것을 이루지 못하고 먼저 천국

---

5 같은 책, 152~153 참조.
6 '제1회 공판시말서', "한국 독립운동사 자료 7", 327.
7 류동선 구술, 김파 정리, '민족해방사화: 안중근과 그의 동료들 - 오빠 류동하에 대한 회상', "松花江", 연변조선족 자치주, 1985년 3월호 참조; "안중근 (도마) 의사 추모자료집", 천주교 정의구현 전국 사제단, 1990, 194에서 재인용.
8 "안중근 (도마) 의사 추모자료집", 194~195에서 재인용 참조.

으로 가니 잊지 말고 천주께 바치어 신부가 되도록 하여 달라'는 유언을 남겼으며, 빌렘 신부에게는 세례성사를 준 것과 죽음의 준비를 잘 하도록 중국에까지 왕림하여 고해성사와 성체성사를 베풀어 준 것에 대해 감사하면서 자신을 위한 기도와 신자들에 대한 문안을 부탁하였다. 그리고 당시 교구장이었던 뮈텔 주교(Gustave Mutel)에게는 과거 한국 민족과 한국 교회의 실정과 지향해 나가야 할 방향에 관해 논할 때 자신의 행동이 불손하였던 것에 대해 사과하는 한편, 자신을 위해 기도해 줄 것을 청원하면서 아울러 나라의 복음화를 기원한다는 유언장을 남겼다.[9]

한편 안중근의 천주교 신앙은 자신의 사상에도 영향을 주었다. 그는 천주교 교리를 이해하면서 인간의 존엄성과 평등사상을 갖게 되었고, 따라서 신자들의 억울한 일을 볼 때마다 앞장서서 이를 해결하고자 하였다. 이것은 바로 민권사상의 실천 차원에서 천주교 교리를 현실에 적용시켜 간 것으로 볼 수 있다.

예를 들면 한 때 옹진 군민 신자들이 서울에 사는 전 참판 김중환에게 돈 5천 냥을 빼앗긴 일로 상경했다가 한성부 재판소의 검사관 정명섭과 문답하는 과정에서 "예로부터 지금까지 어진 임금과 훌륭한 재상은 백성을 하늘처럼 알았고, 어두운 임금과 탐관오리들은 백성을 밥처럼 알았습니다. 그렇기 때문에 백성이 부하면 나라가 부하고, 백성이 약하면 나라가 약해지는 것입니다."[10]라고 한 데서 그의 민권사상이 나타나고 있다.

또한 안중근이 무장 독립운동과정에서 1908년 6월 함경북도 경흥과 신아산(新阿山) 부근의 전투에서 사로잡은 일본군과 상인들을 부하들의 반대에도 불구하고 만국공법에 따라 석방해 준 사실에서도 그의 인간

---

[9] "자서전", 524~527 참조; 노길명, 위의 책, 21에서 재인용.
[10] 같은 책, 72; 신성국 역저, "의사 안중근(도마)" 49에서 재인용.

존엄사상과 신앙인으로서의 도리를 지킨 것으로 이해된다.[11] 그 외에도 안중근이 자신의 사형집행을 그 해의 성 금요일, 즉 예수 그리스도가 인류를 위하여 십자가 위에서 처형당한 날에 맞추어 해 달라고 요청하였던 사실[12]에서도 그의 투철한 신앙관을 엿 볼 수 있다.

이와 같이 볼 때 안중근은 부친 안태훈이 천주교로 개종하면서 개화파의 노선에 따라 어느 정도 세속적인 동기에 의해 가톨릭 신앙을 갖게 되었지만, 일단 신앙을 수용하고 난 후부터는 가톨릭 교리에 정통하였으며 철저한 기도생활과 성사활동을 통해 선교에도 앞장섰던 훌륭한 신앙인으로 볼 수 있다. 또한 그의 가톨릭 신앙은 당시 조국의 현실과 부합되면서 도덕 사회의 실현과 민족구원 사상이 조화를 이루며 인간의 존엄성과 평등사상을 중요시하게 되었으며 마침내 그가 감옥에서 집필한 미완성 원고 '동양평화론'에도 영향을 주었다고 볼 수 있다.

2) 파리외방전교회의 선교지침과 한국선교사들의 선교정책

안중근 의사가 신앙 활동과 민족운동을 하던 시기에 한국교회는 프랑스 파리외방전교회가 담당하고 있었다. 1658년 프랑수와 팔뤼(François Pallu, 1626~1684), 랑베르 데 라 못트(Pierre Lambert de la Motte, 1624~1676) 같은 성직자들에 의해 설립된 파리외방전교회(Societe des Missions Etrangeres de Paris)의 조선선교는 동 회원이었던 사암(오늘날 타이)의 브뤼기에르(Bruguière) 소(蘇) 주교가 조선선교를 자원하여 1831년 9월 9일 그를 조선대목구의 초대 대목으로 임명하였으나 파리외방전교회가 당시에는 조선

---

[11] 같은 책, 162~164 참조
[12] 빌렘 신부가 청계동에서 프랑스 로렌 지방의 친구들에게 보낸 1912년 3월 19일자 편지; '大韓每日申報' 1910년 3월 1일자; '경향신문' 1910년 3월 21일자.

선교를 반대하다 1833년에 수락하고 1836년 처음으로 모방(Maubant) 신부가 입국함으로써 시작되었다.

그러나 파리외방전교회가 설립당시에는 아직 조직적인 선교수도회의 모습을 갖추지 않았기에 따로 회칙은 없었으며 1700년에 가서야 맨 처음 정식으로 회칙이 채택되었다. 대신 이들에게는 포교성성이 선교지로 보내면서 내린 훈령(La istruzuone di Propaganda Fide ai vicari apostolici dell'Asia orientale, 1659)[13]을 반포하여 선교의 출발 전에, 여행 중에, 선교지에서의 지켜야할 사항들과 선교방침을 제시하고 있다. 훈령의 중요한 내용을 간단히 살펴보면 :

> 포교성성이 여러분을 주교로서 이 지역에 보내는 주 이유는, 여러분들이 거기에 가서 젊은이들을 잘 교육하여 사제직을 수행하기에 적합할 만큼 준비시킨 다음 그들에게 거룩한 품을 주는 일에 온갖 수단과 방법을 동원해서 노력하도록 하기 위함이었습니다. 여러분들은 그들을 그 광대한 지역에 배치하여 그들로 하여금 여러분들의 지도하에 전심전력 그리스도교를 위해 봉사하도록 해야 할 것입니다.
>
> 그러므로 여러분은 사제직에 적합한 자질을 가진 젊은이들을 가능한 많이 훈련시키고 양성하여 성품을 받게 한다고 하는 이 목적을 한 순간도 잊지 마시기 바랍니다. 또 여러분이 사제품에 올린 사람들 가운데 주교직에 적합한 인물이 나타나면, 여러분은 명심하여 그들에게 바로 이 높은 지위를 허락하지 말고 ―이것은 여러분에게 엄격히 금지된 사항입니다― 기다리시기 바랍니다. 그런 다음 먼저 그들의 성명, 연령, 자질, 기타 필요한 모든 사항, 예를 들면 어디에서 그들에게 주교직을 주게 될지, 어떤 교구에 배치하게 될지 등 여러

---

[13] 이 훈령의 번역은 전수홍, "부산교회사보" 25권~29권, 부산교회사연구소 참조.

가지를 적어서 보고해 주시기 바랍니다.

여기서 우리는 선교지역의 방인성직자 양성에 대해 포교성성이 얼마나 큰 중요성을 두고 있는지를 확인할 수 있으며 이러한 정책은 후에 외방전교회 회칙에도 그대로 받아들여져 이 회의 가장 중요한 특징 중 하나가 되었다.

포교성성이 내린 훈령에서 두 번째로 강조되고 있는 점은 현지 문화와 전통에 대한 존중사상이다.

항상 전력을 다하되, 선교지역 백성들의 전통적 의례나 관습, 미풍양속을 변화시키도록 유도하는 방법을 사용해서는 안 되며, 마찬가지로 그들의 종교나 미풍양속에 대해 드러내 놓고 반대해서도 안 될 것입니다. 사실 중국에 프랑스, 스페인, 이탈리아나 기타 유럽 국가들의 문화를 이식시키는 것보다 더 터무니없는 일이 어디에 있겠습니까? 여러분들이 전해야 할 것은 이러한 문화 이식이 아니라 신앙이기에 어떤 백성의 민족의례나 관습들을 거부하거나 해를 끼치지 말아야 합니다. 왜냐하면 그들의 문화들도 악한 것이 아니기에 보호되어야 하고 그 백성들을 결속시키는 역할을 하기 때문입니다. 또한 이것들은 다른 민족에 대해서 특수하게 자신들만이 지니고 있는 고유한 국가 전통이며, 인간본성에서 나오는 공통된 특징이기 때문입니다. 그리고 민족적 관습을 바꾸려하는 것보다 더 증오심과 원한을 자아내게 하는 일은 없으며, 특히 고대로부터 익숙해져있고 국가적 전통으로 알려져 있는 것을 누가 대체시키려 할 때는 더욱 그러합니다.

그러므로 선교지의 토착적 관습과 유럽의 관습을 비교해서도 결코 안 될 것입니다; 따라서 선교사업에 있어서 무엇보다도 토착적인 관습에 익숙되도록 노력을 기울려야 합니다. 여러분들은 칭송받을 만한 모든 것은 칭송하고 찬미해야 합니다.; 그러나 우상숭배와 같은 칭송되지 못할 것에는 괜히 호들갑스럽게 칭송해서는 안 되며, 그렇다고 쉽게 판단해서 어떤 동기도 없이 단죄하는 일이 없도록 하는 분별력이 요청됩니다. 외적으로 드러나는 사악한 관습들에 대해서는 이를 제거해야 하는데 말로 할 것이 아니라 침묵을 지키고 거의 느끼지 못할 정도로 천천히 행동해야 할 것이며, 한번 그 영혼들이 진리를 받아드릴 준비가 된다면 이는 제거 될 것입니다.

그러나 소위 중국 전례논쟁[14]으로 포교성의 이런 기본방침이 얼마나 정면으로 자가당착에 빠졌던가를 우리는 너무나 생생하게 기억하기 때문에 여기에 표명된 원칙이 실제에 있어서는 제대로 지켜지지 못한 사례가 상당히 있었음을 인정하지 않을 수 없다. 하지만 당시까지 포르투갈과 스페인의 보호권을 앞세운 선교방식이 내포하고 있던 결함을 시정하려는 것이 포교성의 기본의도였고, 그것이 그대로 외방전교회가 근본적인 선교방법으로 받아들여진 정신이었던 것만은 틀림없는 사실이다.[15]

외방전교회의 회칙은 1700년에 처음으로 채택되었는데 이 회칙의 정신을 명시하는 제 1 장은 당시의 문안 그대로 오늘날에까지 전해져 온다. 그 중요성에 비추어 제 1 장을 살펴보면:

① 동인도에 프랑스 주교들과 성직자들을 파견하기로 하는 계획을 구상하도록 하신 하느님의 첫째 목표이며 그 계획을 실제로 수립한 교황청의 의도는 이방인들의 회개에 있었다. 그런데 이를 실현하는 방법에 이르러서는, 이방인들에게 직접 복음을 전파하는 방법 뿐 아니라 그보다도

---

[14] 17세기와 18세기 초 중국, 인도, 일본과 같은 아시아 포교지역의 관습, 문화 종교 등을 존중하면서 포교했던 예수회와 이것이 교회법이나 전통에 위배된다고 본 도미니코회 혹은 프란치스코회 간의 논쟁. 이 논쟁으로 예수회는 1742년 교황 베네딕도 14세에 의하여 선교 금지령을 받게 되고 적응주의적 선교방법은 포기되었다.
[15] 이병호, '프랑스 선교사들의 영성과 한국교회', "교회사 연구" 제5집, 1987, 389.

한층 더 중요한 방법을 사용한다는 것이 그 정신이었다. 다름 아니라, 새로 입교한 신자들이나 그 자녀들 가운데 합당한 사람들을 선발하여 성직에 올림으로써, 예수 그리스도와 사도들이 전 교회에 걸쳐서 해 주셨던 것과 같이, 각 지방에 성직자단을 구성하고 교계제도를 설립시킨다는 원칙이었다. 그 길만이 단시일 내에 완전한 그리스도교를 형성시키기 위한 최선의 방법임을 관계자들이 잘 알았기 때문이다. 그뿐 아니라, 유럽에서 언제까지나 사제들을 계속 보내줄 수가 없음은 명백한 사실이고, 또 그 사제들이 언어를 습득하는 데 들이는 긴 시간을 생각하거나 현지에서 하나 둘씩 죽어가는 사실을 고려할 때, 본방인 성직자 양성의 필요성은 더욱 절실해진다. 더구나 박해 시에는 서양인인 선교사들이 쉽게 발견되고 체포되어 사형에 처해진다. 그에 비해 본국인 사제라면 쉽게 몸을 피하고 빨리 잠적할 수가 있으며, 자기 동족으로부터 더 쉽게 신뢰를 얻을 수 있을 것이다. 그렇게 되면 그런 나라의 교회는 외국으로부터의 원조 없이 자립적으로 해나갈 수가 있게 될 것이다.

② 그러므로 파리의 신학교로부터 배출된 모든 일꾼들은 그들이 일하게 될 지역에 하나의 교회를 이루기에 충분한 정도의 신자들이 생기고 그들로부터 목자들을 선발해 낼 수가 있는 단계에 이르면 즉시 성직자 양성에 전력을 기울이는 것이 자기네들의 가장 큰 목표라는 사실을 명심해야 한다. 그리하여 방인 성직자단이 형성되고, 교회가 외국 선교사들의 존재나 협력 없이 자립적으로 운영해 나갈 만한 단계에 이르면, 성청의 허락을 받아서 그들은 흔쾌한 마음으로 모든 설비들을 방인 사제들에게 넘겨주고 물러나 다른 곳을 찾아가 일해야 한다.

③ 따라서 그들이 기울여야 할 노력의 우선순위는 다음과 같다.

첫째, 적합한 사람들을 선발하여 성직자로 양성시키는 일

둘째, 새 신자들을 적절히 돌보는 일

셋째, 비신자들의 회개를 위해 노력하는 일, 여기서 둘째보다는 첫째가, 셋째보다는 둘째가 더 중요하기 때문에 그 우선순위를 절대로 뒤바꾸지 말 것이다.

④ 그들은 자기네 권한을 모두 예수 그리스도의 대리자로부터 받는 만큼 그에 대해 존경과 성실한 애정을 간직하도록 할 것이며, 어떤 경우에도 순종과 정확한 순명의 정신을 지녀야 한다. 또 그들은 그리스도의 대리자가 지니는 사도적 권위가 인정받고 유지되도록 하는 일에 큰 노력을 기울여야 한다.[16]

이와 같은 포교성성의 아시아 선교에 대한 훈령이나 외방전교회의 회칙에 나타난 선교정책은 1900년대 초에 입국한 프랑스 선교사들에게도 기본적인 선교의 지침이 되었을 것이다.

하지만 당시의 한국교회의 상황은 이와 같은 선교의 지침이 그대로 적용되기에는 여러 가지 어려움들이 따랐다. 프랑스 선교사들은 한국교회가 일제 종교정책의 영향아래에 있었고, 한국교회는 오랫동안 박해를 받아오다 이제 갓 선교와 신앙의 자유를 획득했다는 점, 그리고 선교사들의 프랑스 제국국민으로서의 의식과 교계제도 중심의 엄격주의 및 완고주의[17]적 신학경향들이 그 요인들로 지적될 수 있다.

이와 같은 문제점들로 인해 결국 한국교회는 정치 불간섭주의적인 '정교분리 원칙'을 사목방침으로 내세우게 되었고 신자들의 일제에 대한 저항운동을 배격할 뿐 아니라 심지어 단죄하기까지 하였다. 그러나 일부 성직자와 평신도들은 무력항쟁 등 여러 가지 방법으로 민족 운동에 참여하

---

16 위의 책, 392~393.
17 근대 자본주의 발전과 함께 사상적으로도 계몽주의 운동, 인문주의, 자유주의와 같은 근대사상들을 세속화의 요인들로서 정통교리에 대한 여러 오류들이 포함되어 있다고 보고 이를 반대하는 주의. 완고주의는 주로 교황청과 울트라 몬타니스트(Ultramontanist)들로 대변되어 왔다.

였고, 그로 인해 교회 내에 갈등이 발생하였다.[18]

또한 프랑스 선교사들의 엄격주의와 완고주의적 신학경향은 선교지 백성들의 정치적, 사회적 구원보다는 백성들의 '영혼구령'(Cura animarum)에 사목적 관심을 두게 되었으며 이는 성사중심주의, 성직자 중심주의, 현실 도피적 신심, 토착민의 지성에 대한 무관심과 같은 부정적인 교회문화가 나타나게 되었다.[19]

예를 들면 안중근이 애국 계몽사업의 일환으로 뮈텔 민 주교를 찾아가 우리 한국의 신자들이 학문에 어두워서 교리를 잘 전하고, 국가의 앞날을 위해서 서양의 수도회 가운데 박학한 수사들을 모셔와 대학을 설립해 줄 것을 건의하였으나 "한국인이 만일 학문을 하게 되면 신앙생활에 좋지 않을 것이니 다시는 그런 이야기를 꺼내지 마라"고 거절당했던 일에서도 토착민의 지성에 대한 무관심의 한 사례로 들 수 있다.[20] 이로 인해 안중근은 빌렘 신부로부터 배우던 프랑스어를 포기하게 되었다.

다음으로 파리외방전교회가 가장 우선적으로 강조한 방인 성직자 양성에 대한 노력을 살펴보면, 1836년 선교사가 처음 한국에 입국한 뒤 제일 먼저 한국인 성직자 배출을 위하여 3명의 신학생[21]을 선발하여 유학을 보낸 후 1853년 충청도 배론[舟論]에 성요셉신학교를 설립하여 성직자 양성사업에 착수하였다. 이는 오래되지 않아 폐쇄되었지만 1885년 10월 강원도 원주 땅 부흥골에 다시 신학교를 설립한 후 1887년 서울 용산(龍山)에 예수성심신학교(聖心神學校)가 개설되면서 당시 페낭 신학교에서

---

[18] 가톨릭교회의 무장투쟁과 민족운동에 대해서는: 조광, '일제하 무장 독립 투쟁과 조선 천주교회', "교회사 연구" 제11집, 1996, 한국교회사연구소, 149~173을 참조.
[19] 한국가톨릭 문화의부정적 특성에 대해서는: 조광, "한국천주교 200년" 햇빛출판사, 1989, 136~151 참조.
[20] "자서전", 55~56 참조.
[21] 김대건 안드레아, 최양업 토마스, 최방제 프란치스코 3명을 지칭함.

유학하던 12명의 신학생들이 귀국하였다.[22] 이 신학교는 오늘날 서울 혜화동(惠化洞)에 소재한 가톨릭 대학 신학부의 모체가 된 것이다. 박해와 일제의 탄압을 받으면서 파리 외방전교회는 한국 천주교회를 위하여 활동 하다가 1942년 서울대목을 한국인 노기남(盧基南) 주교에게 인계하고, 1944년부터는 사목활동의 책무를 점차 방인 성직자들에게 인계하기 시작하였다.

하지만 한국인 성직자 양성에 있어서는 1910년 61명의 성직자 중 15명이 한국인이었으며 1920년에는 총 71명 중 30명이 한국인이었다는 사실에서 볼 때 비록 이전의 박해와 같은 여러 가지 어려운 여건들이 따랐겠지만 방인 성직자 양성에 적극적인 노력을 보였는가 하는 점도 의문이 간다. 그것도 교구(재속) 사제양성에만 너무 치우친 나머지 수도자 사제 양성을 등한시하게 되었으며, 그 결과 오늘날 한국교회가 교구사제 중심의 교회로 형성되었다.

이와 같이 볼 때 당시 한국에서 활동하던 프랑스 선교사들의 선교정책은 교회의 사회참여의 폭을 크게 제한하는 정책이었으며 정치권력으로부터 받은 한국 교회의 오랜 박해 체험과 함께, 선교사들의 모국인 프랑스에서의 교회와 국가 간의 관계 악화와 그에 따른 프랑스 교회의 피해 그리고 당시 선교사들이 갖고 있었던 성속이원론(聖俗二元論)의 신앙유형 등이 결합되어 나타난 결과라고 할 수 있다.

3) 일제 하 한국천주교회에 대한 교황청의 시각

17세기 이래 전통적인 가톨릭 국가들에서 교회는 국가 절대주의의 저

---

22 "한국 가톨릭 대사전", 한국교회사연구소, 1985, 1201 참조.

항을 받았고, 이전까지 교회가 그 역할을 맡아왔던 교육과 혼인 그리고 장례와 같은 교회문화를 국가가 주도하면서 교황청의 영향으로부터 벗어난 국가교회의 경향을 보이게 되었다. 다시 19세기에 이르러 교회는 합리주의 또는 이성주의를 정치이념의 바탕으로 한 국가 지상주의의 저항을 받았다. 특히 프랑스대혁명은 반교권주의적인 혁명의 대표적인 본보기로서, 이때 교회재산의 몰수와 성직자에 대한 탄압이 벌어졌다.

이에 교회는 1832년 교황 그레고리오 16세가 회칙 '미라리 보스'(Mirari Vos; 당신들은 놀라라)를 통해, 1864년 교황 비오 9세는 '실라부스'(Syllabus; 오류 유설표)[23]를 통해, 1906년 교황 비오 10세는 '베헤멘테르 노스'(Vehementer Nos; 격렬하게) 등을 통해 당시의 자유주의와 이성주의 그리고 정교분리를 배척하였다.

또한 교회와 국가의 관계에 대해서는 국가 지상주의로 인해 교회가 겪게 되는 피해를 줄이고 가톨릭 신앙을 자유롭게 믿을 수 있도록 교황청은 각 국가와 정교조약[24]을 체결하였다. 각 국가의 가톨릭교회조직을 재정비하고 신앙의 자유를 위해 체결한 정교조약은 시대의 흐름에 따라 어떠한 종교와 신앙에 대해서도 상호 간섭을 배제하는 정교분리의 경향으로 나아갔다.

특히 프랑스는 1905년 정교분리법을 제정하기까지 1801년 체결한 정

---

[23] 이는 교황회칙 'Quanta Cura'(얼마나 큰 배려)의 부록을 통해 80개 조항으로 발표되었으며, 단죄 내용은 크게 4가지로 구분된다. 즉 ① 자연주의, 이성주의, 무관심주의로부터 야기되는 오류들 ② 윤리적, 특히 혼인문제에 대한 오류들 ③ 교회의 본성과 국가 간의 관계에 관한 오류들 ④ 자유주의의 오류들, 즉 종교의 자유, 사상과 출판의 자유 등.

[24] 교회는 '순 교회적 사항'(res mere ecclesiasticae)을 관장하고, 국가는 '순 국가적인 사항'(res mere civiles)을 관장하지만, 교권과 국권 모두에 관계되는 '혼합사항'(res mixtae)에 있어서 나타나는 대립과 갈등을 해소하기 위해 교권과 국권이이 맺는 계약. ("한국 가톨릭 대사전", 1024 참조); 교황청은 1801년 프랑스 나폴레옹 1세와의 정교조약을 비롯하여 1817년에는 바이에른과, 1818년에는 러시아와 폴란드 등과 정교조약을 체결하였다.

교조약에서 교회에 보장했던 국가의 의무사항을 모두 폐기하고 약 100년 동안 국가는 』적인 형태로 교회의 자율권을 침해하였다. 그리고 1905년의 정교분리법도 적대적인 분리법[25]을 형태를 보이면서 모든 종교의 자유를 선언하고, 교회재산을 국가에 귀속하며, 성직자의 월급도 국가에서 지급하던 제도를 폐지하였다.

이처럼 정교분리의 원칙도 지배자 이데올로기의 도구로 전락할 위험을 지니고 있었다. 즉 지배층은 체제유지를 위하여 종교의 통합기능만을 지나치게 강조하여 대중이 사회의 구조적 모순에 눈뜨지 못하게 하고, 현실의 고통을 종교의 통합적 기능 속에 수렴하여 와해시키면서 현실의 모순과 부정을 그대로 온존시킬 수 있다.

이러한 배경 속에서 1899년 한국교회는 정부와 '교민조약'을 체결하고 다시 1904년 '선교조약'을 체결함으로써, 한국 신자들에게 종교의 자유가 보장되었다. 이 조약은 정교분리의 원리에 따라 국가와 교회가 서로 자기의 고유한 활동영역을 지키는 한 서로 간섭하지 않는다는 입장이다.

1906년 2월 1일 일제는 한국에 대한 식민지 지배통치를 위해 통감부(統監府)와 이사청(理事廳)을 설치하고 3월 2일에는 통감 이토 히로부미가 서울에 도착하여 한국에 대한 식민정치가 시작되었다. 이 때 이토 히로부미가 보여준 그리스도교에 대한 태도는 상당히 우호적이었다. 예를 들면, 그의 취임식에는 한국에서 활동하던 모든 외국인 선교사들이 초대되었는가 하면 그가 통감 관저로 재한 프로테스탄트 선교사들을 초청하여 연회를 베풀면서 당시 일본과 한국 감리교의 감독을 겸직하고 있던 헤리스에게 다음과 같은 제의를 하였다.

---

[25] 정교분리의 형태로는 미국 오늘날의 한국과 같은 순수분리, 부분분리, 적대분리가 있는데 이에 관해서는; 전수홍, "함께 읽는 세계교회사" 2권, 생활성서사, 2009년, 364~367 참조.

일체의 정치 사건은 내가 대처하겠으니, 금후 한국에서 정신적인 방면의 계몽교화는 바라건대 귀하가 맡아 주시오. 이렇게 되어야만 한국인에 대한 유도 사업이 비로소 완벽하게 이루어질 것입니다.[26]

이처럼 조선의 통감 이토 히로부미는 정교분리의 폐해인 선교사들이 식민통치의 불의에 간섭하지 못하게 하고 오직 교회보호와 선교지의 신앙활동에만 국한시킴으로써 선교사들은 민족운동을 죄악시하며 금지하게 되는 빌미를 제공하였다.

한편 교황청은 이러한 정교분리 정책의 폐해를 단죄[27]하였지만 당시 반성직주의가 드세어 가던 상황에서 그러한 단죄는 의미 없는 일이 되었다.

교황청이 한국교회에 가졌던 태도는 한국민족이 겪고 있는 감정과는 달랐다. 1922년 4월 조선총독 사이토와 정무총감 미즈노(水野錬太郎) 그리고 총독부인 마쓰미야(松宮) 등 3명이 교황 베네딕도 15세로부터 성 실베스텔 훈장을 받았다. 이 훈장은 4월 23일 훈장 증서와 함께 도착하였는데,[28] 포상 이유는 한국 주교들과 우호적인 관계를 유지한 데 대한 답례였다. 총독은 베네딕도 수도회의 사우어(B. Sauer, 辛上院) 원장과는 아주 막역하게 지냈고[29] 뮈텔 주교와 드망즈 주교를 빈번하게 식사에 초대하였다.

또한 교황청은 한국에 대한 일제통치의 정신적 역할을 했던 신사참배를 허용함으로써 일본의 침략행위를 정당화하게 되는 결과를 가져왔다. 당시 이탈리아와 하나가 된 로마 교황청은 그 동맹국가인 일본의 편을

---

26 조선 총독부, "조선의 통치와 기독교", 1926, 6; 윤경로, '통감부 시기 일제의 기독교 정책과 성격', "한국 근대사의 기독교사적 이해", 역민사, 1992, 154~155.
27 레오 13세 교황은 1905년의 프랑스 정교분리법을 단죄하였으며 비오 10세 교황도 1906년 'Vehementer Nos' 회칙을 반포하여 정교분리법을 단죄하였다.
28 "드망즈 주교 일기", 1922년 4월 22일자, 가톨릭신문사, 440.
29 최석우, "한국 교회사의 탐구" 2, 한국교회사연구소, 1991, 349.

들어 1938년 신사참배 허용방침을 시달하였으며, 이는 그 이듬해에 조상제사 허용령으로 이어졌다. 즉, 신사참배 허용과 조상제사 허용은 밀접한 관련을 가지고 있는 것이다. 동기는 정치적이었으나, 정당화 논리는 비종교적이었다. 즉, 신사참배는 종교적 행위가 아니라 시민적 행위이며 조상제사는 종교적 행위가 아니라 문화적 행위이므로 아무 문제가 없다는 것이다. 이것은 일제가 신사참배를 강요하면서 내세운 논리였다. 이로써 로마 교황청은 일제통치 하에 있던 한국민족의 고통에 대한 관심보다는 그것이 일본인이든 한국인이든 한반도에 가톨릭 신앙만을 보호하려는 소극적인 정책을 보였다.

3. 하얼빈 의거에 대한 신학적 고찰

1) 육화론과 종말론적 관점

독립 운동가였던 안중근은 1909년 10월 26일 당시 조선의 통감 이토 히로부미를 동양평화를 저해하는 원흉으로 사살하였다. 그는 살해동기를 15조목으로 제시하였다.[30] 우리는 이 사건을 두고 의거라고 부르고 안중근을 의사(義士)라고 부르고 있다. 또한 안중근은 독실한 천주교 신자

---

[30] 15개 조목은 거사 직후인 1909년 10월 30일 신문조서에서 밝힌 내용과 1909년 11월 6일 재판 당국에 제출한 '韓國人安應七所懷', 그리고 1910년 2월에 그가 작성한 "安應七歷史" 등을 통해서 확인할 수 있으며 그 내용은 다음과 같다: ①한국 민황후를 시해한 죄 ②한국 황제를 폐위시킨 죄 ③5조약과 7조약을 강제로 체결한 죄 ④무고한 한국인을 학살한 죄 ⑤정권을 강제로 빼앗은 죄 ⑥철도, 광산, 산림, 천택을 강제로 빼앗은 죄 ⑦제일은행권 지폐를 강제로 사용한 죄 ⑧군대를 해산시킨 죄 ⑨교육을 방해한 죄 ⑩한국인들의 외국 유학을 금지시킨 죄 ⑪교과서를 압수하여 불태워 버린 죄 ⑫한국인은 일본인의 보호를 받아야 한다고 세계에 거짓말을 퍼뜨린 죄 ⑬현재 한국과 일본 사이에 경쟁이 쉬지 않고 살육이 끊이지 않는데, 한국이 태평무사한 것처럼 위로 일본 천황을 속인 죄 ⑭동양평화를 깨뜨린 죄 ⑮일본 천황의 아버지 태황제를 죽인 죄.

였다. 그러므로 안중근이 그의 거사를 계획하고 실천하는데 있어서 그의 천주교 신앙이 영향을 미쳤을 것임에 틀림없다.

이 글에서는 당시 프랑스 선교사들의 영성과 대조되는 신앙인 안중근에게서 나타난 삶의 모습을 통해 그리고 마침내 하얼빈에서 이토를 사살한 사건의 동기를 통해 육화론적 관점에서 신학적 해석을 시도해 보고자 한다.

가톨릭 신학에서 육화론이란 하느님이신 예수 그리스도께서 인간의 모습으로 태어나시고 우리 인간들과 함께 사셨다는 강생의 신비에서 출발하여 당신이 만드신 교회도 자기들만의 분리된 거룩한 교회가 아니라 세상 안에서 백성들의 기쁨과 고통을 함께함을 의미한다.

이는 초대교회의 그리스도인들도 유대교처럼 자신들만의 배타적이고 게토화된 모습이 아니라 그 시대의 세속적인 일에 충실히 협력하면서 현세의 실제에 대한 낙관적 견해를 지녔던 모습을 볼 수 있다. 예를 들면 떼르툴리아노 교부는 자신의 저술 "호교론"에서 당시 관공서, 재판정, 십인 기병대, 궁중, 광장에서 활동하는 그리스도인들에 대한 비난을 거부하면서 다음과 같이 제시하고 있다.

> 우리 그리스도인들은 광장이나 시장, 목욕탕, 상점, 공장, 식당들 그리고 또 다른 교역소 등에서 봉사하면서 이 세상에서 당신들과 함께 살아갑니다. 또한 당신들과 함께 항해하고 군대, 농업, 상업 등에 종사하며 당신들과 함께 살아갑니다.

이와 같은 신학적 경향에 대조되는 것이 종말론이다. 일반적으로 종말론이란 인생과 세계의 마지막 사건들 죽음, 심판, 천당, 연옥, 지옥, 재림, 공심판과 같은 내용에 관심을 집중하여 현세적이고 세속적인 일들과는 거리를 두는 경향을 말한다. 이러한 종말론적 경향은 극단적인 엄격주의를 요구하게 되고, 특히 임박한 종말론은 세속적인 모든 것들을 포기하도록 요구하고 있다.

앞에서 언급한 것처럼 일제시대에 한국교회를 담당하였던 프랑스 선교사들이 보여준 사회적 구원보다는 백성들의 '영혼구령'(Cura animarum)에 사목적 관심, 성사중심주의, 성직자 중심주의, 현실 도피적 신심, 토착민의 지성에 대한 무관심과 같은 부정적인 교회문화들은 어떤 면에서 종말론적 경향과 그 맥을 같이한다고 볼 수 있다.

그 결과 당시에 진출한 개신교 선교사들과는 달리 프랑스 선교사들은 학교교육, 의료사업 및 그 밖의 사회복지 활동에는 소홀히 할 수밖에 없었던 것이다.

반면 안중근은 비록 프랑스 선교사들로부터 교리교육을 받고 세례를 받았지만 그 교리내용으로부터 인간의 존엄성과 평등사상을 갖게 되었고, 따라서 신자들의 억울한 일을 볼 때마다 앞장서서 이를 해결하고자 하였다.[31] 뿐만 아니라 삼흥학교를 설립하고 돈의학교를 인수하여 청년들의 교육운동에 앞장섰으며 대구지역에서 서상돈 일행에 의해 전개된 국채보상운동을 자기 지역에서도 앞장서 추진하였다. 이것은 바로 민권사상의 실천 차원에서 천주교 교리를 현실에 적용시켜 간 것에 다름 아니었다. 뿐만 아니라 안중근은 천주교 신앙을 접하면서 문명개화의 인식을 더욱 깊이 갖게 되기도 했으며 이를 통해 민족의 독립사상으로 나타나게 되었다.[32]

이와 같은 안중근의 사상은 천주교 신앙이 단순한 종교적 복음을 넘어서 일종의 사회적 복음으로 작용했으며 이는 반봉건적인 애국계몽은

---

31 "자서전", 144~149 참조.
32 같은 책, 141, 148, 150~151 등 참조.

동과 마침내 동양평화의 사상과 반침략적인 의병운동으로 나아갔다는 점에서 다분히 육화론적 경향을 보여주고 있다.

2) 윤리신학적 관점(정당한 전쟁인가 살인인가)

안중근 토마스가 1910년 하얼빈에서 조선통감 이토 히로부미를 저격한 사건은 일개의 살인으로써 죄악시해야 하는가 아니면 정당한 전쟁의 행위로서 그 가치를 부여해야 하는가는 윤리신학적 논의가 필요하다. 따라서 이 글에서는 안중근 사건에 대한 윤리신학적 관점에서 살펴보고자 한다.

먼저 안중근이 이토 히로부미를 살해했다 하더라도 그는 평화를 사랑하는 인물이었다. 특히 그가 기술한 "동양평화론"을 통해 아시아의 각 국가들이 모두 자주독립한 상태에서 서로 일치단결하여 서양세력의 침략을 방어함으로써 평화를 유지할 수 있다는 것이다. 하지만 당시 일본은 한국의 국권을 박탈하고 만주와 청국에 야욕을 가졌기 때문에 동양평화가 깨어지기 시작했으며 그 중에서도 동양평화 파괴의 주역이었던 이토 히로부미 살해했다는 것이다. 이에 대해 일본은 조선이 열강으로부터 독립과 문명화라는 명분을 내세워 친일파들을 이용하여 조선침략을 정당화 하였던 것이다.

실제로 그는 체포되어 신문을 받는 과정에서 다음과 같이 말하고 있다.

> 성서에도 사람을 죽임은 죄악이라고 한다. 그러나 남의 나라를 탈취하고 사람의 생명을 빼앗고자 하는 자가 있는데도 수수방관하는 것은 죄악임으로 나는 그 죄악을 제거한 것뿐이다.[33]

---

[33] '안응칠 10회 신문조서', "한국독립운동사 자료" 6권, 284 참조; 이은상 역, 위의 책, 439~440 참조.

이 진술은 비록 교회의 가르침에서 살인은 죄악이지만 더 많은 한국인을 죽인 이토를 다른 한국인을 대신해서 살해하는 일은 정당방위라는 것이다.

1910년 2월 7일부터 14일까지 6회의 공판에서 이토 히로부미를 살해한 이유가 중점적으로 거론되었다. 그 가운데 안중근이 이토를 살해하게 된 상황과 목적을 명확히 진술한 대목을 살펴보자.

> 그것은 3년 전부터 국사를 위해 생각하고 있었던 일을 실행한 것이다. 나는 의병의 참모중장으로서 독립전쟁을 위하여 이토를 죽였고, 참모중장으로서 계획한 것이다.[34]

이처럼 안중근은 이토 제거를 장기간에 걸쳐 계획하고 있었고 의병참모 중장으로서 독립전쟁의 전투행위로 자신의 행동을 정당화 하고 있다.

교회는 정당한 전쟁을 제외하고는 원칙적으로 전쟁을 반대한다. 특히 교황 비오 12세는 침략전쟁을 강력히 배격하였고,[35] 교황 요한 23세도 회칙 '지상의 평화'(Pacem in Terris)에서 장엄하게 반대하였다.[36]

신학적 전통은 국가 최후의 수단으로 전쟁을 통해서라도 국가의 존립과 국민의 안녕을 수호할 권리가 있음을 언제나 견지한다. 이 권리는 최근 제2차 바티칸 공의회에서 다시 확인되었다. "전쟁의 위험이 상존하그 충분한 힘과 권한을 가진 국제적 권력이 없는 동안에는, 모든 평화적 타협 방법을 시도해 본 연후라면 각 정부의 정당 방위권을 인정치 않을 수 없다. 국가 원수들과 국정의 책임을 분담하는 사람들에게는 이렇듯이 중

---

34 '안응칠 신문조서', "한국독립운동사 자료", 6권, 9 참조.
35 AAS(Acta Apostolicae Sedis, 사도좌 공보) 37, 1944; AAS 18, 1945.
36 '지상의 평화'(Pacem in terris), 1963, 113항.

대한 일을 신중히 처리하며 맡겨진 백성들의 안전을 보호해야 할 의무가 있다. 백성의 정당방위를 위한 군사행동과 타국을 정복하려는 의도와는 전혀 다른 것이다."[37]

이보다 후에 교황 바오로 6세는 회칙, '민족들의 발전'(Populrorum progressio)에서 가난한 나라들이 부유한 국가들의 도움을 정당하게 받을 권리를 역설하면서,[38] 가난한 이들은 자신들의 문제들을 폭력적으로 해결할 수밖에 없는 상황에서는 그러한 시도를 할 권리를 가진다고 언급하고 있다.[39]

전쟁에 의한 국가 수호권은 국가의 공동선을 책임진 권위가 이 목적에 필요한 수단들을 갖지 않을 수 없다는 통찰로부터 이성으로도 입증된다. 그런데 전쟁을 때때로 부당한 침략에 국가의 안녕을 효과적으로 수호하는 유일한 수단이 된다. 더 상위의 선이 위험에 처할 때, 이를 수호하기 위해서는 더 큰 희생이 정당화되고 요구된다. 부당한 침략자가 국가의 최고선들, 즉 국가의 존립과 특히 윤리적, 종교적 자유를 위태롭게 할 때, 어떤 국가라 할지라도 침략에 맞서 이러한 가치들을 지킬 권리와 의무까지도 가진다.

이처럼 정당한 전쟁(Bellum justum)은 교회신학에서 윤리적으로 그 정당성이 인정되어왔다. 정당한 전쟁의 이론은 일찍이 성 아우구스티노에 의해서 제기되어 성 토마스 아퀴나스와 비토리아(F. de Vittoria, 1486~1546), 수아레즈(F. Suárez, 1548~1617) 등의 신학자들과 근대에 이르기까지 영향을 끼쳤다. 정당한 전쟁의 조건에 대한 이들의 신학내용을 요약해 보면

---

37 '현대 세계의 사목헌장'(Gaudium et spes) 79항, "제2차 바티칸 공의회 문헌", 한국천주교 중앙협의회, 서울 1986, 264.
38 '민족들의 발전'(Populrorum progressio), 한국천주교중앙협의회, 44항, 48항 참조.
39 같은 책, 31항, 32항 참조.

다음과 같다.

① 합법적인 위정자에 의해서 선포되어야 한다. ② 정당한 이유(다른 국가의 부당한 군사적 침략, 국가영토와 주권의 보류, 국가의 핵심이 되는 상업적 이익 및 기타 치명적 이익들의 침해 등)가 있어야 한다. ③ 마지막 수단이어야 한다. 즉 비전투적인 다른 모든 수단을 다 사용한 다음이어야 한다. ④ 올바른 지향으로 수행되어야 한다. 즉 전쟁은 그 전쟁이 수화고자 하는 선들보다 더 상위의 선을 위험에 처하게 해서는 안 된다. ⑤ 적절한 방법으로 수행되어야 한다. 즉 무죄한 이들을 상해해서는 안 되며, 정당한 수호의 필요와 침해된 권리의 회복 이상으로 군사행동을 확대해서는 안 된다.[40]

이와 같이 볼 때 당시 일본은 제국주의 팽창정책으로 강력한 신무기로 무장하여 한국만이 아니라 아시아 전역을 통해 점령하기 위해 침략전쟁을 일으켰으며, 특히 안중근이 한국침략의 최고 수뇌인 이토 히로부미를 의병의 참모중장으로서 죽인 것은 독립전쟁의 일환으로 인식하고 있었다는 점에서 그 정당성을 부여할 수 있다. 더구나 안중근은 조국애만을 이야기하는 것이 아니라 동양평화를 지향하고 있었다는 점에서 자신이 재판에서 변호하듯이 자신의 행위는 살인행위라 할 수 없다고 보아야 한다.

또한 신앙의 관점에서도 그는 성경이나 보편적 진리의 차원에서 사람을 죽이는 일은 죄악임을 먼저 제시하지만, 남의 나라를 탈취하고 사람의 생명을 빼앗고자 하는 자가 있는데도 수수방관하는 것은 죄악임으로 그 죄악을 제거한 것이라고 주장함으로써 신앙이 그의 의거를 방해하지

---

[40] R.A.McCormick, 'Morality of War', "New Catholic Encyclopedia" vol. 14, 1981, 802~807 참조.

않았음을 확신한 것으로 판단된다.

3) 한민족에 대한 대속(代贖)적 관점

이토 히로부미가 죽었을 때 세계 각국이 애도의 뜻을 표하고, 그를 동양평화의 주창자로 치켜세웠으나, 이때 안중근은 외롭게 법정에서 이토의 죄과를 지적하면서 자기의 정당성을 주장하였다. 한 세기가 흐르고 제국주의의 허물을 씻어버리려는 오늘날에서 볼 때, 이토는 과연 동양평화, 세계평화의 수호자였던가? 아니면 한민족의 독립과 동양평화를 지키기 위해 사형당할 것을 뻔히 알면서도 이토를 제거하고 자신의 목숨을 기꺼이 희생한 안중근이 더 위대하고 가치 있는 인물인가?

이 글에서는 안중근의 하얼빈 의거가 지니는 한민족에 대한 대속적 관점에서 살펴보기로 한다.

일반적으로 대속(代贖)이란 신학적 의미는 예수 그리스도께서 십자가에 달려 죽음으로써 만민의 죄를 대신 속죄(贖罪)하였음을 뜻한다. 인간의 죄로 인해 고통당하는 백성들을 위해 자신을 희생하는 내용은 성경에서도 나타나는데 먼저 구약성경에서는 이사야 예언자의 '고통 받는 하느님의 종'에서 그 절정에 달한다. 하느님의 종은 무죄하지만 모든 사람의 죄를 짊어지고 고통을 당한다.[41] 죄는 생명으로 즉 속죄 제물로 바쳐진 고통 받는 하느님의 종의 생명을 희생함으로 속죄된다. 이 무죄한 중재자의 인격적 행위들은 죄인들을 대신한다.

다음으로 신약성경에서는 예수 그리스도 자신이 바로 구약의 고통 받는 '하느님의 종'의 사명과 결부되어 나타나고 있으며 신약성경 전반에 이

---

[41] 이사야 53, 4, 6, 10~12.

러한 대속사상이 깔려있다. 예를 들면 "사실 인자도 섬김을 받으러 온 것이 아니라 오히려 섬기고 또한 많은 사람들을 대신해서 속전으로 자기 목숨을 내주러 왔습니다."[42] 라는 구절을 통해 예수는 자신의 사명에 대한 자의식을 잘 나타내 주고 있다. 특히 예수의 죽음이 대속적 성격을 지녔다는 것은 당신 살과 피를 나누어 주는 최후만찬의 기사에서도 두드러지게 나타나며[43] 바오로 서간에서는 "한 분께서 모든 사람을 위해 돌아가셨고 그리하여 결국 모든 사람이 죽은 것이라고 우리가 확신하기 때문입니다. 그분께서는 모든 사람을 위하여 돌아가셨습니다."[44]라고 기술하고 있다.

이와 같은 대속에 관한 신학사상을 바탕으로 안중근의 태도를 살펴보기로 하자. 안중근은 체포된 뒤 한 공판 심문조서에서 다음과 같이 진술하고 있다.

> 원래 생명을 아끼는 것은 인정하지만 영웅은 늘 신명(身命)을 던져 나라에 진충(盡忠)하도록 교훈하고 있는 것이다. 그러나 이등은 멋대로 타국인을 죽이는 것을 영웅이라고 알고 한국의 평화를 어지럽게 하고 십 수만의 인민을 죽였지만 나는 일본천황의 선전조칙에 있는 것 같이 동양의 평화를 유지하고 한국의 독립을 공고히 하여 한·일·청 삼국이 동맹하여 평화를 부르짖고 8천만 이상의 국민이 서로 화합하여 점차 개화의 역(域)으로 진보하고 나아가서는 구주와 세계 각국과 더불어 평화에 진력하면 시민은 안도하여 비로소 선전(宣戰)의 조칙에도 부흥할 것으로 생각하는데 이등에 있어서는 동양평화의 유지는 할 수 없다고 생각했으므로 이번 일을 결정했다.[45]

---

42 마르코 10, 45.
43 마르코 14, 24.
44 2 고린토 5, 14.
45 '제3회 공판시말서', 1910년 2월 9일, "한국독립운동사 자료" 6, 384~385.

이 진술에서 마치 예수가 자신이 사랑한 것처럼 서로 사랑하라고 요청하면서 벗을 위하여 자기 목숨을 바치는 것보다 더 큰 사랑은 없다.[46] 라고 말하는 대속적 모습을 살펴볼 수 있다. 즉 안중근은 예수를 따르는 신앙인으로서 자기 목숨을 희생하여 동포의 생명을 구하고자 한 것이다.

한편 안중근의 대속적 태도는 자신의 사형집행 날짜를 예수 그리스도가 인류를 위하여 십자가 위에서 처형당한 성 금요일에 해당하는 1910년 3월 25일로 해 달라고 요청한 사실에서도 나타난다. 이에 관해서는 빌렘 신부가 자신의 친구들에게 보낸 편지와, 당시의 신문기사에 잘 나타나 있다.

> 안 토마스는 갈바리아의 희생공로를 그의 속죄로 이끌어 오기 위하여 자신에 대한 사형집행을 예수 수난일인 3월 25일에 해줄 것을 요청했었습니다. 그러나 나는 그 청이 허락되지 않을 것으로 생각하고 있었는데, 그 까닭은 어떤 숨은 이유에서가 아니라, 일본의 많은 지성인들에게까지 영향을 미치고 있는 미신(迷信)으로 인해 하얼빈 사건과 같은 날짜인 26일, 그리고 같은 시간까지도 택하게 되리라는 것을 알고 있었기 때문입니다. 그러나 그리스도교의 정의라면, 날짜와 시간의 우연한 일치를 통해 복수하려는 태도는 피했을 것입니다.[47]

사실 성 금요일에 자신을 처형해 달라는 안중근의 요청은 일본인들이 중시하는 '상월명일(祥月命日)'에 처형함으로써 이토 히로부미를 위로해야 한다는 이유로 거절되고 이토가 죽은 지 5개월 후의 같은 날 같은 시간인 3월 26일 오전 10시 15분에 처형당하였다. 그는 순국직전 두 아우와

---

46 요한 15장 12~14 참조
47 빌렘 신부가 청계동에서 프랑스 로렌 지방의 친구들에게 보낸 1912년 3월 19일자 편지(노길명, '안중근의 가톨릭 신앙', "교회사 연구" 제9집, 한국교회사 연구소, 1994년, 21~22 재인용).

빌렘 신부에게 "나는 천국에 가서도 또한 마땅히 우리나라의 회복을 위해 힘쓸 것이다. … 대한독립의 소리가 천국에 들려오면 나는 마땅히 춤추며 만세를 부를 것이다."라는 유언을 남겼으며,[48] 처형을 당하기 직전에는 10분간이나 기도를 하고 형대(刑臺)에 올라 동양평화 만세를 부르며 순국하였다.[49]

이처럼 안중근은 조국의 독립과 동양평화를 위해 이를 방해하는 최고의 수장인 이토를 제거함과 함께 자신을 희생함으로써 민족과 동양평화의 대속물이 되었다고 할 수 있다. 즉 민족과 동양의 국가들이 나라를 잘 수호하지 못한 죄에 대한 대가를 안중근이 대신해서 속죄의 제물이 된 것이다. 이러한 그의 정신은 그 후에도 1919년 3·1만세운동에도 영향을 주었을 것이며 마침내 조국의 독립과 아시아 제 국가의 독립에도 계승되었을 것이다.

4) 교회와 국가 관계의 관점

지금까지 안중근은 자신이 열심한 천주교 신앙인이었고, 자신이 행한 하얼빈 의거는 정당한 독립전쟁을 수행하는 것이었음을 주장하였음을 살펴보았다. 그는 의병활동 중에도 신앙생활을 소홀히 하지 않았으며 이토를 살해한 후 감옥에 갇힌 후에도 매일 기도를 계속하고 사형이 선고되자 신부를 청해 마지막 성사를 볼 정도로 자신의 행위가 신앙을 위축시키지도 않았으며 죄책감에 빠지지도 않았음을 알 수 있다. 그러나 한국천주교회의 뮈텔 주교를 비롯한 대다수 프랑스 선교사들은 그의 행위를 살인죄로 인식하였고, 안중근과 한국천주교회의 관계를 인정하려고

---

[48] "자서전", 579.
[49] 경향신문, 1910년 4월 1일자, 1면.

하지 않았다.[50]

여기서는 안중근 사건에 대한 교회와 국가관계의 관점에서 살펴보고자 한다. 이 문제를 두고 먼저 전제되어야 할 점이 있다. 즉 안중근 사건 당시에 국가의 실체를 무엇으로 보는가 하는 점이다. 1905년 을사조약 이후 실질적 통치권을 잃었던 대한제국은 일본제국에 편입되었고, 일제 강점기가 시작되었다. 따라서 형식적으로 대한제국이란 국가는 일본제국의 식민통치 하에 놓이게 되었다. 그러나 1910년에 체결된 합병조약은 이완용에게 전권을 위임한다는 순종의 위임장은 강제로 받아냈을 뿐만 아니라 가장 중요한 최종 비준을 받는 절차가 생략[51]되었다는 점에서 이 조약은 불법으로 볼 수 있다.

당시 프랑스 선교사들의 입장에는 1905년 을사조약의 체결로 사실상 한국의 주권이 일본에 넘어가자 자신들의 재산권을 상실하거나 선교활동에 타격을 입지 않을까 하는 위기감에 식민통치를 정당화하면서 국가의 개념을 대한제국이 아니라 일본제국으로 볼 수 있을 것이며 따라서 안중근 사건은 살인죄로 간주할 수 있었을 것이다. 그러나 안중근 의사를 비롯한 한국국민의 대다수는 대한제국이 엄연한 조국이 있었고 비록 빼앗긴 국가이지만 다시 되찾아야 할 국가였음에는 의심할 여지가 없다.

교회역사를 통하여 교회와 국가 관계에서 너무나 많은 박해가 있어

---

50 이에 대해서는 '뮈텔주교의 일기', '경향신문' 1906~1910년 사이의 내용, 당시 재한 프랑스 선교사들이 정보교환의 수단으로 1902~1921년까지 월2회 프랑스어로 등사 간행한 회람신문이었던 '조선교구 통신문' 등에서 나타나고 있다; 최석우, '안중근의 의거와 교회의 반응', "교회사 연구" 제9집, 한국교회사연구소, 1994년, 97~119 참조.

51 조항 제8조에는 '양국 황제의 결재를 받았다'고 적고 있으나, 조약문의 어떤 내용도 최종 비준 이전에는 효력을 발휘할 수 없다는 상기할 때 재가 사실을 미리 명시하는 것은 상식 밖의 일이라 할 수 있다.
또한 병합을 최종적으로 알리는 조칙에는 옥새는 찍혀있지만 순종의 서명이 빠졌다는 점이다. 조칙이 성립하려면 옥새와 함께 서명이 들어가야 하는데, 결국 한일합방조약은 불법적으로 자행되었다는 것을 옥새와 그에 따르는 의전절차를 통해서도 입증할 수 있는 것이다.

왔기에 종교의 자유는 무엇보다도 우선적인 주제가 된다. 가톨릭의 현대적 교회와 국가관계는 지난 백여 년 안에 정비되고 발전하였다. 특히 이 관계에 있어서 교회의 입장은 제2차 바티칸 공의회의 '종교자유선언'(Dignitatis Humanae)에서 확고히 정립되고 선언되었다.

이 선언문에서 "그 밖에도 종교단체가 아무런 방해를 받지 않고 사회조직과 인간의 모든 활동에서 독특한 힘을 지닌 자기네 교리의 가치를 자유롭게 보여주는 것도 종교자유에 귀속된다."[52] 그렇기 때문에 어떤 사회제도와 현실이 종교적 원리에 배치되면, 그것을 불의한 것으로 보고 개혁하려는 노력을 공의회는 분명히 종교행위로 간주하기 때문에 종교자유의 권리에 의해 보호받아야 한다고 주장하는 것이다.[53] 또한 "이러한 자유는… 종교문제에 있어서 그 누구도 자기의 양심을 거슬러 행동하도록 강요되지 않으며, … 정당한 범위 내에서 자기 양심을 따라서 행동하는데 방해를 받지 않음에 있다."[54]라고 기술함으로써 양심에 따른 종교행위는 방해받을 수 없음을 기술하고 있다. 특히 1971년에 개최된 제2차 주교 시노드는 "정의를 위한 행동과 세계 개혁활동에의 참여는 복음선포의 본질적임이 명백하다. 즉 인류를 구원하고 온갖 억압에서 해방시켜야 할 교회사명의 일부인 것이다."[55]라고 규정함으로써 정의를 위한 활동은 단지 불의하고 소외된 이들을 동정하는 마음에서 나오는 행동이 아니라 복음선포의 중요한 요소라는 것이다. 따라서 정의실현 활동과 복음선포는 밀접한 관계를 지니는 종교행위라는 것이다.

이와 같이 볼 때 국가가 정교분리의 명목으로 불의한 국가의 정책이나

---

52 '종교자유선언' 4항.
53 오경환, '교회문헌에서의 정교관계', "가톨릭사회과학연구" 4권, 한국가톨릭사회과학연구회, 1987년, 19.
54 '종교자유 선언' 2항 참조.
55 제2차 주교시노드, 김남수 역, '세계정의에 관하여', "사목" 22호, 한국천주교 중앙협의회, 1972년, 111.

국민인권에 대한 압제를 교회가 지지하거나 침묵하도록 요구하는데 대해 교회가 저항하거나 정의를 위한 개혁활동에 적극적인 입장을 취하는 것은 당연한 권리요 의무라고 할 수 있다.

그렇다고 교회가 정치 권력구조에 깊이 들어가서 교회와 국가가 혼돈되는 일은 없어야 하며, 어떤 법률이나 조약 때문에 교회가 어떤 국가에 지나치게 얽매이지도 말아야 한다. 또한 교회가 국가에 예속되어 자신의 독립성뿐 아니라 자율성을 잃는 것도 바람직하지 못하다. 이에 대해 제2차 바티칸공의회의 '사목헌장'(Gaudium et spes)에서는 다음과 같이 언급하고 있다.

> 교회는 자신의 직무와 능력 때문에 절대로 정치 공동체와 혼돈되거나 혹은 어떤 정치 공동체에도 얽매이지 말아야 한다. 교회는 인간의 초월성의 표지인 동시에 수호자이기 때문이다. 정치 공동체와 교회는 그 고유한 분야에 있어서 서로 독립적이고 자율적인 것이다.[56]

한편 교회와 국가의 바람직한 관계가 독립적이고 자율성을 지키고 서로 상종도 협력도 하지 않기를 공의회가 바라는 것은 아니다. 교회와 국가는 같은 인간에게 봉사해야 하기 때문에 서로 접촉하고 관계를 맺을 수 없는데 공의회는 이에 대하여 "그러나 양자가 장소와 시간의 환경을 고려하여 서로 건전한 협력을 잘하면 그럴수록 이 봉사는 더욱 효과적으로 실현될 것이다… 교회는 국내와 국제간에 정의와 사랑이 널리 실현되도록 이바지한다."[57]라고 언급하고 있다.

따라서 바람직한 교회와 국가 관계를 이루기 위해서는 교회가 국가의

---

56 '사목헌장'(Gaudium et spes), 76항.
57 같은 책, 76항.

실정법을 침해하지 않는 범위에서 어디서나 완전한 자유를 누릴 수 있어야 한다. 가톨릭교회는 신앙을 선포할 자유, 사회에 관한 교리를 가르칠 자유, 사람들 가운데서 자신의 직무를 지장 없이 수행할 자유 그리고 인간의 기본권과 영혼의 구원이 요할 경우에 정치 질서에 대하여 윤리적 판단을 내릴 자유를 누릴 수 있어야 한다. 이러한 활동을 수행하는 데 있어서도 복음에 부합하고 모든 사람의 복지에 부합하는 방법만을 사용하기를 바란다. 정치체제가 영혼의 구원을 방해하거나 혹은 인권을 침해하는 경우에 그것을 판단하고 비판하는 것이 교회의 임무라는 점에 우리는 주목해야 한다.

이와 같은 교회와 국가의 바람직한 관계를 전제할 때 한일합방이후 일본이 행한 한국의 그리스도교에 대한 적극적인 규제는 일탈된 모습이라 할 수 있다. 먼저 1910년 9월 10일에는 종교적인 내용에 국한되지 않는 한 신문발행을 계속할 수 없다고 경향신문사에 통보하였고 1910년 10월 5일 신임 각도장관회의에서 정치에 관여하지 않는 한 신교(信敎)의 자유를 보장하겠다는 총독부의 그리스도교 방침이 표명하면서도 12월 5일에는 치외법권을 폐지함과 동시에 신문의 사전검열제를 통고하였다. 이렇게 교회에 대한 일본의 태도가 강경해지자 프랑스 선교사들은 한국인 신자들에게 일본에 저항하지 말 것을 권고하였고, 정치적 경향을 지닌 신자들이 교회의 책을 맡지 못하도록 하였다. 결국 교회 안에서 사회 참여적이고 민족적인 성격이 강한 한국인 신자들의 입지는 좁아지게 되었고, 교회는 사회참여와 민족운동에 소극적이게 되었다.[58]

이러한 모습은 남미 선교에 있어서 식민통치를 '당하던 인디오들에게 유럽의 선교사들이 보여준 모습에서 소위 'Collusio'(야합)과 'Collisio'(충

---

[58] 윤선자, "한국근대사와 종교", 국학자료원, 서울 2002년, 19~20.

돌)의 모습을 연상케 한다. 즉 선교사들 식민통치자들의 편과 야합하여 토착민들을 선교하게 된다면 이는 식민자의 앞잡이로서 선교도 일종의 통치수단으로 전락하게 되며 신앙전파도 문화화(Inculturatio)의 개념보다는 이식화(Inseminatio)와 다름없기 때문이다. 그러나 선교사들이 십자군 정신이 아닌 십자가 정신으로 신앙을 전파하려 한다면 토착민들의 입장에서 그들을 보호해야 하기에 자연히 식민자들과는 충돌할 수밖에 없는 것이다. 그러나 당시 한국의 프랑스 선교사들은 정교분리라는 명목으로 전자(前者)를 택한 것 같다..

예를 들면 안중근의 의거에 대해 당시 한국천주교회의 주교였던 뮈텔 주교는 그 때의 상황을 1909년 10월 26일 사건당일 자신의 일기에서 이렇게 적고 있다.

　　드망즈 신부가, 한 한국인에 의해 이토(伊藤)공이 암살되었다는 소문이 장안에 나돌고 있다는 소식을 전하러 저녁 5시경에 왔다. 암살 장소는 처음에는 봉천(奉天)으로 전해졌다. 그러나 하얼빈일 것이라고 한다. 애도의 인사를 하러 통감부로 가서 소네 자작의 비서인 사다케(佐竹)남작과의 면회를 청하였다. 통감부에서는 모두들 이토 공이 사망했다고 말하고 있었지만 아직 공식적인 소식은 아니라고 하였다. 이토 공이 테러를 당하고 그 상태가 매우 위급하다는 사실만 알고 있었다.

　　정치란 서글픈 것이다. 이토 공의 이번 암살은 공공의 불행으로 증오를 일으켜야 했음에도 불구하고 그러한 모습은 일본인들이나 몇몇 친일파 한국인들에게서만 보일뿐이고 일반 민중에게는 오히려 그것이 기쁜 소식으로 받아들여지고 있을뿐더러 그런 감정이 아주 전반적이다. 이토 공의 한국에 가져다 준 그 모든 공적과 실질적인 이익까지도 한국을 억압하려는 수단으로 간주되고 있다. 그 결과, 1895년 10월의 왕비 암살, 1905년 11월의 보호조약, 1907년

7월의 황제의 폐위 등등이 모두 그의 책임으로 돌려지고 있다. 그러므로 그의 암살은 정당한 복수로 여겨져 모두가 기뻐하고 있다.

이 일기를 통해 뮈텔주교의 대 한국관을 살펴볼 수 있으며 이토에 대한 높은 평가를 엿볼 수 있다. 또한 후에 이토를 암살한 인물이 천주교 신자인 안중근이란 사실을 알고 큰 실망과 함께 언론보도의 자제를 원했으며 이토에 대한 추모에 적극적으로 앞장서게 되었다.

뿐만 아니라 뮈텔 주교는 한국의 정치·사회적인 혼란을 접하면서 왕의 권한과 관리들의 자세에 대해서 비판을 가하면서 한국이 어떤 새로운 정치체제로의 전환을 통하여 자주독립을 유지할 수 있도록 조언하기보다는 오히려 한국은 정치적 독립이 불가능하다고 단정하였다. 이런 한국에 대한 인식은 그의 민족독립운동에 대한 견해에도 커다란 영향을 미치게 되었다.[59]

당시 한국천주교회의 최고 지도자였던 뮈텔 주교의 시국관이 이와 같았기에 안중근의 이토에 대한 저격사건은 살인죄로 단죄할 수밖에 없었으며 감옥에 갇힌 안중근에게 마지막 성사까지도 거부하였던 것이다. 이 같은 주교의 태도는 종교의 문제가 정치적 문제까지 확대되었기 때문이다. 뮈텔 주교는 먼저 안중근에게 이토를 사살한 이유의 취소를 요구했다. 즉 이토가 한국 개화의 은인인데도 오히려 그를 한국침략의 도구로 오해한 것을 취소하라는 것이었다. 이토가 정말 한국의 은인이냐 아니면 원수이냐 하는 것은 정치적 문제이기 때문이다. 이에 반해 안중근에게 마지막 성사를 집전하고 성무집행 정지령을 당하게 되었던 빌렘 신부의 태도는 교회가 죽음을 둔 신앙인에게 성사를 베푸는 일은 정치와 아무

---

[59] 김정송, '뮈텔 주교의 대한의식과 선교정책', "교회와 역사" 191호, 한국교회사연구소, 서울 1991, 32~37 참조.

상관이 없다고 보았던 것이다. 이에 대한 최종 판결은 빌렘 신부가 포교성에 호소하고 나서 "주교가 여순(旅順)으로 가는 것을 금하고, 성무집행 정지령을 내린 것은 공정보다 엄격했다."는 판결을 내림으로써 빌렘 신부에게 승소판결이 내려진 셈이 되었다.[60]

이처럼 한국교회의 선교사들이 정교분리의 원칙에서 신자들의 신앙보호를 위해 정치적 문제와 분리되어 선교정책을 수행했다면 안중근 사건에 대해서도 같은 원리를 적용해야 옳았을 것이다. 이미 살펴본 바와 같이 안중근 토마스는 세례를 받고 사형 당하는 죽음의 순간까지 일관성 있는 신앙인으로 살았다. 가톨릭교회가 원칙적으로 살인을 부정하지만 군인으로서 국가수호를 위해 나서는 것은 정당방위라고 인정한다면 안중근 자신이 주장한 것처럼 의병 참모중장으로서 독립전쟁을 수행한 그의 의거도 교회로서 마땅히 인정 되어야 마땅할 것이다.

4. 안중근 사건을 통해 계승해야 할 교회의 예언자적 사명

금년은 안중근 토마스가 이토 히로부미를 살해한 지 100주년이 되는 해이다. 오늘날 한국의 많은 사람들은 안중근 의사가 애국자였던 사실은 잘 알고 있지만 천주교신자였다는 사실을 모르는 이들이 적지 않다. 심지어 가톨릭 신자들조차도 그러하다.

사실 안중근 의사의 애국운동은 그의 신앙인으로서의 자세와 늘 병행했다고 할 수 있다. 그가 보여준 조국애, 즉 조국의 정치 질서 향상을

---

[60] 최석우, '안중근의 의거와 교회의 반응', 위의 책, 114~118 참조.

위해 교육사업, 사회사업 활동을 하면서도 민족의 정신적, 문화적 향상을 기원하였고 아울러 올바른 근대화와 개화에 이르는데 힘을 아끼지 않았지만 그 바탕에는 항상 자신의 신앙심이 자리하고 있었다.

세례 후 얼마 지나지 않아 모범적이 평신도 사도직 활동에 전념했으며 선교활동을 할 때 훌륭한 강론을 통해 사람들을 감동시켰을 뿐만 아니라 그리스도교의 사랑과 정의 그리고 평등의 정신에 따라 부정부패를 척결하려 했고 도탄에 빠진 민생을 구하려고 노력하기도 했다.

그는 재판을 받으면서 신문 때마다 늘 자신이 천주교 신자임으로 밝혔고, '토마스가 무엇인가?' 라는 질문에 항상 '토마스는 나의 본명이다.' 라고 말하면서, '토마스는 서양의 유명한 사람인데 동양에서 전교하였기 때문에 내가 선택한 이름이다.'라고 대답하였다. 이처럼 안중근 의사는 자신의 세례명조차도 토마스 성인의 동양선교 사도직 이행이라는 것을 염두에 두고 선택했음을 알 수 있다.

또 일본 경찰관이 당신은 의거할 아침에 성공을 비는 기도를 했는가 하는 질문에 물론 바쳤다고 말하면서 그날 아침뿐만이 아니라 매일 아침 기도를 바친다고 했다.

한편, 그는 동지들에게 천주교 4대 교리를 가르치고 대세(代洗)를 주며 영원한 생명의 길로 인도하기도 했으며, 자신을 변호한 일본인 변호인에게도 여러 번 입교할 것을 권고하였다. 사형 당하기 직전 자신의 영세 신부에게 고해성사와 성체성사를 본 후 마지막으로 찾아온 두 아우에게 6통의 편지를 주면서 주교, 신부, 친지에게 전달할 것을 부탁했다. 그리고 그의 부인에게는 그의 맏아들 베네딕도를 훌륭한 신부로 키워달라는 부탁을 잊지 않았다. 그리고 난 후 그는 사형대에 오르는데 2분간 기도를 바친 뒤 태연하게 이 세상을 떠났다.

특히 그가 조국의 독립을 넘어서 동양평화를 강조했던 사실은 애국심만을 강조하는 국수적인 차원을 넘어 세상 만민이 평등하고 평화롭게 살아갈 수 있도록 가르쳤던 그리스도교 정신이 그 바탕을 이루고 있었음을 알 수 있다.

이처럼 안중근의 생애는 신앙과 민족의식이 통합되어 행동으로 드러낸 참 신앙인이요 참 애국자였다. 교회의 입장에서 볼 때 그는 그리스도인의 예언자적 사명을 충실하게 수행한 인물이었다.

가톨릭 교리에서 그리스도의 예언직은 예수시대 당시 예수께서 그 사회의 불의와 부정을 고발하고 정의로운 사회를 건설하기 위해 그 시대의 예언자로서 활동하셨으며, 특히 하느님 나라의 복음을 전하시는 모습 속에서 잘 드러난다.

즉, 예수께서 하늘나라의 복음을 전하시며 시대의 징표를 해석하여 사람들을 올바른 길로 갈 수 있도록 가르쳐 주셨듯이 교회가 그리스도의 이러한 예언직에 참여하는 것을 말한다. 예수께서는 하늘로 승천하시기에 앞서 제자들에게 이 사명을 주셨다. "너희는 가서 이 세상 모든 사람들을 내 제자로 삼아 아버지와 아들과 성령의 이름으로 그들에게 세례를 베풀고, 내가 너희에게 명한 모든 것을 지키도록 가르쳐라."[61] 예수님의 이 분부대로 사도들은 세상 곳곳으로 나아가 예수 그리스도의 하늘나라에 대한 가르침과 예수 그리스도의 기쁜 소식을 전하였으며, 곳곳에 세워진 교회 공동체는 그들의 사명을 이어 복음을 전하고 오늘날도 이 사명을 수행하는 것이다.

안중근에게서 그의 신앙과 민족의식이 하얼빈 의거에서 서로 어떻게 작용했는가를 객관적으로 알 길이란 없다. 그러나 우리가 명백하게 말할 수 있는 것은 첫째, 신앙이 그의 의거를 방해하지 않았다는 점, 둘째, 의

---

61 마태 28, 19~20.

의거를 완수할 힘을 신앙에서 제공받고 있다는 것이다. 이러한 그의 행위가 당시 교회 교도권자였던 프랑스 주교의 입장에서는 살인죄로 단죄 되고 뉘우쳐야 할 일이었으나 안중근의 입장에서는 전혀 달랐다. 즉 그에게 있어서는 나라를 빼앗고 온갖 수탈과 폭군적 압제가 지속되고 있는 상황에서 그 수장(首長)을 제거하는 일도 하느님의 영의 이끄심에 응답하여 신앙과 민족의식을 주체적으로 판단하고 실천함으로써 신앙행위와 민족의식이 안중근을 통하여 통합되어 나타났다고 해석할 수 있다.

이러한 해석을 교회의 가르침으로 본다면 바로 조국의 침탈과 부정 불의를 고발하고 정의와 평화의 세상을 이루고자 한 그리스도인 안중근의 예언자적 사명을 수행한 것으로 볼 수 있다.

여기서 보편적 교회의 가르침과 상황윤리의 대립, 신앙행위에 대한 객관적 해석과 주관적 해석의 대립과과 같은 신학적 논쟁의 여지가 있겠지만 당시 교황 비오 9세가 1864년에 발표한 근대주의에 대한 단죄 회칙 '오류 유설표'(Syllabus errorum)에 대하여 가톨릭 자유주의자였던 몬시뇰 뒤팡루(Dupanloup)가 주장한 '정설'(thesis)과 '가설'(hypothesis)이란 이분법을 통하여 살펴볼 수 있다. 당시 자유주의자들이 발표한 명제들이 정설로서는 단죄될 수 있지만 주어진 상황 속에서 필요한 도구로서, 또 실제 사회에서 그 피해를 줄일 수 있다면 가설로서는 단죄할 수 없다는 것이다.[62]

이와 같은 해석적 방법론은 교회에서 그 이후로도 계속해서 사용되었기에 안중근 사건에 대한 해석도 같은 맥락에서 볼 수 있을 것이다. 즉 안중근 사건이 비록 '정설'로써는 단죄될 수 있지만 나라를 빼앗고 폭압적인 식민통치가 지속되는 상황에서 그 압제자의 수장을 제거함으로써 더 큰 압제를 줄이고 조국의 독립을 앞당기려는 행동을 '가설'로써는 단죄

---

[62] 전수홍, "함께 읽는 세계교회사" 2권, 생활성서사, 2009년 서울, 293 참조.

할 수 없다는 것이다.

우리 한국교회는 안중근 정신의 계승하여 교회의 예언자적 사명을 지속적으로 수행해야 함에도 불구하고 그 후 민족의식의 고취와 정의 평화 사회의 실현에 앞장서지 못하다가 1970년대 와서야 나타나기 시작하였다. 그 대표적인 예가 천주교 정의구현 사제단이다.

천주교 정의구현 전국사제단은 1974년 원주교구장 지학순 주교 구속을 계기로 태동하여, 1974년 9월 26일 명동성당에서 "우리는 인간의 위대한 존엄성과 소명을 믿는다." 로 시작하는 제1시국선언의 발표와 함께 세상에 그 모습을 드러냈다. 제1시국선언을 통하여 유신헌법 철폐와 민주헌정 회복, 긴급조치의 전면적인 무효화, 국민의 생존권과 기본권 존중, 서민 대중을 위한 경제정책 확립을 요구하였다.

창립 후 오늘날까지 모순된 현실 안에서 행동하는 신앙인으로서 시대의 양심이 되고자 노력하며 70~80년대는 군부독재 타도와 민주화 운동에 주력하였으며, 80년대 말부터는 통일운동으로, 90년대 들어서는 교회쇄신운동으로 그 영역을 확대하였다.

이러한 새로운 전통형성의 중심에 놓여 있었던 정의구현 전국사제단은 안중근의 정신을 20세기 말기에 새롭게 재현하는 것을 한 목표로 설정했다. 그리하여 이들은 1970년 후반부터 안중근이 교회 안에서 새롭게 조명되고 재평가되는 계기를 마련해 가기 시작했다.[63]

---

63 한국 가톨릭교회가 안중근 정신을 되살리기 위한 추모행사는 다음과 같다: 1979년 9월 2일 명동성당에서 '안중근 의사 탄생 100주년 기념식'과 노기남(바오로) 대주교 집전의 추모미사; 1986년 3월 36일 서울 명동성당에서 '안중근 의사 순국 76주기 추도미사'거행; 1987년 9월 26일 천주교 전국 정의구현사제단 주체로 새남터에서 '안의사 순국추도미사'를 거행함; 1990년 3월 25일 천주교 정의구현 전국사제단에서 '안중근 의사 서거 80주년 추모미사'거행과 '안중근 의사 추모자료집'간행; 1992년 3월 26일 중국 대련 천주당에서 연미사를 거행하고 하얼빈에서 안의사 오페라를 공연함; 1993년 8월 21일 '제100회 한국교회사 연구 발표회기념 학술 심포지엄'(주제: 안중근 의사의 신앙과 민족운동이 혜화동 가톨릭 교리신학원에서 개최 되었으며 김수환 추기경과 사제단 공동집전의 '안중근 의사 추모미사'가 거행됨); 1999년 3월 25일 '안중근 의사 순국 89주기 추모미사'가 서울 남산 '안중근 의

특히 사제단은 발족 10주년을 맞이하여 '한국천주교회의 위상'이라는 제목으로 책을 펴내면서, 1970년대 민주화와 인권운동에의 참여 역사를 정리한 바 있다. 이들은 이 책의 첫머리에서 "교회의 자생력의 중요한 표지를 우리는 안중근 의사에게서 찾는다."고 진술하고 있다. 이들은 자신들의 교회상의 한 모델을 그의 신앙과 민족의식의 통합에서 발견하고자 했던 것이다.

그리고 1990년 3월 25일 정의구현 사제단은 안중근 정신을 계승하기 위하여 '안중근 의사 서거 80주년 추모미사'를 거행하고 '안중근 의사(도마) 추모자료집'을 간행하기도 하였다. 그 후 안중근의사 기념 사업회는 2004년부터 안중근연구소를 설치하여 그의 삶과 사상에 대한 본격적 연구 활동에 착수하게 되었다.

하지만 한국가톨릭 교회에서 안중근 정신의 계승이 정의구현 사제단이나 일부 신학연구가들에 의해 이어져 오고는 있지만, 새로운 정부가 들어 설 때마다 점차 사상적 양극화 현상이 우리 교회 내에도 나타나면서 아직도 많은 성직자들이나 수도자 그리고 평신도들에게는 이어지지 않고 있다.

한국가톨릭 교회는 안중근 의사 하얼빈 의거 100주년을 맞이하면서 안중근 정신을 통한 '민족과 함께하는 교회'라는 교회의 예언자적 사명을 널리 알리고 또 수행해 나가야 할 것이다.

사 기념관'에서 안충석, 신성국 신부 공동 집전으로 거행됨; 2000년 11월 4일 서울 가톨릭 회관에서 '200년 대희년과 안중근 토마스'란 심포지엄을 한국교회사 연구소 주최로 개최함; 2000년 이후로는 더욱 더 많은 활동이 전개됨.

5. 맺음말

지금까지 '안중근 사건의 신학적 고찰'이란 주제로 먼저 안중근의 신앙심과 당시 한국교회와 일제 식민통치자들과의 역학관계를 선교정책과 교황청의 시각을 통해 살펴보고 안중근 사건을 육화론과 종말론적 관점, 윤리 신학적 관점과 대속적 관점 그리고 국가와 교회의 관점에서 신학적으로 살펴보았다. 그리고 마지막으로 안중근 사건을 통해 계승해야 할 교회의 예언자적 사명을 고찰해 보았다.

안중근이 살던 시대는 정치적으로 혼란스러운 시기였다. 세계적으로는 서구 열강들이 자본주의 체계를 확립하고 제국주의 정책을 통해 서세동점(西勢東漸)으로 문호개방을 요구하던 시기였으며, 이에 따라 조선은 급변하는 세계의 변화에 대응하지 못하고 밀려오는 제국주의의 힘에 눌려 수동적으로 문호를 개방하는 시기였다. 이와 같은 상황은 조선을 근대화가 아닌 식민지화의 길로 넘어가게 하였다.

한편, 교회는 국가권력으로부터 박해가 종식되고 신교와 신앙의 자유가 보장되기 시작하였으며 성직자들이 자유로운 선교활동을 전개함으로써 제도교회로서의 모습을 확립해 나가고 있었지만 정교분리라는 선교정책으로 인해 교회의 사회참여가 결여되어 있던 시기였다.

이러한 정치적, 종교적 상황 하에서 신앙인 안중근 사건은 일제 통치자들이나 교회 당국자들조차도 하나의 정치적 살인행위로 규정하고 그를 죄인으로 몰아가려 하였다.

하지만 안중근의 삶은 애국심과 그리스도교 신앙이 적절히 조화된 삶이었으니 그것은 타고난 대범함과 용맹함이 신앙심과 애국심으로 적절히 조화를 이루어 그의 삶 안에서 승화되어 나타났음을 알 수 있다. 더구나 그는 오직 민족만 생각하는 국수주의(國粹主義)가 아니었다. 그는 가톨릭교회의 보편주의적 세계관을 통해 '동양평화론'을 저술하였으며 성속이원론(聖俗二元論)에 입각하여 현실의 정치나 사회문제들에 대해서는 무관심한 채 내세에서의 행복만을 강조하는 선교사들의 신앙과는 다른 신앙을 갖고 있었다. 즉 그는 민족의 수난과 고통을 외면한 채 현실에 안주코자 하는 제도교회의 선교정책을 비판하면서, 인간의 영혼과 육신, 현세와 내세 그리고 개인과 사회를 총체적으로 구원코자하는 신앙을 갖고 있었다. 그리고 이와 같은 자신의 신앙을 구체적인 행동으로 연결시킴으로써 생활화하고 있었던 것이다.

역사가 Edward Hallett Carr(E.H. Carr)는 역사란 '과거와 현재와의 대화'라고 말한다. 즉 역사란 과거의 이야기만이 되어서는 안 되며 과거를 통해 현재를 조명하고 미래까지도 예측과 영향을 줄 수 있어야 한다는 것이다. 또한 역사는 과거의 사건을 역사가가 자신의 사관(史觀)에 입각하여 발췌한 것이다. 예를 들면 서구 유럽이 중세로 들어서는 계기를 두고 독일이나 북방계 사람들은 '게르만 민족의 이동'이라고 기술하는 반면 이탈리아를 비롯한 남부유럽에서는 '야만족들의 침략'이라고 기술하고 있다. 따라서 과거의 사건은 역사가의 해석에 따라서 전혀 다른 결과가 나타날 수 있는 것이다.

따라서 지금까지 살펴본 신앙인 안중근 토마스 사건을 두고도 후대 역사가들의 사관과 해석에 따라 다르게 나타날 수도 있을 것이다. 한편 한국천주교회의 교도권을 지닌 지도자들에게 있어서도 안중근 사건은 한국 천주교회사의 중요한 사건으로 자리매김 되어 신앙과 민족의식이 하나로 통합되어 나타나는 예표가 될 수 있어야 할 것이다.

오늘날 한국사회는 자본주의의 정점에 이르렀다고 할 수 있을 정도로 돈과 물질 그리고 개인주의적 성향이 만연하고 있는 현실이다. 특히 현대의 한국 젊은이들은 신앙, 통일, 민족의식과 같은 영적이고 정신적 가치와는 점점 거리를 두고 물질적 풍요, 안정된 직장, 육체적 건강과 같은 현실적 가치에 더 큰 의미를 부여하고 있다는 사실이 우리가 안중근 사건을 더욱 연구하고 확산시켜야할 이유를 찾을 수 있을 것이다.

필자 소개

조 광	고려대학교 한국사학과 교수
신운용	안중근의사기념사업회 안중근연구소 책임연구원
따찌아나 심비르체바	러시아국립인문과학대학교 교수
임수경	한국외국어대학교 신문방송학과 박사과정 수료
전영란	한국외국어대학교 언론정보연구소 연구원
윤선자	전남대학교 사학과 교수
원재연	수원교회사연구소 연구실장
조현범	한국교회사연구소
프랭클린 라우시	브리티시 콜롬비아 대학교
김동원	천주교 수원교구 신부
전수홍	천주교 부산교구 신부

안중근의거 100주년기념 연구논문집 3
안중근 연구의 성과와 과제

1판 1쇄 인쇄 2010년 08월 15일
1판 1쇄 발행 2010년 09월 02일

엮은이 안중근의사기념사업회
펴낸이 서채윤
펴낸곳 채륜
표지·본문디자인 Design窓 (66605700@hanmail.net)

등록 2007년 6월 25일(제25100-2007-000025호)
주소 서울 광진구 군자동 229
대표전화 02-6080-8778 | **팩스** 02-6080-0707
E-mail chaeryunbook@naver.com
Homepage www.chaeryun.com

ⓒ 안중근의사기념사업회, 2010
ⓒ 채륜, 2010, printed in Korea

책값은 뒤표지에 있습니다.
ISBN 978-89-93799-22-4 93910

※ 잘못된 책은 구입하신 서점에서 바꾸어 드립니다.
※ 저자와 출판사의 허락 없이 책의 전부 또는 일부 내용을 사용할 수 없습니다.